Hans-Walter Schmuhl · Zwischen Göttern und Dämonen

Beiträge zur Kulturgeschichte der Musik
Herausgegeben von Rebecca Grotjahn
Band 12

Hans-Walter Schmuhl

Zwischen Göttern und Dämonen

Martin Stephani und der Nationalsozialismus

Allitera Verlag

Januar 2019
Allitera Verlag
Ein Verlag der Buch&media GmbH, München

Satz und Umschlaggestaltung: Franziska Gumpp
Gesetzt aus der Sabon LT und der The Sans
Printed in Europe · ISBN 978-3-96233-054-5

Allitera Verlag
Merianstraße 24 · 80637 München
Fon 089 13929046 · Mail info@allitera.de
www.allitera.de

Inhalt

»Jedenfalls ist Musik nicht mehr einfach Musik«

Vorwort von Prof. Dr. Thomas Grosse, Rektor der Hochschule für Musik Detmold

Was ist das Wesen der Musik? Welche gesellschaftliche Bedeutung und Funktion nimmt sie über den langen Zeitraum der menschlichen Kulturgeschichte ein? Die Antworten auf diese Fragen fielen in den letzten Jahrhunderten unterschiedlich aus und tun es auch heute noch, je nach Perspektive der Befragten. In einer sich zunehmend diversifizierenden Gesellschaft wird es auch in dieser Frage zunehmend weniger Einigkeit geben – aber dass Musik eine grundsätzliche Bedeutung im Alltag der Menschen einnimmt, wird nicht in Zweifel gezogen. Diesen Wandel hat auch Martin Stephani erlebt und vollzogen, möglicherweise sogar mehrfach in seinem bewegten Leben. Doch war das keine einzigartig individuell geprägte Entwicklung, Martin Stephani war Kind seiner Zeit und passte sich dem gesellschaftlichen Wandel ebenso an, wie es die meisten Angehörigen seiner Generation taten. Gleichzeitig aber war Martin Stephani kein ›Jedermann‹ und wollte es auch nie sein. Sein hoher Gestaltungswille führte ihn letztlich an die Spitze der heutigen Hochschule für Musik Detmold, deren Erfolgsgeschichte er maßgeblich mitschrieb und die bis zum heutigen Tage in vielen Bereichen in den von ihm geprägten Strukturen arbeitet. Diese beachtliche Lebensleistung des Mannes, der 23 Jahre an der Spitze unserer Hochschule stand, stand auf dem Fundament einer Karriere, die deutlich vor seiner Berufung nach Detmold begann.

Als sich der 100. Geburtstag des früheren Direktors Martin Stephani näherte, wurde aus der Verehrung für diesen verdienten Mann und den gleichzeitig hinter vorgehaltener Hand fortgetragenen Erzählungen um seine Vergangenheit bei der SS die ›Causa Stephani‹. Dem Wunsch nach einem Gedenkkonzert, möglichst ausgerichtet von der Hochschule, standen kritische Anfragen gegenüber, wie es denn mit Stephanis Vergangenheit und einer Aufarbeitung derselben stünde. Im Zentrum des Ganzen stand zunächst – wie naheliegend für einen Musiker – das Konzert selbst. Die Hochschule, die ihre Existenz diesem Manne maßgeblich verdanke, müsse ihn im Konzert ehren, meinte die eine Seite. Ein wie auch immer gearteter öffentlicher Akt für einen Menschen, dessen Karriere in der furchtbaren Diktatur der Nationalsozialisten begründet sei, müsse aus grundsätzlichen Erwägungen verhindert werden, argumentierte die andere Seite.

Bereits oberflächliche Recherchen zeigten einige recht eindeutige Fakten: Martin Stephani war tatsächlich Angehöriger der Waffen-SS gewesen und bewährte sich dort als Musiker. Ausgehend von der Erkenntnis, dass Musik in politischen Zusammenhängen stets auch eine ›staatstragende‹ Funktion übernehmen kann, und dass diese Kunstform, die den menschlichen Alltag stark prägt, wegen ihrer emotionalen Wirkung auch die Herzen der Menschen erreicht und in außergewöhnlichem Maße gemeinschaftsbildend sein kann, ist das Argument, jemand hätte im so genannten Dritten Reich ›nur Musik gemacht‹, problematisch. Folglich stellte sich die Frage, wie weit Martin Stephanis musikalische Tätigkeit in Uniform und seine eigene weltanschauliche Position künstlerisch und politisch verknüpft gewesen sind.

Es gehört zu den zentralen Erkenntnissen, die aus der Geschichte des Nationalsozialismus hervorgegangen sind, dass eigene ethische Urteilskraft, humanistische Grundsätze und die Fähigkeit, kritische Standpunkte zu entwickeln und zu vertreten, in demokratischen Gesellschaftssystemen einen zentralen Bildungsbestandteil darstellen müssen. Die Hochschule für Musik Detmold ist als Bildungsinstitution verpflichtet, ihren Studierenden deutlich zu machen, dass die Musik zwischen den Interessen von Kunst und Politik immer von einer Vereinnahmung und missbräuchlicher Verwendung bedroht ist. Aktuelle Beispiele finden sich in rassistischen Texten der Rap-Musik ebenso wie bei politisch motivierten Auseinandersetzungen um Auftrittsverbote von Musikerinnen und Musikern jeglicher musikalischer Genres. So ist es also selbstverständlich, dass die Hochschule für Musik Detmold diesen Sachverhalt bei der prägenden Persönlichkeit des früheren Direktors nicht ungeklärt stehen lassen konnte. Allein der Eindruck von Martin Stephanis Bereitschaft, auch im nationalsozialistischen Deutschland Karriere zu machen, lässt Fragen aufkommen, deren Beantwortung zentraler Bestandteil der Persönlichkeitsbildung junger Studierender einer Musikhochschule sein sollte.

Die Causa Stephani führte zu einer intensiven Auseinandersetzung in der Öffentlichkeit, an der sich auch die Medien beteiligten. Der Senat der Hochschule für Musik Detmold positionierte sich ausgesprochen klar und bestätigte das vom Rektorat vorgeschlagene Vorgehen. Leserbriefe und persönliche Schreiben dienten gleichermaßen dem Austausch sachlicher Argumente wie auch als Basis für Polemik und persönliche Angriffe. Nachdem sich die Staubwolken verzogen hatten, zeigte sich eine recht klare Lagerbildung. Gegen eine Aufarbeitung wurden Einwände vorgebracht wie »Nach 70 Jahren soll die Geschichte ruhen!« oder »Damals haben doch alle mitgemacht, weshalb wird das überhaupt skandalisiert?« Dem stand die Argumentation gegenüber, die sich auch die Hochschule zu eigen gemacht hatte, nämlich dass es eine Pflicht sei, sich als Institution mit der eigenen Geschichte zu befassen und die Ergebnisse auch als Beitrag zur musikwissenschaftlichen Erkenntnis zu veröffentlichen. Einige Menschen, insbesondere solche, die Martin Stephani noch persönlich gekannt hatten, kritisierten das Vorhaben, die Geschichte aufzuarbeiten, aus einer persönlichen Perspektive. Hier hat es viele Verletzungen gegeben, weil ein charismatischer, hoch integrer Mensch und bedeutender Künstler nun in seinem Ansehen beschädigt werden würde – nicht selten wurde das Bild des vom Sockel gestoßenen Denkmals bemüht. Das wiederum konnten diejenigen, die Stephani nicht mehr persönlich begegnet waren, nicht nachvollziehen, sie sahen weder Bedarf für ein Gedenkkonzert noch konnten sie – verständlicherweise – die Argumente gegen eine Aufarbeitung nachempfinden. In der Diskussion gab es mithin zwei Konfliktlinien: Je nach Betrachtungswinkel ging es um die Kluft zwischen den Generationen oder um die grundsätzliche Haltung im Umgang mit der deutschen Geschichte.

Der zeitliche Abstand – einige Jahrzehnte nach Martin Stephanis Tod – hat sicher dazu beigetragen, dass sich der Senat der Hochschule so klar für die Aufarbeitung der ›Causa‹ entschieden hat: Die Zeit ist gekommen, nun mit der gebotenen auch emotionalen Distanz zurückzublicken. Dabei ging es zunächst einmal darum, den ganzen Menschen kennenzulernen und, mit welchem Ausgang auch immer, größtmögliche Klarheit zu erhalten, Fakten von Gerüchten zu trennen. Auch das ist eine Form der Würdigung – losgelöst von moralischen Urteilen. Die Recherche selbst erwies sich letztlich als ausgesprochen ergiebig, es taten sich mehr Quellen auf, als es zunächst den Anschein hatte. Gleichzeitig wurde deutlich, wie hoch komplex doch die Handlungen und Meinungsäußerungen eines einzelnen Menschen sein können, noch dazu in bewegten Zeiten. Die vielschichtige Persönlichkeit Martin Stephanis entsprechend darzustellen, ist eine Herausforderung.

Aus diesem Grund hat es sich als Glücksfall erwiesen, mit dem Historiker Prof. Dr. Hans-Walter Schmuhl für dieses Projekt einen ausgewiesenen Experten gewonnen zu haben, der seine ganze Erfahrung im Umgang mit Zeitzeuginnen und Zeitzeugen, mit aufwändiger Archivrecherche und der gründlichen Aufbereitung der Ergebnisse einbringen konnte. In fast dreijähriger Forschungsarbeit ist der nun vorliegende Band entstanden, dessen Perspektive auf die Selbst-Konstruktion einer Musikerbiographie mehr als eine faktenreiche wissenschaftliche Studie entstehen ließ. Die dynamische Darstellung der Biographie des Martin Stephani ergibt eine Mischung aus Sozialstudie, personenbezogener Analyse sowie politischer und zeitgeschichtlicher Entwicklungsgeschichte, die einen starken Eindruck hinterlässt.

Eine entscheidende Aussage findet sich unter den Dokumenten selbst, die Martin Stephani hinterlassen hat: »Jedenfalls ist Musik nicht mehr einfach Musik«, schreibt er Anfang der 1940er Jahre an seine Mutter, als er erkennt, wie Musik als Instrument politischer Interessen im Nazideutschland eingesetzt wird.[1] Nun ist Musik bereits vor 1933 nicht nur eine »abseits stehende« Kunstform gewesen, und seit 1945 gilt das weniger denn je – auch hier hat unsere Gesellschaft die Lehren aus der Vergangenheit gezogen. Es liegt aber gleichzeitig im Wesen der Musik, dass wir uns derart in sie vertiefen können, dass sie als eigene Erlebniswelt losgelöst von gesellschaftlichen Strukturen und Umweltbedingungen Bestand hat. Diese Erfahrung macht ganz wesentlich die individuelle Bedeutung der Musik aus, für sehr viele Menschen bildet sie die Grundlage dafür, sich intensiv mit Musik zu beschäftigen. Eine reine Beschäftigung mit Musik erscheint möglich – und gleichzeitig steht alles künstlerische Tun stets in einem Zusammenhang zur Gesellschaft. Die Geschichte, die dieses Buch erzählt, zeigt dieses Zusammenspiel auf.

Detmold, im September 2018

1 »Jedenfalls ist Musik nicht mehr einfach Musik – abseits stehend u. ohne Belang für die politische u. militärische Situation unserer Zeit – sondern sie ist ein höchst aktuelles u. gefährliches Instrument *aller* Propagandisten aus *allen* geistigen u. politischen Lagern geworden.« Martin Stephani an seine Mutter, 27.10.1941, Universitätsarchiv Marburg, 312/3/19 (vgl. im vorliegenden Band S. 193).

Einleitung

Im Vorfeld des hundertsten Geburtstages des langjährigen Direktors der Nordwestdeutschen Musik-Akademie Detmold, Martin Stephani (1915–1983), kam es im November 2015 zu einer öffentlichen Debatte um das angemessene Gedenken an eine Persönlichkeit, die einerseits große Verdienste als Rektor der heutigen Hochschule für Musik Detmold erworben hat und andererseits während des Zweiten Weltkriegs als Musikreferent im SS-Führungshauptamt tätig gewesen war. Um die Diskussionen um die ›Causa Stephani‹ auf eine fachwissenschaftlich abgesicherte Grundlage zu stellen, hat der Rektor der Hochschule für Musik Detmold ein Forschungsprojekt in Auftrag gegeben, dessen Ergebnisse in dem vorliegenden Buch präsentiert werden.

Im Rahmen des Projektes wurden umfangreiche Archivbestände – u. a. im Bundesarchiv Berlin und Koblenz, im Archiv der Universität der Künste in Berlin, im Hessischen Staatsarchiv, im Stadtarchiv und Universitätsarchiv Marburg, im Landesarchiv Nordrhein-Westfalen (Abteilung Rheinland) in Duisburg, im Stadtarchiv Bielefeld – sowie weitere Dokumente aus Privatbesitz gesichtet. Zudem wurden mehrere Interviews und Gespräche mit ZeitzeugInnen geführt.

Der Untersuchung liegen folgende erkenntnisleitende Fragestellungen zugrunde:

- Obwohl er niemals ›Parteigenosse‹ war, trat Martin Stephani verschiedenen Gliederungen der NSDAP bei: der Hitlerjugend, dem Nationalsozialistischen Kraftfahrkorps und dem Nationalsozialistischen Deutschen Studentenbund. Wie sind diese Mitgliedschaften zu bewerten? Lässt sich Stephanis im Zuge der Entnazifizierung aufgestellte Behauptung, er sei unter dem Zwang der Verhältnisse in diese Organisationen eingetreten, bestätigen oder widerlegen? Was sagen die Quellen über Stephanis Weltanschauung und seine politischen Einstellungen aus? Welche Haltung nahm er gegenüber dem Nationalsozialismus ein? Kann man hierbei einen Wandel feststellen?
- Im Mai 1941 wurde Martin Stephani von der Wehrmacht zur Leibstandarte Adolf Hitler der Waffen-SS abkommandiert. Im Juli 1941 erfolgte seine Versetzung in das SS-Führungshauptamt. Wie kam der Wechsel zur Waffen-SS zustande? Hält Stephanis Darstellung im Entnazifizierungsverfahren, wonach seine Abkommandierung zur Leibstandarte Adolf Hitler durch einen

›Führerbefehl‹ ohne sein Zutun und gegen seinen Willen veranlasst wurde, der Nachprüfung stand? Wie verhält es sich mit der Versetzung zum SS-Führungshauptamt?

- Wie sah die Tätigkeit Stephanis als Musikreferent im SS-Führungshauptamt aus? Lässt sich seine spätere Darstellung, er sei in dieser Funktion rein künstlerisch tätig gewesen, im Lichte der Quellen aufrechterhalten?
- Lässt sich bestätigen, dass er sich in dieser Funktion für verbotene oder unerwünschte Komponisten und Künstler einsetzte, wie er selber nach dem Krieg für sich in Anspruch nahm? Wenn ja, wie ist dieses Engagement zu deuten und zu werten? Lag er tatsächlich, wie er später behauptete, im Konflikt mit dem Reichspropagandaministerium? Inwieweit kann ein solcher Konflikt als Widerstand bewertet werden?
- Inwieweit identifizierte sich Stephani mit dem elitären Selbstverständnis der SS? Nutzte er seine Stellung zu ›teilnehmendem Widerstand‹, wie er selbst nach dem Krieg behauptete?
- Welche Bedeutung maß Martin Stephani seiner musikalischen Tätigkeit im politischen Kontext des ›Dritten Reiches‹ bei? Welche Vorstellungen hatte er über den Zusammenhang von Musik und Politik? Wie ordneten sich diese Vorstellungen in die nationalsozialistische Musikpolitik ein?
- Wie wurde die Rolle Stephanis im ›Dritten Reich‹ im Zuge des Entnazifizierungsprozesses von 1945 bis 1948 gedeutet und bewertet? Deckt sich diese Deutung mit den Primärquellen?
- Wie konnte es geschehen, dass die Rolle Stephanis im Nachkriegsdeutschland in Vergessenheit geriet?

1. Vorüberlegungen zur Dekonstruktion eines autobiographischen Narrativs. Quellen und Methoden

Bei der Rekonstruktion einer Biographie in der Neuzeit stehen uns in der Hauptsache drei Quellengattungen zur Verfügung: Da gibt es, erstens, die Dokumentenspur, die der Mensch der Moderne in seinem Leben unweigerlich hinterlässt: Geburtsurkunde, Schulzeugnis, Immatrikulationsbescheinigung, Promotionsurkunde, Arbeitsvertrag, Steuerbescheid, Eintrag im Melderegister, Heiratsurkunde, Rentenbescheid, Sterbeurkunde usw. Diese Dokumente bilden das dürre Faktengerüst eines Lebenslaufs ab, sie ordnen die einzelnen Lebensstationen in ein Schema ein und erlauben allenfalls indirekt Rückschlüsse auf die individuelle Persönlichkeit eines Menschen.

Davon abzuheben ist, zweitens, das autobiographische Material, das ein Mensch im Laufe seines Lebens hervorbringt. Hier sind an erster Stelle die eigentlichen Selbstzeugnisse zu nennen: Autobiographien, Memoiren, Reiseberichte, Tagebücher, Briefe, Lebensläufe usw. Allen diesen Quellen ist gemeinsam, dass sie »selbst verfasst, in der Regel auch selbst geschrieben (zumindest diktiert) sowie aus eigenem Antrieb, also ›von sich aus‹, ›von selbst‹ entstanden sind«.[1] Hier berichten Menschen über ihre Erlebnisse und Empfindungen, ihre Erwartungen und Erfahrungen, ihre Sicht auf Gott und die Welt und ihre Beziehungen zu anderen Menschen – in Selbstzeugnissen erzählen Menschen ein Stück ihrer Lebensgeschichte. Mehr noch: Hier geht es immer auch um Selbstwahrnehmung, Selbstdeutung und Selbstdarstellung. Diese Quellen erlauben uns also einen Einblick in das Selbstbild des Erzählers.

Selbstzeugnisse stellen – nach der hier zugrunde gelegten Definition – eine »Teilmenge der umfassenderen Quellengruppe«[2] der Ego-Dokumente dar: In die Kategorie der Selbstzeugnisse fallen alle freiwillig verfassten Texte, die autobiographisches Material enthalten, während zur Kategorie der Ego-Dokumente auch alle unfreiwilligen Äußerungen zur Person gerechnet werden, die »im Rahmen administrativer, jurisdiktioneller oder wirtschaftlicher

1 Von Krusenstjern, Selbstzeugnisse, S. 470.
2 Rutz, Ego-Dokument, Absatz 6.

Vorgänge«[3] entstehen: Selbstauskünfte gegenüber Behörden, Steuererklärungen, Testamente, Kaufmanns-, Rechnungs- und Anschreibebücher, Bittschriften, Verhör- und Vernehmungsprotokolle, Geständnisse und Bekenntnisse, Gnadengesuche usw. Zu berücksichtigen ist, dass die Grenzen zwischen freiwilliger und unfreiwilliger Selbstthematisierung durchaus fließend sind.[4]

Drittens schließlich sind bei der Rekonstruktion einer Biographie die Spuren zu berücksichtigen, die ein Mensch in den Zeugnissen seiner Mitmenschen hinterlässt – sie geben Auskunft über die Wahrnehmung, Beschreibung und Beurteilung eines Menschen durch seine Zeitgenossen und vermitteln uns ein Fremdbild.

Ego-Dokumente – zumal Selbstzeugnisse im engeren Sinn – scheinen auf den ersten Blick die wichtigste Quellengattung zur Rekonstruktion einer Biographie zu sein. Jedoch ist Vorsicht geboten. Quellenkritisch ist anzumerken, dass Selbstzeugnisse keineswegs einen unverstellten Blick auf das Innerste eines Menschen erlauben, ihn nicht zeigen, ›wie er wirklich ist‹. Selbstzeugnisse geben vielmehr einen Eindruck davon, wie ein Mensch sich selbst sehen und wie er von anderen gesehen werden will. Sie sind Elemente der »Ich-Konstruktion«.[5] Selbstzeugnisse sind stets das Ergebnis eines »langwierigen und mehrschichtigen Prozess[es]«,[6] wobei man zu analytischen Zwecken mehrere »Prozessstufen und Materialschichten«[7] unterscheiden kann.

Da ist zunächst einmal die Schicht der biographischen Fakten. Hierher gehören etwa Geburtstag und -ort, Angaben zu den Vorfahren, Eltern und Geschwistern, zu besuchten Schulen und Universitäten, zu den Stationen der beruflichen Karriere usw. Diese Lebensdaten sind zwar »grundsätzlich überprüfbar«,[8] ihre Überprüfung kann aber, falls sie nicht durch die amtliche Dokumentenspur belegt sind, ungeahnte Probleme bereiten. Keinesfalls darf man Angaben zum Lebenslauf in Selbstzeugnissen unbesehen als ›wahr‹ hin-

3 Schulze, Ego-Dokumente, S. 21.

4 »Gemeinsames Kriterium aller Texte, die als Ego-Dokumente bezeichnet werden können, sollte es sein, dass Aussagen oder Aussagepartikel vorliegen, die – wenn auch in rudimentärer und verdeckter Form – über die freiwillige oder erzwungene Selbstwahrnehmung eines Menschen in seiner Familie, seiner Gemeinde, seinem Land oder seiner sozialen Schicht Auskunft geben oder sein Verhältnis zu diesen Systemen und deren Veränderungen reflektieren. Sie sollten individuell-menschliches Verhalten rechtfertigen, Ängste offenbaren, Wissensbestände darlegen, Wertvorstellungen beleuchten, Lebenserfahrungen und -erwartungen widerspiegeln.« Schulze, Ego-Dokumente, S. 28.

5 Rutz, Ego-Dokumente.

6 Schulze, Autobiographie, S. 53.

7 Ebd., S. 54. Die folgende Typologie in Anlehnung an: ebd., S. 54–57.

8 Ebd., S. 54.

nehmen – der Vergleich von Selbstzeugnissen aus unterschiedlichen Lebensabschnitten offenbart, dass die Angaben zu den Lebensdaten sich im Laufe der Zeit verändern können. Denn Menschen gehen mit ihren biographischen Fakten durchaus frei um, sie wählen, wenn sie ihre Lebensgeschichte erzählen, manche Elemente ihres Lebenslaufs aus und heben sie hervor, rücken andere in den Hintergrund oder lassen sie ganz weg, ordnen die Ereignisse neu an, stellen die Chronologie um, verdichten die zeitlichen Abläufe, schaffen stringente Ereignisketten und Handlungsmuster, blenden Zusammenhänge zwischen Ereignissen aus und stellen neue Verbindungen her. Kurz: Menschen erschaffen, wenn sie ihre Lebensgeschichte erzählen, ein Narrativ, das einen Spannungsbogen schlägt, einen roten Faden abspult und auf eine Schlusspointe zuläuft. Zu einer solchen Lebensgeschichte »gehören immer Momente, die aus der Perspektive dessen, der nur den empirischen Lebenslauf für wirklich hält, als Fiktionen angesprochen werden müssen«.[9]

Dieser Prozess beginnt bereits auf der Stufe des unmittelbaren Erlebens: Aus der Fülle der Eindrücke, die auf einen Menschen einstürmen, entgeht manches der Aufmerksamkeit, anderes wird im Gedächtnis abgespeichert. Diese Erlebnisse werden stets durch den Filter der je eigenen Haltungen und Einstellungen, Hoffnungen und Ängste, Erfahrungsräume und Erwartungshorizonte[10] eines Menschen wahrgenommen, mit Emotionen aufgeladen und mit Bedeutungen und Wertungen belegt. So wird das in der Erinnerung abgespeicherte Erlebte sofort mit dem »sozialen Wissen«[11] eines Menschen verknüpft und gerinnt allmählich zur Erfahrung, wobei solche Erfahrungen mit zunehmendem zeitlichem Abstand manchen Gestaltwandel durchlaufen können. Mit der nachträglichen sprachlichen Gestaltung fließen zudem überkommene literarische Darstellungsmuster ein. Man kann dies als »Selbstschematisierung«[12] beschreiben – die Verwendung von Identitätsschemata erlaubt »Vereinfachungen der Selbstbeschreibung, Abkürzungen, Abstraktionen«.[13] Die letzte Stufe des autobiographischen Prozesses – oder wenn man so will: dessen oberste Schicht – stellen die übergreifenden Deutungsversuche dar, retrospektive Reflexionen also, die dem gelebten Leben im Rückblick einen Sinn zuschreiben.

Der autobiographische Prozess, der das ganze Leben lang andauert, ist die Basis für die Konstruktion eines ›Selbst‹,[14] einer reflektierten personalen Identität, die es dem einzelnen Menschen erlaubt, »sich als das Identisch-Bestehen-

9 Hahn, Identität, S. 13.
10 Vgl. Koselleck, Erfahrungsraum.
11 Vgl. Schütz/Luckmann, Strukturen.
12 Hahn, Identität, S. 15.
13 Ebd.
14 Dazu auch: Schmuhl, Selbst.

de im Strom der verschiedenen Akte [zu] begreifen und [zu] erleben«.[15] Dieser Prozess – dies verdient, ausdrücklich hervorgehoben zu werden – vollzieht sich stets in der Interaktion mit anderen Menschen. Das Bild, das ein Mensch in seinen Ego-Dokumenten von sich selbst zeichnet, durchläuft im Laufe der Zeit manche Wandlung, ändert sich in Abhängigkeit vom sozialen Kontext, je nach den Adressaten. Das Selbstbild, das ein Mensch für sich geltend macht, will sich Geltung verschaffen, es soll nach Möglichkeit das Fremdbild bestimmen, das sich die anderen von einem Menschen machen. Sind Selbst- und Fremdbild nicht deckungsgleich, kommt es zu komplexen, mehr oder weniger konflikthaften Aushandlungsprozessen.

Dies kann mitunter in institutionalisierter Form geschehen, wobei das Individuum durch gesellschaftlich »inszenierte Prozeduren zur Selbstdarstellung, zum Selbstbekenntnis, zur Offenlegung seines Inneren und zur Aufdeckung seiner Vergangenheit veranlasst wird«.[16] Beispiele hierfür wären die Beichte, das Bekenntnis, die Selbstkritik, das Verhör, das Geständnis, die öffentliche Selbstrechtfertigung. In solchen Kontexten kommt es entscheidend auf »die gelungene und das heißt überzeugend vermittelte Einpassung der eigenen Person und des eigenen Handelns in den Erwartungshorizont des Gegenübers«[17] an. Unter Umständen kann das über Leben und Tod – oder doch zumindest über eine bürgerliche Existenz oder den gesellschaftlichen Tod – entscheiden. Dabei kann es zu regelrechten »Maskierungen der eigenen Person«[18] kommen. Entscheidend ist daher eine sorgfältige Quellenkritik gerade von Ego-Dokumenten, die in solchen Kontexten entstanden sind:

> »Wo liegen Brüche und Widersprüche in den erzählten Geschichten? Was wird nur undeutlich oder in verschleierter Form mitgeteilt, was ganz offensichtlich ausgelassen? Diese bewusst oder unbewusst unausgesprochenen, verdrängten oder versteckten Elemente eines das Ich seines Verfassers reflektierenden Textes sind wesentlicher Bestandteil der Ich-Konstruktion und können unter Umständen mehr über den Autor, seine Selbstwahrneh-

15 Hahn, Identität, S. 9. Tatsächlich ist die menschliche Existenz erratisch, fragmentiert, inkonsistent, kontingent. Die Konstruktion eines ›Selbst‹ ermöglicht es dem Menschen, sich als »handelnde und erlebende Einheit« (ebd., S. 14) wahrzunehmen – was in gewisser Weise eine Fiktion ist.

16 Ebd., S.11.

17 Rutz, Ego-Dokumente, Absatz 14.

18 Ebd. Der Begriff der Person kann im Sinne des lateinischen *persona* durchaus auch als Rolle (in einem Schauspiel) oder als Maske (des Schauspielers) verstanden werden.

mung sowie den Sinn und die Bedeutung seiner Selbstdarstellung verraten als der eigentliche Wortlaut des Textes.«[19]

Gerade in Phasen politischer Umbrüche kommen solche inszenierten Prozeduren zur Selbstdarstellung zum Tragen – so auch in Deutschland in der Zeit zwischen 1933 und 1949. Wer 1933 im Erwachsenenalter war (oder, wie Martin Stephani, gerade in das Erwachsenenalter eintrat) und vor der Machtübernahme noch kein Mitglied der NSDAP oder einer ihrer Gliederungen gewesen war, sah sich nun, nach der ›nationalen Revolution‹, bei verschiedensten Gelegenheiten genötigt zu erklären, wie er zu dem neuen Staat stand und – noch heikler – wie er vor dem Umbruch zur nationalsozialistischen Bewegung gestanden hatte. Hier kam es, wie am Beispiel der Familie Stephani zu zeigen sein wird, zu mancherlei Umdeutungen der eigenen Geschichte. Nur zwölf Jahre später, nach dem Zusammenbruch des nationalsozialistischen Deutschlands im Jahre 1945, schlug das Pendel in die andere Richtung aus: Jetzt musste jeder, der eine wie auch immer herausgehobene gesellschaftliche Position bekleidet hatte, im Zuge einer formalisierten ›politischen Säuberung‹ öffentlich erklären, welche Stellung er im ›Dritten Reich‹ zum Nationalsozialismus eingenommen hatte. Das sich etablierende Verfahren der ›Entnazifizierung‹ zeichnete sich zum einen durch eine hochgradige Schematisierung aus – hier sind vor allem die nach Mitverantwortung abgestuften Kategorien der ›Hauptschuldigen‹, ›Belasteten‹, ›Minderbelasteten›, ›Mitläufer‹ und ›Unbelasteten‹ zu nennen. Zum anderen – und in einer gewissen Spannung dazu – galt das Prinzip der Individualisierung der Entnazifizierungsverfahren. Nicht die bloße Zugehörigkeit zur NSDAP, ihren Gliederungen und angeschlossenen Verbänden sowie der darin bekleidete Rang sollte über die Eingruppierung in eine der fünf Kategorien entscheiden, sondern die Gesamtwürdigung der Motive und Umstände der Kollaboration mit dem nationalsozialistischen Regime. Die damit notwendig werdende »hochnotpeinliche [...] Darlegung der ›inneren Tatseite‹« nötigte die Betroffenen, ihre Lebensgeschichte umzuschreiben und einem Identitätsschema – Mitläufertum, innere Emigration, teilnehmender Widerstand – anzuverwandeln, wobei »tollste Verrenkungen«[20] zu beobachten sind. Um dem bürgerlichen Tod zu entgehen, war es wichtig, ein Netzwerk von Leumundszeugen zu knüpfen, die mit ihren ›Persilscheinen‹ das eigene Narrativ bestätigten, und die Spruchgerichte und Entnazifizierungsausschüsse von diesem Narrativ zu überzeugen. War dieses Narrativ schließlich im Entnazifizierungsverfahren quasi amtlich beglaubigt worden, öffnete es die Türen zur Nachkriegsgesellschaft.

19 Rutz, Ego-Dokumente, Absatz 15.
20 Henke, Trennung, S. 43.

Gegen öffentlich aufkeimende Zweifel wurde dieses Narrativ mit einer Vehemenz verteidigt, die man nur verstehen kann, wenn man sich vergegenwärtigt, dass eine ›unbelastete‹ Lebensgeschichte die Voraussetzung für den Eintritt in die Gesellschaft der Bundesrepublik Deutschland (oder der DDR) und für eine Karriere in dieser Gesellschaft wie auch die Basis für die eigene Identität als Glied dieser Gesellschaft darstellte.

Auf der Grundlage dieser Vorüberlegungen geht die vorliegende Studie von mehreren zentralen Ego-Dokumenten Martin Stephanis aus, die im Zeitraum von gut zwei Jahrzehnten – zwischen 1937 und 1959 – in ganz unterschiedlichen Kontexten geschrieben wurden. Im Einzelnen handelt es sich um:

- einen Lebenslauf vom 28. Juni 1937, den Martin Stephani seiner Bewerbung bei der Staatlichen Akademischen Hochschule für Musik in Berlin beilegte;
- einen Lebenslauf vom 8. Dezember 1944, der als Anlage zu seinem Heiratsgesuch beim Rasse- und Siedlungshauptamt der SS eingereicht wurde;
- einen Lebenslauf vom Juli 1947, verfasst im Internierungslager Eselheide/Senne im Hinblick auf das Verfahren gegen Martin Stephani vor dem Spruchgericht Bielefeld;
- einen Lebenslauf vom 17. Juni 1948, vorgelegt im Entnazifizierungsverfahren in Köln;
- einen Text mit dem Titel *Mein künstlerischer Werdegang* vom 13. Dezember 1949, Teil der Unterlagen zu einer Bewerbung als Generalmusikdirektor in Bielefeld;
- einen *Kurz-Lebenslauf* vom 6. Juli 1958 für den Musikverein Bielefeld;
- einen Brief an Prof. Gustav Scheck (1901–1984) vom 6. September 1959, in dem Martin Stephani auf dessen Kritik an seiner Berufung zum Direktor der Nordwestdeutschen Musikakademie in Detmold antwortete.

Diese Ego-Dokumente werden in vergleichender Perspektive analysiert, wobei das Augenmerk insbesondere den Lücken und Leerstellen, den Verschleierungen und Maskierungen, den Abweichungen und Widersprüchen zwischen den Dokumenten, den darin zum Ausdruck kommenden Deutungen und Umdeutungen der eigenen Lebensgeschichte gilt, um den Konstruktcharakter des hier entworfenen Narrativs herauszuarbeiten. Kontrastiert und dekonstruiert wird dieses Narrativ, erstens, mithilfe der Dokumentenspur, die Martin Stephani im Laufe seines Lebens hinterlassen hat, zweitens mithilfe von Selbstzeugnissen – konkret: von Briefen an seine Eltern, seinen Bruder und einen väterlichen Freund –, die aus bestimmten Abschnitten seines Lebens, vor allem aus der Militärzeit (1935 bis 1937), aus dem Studium (1938 bis 1940) und aus der Kriegszeit, insbesondere aus dem entscheidenden Jahr 1941, überliefert sind, drittens mithilfe der Zeugnisse von Zeitgenossen über Martin Stephani. Im

Zuge dieses Dekonstruktionsprozesses wird das erhalten gebliebene, im autobiographischen Prozess verarbeitete Rohmaterial aus dem Kontext der von Martin Stephani etablierten ›Meistererzählung‹ gelöst, neu gedeutet und bewertet.

2. Kindheit und Jugend, 1915 bis 1935

Martin Stephani wurde am 2. November 1915 als ältester Sohn des Organisten und Städtischen Musikdirektors Dr. Hermann Stephani (1877–1960) und seiner Ehefrau Elisabeth (Hilde Lisa), geb. Kunze (1889–1969), in Eisleben geboren. 1921 wurde der Vater als Universitätsmusikdirektor und Dozent für Musikwissenschaft an die Philipps-Universität Marburg berufen.[1] Die Familie siedelte daraufhin in die hessische Universitätsstadt über. Sie wohnte zunächst in der Lutherstraße 10,[2] 1927 zog sie in ein eigenes, neu erbautes Holzhaus im Stil der Gartenvorstadt Hellerau[3] am Rotenberg 10 um, wo Martin Stephani bis 1935 gemeldet blieb.

Martin Stephani besuchte keine Grundschule, sondern erhielt von 1924 bis 1926 zur Vorbereitung auf die Höhere Schule »Privatunterricht«[4] im Elternhaus. Ostern 1926 wurde er in die Sexta des Reformrealgymnasiums (ab 1933:

1 Noch im Jahre 1921 habilitierte sich Hermann Stephani, 1922 erhielt er einen besoldeten Lehrauftrag und gründete das Collegium musicum instrumentale. 1925 wurde er Direktor des von ihm neu gegründeten Musikwissenschaftlichen Seminars, 1927 folgte die Ernennung zum nichtbeamteten außerordentlichen Professor. Eine Ernennung zum ordentlichen Professor erfolgte indessen nicht. 1942 wurde Stephani mit dem Erreichen der Altersgrenze in den Ruhestand versetzt, von Mai 1942 bis Mai 1945 arbeitete er jedoch als Lehrbeauftragter weiter. Henze-Döhring, Musik, S. 84f.

2 Freundliche Auskunft des Stadtarchivs Marburg.

3 Interview Dr. Sunhilt Rieckhoff, 12.7.2016.

4 Lebenslauf, 28.6.1937, Archiv der Universität der Künste Berlin 1/4790: Hier gibt Stephani an, er habe »vom 8. Lebensjahr ab Privatunterricht« erhalten. Von »privater Grundschulvorbereitung« schreibt Stephani auch in seinem Lebenslauf vom 17.6.1948, Landesarchiv Nordrhein-Westfalen (= LAV NRW), Abteilung Rheinland, NW 1049 Ne 30266, Auszug PA, Bd. II–IV. Die genauen Jahresangaben nach: Fragebogen des Military Government of Germany, 7.12.1947, LAV NRW, Abteilung Rheinland, NW 1049 Ne 30266, Auszug PA, Bd. II–IV. Dagegen spricht Stephani in seinem Lebenslauf vom Dezember 1944 (Beilage zu: Antrag an das Rasse- und Siedlungshauptamt der SS auf Übersendung der Vordrucke zu einem Verlobungs- und Heiratsgesuch, 8.12.1944, Bundesarchiv (= BArch.) Berlin, R 9361/III, 202641) vom »Besuch der Grundschule«. In seiner SS-Karteikarte heißt es ebenfalls lakonisch, er habe drei Klassen der Volksschule besucht.

Adolf-Hitler-Schule) zu Marburg aufgenommen. Dort durchlief er alle Klassen und wurde am 3. März 1935[5] mit dem Zeugnis der Reife (Abitur) entlassen.

Das Wunderkind. Musikalische Ausbildung

In der Fortschreibung seiner Biographie hob Martin Stephani immer wieder hervor, dass er schon in seiner Kindheit eine umfassende musikalische Ausbildung erfahren und sich – neben der Schule – in der Musikwissenschaft selbstständig fortgebildet habe. In dem am 28. Juni 1937 verfassten Lebenslauf, den er seiner Anmeldung zur Staatlichen Akademischen Hochschule für Musik in Berlin beilegte, äußert er sich erstmals zu seiner musikalischen Ausbildung:

> »Mit 8 Jahren erhielt ich Violin-, mit 12 Jahren Klavierunterricht; beide Unterrichtsfächer wurden, von einigen Unterbrechungen abgesehen, bis zu meinem Eintritt in das Reichsheer fortgeführt. Kammermusik, vornehmlich Pflege des Streichquartetts, trieb ich seit dem 13. Lebensjahr regelmäßig und intensiv. Zur gleichen Zeit wurde ich Mitglied des collegium musicum instrumentale und, nach dem Stimmwechsel, auch des collegium musicum vocale der Universität Marburg, auf der ich nach dem Abitur regelmäßig musikwissenschaftliche Vorlesungen und Seminarübungen besuchte. Sieben Jahre lang wirkte ich bei sämtlichen öffentlichen Konzerten meines Vaters als Geiger (auch solistisch) mit, ebenso später als Chorsänger; auf diese Art wurde ich mit den bedeutendsten Werken der Oratorien- und Orchesterliteratur fast aller Stilepochen vertraut. Ich schrieb (ohne Anleitung) ein paar kleine Kompositionen. Als Nebeninstrument blase ich die B-Klarinette.«[6]

Auf seiner Karteikarte in der Hochschule für Musik in Berlin findet sich in der Rubrik »Frühere Lehrer« der Vermerk, dass Martin Stephani von 1923 bis 1935 Violinunterricht bei Lili Gebhard sowie von 1929 bis 1935 Klavierunterricht bei Kirchenmusikdirektor August Wagner erhalten habe – diese beiden Musiker traten als Solisten auch im Marburger Konzertverein auf.[7] Außerdem, so vermerkt es die Karteikarte, habe Martin Stephani in den Jahren 1934/35

5 Das genaue Datum des Abiturs ist angegeben in: Anmelde-Vordruck zum Wintersemester 1937/38, 2.7.1937, Archiv der Universität der Künste Berlin 1/4790.

6 Lebenslauf, 28.6.1937, Archiv der Universität der Künste Berlin 1/4790.

7 Gruner, Musikleben, S. 27, S. 29, S. 40–42, S. 122.

Unterricht in den »musikwissenschaftliche[n] Fächer[n]« von seinem Vater sowie von Dr. Herbert Birtner (1900–1942)[8] bekommen.[9]

Die ausführlichste Darstellung seiner musikalischen Ausbildung als Kind und Jugendlicher gibt Martin Stephani in dem Lebenslauf, den er im Rahmen seines Entnazifizierungsverfahrens am 17. Juni 1948 verfasste:

> »Seit dem 7. Lebensjahr erhielt ich Klavier-, seit dem achten Violin-, später Horn- u. Klarinetten-Unterricht sowie Ausbildung in sämtlichen theoretischen Musikfächern. Mit 11 Jahren trat ich in die ›collegia musica vocale e instrumentale‹ der Univ. Marburg als Chorist u. Geiger ein, denen ich ausübend u. – in Vertretung meines Vaters u. Prof. Dr. Herbert Birtner's später bei vielen Gelegenheiten auch – leitend bis 1935 angehörte. Abgesehen von frühzeitigem solistischen Auftreten als Geiger u. Primarius eines Streichquartetts, mit dem ich in jugendlichem Alter bereits von Marburg aus das Hessenland bereiste sowie später an namhafter Stelle konzertierte, erwarb ich mir infolge der künstlerisch außerordentlich glücklichen Umstände meines Elternhauses sowie infolge der beruflichen Stellung meines Vaters bis zum Abitur eine weitgehende Kenntnis aller theoretischen u. praktischen musikalischen Disziplinen, zumal auf dem Gebiete der Kammer-, Chor- u. Orchestermusik, deren Standardwerke ich bis zum 20. Lebensjahre mindestens einmal mitgesungen, mitgespielt oder zum Teil in Proben u. Aufführungen selbst geleitet habe.« [10]

Wie wichtig Martin Stephani seine musikalische Sozialisation war, zeigt sich auch daran, dass diese in einem *Kurz-Lebenslauf in Stichworten*, den er wiederum zehn Jahre später, am 6. Juli 1958, für den Bielefelder Musikverein verfasste, verhältnismäßig breiten Raum einnahm:

> »Viol.Unterricht vom 7., Klavier- vom 8., Horn- vom 12., Klarinetten- vom 17. Lebensjahr ab. Daneben Harmonielehre u. Kontrapunkt bei Vater u. dem bekannten, im Kriege gefallenen Schütz-Forscher Prof. Dr. Herbert

8 Der Musikwissenschaftler Dr. Herbert Birtner war seit 1928 als Assistent am musikwissenschaftlichen Institut der Universität Leipzig tätig. 1930 habilitierte er sich an der Universität Marburg, wo er bis zu seiner Ernennung zum außerordentlichen Professor im Jahre 1938 als Dozent für Musikwissenschaft tätig war. 1933 trat Birtner der SA bei, seit 1937 war er Parteianwärter. 1940 wurde er auf die neu eingerichtete Professur in Graz berufen, 1942 jedoch zum Kriegsdienst eingezogen. Kurze Zeit später fiel er in Russland. Henze-Döring, Musik, S. 85. Dazu auch: Prieberg, Handbuch, S. 508.

9 Karteikarte Martin Stephani, Archiv der Universität der Künste Berlin 1/4790.

10 Lebenslauf, 17.6.1948, LAV NRW, Abteilung Rheinland, NW 1049 Ne 30266, Auszug PA, Bd. II–IV.

Birtner. Im Uni.Orch. meines Vaters seit dem 12. Lebensjahr bis zum Abitur (1935) als Geiger und in Vertretung meines Vaters dirigentisch tätig. Beherrschung von Cembalo und Orgel.«[11]

Auch wenn die Angaben, in welchem Jahr er welches Instrument erlernte, voneinander abweichen, so geben die drei Lebensläufe doch ein recht klares Bild von der frühen musikalischen Ausbildung Martin Stephanis. Was jedoch noch wichtiger ist: Man erkennt, wie Stephani in diesen Ego-Dokumenten von sich das Bild eines musikalischen Wunderkindes zeichnet, das nicht nur verschiedene Musikinstrumente virtuos beherrscht, sondern auch schon früh musikwissenschaftliches Interesse, das Talent zum Komponisten und die Berufung zum Dirigenten erkennen lässt. Der Subtext dieser Selbstbeschreibung lautet: Der junge Martin Stephani lebte nur seiner Kunst, unberührt von den stürmischen Zeitläuften, in denen er aufwuchs.

Martin Stephanis Hinweise auf öffentliche Auftritte bereits im Jugendalter können durch Primärquellen bestätigt werden. Schon als Unterprimaner trat er als Violinist in Marburg auf, bisweilen in Begleitung seiner jüngeren Brüder Otfried (1917–2013) am Cello und Reinhart (1919–2015) an der Bratsche, und erhielt in der Lokalpresse glänzende Kritiken.[12] So fand er in der Rezension eines Hausmusik-Konzertes der Adolf-Hitler-Schule am 12. Dezember 1933 »für seinen Auftritt in einer Beethoven-Serenade für Geige, Flöte und Bratsche eine lobende Erwähnung: ›Die Leistungen der Schüler sind umso

11 Kurz-Lebenslauf in Stichworten, Anlage zu: Stephani an Theodor Huber, 6.7.1958, Stadtarchiv Bielefeld, 270,009/Musikverein, Nr. 56.

12 »Drei Söhne Hermann Stephanis traten im Laufe der Jahre zwischen 1933 und 1945 konzertierend auf: Martin Stephani, 1933 siebzehn Jahre alt und Unterprimaner an der Adolf-Hitler-Schule, häufig genannter und gelobter Violinspieler, präsentierte sich bis Mitte 1935 bei unterschiedlichsten Gelegenheiten. [...] Als Cellist wurde auch sein jüngerer Bruder Otfried häufig erwähnt, er lebte auch während der Kriegsjahre noch in Marburg, spielte nun ebenfalls in Oratorien-Aufführungen mit, gab 1944 einen eigenen Cello-Abend. Der dritte Bruder, Reinhart, trat während der ganzen Zeit nur einmal in der OZ [Oberhessischen Zeitung] in Erscheinung, als Bratschist gemeinsam mit Martin und Otfried bei der Draeseke-Feier 1935.« Gruner, Musikleben, S. 46f. Vgl. auch den Zeitungsartikel »Deutsche Hausmusik in der Adolf-Hitler-Schule« (ohne Herkunftsvermerk), 12.12.1933, Hessisches Staatsarchiv Marburg (= HStAM), 153/15, 317. – Der Vater, Hermann Stephani, hatte bei dem Komponisten Felix Draeseke (1835–1913) studiert und leitete die Felix-Draeseke-Gesellschaft, der auch Martin Stephani von 1937 bis 1945 angehörte. Fragebogen des Military Government of Germany, 8.11.1948, LAV NRW, Abteilung Rheinland, NW 1049 Ne 30266, Auszug PA, Bd. II–IV.

höher zu bewerten, als Stephani selber die Kammermusikwerke ausgewählt und mit seinen Kameraden selbstständig eingeübt hatte.‹«[13]

Götz von Berlichingen und *Die Braut von Messina*. Ausflüge in die Schauspielerei

In dem Lebenslauf, den er im Rahmen seines Entnazifizierungsverfahrens am 17. Juni 1948 schrieb, kommt Martin Stephani erstmals darauf zu sprechen, dass er sich als Gymnasiast – neben den öffentlichen Auftritten als Musiker – auch als Schauspieler versuchte:

> »[...] gleichzeitig hatte ich Sprach- und Schauspielunterricht bei dem Univ.-Lektor u. Intendanten der ›Marburger Festspiele‹, Dr. Fritz Budde [1884–1955] (Max-Reinhardt-Schüler), unter dem ich, mit Friedr. [Friedrich] Kayssler [1874–1945] in den Titelrollen, 1929 den Tellknaben u. 1930 den Georg im ›Götz‹ spielte. (Als Unterprimaner brachte ich 1934 eine eigene Inszenierung der ›Braut von Messina‹ mit jugendlichen Laienspielern anlässlich der Schiller-Festspiele der Stadt Marburg zur wiederholten, von der Presse gut besprochenen Aufführung.)«[14]

Fritz Budde hatte schon im Winter 1925/26 Schüler des Reformrealgymnasiums »in Vorlesungen und Übungen in die Aufgaben der Spracherziehung«[15] eingeführt. Martin Stephani könnte also über eine der schulischen Arbeitsgemeinschaften oder – vermittelt durch seinen Vater – an der Universität Marburg mit Budde in Kontakt gekommen sein.[16]

Die von Martin Stephani erwähnten Aufführungen des Trauerspiels *Die Braut von Messina* von Friedrich Schiller mit Chören von Gustav F. Sell fanden

13 Gruner, Musikleben, S. 62. Vgl. den Zeitungsartikel »Deutsche Hausmusik in der Adolf-Hitler-Schule« (ohne Herkunftsvermerk), 12.12.1933, HStAM, 153/15, 317. Hier wird der »Geiger [Martin] Stephani, dem das Marburger Publikum auch sonst für manchen Genuss verpflichtet ist«, lobend hervorgehoben.

14 Lebenslauf, 17.6.1948, LAV NRW, Abteilung Rheinland, NW 1049 Ne 30266, Auszug PA, Bd. II–IV. Zur Tätigkeit Fritz Buddes vgl. Heilmann/Neumann, Lektorat.

15 Walther Brand, Die Oberrealschule und das Realgymnasium von 1906–1946. Beiträge zu ihrer Geschichte, Typoskript 1946, S. 50. Dieses Typoskript findet sich in: HStAM, 153/15, 371.

16 *Götz von Berlichingen* wurde am 22., 25., 26., 27. und 29. Juni sowie am 2., 3. und 4. Juli 1930 aufgeführt. Programm der Marburger Festspiele 1930, Stadtarchiv Marburg, SM 1362.

am 13., 14., 15. und 17. Dezember 1934 statt,[17] wobei es sich bei der Vorstellung am 14. Dezember um eine geschlossene Veranstaltung für die Mitglieder des NS-Lehrerbundes aus der Stadt und dem Landkreis Marburg handelte.[18] Die *Oberhessische Zeitung* berichtete am 17. Dezember 1934 über die ersten drei Vorstellungen, wobei sich der – leider nicht namentlich genannte – Autor veranlasst sah, die Auswahl des Stücks gleich im zweiten Absatz des Artikels zu verteidigen:

> »Die Aufführung von Schillers ›Braut von Messina‹ durch die Adolf-Hitler-Schule gestaltete sich zu einem Erfolge, der beredtes Zeugnis für die geistige Höhenlage dieser Schule ablegt. Alle drei bisherigen Vorführungen hinterließen bei den Zuschauern, unter denen sich auch Vertreter des Oberpräsidiums und der Gauleitung befanden, den tiefsten Eindruck. Vielen mag es zunächst bedenklich erschienen sein, ein Trauerspiel wie ›Die Braut von Messina‹ in unserer Zeit aufführen zu [las]sen [sic]. Es ist für den Menschen unserer Tage schwer, für dieses Schicksalsdrama und den ihm zugrunde liegenden Konflikt, der manchem sogar widernatürlich erscheinen mag, volles Verständnis aufzubringen. Es wehrt sich in uns etwas gegen diesen kalten und starren, scheinbar ganz dem antiken Weltbild nachgestalteten Schicksalsbegriff, gegen die Übertragung des griechischen Chores auf eine moderne Bühne und vielleicht auch gegen das Zurücktreten der völkischen Belange gegenüber dem Schicksale einer Einzelpersönlichkeit. Dennoch wird dieses Werk Schillers den ehrlich Suchenden mit ganz anderen Ergebnissen belohnen. In diesem scheinbar ganz griechischen Schicksalsdrama zeigt sich der Unterschied des antiken und des germanischen Schicksalsbegriffes ganz deutlich. Zwar erfüllt sich das über das Fürstenhaus Messina verhängte Schicksal unerbittlich, aber der Tod Don Cesars ist nicht nur wie im antiken Drama nur Schicksal, sondern eine sittliche Entscheidung. In der Unbedingtheit aber, mit der diese Entscheidung vollzogen wird, liegt das, was uns der Dichter heute und ewig nahe bringt: Die Gestaltung wahren Heldentums. Auch der Chor ist bei Schiller nicht nur wie im antiken Trauerspiele die urteilende Stimme einer über den Ereignissen stehenden Menschengruppe, sondern er greift daneben selbst als handelnde Persönlichkeit in die Ereignisse ein. So hat also Schiller in der ›Braut von Messina‹ durchaus nicht das künstlerische Erlebnis eines geistesverwandten Volkes einfach nachgestaltet, sondern er

17 Brand, Oberrealschule, S. 51.

18 So ist es im gedruckten Programm vermerkt, HStAM, 153/15, 317.

hat diesem Erlebnis bewusst oder unbewusst ein wesentlich germanisch-heldisches Gepräge gegeben.«[19]

Nachdem der Berichterstatter der *Oberhessischen Zeitung*[20] auf diese Weise das Werk Schillers sozusagen ›eingenordet‹ hatte, kam er im Detail auf die Leistungen des Schulensembles zu sprechen:

> »Noch bedenklicher als die Aufführung an sich mochte vielen die Aufführung dieses Trauerspiels auf einer Schulbühne erscheinen. Die Leistung widerlegt diese Bedenklichen und macht den Mitwirkenden und der Schule, die eine derartige Aufführung zustande zu bringen vermochte, ebensoviel Ehre wie Herrn Studienassessor Kleiner, der mit Tatkraft und tiefem Verständnis die mühevolle, zeitraubende Regie dieser Aufführung ausübte, alle Mitwirkenden hatten sich ebenfalls mit größter Hingabe ihren durchweg schweren Aufgaben gewidmet und sich völlig in sie hineingelebt. Die Leitung der vom Schülerchor gesungenen, mit Takt ausgewählten Chöre von Sell lag in den bewährten Händen von Herrn Studienrat Müller, der seinen über 100 Schüler starken Chor in mühevollster Arbeit zur Bewältigung der oft recht schweren Chöre befähigte und ein vorbildliches Zusammenwirken zwischen Schauspielern und Sängern erreichte.«[21]

Die Hauptdarsteller werden in dem Artikel namentlich erwähnt – so auch Martin Stephani:

> »Die beiden Brüder spielten die Oberprimaner Stephani und Doerbecker. Während Doerbecker den jüngeren und feurigeren Don Cesar ausgezeichnet darstellte und sich wie geschaffen für diese Rolle zeigte, war Stephani für den ruhigeren Don Manuel die geeignete Kraft. Bei diesem ist noch besonders die gepflegte Sprache hervorzuheben, die jedes Wort klanglich auswertete und den musikalischen Gehalt der Schillerschen Sprache zum Erlebnis werden ließ.«[22]

19 »Aufführung der ›Braut von Messina‹ durch die Adolf-Hitler-Schule«, Oberhessische Zeitung (Anzeiger für (das frühere kurhessische) Oberhessen), 69. Jg., Nr. 294, Montag, 17.12.1934, Stadtarchiv Marburg (ein Ausriss dieses Artikels ohne Herkunftsvermerk findet sich auch in: HStAM, 153, 317). – *Die Braut von Messina* stand auf dem Lektüreplan der Klasse O II des Reformrealgymnasiums. Martin-Luther-Schule 1838–1988, S. 195.

20 Zur *Oberhessischen Zeitung* vgl. Mann, Entstehen, S. 278f.

21 »Aufführung der ›Braut von Messina‹ durch die Adolf-Hitler-Schule«, Oberhessische Zeitung (Anzeiger für (das frühere kurhessische) Oberhessen), 69. Jg., Nr. 294, Montag, 17.12.1934, Stadtarchiv Marburg.

22 Ebd.

Dieser letzte Satz deutet auf die Sprecherziehung durch Fritz Budde hin.[23] Abschließend stellt der Autor der Oberhessischen Zeitung die Inszenierung der *Braut von Messina* noch einmal als ein Gemeinschaftswerk im Sinne des ›neuen Deutschlands‹ dar – was den Eindruck verstärkt, dass der Artikel, ohne dies explizit anzusprechen, auf Kritik aus den Reihen der Partei an der Aufführung antwortet:

> »Eines muss noch gesagt werden: Selbst eine weniger gute Leistung hätte den Wert dieser Aufführung an sich nicht verringern können, denn hier ist eine im Sinne des nationalsozialistischen Gemeinschaftsgedankens vorbildliche Arbeit geleistet worden. Waren doch Schüler fast aller Klassen irgendwie an diesem Werke beteiligt, sei es an der Aufführung selbst, an den Chören oder an den technischen Vorbereitungen. Denn auch Bühnenbau und Beleuchtung wurden von der Schule selbst ausgeführt. [...] So wurde mit dieser Aufführung der Adolf-Hitler-Schule eine Möglichkeit für Gemeinschaftsarbeit einer ganzen Schulgemeinde eröffnet, an der die kommende Schulreform sicher nicht vorübergehen wird.
> Auch den Beteiligten selbst wurde so diese Aufführung ein unvergessliches Erlebnis. Ihnen erwuchs aus diesem Werke die Erkenntnis, dass gemeinsame Arbeit viel mehr verbindet als gemeinsame Freude, allen aber, die diesen Aufführungen beiwohnten, die Einsicht, dass in dieser ›ungeistigen‹ Jugend ein Geschlecht heranwächst, das, wahrhaftig gesund an Leib und Seele, die Erfüllung einer alten Sehnsucht bedeutet.«[24]

Der Zeitungsbericht verdeutlicht, dass die Inszenierung eines Theaterstücks an einer Höheren Schule im Jahre 1934 unweigerlich auch eine politische Dimension hatte – die den Beteiligten kaum verborgen geblieben sein dürfte.

Bleibt zu klären, wie Martin Stephani im Jahre 1948 dazu kam zu behaupten, *Die Braut von Messina* sei seine eigene Inszenierung gewesen, während sowohl das Programmheft als auch der Pressebericht den Studienassessor Kleiner als Regisseur nennen.[25] Tatsächlich sollte das Stück wohl schon gegen Ende des Schuljahrs 1933/34 auf die Bühne gebracht werden, doch musste die Aufführung infolge der Erkrankung – und anschließenden Pensionierung – des

23 Eine fast überkorrekt akzentuierte Aussprache blieb das hervorstechende Merkmal des Sprechstils Martin Stephanis, wie verschiedene Tonbandmitschnitte aus der Zeit nach 1945 belegen.

24 »Aufführung der ›Braut von Messina‹ durch die Adolf-Hitler-Schule«, Oberhessische Zeitung (Anzeiger für (das frühere kurhessische) Oberhessen), 69. Jg., Nr. 294, Montag, 17.12.1934, Stadtarchiv Marburg.

25 So auch: Brand, Oberrealschule, S. 51.

Studienrats Heinrich Möller verschoben werden.[26] Es ist möglich, dass Martin Stephani – aufgrund seiner Schauspielerfahrung – während der Vakanz die Regie übernahm.[27] Dass er im nachhinein den Eindruck zu erwecken versuchte, er habe in dieser Inszenierung die Regie geführt, passt in das Bild des ›geborenen Führers‹, das Martin Stephani – wie noch zu zeigen sein wird – von Jugend an von sich selber zeichnete.

26 Eintrag im Mitteilungsbuch für die Lehrer, Schuljahr 1933/34 [etwa Januar 1934], HStAM, 153/15, 5.

27 1937 gab Martin Stephani an, er sei Mitglied des Deutschen Schillerbundes. Lebenslauf, 28.6.1937, Archiv der Universität der Künste Berlin 1/4790.

3. Eintritt in die Hitlerjugend, 1934

Die ›Machtergreifung‹ erlebte Martin Stephani als Schüler am Marburger Reformrealgymnasium. Bevor die genauen Umstände seines Eintritts in die Hitlerjugend im Jahre 1934 untersucht werden, sollen zunächst die politischen Verhältnisse in seiner Heimatstadt und an seiner Schule zwischen 1930 und 1933 kurz dargestellt werden.

Marburg als Hochburg des Nationalsozialismus

Die hessische Universitätsstadt und mehr noch der sie umgebende Landkreis waren bereits in der ausgehenden Weimarer Republik eine Hochburg des Nationalsozialismus. Schon zu Beginn der 1930er Jahre hatte sich die NSDAP als stärkste politische Kraft im Raum Marburg etablieren können. Bei der Reichstagswahl am 14. September 1930 konnte sie in Marburg 22,2 Prozent der Stimmen auf sich vereinen[1] – im Reichsdurchschnitt waren es hingegen nur 18,3 Prozent. Bei den Wahlen zum Reichspräsidenten im Jahre 1932 lag Adolf Hitler (1889–1945) in der Stadt Marburg schon im ersten Wahlgang mit einem Stimmenanteil 42,2 Prozent knapp vor Paul von Hindenburg (1847–1934) mit 41,9 Prozent. Im zweiten Wahlgang entfielen in der Stadt Marburg sogar 56,2 Prozent der Stimmen auf Hitler, auf Hindenburg nur 31,3 Prozent – auf Reichsebene setzte sich Hindenburg dagegen mit 53 Prozent gegen Hitler mit 36,8 Prozent durch.[2] Wäre es nach den Marburger Wählerinnen und Wählern gegangen, so wäre Adolf Hitler also schon 1932 in einer freien Wahl zum Reichspräsidenten gewählt worden. Die Stadt blieb ein gutes Pflaster für die Nationalsozialisten: Bei der Reichstagswahl am 31. Juli 1932 erreichte die NSDAP in Marburg mit 53,3 Prozent erstmals die absolute Mehrheit – auf

1 Im Landkreis Marburg waren es sogar 33,2 Prozent. Zahlenangaben nach Mann, Entstehen, S. 337, Tab. 2.

2 Wieder lagen die Werte für den Landkreis Marburg noch höher: Hier kam Hitler schon im ersten Wahlgang auf 56,2 Prozent der Stimmen (Hindenburg auf 31,3 Prozent), im zweiten Wahlgang erzielte Hitler im Landkreis Marburg das Rekordergebnis von 62,1 Prozent (33,7 Prozent gingen an Hindenburg). Mann, Entstehen, S. 338, Tab. 3.

Reichsebene kam sie lediglich auf 37,4 Prozent.[3] Und auch bei der Reichstagswahl am 6. November 1932, als die NSDAP Verluste hinnehmen musste und im Reich nur mehr auf 33,1 Prozent kam, verfehlte sie in Marburg mit 49,2 Prozent der Stimmen die absolute Mehrheit nur knapp.[4] Bei der Reichstagswahl am 5. März 1933 schließlich erzielte die NSDAP mit einem Stimmenanteil von 57,6 Prozent in Marburg wieder die absolute Mehrheit und lag damit weit über dem Reichsdurchschnitt – bekanntlich musste die NSDAP mit 43,9 Prozent eine Koalition mit der deutschnationalen Kampffront Schwarz-Weiß-Rot mit 7,8 Prozent eingehen, um eine hauchdünne Mehrheit für eine ›Regierung der nationalen Konzentration‹ zusammenzubekommen.[5]

Die Gründe für die überaus starke Stellung der NSDAP in Marburg sind in der vom Mittelstand dominierten Sozialstruktur der Stadt und des Kreises zu suchen. Handwerker, kleine Gewerbetreibende, kaufmännische Angestellte, dazu die Bauern im ländlichen Umfeld der Stadt, trieb die Angst vor sozialem Abstieg vor dem Hintergrund der Weltwirtschaftskrise an den rechten Rand des politischen Spektrums.[6] Auch große Teile der Studentenschaft an der Universität Marburg – sie machten 15 Prozent der Bevölkerung Marburgs aus, 30 Prozent der Bevölkerung waren in ihrer beruflichen Existenz mittelbar oder unmittelbar von der Universität abhängig[7] – tendierten schon in der ausgehenden Weimarer Republik weit nach rechts.

Auch die Kommunalwahl am 12. März 1933 entschieden die Nationalsozialisten in Marburg klar für sich: Sie gewannen zwanzig von dreißig Sitzen in der Stadtverordnetenversammlung, dazu 14 von 25 Sitzen im Kreistag und hatten somit in der Stadt wie im Kreis bereits eine absolute Mehrheit, noch ehe die sozialdemokratischen Abgeordneten im Juni 1933 infolge des Verbots der SPD ihr Mandat niederlegen mussten.[8] Zudem nötigten die Nationalsozialis-

3 Seier, Marburg, S. 561, Tab. 1.

4 Im Landkreis Marburg reichte es dagegen mit 55,3 Prozent immer noch für die absolute Mehrheit. Mann, Entstehen, S. 339, Tab. 4.

5 Im Landkreis Marburg erzielte die NSDAP das Rekordergebnis von 62,9 Prozent. Ebd., S. 340, Tab. 5. Die genauen Stimmenzahlen, nach Wahllokalen aufgeschlüsselt, finden sich in der Oberhessischen Zeitung vom 6.3.1933, als Faksimile abgedruckt in: Dettmering, Was alle lesen konnten, S. 85f.

6 Mann, Entstehen, S. 258 (zur Sozialstruktur der Stadt Marburg), S. 297 (zur Sozialstruktur der NSDAP-Ortsgruppe), S. 322, Anm. 242 (zur Zahl der Arbeitslosen in Marburg). Dazu auch ausführlich: Willertz, Marburg; Koshar, Life.

7 Mann, Entstehen, S. 258.

8 Artikel »Das neue Marburger Stadtparlament. Absolute Mehrheit der NSDAP«, in: Oberhessische Zeitung, 13.3.1933, als Faksimile abgedruckt in: Dettmering, Was alle lesen konnten, S. 116f. Die vier sozialdemokratischen Stadtverordneten

ten den seit 1927 amtierenden Marburger Oberbürgermeister Johannes Müller (1880–1964) noch im März 1933 zum Rücktritt[9] – an seine Stelle trat im April 1934 Dr. Ernst Scheller (1899–1942), Chefredakteur der Oberhessischen Zeitung und einer der prominenten Nationalsozialisten Marburgs.

Auch die Gliederungen der NSDAP waren in Marburg stark vertreten. Ende 1933 hatten in Marburg elf SA-Einheiten ihren Sitz.[10] Hinzu kam der kleine SS-Sturm 4/II/35. Die Marburger Hitlerjugend war im Bann 224 organisiert.[11] Im Juni 1933 fand in Marburg ein Gautreffen der Hitlerjugend mit 15.000 Teilnehmern statt.[12]

Ein Schlaglicht auf das politische Klima dieser Zeit werfen die Beschlüsse des neu gewählten Stadtparlaments in seiner ersten Sitzung am 4. April 1933. Mit Billigung des neu konstituierten Magistrats wurde einstimmig beschlossen, Adolf Hitler und Paul von Hindenburg zu Ehrenbürgern der Stadt Marburg zu ernennen, den Friedrichsplatz in Adolf-Hitler-Platz, die Kasernenstraße in Hermann-Göring-Straße und die Uferstraße in Bernhard-Rust-Straße,[13] die Städtische Oberrealschule nebst Reformrealgymnasium in der Savignystraße in Adolf-Hitler-Schule, die Städtische Südschule in Horst-Wessel-Schule[14]

erklärten am 3. April 1933, dass sie an den Sitzungen des Stadtparlaments nicht teilnehmen würden. Artikel »Erklärung der sozialdemokratischen Stadtverordneten«, in: Hessisches Tagblatt, 3.4.1933, als Faksimile abgedruckt in: Dettmering, Was alle lesen konnten, S. 157. Vgl. Willertz, Marburg, S. 595.

9 Artikel »Rücktritt des Oberbürgermeisters gefordert. Erklärung der NSDAP. Oberbürgermeister Müller geht in Urlaub«, in: Oberhessische Zeitung, 28.3.1933, als Faksimile abgedruckt in: Dettmering, Was alle lesen konnten, S. 137.

10 Fünf reguläre Sturmeinheiten mit je siebzig bis achtzig Mann, eine Reserveeinheit, eine motorisierte und eine Pioniergruppe, ein Nachrichtentrupp, eine Reiter- und eine Fliegersturmgruppe.

11 Er war mit einem anderen Bann zum Oberbann II zusammengeschlossen, der die südliche Hälfte des Gaus Kurhessen umfasste und seinen Sitz ebenfalls in Marburg hatte.

12 Willertz, Marburg, S. 598, S. 601. Vgl. Artikel »Kurhessens Hitler-Jugend bei uns!«, in: Oberhessische Zeitung, 3.6.1933, als Faksimile abgedruckt in: Dettmering, Was alle lesen konnten, S. 238–240.

13 Bernhard Rust (1883–1945) war zu diesem Zeitpunkt preußischer Kultusminister. 1934 übernahm er in Personalunion das Reichsministerium für Wissenschaft, Erziehung und Volksbildung.

14 Der SA-Sturmführer Horst Wessel (1907–1930) war von Mitgliedern des Roten Frontkämpferbundes ermordet worden und galt seither als Märtyrer der nationalsozialistischen Bewegung.

und die Städtische Nordschule in Schlageter-Schule[15] umzubenennen.[16] Vom Schuljahr 1933/34 an besuchte Martin Stephani also die Adolf-Hitler-Schule. Wie stolz die Marburger Nationalsozialisten auf diese Umbenennung waren, geht aus einer Notiz in der *Oberhessischen Zeitung* vom 6. Mai 1933 hervor, in der es hieß:

> »Aus Frankfurt wird gemeldet, dass gestern dort ›die erste Adolf-Hitler-Schule in Hessen-Nassau, wahrscheinlich sogar im Reich‹ feierlich eingeweiht wurde. So schön das ist, wir müssen den Frankfurtern widersprechen, denn die Hitler-Schule in Marburg wurde bereits am Tag der Nationalen Arbeit (1. Mai) geweiht.«[17]

»[...] naturgemäß nicht ohne Spannungen«. Die ›Gleichschaltung‹ der Adolf-Hitler-Schule

Schon zu Beginn der Weimarer Republik war – so urteilte Oberstudiendirektor Walther Brand (1880–1968), seit 1926 Direktor der Oberrealschule und des Realgymnasiums, in der Rückschau – ein »beträchtlicher Teil« der Schülerschaft in »die verschiedenen nationalen Bünde« eingetreten, »seien es die freien Bünde, die Freischar und die Pfadfinder, seien es die jungnationalen Bünde«.[18] Auch der Verein für das Deutschtum im Ausland (VDA) – »eine Zwischenform zwischen eigentlichen Schülervereinen und außerschulischen Vereinigungen«[19] – erfreute sich unter den Schülern großer Beliebtheit, ein weiterer Beleg für eine Verortung großer Teile der Schülerschaft am rechten Rand des politischen Spektrums. Wie Brand rückblickend festhielt, gehörten »einige Schüler [...] auch schon früh dem nationalsozialistischen Schülerbunde an«,[20] obwohl dies seit 1930 streng verboten war.[21] In der Folgezeit, so deutet Brand

15 Albert Leo Schlageter (1894–1923) hatte als Mitglied einer nationalsozialistischen Tarnorganisation mehrere Attentate im besetzten Rheinland verübt, war deshalb von einem Militärgericht zum Tode verurteilt und hingerichtet worden. Auch er galt als Märtyrer der Bewegung.

16 Artikel »Die erste Stadtverordneten-Versammlung«, in: Oberhessische Zeitung, 4.4.1933, als Faksimile abgedruckt in: Dettmering, Was alle lesen konnten, S. 153–155.

17 Artikel »Die erste Adolf-Hitler-Schule in Marburg«, in: Oberhessische Zeitung, 6.5.1933, zit. nach: Willertz, Marburg, S. 598.

18 Brand, Oberrealschule, S. 20. Vgl. Schmitt, Ende, S. 219f.

19 Brand, Oberrealschule, S. 20. Vgl. Schmitt, Ende, S. 235.

20 Brand, Oberrealschule, S. 31.

21 Im Bericht des Oberstudiendirektors Dr. Walther Brand über das Schuljahr 1930/31 (HStAM, 153/15, 56) heißt es dazu: »Den Schülervereinen, die früher

an, brachten »Fragen der vorgesetzten Behörden nach dem Vorhandensein nationalsozialistischer Vereinigungen und Anzeigen örtlicher Stellen über die Beteiligung einzelner Schüler bei Veranstaltungen der NSDAP wie umgekehrt Angriffe in nationalsozialistischen Tageszeitungen mancherlei Unruhe«[22] in die Schule. Nachdem das Verbot durch Ministerialerlass vom 23. September 1932 eingeschränkt und die »Zugehörigkeit zu einer Jugendorganisation der NSDAP und die Teilnahme an den Veranstaltungen dieser Jugendorganisation« erlaubt worden waren, »schlossen sich ihm weitere Schüler an«.[23] Erstmals offen in Erscheinung trat der NS-Schülerbund, als er – ebenso wie der Scharnhorstbund – bei der Gefallenengedenkfeier am 10. März 1933, als Vertreter der beiden Bünde »Kränze in den Farben und mit den Abzeichen ihrer Organisation an der Gefallenengedenktafel der Schule niederlegten«.[24] Die nationalsozialistischen Jugendorganisationen übten »auf die Schüler eine so starke Anziehungskraft« aus, »dass schon zwei Jahre später ca. 90 % der Schüler dieser Schule als Mitglieder einer dieser Organisationen angehörten«.[25] Am 9. Dezember 1935 wurde der Adolf-Hitler-Schule daraufhin das Recht verliehen, die Fahne der Hitlerjugend zu hissen.[26] Wie Direktor Walther Brand im Rückblick schrieb, waren schließlich alle »arischen Schüler«[27] der Hitlerjugend beigetreten. Die Schüler jüdischen Glaubens oder jüdischer Herkunft wurden

einer strengen Beaufsichtigung durch die Schule unterlagen, wird jetzt weitgehende Freiheit gewährt. Auch in dieser Beziehung verzichtet die Schule weit mehr als früher auf ein Aufsichtsrecht; sie überlässt die Entscheidung, ob ein Schüler einem Verein beitritt, den ›Erziehungsberechtigten‹, d.h. also im Allgemeinen den Eltern. Sie schreitet nur ein, wenn ein Schülerverein sich anders als im Sinne der von der Schule zu genehmigenden Statuten betätigt oder gegen Ordnung und gute Sitte verstößt. Jedoch dürfen Schüler keine *Vereine* bilden oder außerschulischen Vereinen oder Parteien angehören oder an deren Veranstaltungen teilnehmen, die sich gegen den Staat oder die geltende Staatsform richten oder Mitglieder der Regierung des Reichs oder eines Landes verächtlich machen oder die verfassungsmäßigen Grundrechte missachten oder Glieder der deutschen Volksgemeinschaft ihrer Abkunft oder ihres Glaubens wegen bekämpfen. Der Besuch öffentlicher politischer Versammlungen, besonders Wahlversammlungen, *aller* Parteien ist den Schülern verboten. Auch das Tragen von *Abzeichen* jeder Art in der Schule, auf dem Schulwege, bei ihren Veranstaltungen ist streng untersagt.« Hervorhebungen im Original.

22 Brand, Oberrealschule, S. 31.
23 Ebd.
24 Ebd.
25 Martin-Luther-Schule 1838–1988, S. 169.
26 Ebd.; Schmitt, Ende, S. 239–240.
27 Brand, Oberrealschule, S. 32. Einem Eintrag im Mitteilungsbuch des Direktors aus dem Schuljahr 1933/34 zufolge gehörten die Schüler der Klassen O III bis

dadurch noch weiter stigmatisiert. Schon 1933 kam es zu Übergriffen auf solche ›nicht arischen‹ Schüler.[28]

Die »Einschaltung« der Hitlerjugend in den Schulalltag sei, so Brand, »naturgemäß nicht ohne Spannungen vor sich«[29] gegangen:

> »Der Satz: ›Jugend kann nur von Jugend erzogen werden‹ wurde gerade von der Lehrerschaft und auch von den meisten Eltern als falsch empfunden. Eine Reihe von Erlassen suchte das Verhältnis beider Erziehungseinrichtungen zu regeln. Trotzdem mussten öfters die Rechte der Schule betont werden, so wenn versucht wurde, Schule und HJ gegeneinander auszuspielen, oder wenn Schüler entgegen den ausdrücklichen Bestimmungen bereit waren, Einberufungen zu Lehrgängen und sonstigen Veranstaltungen der HJ zu folgen, ohne vorher ordnungsgemäß vom Unterricht beurlaubt zu sein.
> Ein an alle Schülereltern gerichtetes Schreiben des Direktors, das auf die schweren Folgen solcher Eigenmächtigkeiten hinwies und gegebenenfalls Entlassung aus der Schule ankündigte, diente der nötigen Wahrung der Autorität der Schule.«[30]

Diese Darstellung wird durch die Primärquellen bestätigt. So findet sich im Mitteilungsbuch des Rektors für das Schuljahr 1933/34 ein Eintrag, in dem die Klassenlehrer aufgefordert wurden, einen Erlass des Ministeriums zur Pflege der Beziehungen zwischen Schule und Hitlerjugend in ihren Klassen zu »besprechen« und den Erlass »im Klassenzimmer anzubringen«.[31]

Wenn auch das Verhältnis zur Hitlerjugend nicht frei von Spannungen und Konflikten war, so schritt die politische Indoktrinierung doch rasch voran. Seit der Machtübernahme hatten die Schüler eine Vielzahl von »Filmvorfüh-

O I – mit zwei Ausnahmen – einer NS-Jugendorganisation (einschließlich der Schüler-SS) an. HStAM, 153/15, 5.

28 Eintrag des Direktors im Mitteilungsbuch für die Lehrer im Schuljahr 1932/33: »Die Herren Klassenleiter bitte ich, darauf hinzuweisen, dass unsere jüdischen Schüler (besonders sind die kleineren Schüler zu schützen) nicht von den anderen Schülern behelligt werden. Vorfälle in einer der unteren Klassen veranlassen mich zu dieser Mitteilung.« Eintrag im Mitteilungsbuch im Schuljahr 1933/34: »In letzter Zeit sind wiederholt jüdische Schüler belästigt worden. Ich ersuche alle Herren Klassenleiter, insbesondere die der mittleren und unteren Klassen, das Entsprechende zu veranlassen, um solche Vorkommnisse auszuschalten.« HStAM, 153/15,5. Vgl. Schmitt, Ende, S. 238; Martin-Luther-Schule, S. 175.

29 Brand, Oberrealschule, S. 31.

30 Ebd., 31–32.

31 Undatierter Eintrag im Mitteilungsbuch des Rektors, Schuljahr 1933/34, HStAM, 153/15, 5.

rungen, Aufmärschen, Feiern und Gedenkstunden«[32] mitzumachen. Der veränderte Zeitgeist spiegelte sich im »Einbau der Wehrerziehung, der Luftfahrt, des Luftschutzes, des Auslandsdeutschtums im Unterricht«[33] und in der Erhebung der »Vererbungs- und Rassenkunde« zum Gegenstand der mündlichen Reifeprüfung[34] ebenso wider wie in den Aufsatzthemen[35] und in der Teilnahme an den Arbeitsgemeinschaften.[36]

»Politisch von jeher desinteressiert«. Martin Stephanis Weg in die Hitlerjugend

Im Gegensatz zu vielen seiner Schulkameraden zögerte Martin Stephani, sich der Hitlerjugend anzuschließen. Klar ist, dass er erst gegen Ende des Schuljahres 1933/1934 Mitglied wurde. Zum genauen Zeitpunkt seines Beitritts machte er in den verschiedenen Lebensläufen, die er zwischen 1937 und 1948 verfasste, jedoch widersprüchliche Angaben. Der Lebenslauf vom 28. Juni 1937, der den Bewerbungsunterlagen Martin Stephanis zur Staatlichen Akademischen Hochschule für Musik in Berlin beiliegt, vermerkt als Eintrittsdatum in die Hitlerjugend den 1. Februar 1934. Am 1. April 1934, heißt es hier weiter, habe er sich in das Nationalsozialistische Kraftfahrkorps (NSKK) überweisen lassen.[37] In dem Fragebogen, den Stephani im Zusammenhang mit seinem Antrag an das Rasse- und Siedlungshauptamt der SS um Übersendung von Vordrucken zu einem Verlobungs- und Heiratsgesuch vom 8. Dezember 1944 ausfüllte, gab er dagegen an, er sei lediglich vom 1. bis zum 20. April 1934 Mitglied der Hitlerjugend gewesen; am 20. April 1934 sei er dann der SA beigetreten, der er bis zum 31. Oktober 1935 angehört habe.[38] In seiner SS-Personalkarteikarte heißt es wiederum, er sei vom 1. April 1934 bis zum 1. September 1934 Mitglied der HJ gewesen, vom 1. September 1934 bis zum 30. Oktober 1935 Mitglied des NSKK.[39]

Wie kam es zu derart unterschiedlichen Angaben? Die Darstellung aus dem

32 Martin-Luther-Schule 1838–1988, S. 172. Vgl. ebd., S. 176–177; Schmitt, Ende, S. 239.
33 Brand, Oberrealschule, S. 34.
34 Ebd. Vgl. die Abituraufgaben im Fach Deutsch für das Schuljahr 1932/33 bis Schuljahr 1935/36, in: Martin-Luther-Schule, S. 193–194.
35 Schmitt, Ende, S. 236–237. Vgl. Anhang, S. 270–271.
36 Ebd., S. 237.
37 Lebenslauf, 28.6.1937, Archiv der Universität der Künste Berlin 1/4790.
38 R.u.S.-Fragebogen Martin Stephani, BArch. Berlin, R 9361/III, 202641.
39 SS-Personalkarteikarte Martin Stephani, BArch. Berlin, VBS 286, 6400443558.

Jahr 1944 lässt deutlich den Versuch erkennen, die Parteinahme zugunsten der nationalsozialistischen Bewegung stärker zu akzentuieren: Der Übertritt von der Hitlerjugend zum NSKK wird hier auf ›Führers Geburtstag‹ datiert, was den Schluss nahe legt, es habe sich hier um ein bewusstes Bekenntnis zu Adolf Hitler und dem von diesem geschaffenen ›neuen Deutschland‹ gehandelt. Zudem spricht Martin Stephani an dieser Stelle von einem Beitritt zur SA – da die Sturmabteilung als bewaffnete Formation der NSDAP für Saalschlachten, Straßenkämpfe und direkte Aktion stand, mutet dieser Eintrag Stephanis deutlich militanter und martialischer an als die Angabe, er habe sich dem NSKK angeschlossen, der als Automobilclub und Fahrdienst zur Beförderung von Parteirednern und Wählern galt. Formal war die Angabe Stephanis aus dem Jahr 1944 übrigens durchaus korrekt, war das NSKK doch bis zur Röhm-Krise eine Sondereinheit der SA.[40] Die Angabe auf der SS-Personalkarteikarte, wonach Martin Stephani erst am 1. September 1934 zum NSKK überwechselte, könnte wiederum dem Gebot der Vorsicht geschuldet gewesen sein – auf diese Weise war jeder Bezug zur SA, der ja vorgeworfen wurde, sie habe im Sommer 1934 einen Putsch geplant, aus der Biographie getilgt. Ein möglicher Grund für die unterschiedlichen Angaben zum Eintrittsdatum bei der Hitlerjugend – 1. Februar oder 1. April 1934 – zeichnet sich erst bei näherer Betrachtung ab, wie gleich gezeigt werden soll.

In dem 1947 im Lager Eselheide verfassten Lebenslauf erläutert Martin Stephani den Eintritt in die Hitlerjugend folgendermaßen:

> »Politisch von jeher desinteressiert, gehörte ich bis 1934 keiner Parteiformation an; unter dem *Druck der Schule, die mit der Verweigerung des Reifezeugnisses drohte*, trat ich im Januar des genannten Jahres [1934] einer Segelfluggruppe der ehem. H.J. bei, von der ich bereits nach zwei Monaten in einen Musikzug des NS.K.K. überwiesen wurde. Die Einberufung zum Wehrdienst [...] im Herbst 1935 löschte meine eineinhalbjährige Mitgliedschaft im NSKK.«[41]

Mit dieser Darstellung des Geschehens konnte sich Martin Stephani durchsetzen. In der Begründung des abschließenden Urteils des Spruchgerichts Bielefeld vom 7. Juni 1948 heißt es kurz und bündig: »Im Januar 1934 trat er einer Segelfluggruppe der HJ bei, weil ihm sonst die Verweigerung des Reifezeugnisses gedroht hätte.«[42]

40 Hochstetter, Motorisierung; dies., »Nur eine Art ADAC?«, S. 142.

41 Lebenslauf, undatiert [1947], BArch. Koblenz, Z 42–IV, Nr. 2887. Kursiv: von fremder Hand unterstrichen.

42 Urteil des Spruchgerichts Bielefeld, 7.6.1948, BArch. Koblenz, Z 42–IV, Nr. 2887.

In seinem Lebenslauf vom 17. Juni 1948, verfasst für den Entnazifizierungsausschuss in Köln, bekräftigte Martin Stephani diese Darstellung, wobei er weitere Einzelheiten hinzufügte und die Daten abermals veränderte:

> »Ich war weder Pg., noch habe ich mich jemals um Parteizugehörigkeit oder eine politische Tätigkeit bemüht.
> Unter Androhung der Nichtzulassung zum Abitur trat ich 1934 (als Unterprimaner) für 2 Monate der Segelflug-H.J. bei, aus der ich im April des gleichen Jahres zum Musikzug der Marburger ›Motorstandarte‹ (NSKK) überwiesen wurde. Ohne dort einen Rang bekleidet zu haben – ich wurde lediglich als Klarinettist verwandt – trat ich im September 1935 (mit Erhalt des Wehrmachtgestellungsbefehls) aus dieser Organisation wieder aus.«[43]

In seinem Brief an Gustav Scheck vom 6. September 1959 bekräftigte Martin Stephani diese Darstellung noch einmal. Danach hatte sein »›innerer Widerstand‹« bereits 1934 »zu ernsthaften Konsequenzen« geführt,

> »da die Zulassung zum Abitur von meinem bis dahin ständig verweigerten endlichen Eintritt in eine NS-Formation abhängig gemacht wurde; (ich blies daraufhin zwei Jahre Klarinette im sogen. ›Musikzug des nationalsoz. Kraftfahrkorps‹, der aus den in Uniform gesteckten Musikern der alten Marburger Stadtkapelle Pauli bestand ...).«[44]

Stephani fährt an dieser Stelle sarkastisch fort: »Die Ableistung der zweijährigen Militärdienstpflicht [...] von 1935 – 1937 enthob mich vorübergehend weiterer Sorgen um meine ›politische Laufbahn‹ (!)«.[45]

Es kann vor dem Hintergrund der ›Gleichschaltung‹ der Adolf-Hitler-Schule keineswegs ausgeschlossen werden, dass tatsächlich Druck auf die angehenden Abiturienten ausgeübt wurde, der Hitlerjugend beizutreten. Mit Erlass vom 7. Februar 1934 führte das Preußische Ministerium für Wissenschaft, Kunst und Volksbildung nämlich einen Numerus clausus ein, demzufolge zum Ende des Schuljahres 1933/34 lediglich 758 Abiturienten und 67 Abiturientinnen

43 Lebenslauf, 17.6.1948, LAV NRW, Abteilung Rheinland, NW 1049 Ne 30266, Auszug PA, Bd. II–IV. Vgl. Fragebogen des Military Government of Germany, 7.12.1947, LAV NRW, Abteilung Rheinland, NW 1049 Ne 30266, Auszug PA, Bd. II–IV: Hier gibt Stephani an, er sei von Februar bis März 1934 »Anwärter« der Hitlerjugend gewesen, von April 1934 bis September 1935 Mitglied im NSKK, wobei er die Anmerkung »Musikzug« hinzufügte.

44 Martin Stephani an Gustav Scheck, 6.9.1959, LAV NRW, Abteilung Rheinland, NW Pe, Nr. 7475, Auszug PA, Bd. III.

45 Ebd.

aus der Provinz Hessen-Nassau die Hochschulreife zugebilligt werden sollte. Dabei sollten die schulischen Leistungen nicht das alleinige Auswahlkriterium darstellen. Vielmehr sollten die »geistige und körperliche Reife, der Charakterwert und die nationale Zuverlässigkeit entscheidend«[46] sein. »Besonderes Augenmerk« sei »der charakterlichen Eignung, Lauterkeit der Gesinnung, Festigkeit des Willens, Kameradschaftlichkeit, unbedingter nationaler Zuverlässigkeit und Hingabefähigkeit im Sinne der nationalsozialistischen Staatsauffassung zuzuwenden. Nicht minder verdient die körperliche Tüchtigkeit (z. B. Besitz des Reichsportabzeichens), die Bewährung im Geländesport und in den nationalen Verbänden (SA, HJ und BDM) volle Berücksichtigung.«[47] Wenige Tage später, am 16. Februar 1934, schärfte das Ministerium den Schulen in einem weiteren Erlass ein, »bei der Beurteilung der Persönlichkeit eines Schülers und der Frage der Reife [...] im Besonderen die Tatsache zu berücksichtigen, ob er in der SA, der SS oder der Hitlerjugend«[48] sei. Der Dienst in diesen Verbänden sollte berücksichtigt werden, wenn es an fachlichen Kenntnissen mangele. Die beiden Erlasse wurden vom Oberpräsidenten der Provinz Hessen-Nassau an die Schulen weitergeleitet – sie finden sich auch, mit Eingangsstempel versehen, in den Akten der Adolf-Hitler-Schule. Es ist durchaus denkbar, dass ihr Inhalt den Schülern der Oberstufe des Reformrealgymnasiums zur Kenntnis gebracht wurde.

Im Februar 1934, als die beiden Erlasse herausgegeben wurden, gehörte, wie eben schon erwähnt, die Mehrheit der Schüler der Adolf-Hitler-Schule bereits der Hitlerjugend an – nicht so Martin Stephani. Seine spätere Darstellung, er sei »unter Androhung der Nichtzulassung zum Abitur« irgendwann gegen Ende des Schuljahrs 1933/34 – also im Zeitraum vom Januar bis April 1934 – der Hitlerjugend beigetreten, erscheint vor diesem Hintergrund durchaus glaubwürdig. Warum aber trat er, wie er selber angab, einer Segelfluggruppe der Hitlerjugend bei?

Das reformpädagogisch orientierte Marburger Realgymnasium hatte

46 Dennoch sollte, wie in dem Erlass mit Nachdruck betont wird, ein »Herabsinken der Anforderungen für das erfolgreiche Bestehen der Reifeprüfung keineswegs geduldet werden«. Erlass des Preußischen Ministers für Wissenschaft, Kunst und Volksbildung, 7.2.1934 (weitergeleitet vom Oberpräsidenten der Provinz Hessen-Nassau am 9.2.1934), HStAM, 153/15, 321. Vollständig zitiert in: Martin-Luther-Schule, S. 180f.

47 Ebd.

48 Erlass des Preußischen Ministers für Wissenschaft, Kunst und Volksbildung, 16.2.1934 (weitergeleitet vom Oberpräsidenten der Provinz Hessen-Nassau am 17.2.1934), HStAM, 153/15, 321. Vollständig zitiert in: Martin-Luther-Schule, S. 179.

bereits in den 1920er Jahren »freie Arbeitsgemeinschaften« eingerichtet, z.B. Orchestermusik und Theater.[49] Besonderes Augenmerk wurde auf die »Pflege des Luftsportgedankens«[50] gelegt. 1931 gründete ein früherer Abiturient des Reformrealgymnasiums, der Fluglehrer Wolfgang Freund, eine Segelfluggruppe, die einerseits als Schülerverein anerkannt und als solcher »dem Direktor unterstellt, andererseits dem Kurhessischen Verein für Luftfahrt angeschlossen war.«[51] Vom 14. Mai 1931 bis 20. Oktober 1932 wurden von den Schülern 561 Starts auf dem Segelfluggelände Cyriaxweimar und auf dem Fluggelände Afföllerwiesen ausgeführt. Im Winter 1932/33 baute sich eine Gruppe von Schülern ein eigenes Gleitflugzeug. Die Mittel zum Bau dieser Maschine (Typ Schleicher Anfänger) kamen durch Spenden verschiedener Firmen[52] sowie Zuschüsse des Ministeriums für Wissenschaft, Kunst und Volksbildung und des Oberpräsidiums in Kassel zusammen. Am 12. September 1933 flog der Fluglehrer die Maschine ein, und noch vor der feierlichen Taufe im November waren über 100 Starts ausgeführt, davon neun Flüge von der Hasenkopfkuppe, die bewiesen, »dass das Flugzeug zur Anfängerschulung gut zu gebrauchen war«.[53] Am 9. November 1933 fand in der Aula die Taufe dieses selbstgebauten Gleitflugzeuges statt, das nach dem Segelflugpionier Günther Groenhoff (1908–1932) benannt wurde. Danach setzte der Segelflugunterricht, der ein Jahr lang geruht hatte, wieder ein. Die Segelfluggruppe absolvierte an 15 Flug-

49 Schmitt, Ende, S. 225–228. Martin Stephani gehörte dem Schulorchester an, das der Direktor Walther Brand in höchsten Tönen lobte. So heißt es im Jahresbericht 1930/31 (HStAM, 153/15, 56): »Die Mitglieder waren nicht wenig stolz, als der Fachberater des Provinzial-Schulkollegiums nach Anhören des 1. Satzes der Paukenschlagsymphonie von Haydn und des Flötenkonzerts von [Johann Joachim] Quantz [1697–1773] in Gegenwart des Oberschulrats und des Oberstudiendirektors äußerte, dass er in seiner 25-jährigen Praxis kein solches Schulorchester kennen gelernt hätte.« Ganz ähnlich: Brand, Oberrealschule, S. 51.

50 Schmitt, Ende, S. 228. Seit 1926 bastelten Schüler der Oberstufe unter Anleitung des Studienrates Dr. Willi Stier einfache Segelflugmodelle. Im Schuljahr 1928/29 wurde unter der Leitung des Studienrates Johann Verbeek eine Arbeitsgemeinschaft der Primen in Flugphysik eingerichtet. Brand, Oberrealschule, S. 27–28. Vgl. auch: Schmitt, Ende, S. 228–233.

51 An »Flugmaterial« standen der Segelfluggruppe eine alte Schulmaschine des Deutschen Luftsportverbandes (Typ Holsderteufel) und später eine neuere Schulmaschine (Typ Zögling) zur Verfügung.

52 Tabakfabrik St. Niderehe & Sohn GmbH in Marburg, Henkel & Cie in Düsseldorf, Dr. August Oetker in Bielefeld u.a.

53 Artikel »Die Adolf-Hitler-Schule weiht ihr erstes Segelflugzeug ein«, Oberhessische Zeitung, 13.11.1933, als Faksimile abgedruckt in: Dettmering, Was alle lesen konnten, S. 473–475; Schmitt, Ende, S. 232–233; Martin-Luther-Schule, S. 188–190.

tagen weitere 250 Starts. Im Flugbuch findet sich nunmehr auch der Name Stephani – es handelt sich hierbei aber nicht um Martin Stephani, sondern um seinen jüngeren Bruder Reinhart, einen begeisterten Segelflieger.[54]

Die Flugstunden fanden jedoch ein abruptes Ende, als Wolfgang Freund mit der Schulmaschine der Adolf-Hitler-Schule verunglückte, wobei der Fluglehrer schwer verletzt – die Meldung, er sei bei dem Unglück ums Leben gekommen, erwies sich als Zeitungsente[55] – und die Maschine stark beschädigt wurde. Während der Flugunterricht ruhte, wandte sich die Marburger Hitlerjugend an den Rektor Walther Brand »mit der Aufforderung, die Segelfliegergruppe unserer Schule aufzulösen und ihr unser Segelflugzeug ›Günther Grönhoff‹ [...] zu übergeben, da eine fliegerische Betätigung außerhalb der HJ verboten sei (unsere Flieger gehören sämtlich der HJ an).«[56] Vergeblich wandte sich der Rektor an die vorgesetzte Behörde, um diese ›Gleichschaltung‹ abzuwehren. Die Segelfluggruppe der Adolf-Hitler-Schule wurde zum Ende des Schuljahres 1933/34 aufgelöst und in die neu gegründete HJ-Fliegerschar 1/224 überführt.

Vor diesem Hintergrund zeichnet sich eine in sich stimmige Deutung des Geschehens ab: Martin Stephani, der es bis dahin vermieden hatte, sich der Hitlerjugend anzuschließen, sah sich gegen Ende des Schuljahrs 1933/34 zum Beitritt genötigt, um seine Zulassung zu einem Hochschulstudium im darauf folgenden Schuljahr nicht zu gefährden. In dieser Situation wählte er gleichsam das geringste Übel und folgte seinem Bruder Reinhart und anderen Mitschülern in die neu gegründete HJ-Fliegerschar. Es handelte sich um einen Pro-Forma-Beitritt, denn Martin Stephani teilte die Leidenschaft seines Bruders Reinhart für das Segelfliegen nicht – seine Passion galt der Musik und der Schauspielerei, er engagierte sich im Schulorchester und in der Theatergruppe. Diese Deutung erklärt zwanglos, warum Martin Stephani in seinen Lebensläufen unterschiedliche Angaben zum Datum seines Beitritts zur Hitlerjugend machte: Im Januar 1934 kamen die Aktivitäten der Segelfluggruppe der Adolf-Hitler-Schule faktisch zum Erliegen, im Februar/März 1934 gründete sich die

54 Flugbuch der Segelfluggruppe der Adolf-Hitler-Schule, 12.9.1933 – 14.1.1934, HStAM, 153/15, 325.

55 Vgl. Artikel »Tödlicher Unfall eines Flugschülers«, in: Oberhessische Zeitung, 69. Jg., Nr. 12, 15.1.1934, Stadtarchiv Marburg. Walther Brand stellte im Mitteilungsbuch für die Lehrer (HStAM, 153/15, 5) umgehend klar, dass es sich um eine Zeitungsente handelte. Tatsächlich hatte sich der Fluglehrer Wolfgang Freund bei dem Absturz einen Schädelbasisbruch zugezogen. Flugbuch der Segelfluggruppe der Adolf-Hitler-Schule, 12.9.1933 – 14.1.1934, HStAM, 153/15, 325.

56 Brand an Oberpräsidenten (Abteilung für höhere Schulen) Kassel, 14.3.1934 (Entwurf), HStAM, 153/15, 325.

HJ-Fliegerschar, im April 1934, mit dem Beginn des neuen Schuljahrs, wurde die Segelfluggruppe der Schule offiziell aufgelöst.

Es verwundert nicht, dass Martin Stephani die HJ-Fliegerschar bald wieder verließ – mit dem Wechsel in den Musikzug der Motorstaffel I/M 48 des Nationalsozialistischen Kraftfahrkorps, der im November 1933 sein erstes Konzert gegeben hatte,[57] schlug er zwei Fliegen mit einer Klappe: Er war Mitglied einer Gliederung der NSDAP und er konnte in diesem Zusammenhang weiter Musik machen (und das Klarinettenspiel erlernen).

Bleibt die Frage, woher das Zögern Martin Stephanis rührte, sich einer Gliederung der NSDAP anzuschließen. Mögliche Antworten ergeben sich, wenn man die Entwicklungen an der Universität Marburg in den Jahren von 1933 bis 1935 – und die Haltung seines Vaters dazu – in den Blick nimmt.

57 Gruner, Musikleben, S. 39–40. Als Musikzugführer fungierte J. Schmitt.

4. Gasthörer an der Universität Marburg, 1934/35

Am 3. März 1935 verließ Martin Stephani das Gymnasium mit dem Zeugnis der Reife. Schon als Primaner scheint er als Hospitant an Veranstaltungen der Philipps-Universität Marburg teilgenommen zu haben. Das Sommersemester 1935 nutzte er, um Vorlesungen und Seminare in verschiedenen Fächern – Musikwissenschaft und Kunstgeschichte, Religionswissenschaft und Psychologie – an der Universität seiner Heimatstadt zu besuchen. Eigenen Angaben zufolge nahm er nicht nur an Veranstaltungen seines Vaters teil, sondern auch an Übungen des Musikwissenschaftlers Dr. Herbert Birtner und Seminaren des Kunsthistorikers Prof. Dr. Richard Hamann (1879–1961), des Theologen und Religionswissenschaftlers Prof. Dr. Rudolf Otto (1869–1937) und des Philosophen und Psychologen Prof. Dr. Erich Rudolf Jaensch (1883–1940).[1] Unklar ist sein Status zu dieser Zeit. Bei der Festsetzung des Besoldungsdienstalters im Jahre 1960 findet sich in den Angaben zum beruflichen Werdegang für diese Zeit der Eintrag »Studium an der Universität Marburg (Musikwissenschaftl. Seminar)«.[2] Bei der Anmeldung zur Staatlichen Akademischen Hochschule für Musik in Berlin am 2. Juli 1937 gab er indessen an, er habe bisher an keiner anderen Hochschule studiert.[3] Anzunehmen ist, dass er als Gasthörer an Ver-

1 Lebenslauf Martin Stephani, 17.6.1948, LAV NRW, Abteilung Rheinland, NW 1049 Ne 30266, Auszug PA, Bd. II–IV. – Der jüngere Bruder Reinhart Stephani gibt in dem seiner Dissertation beigefügten Lebenslauf ebenfalls an, er habe von 1937 bis 1939 als Gasthörer Vorlesungen bei Hermann Stephani und Herbert Birtner, den Philosophen Dietrich Mahnke (1884–1939), Hans-Georg Gadamer (1900–2002) und Gerhard Krüger (1902–1972), den Kunsthistorikern Richard Hamann und Kurt Steinbart (1890–1981), dem Literaturhistoriker Johannes Klein (1904–1973) und dem Religionswissenschaftler Friedrich Heiler (1892–1967) gehört und als Hospitant an verschiedenen Seminaren teilgenommen. Auch er war Mitglied im Collegium musicum instrumentale und vocale. Stephani, Jugendbewegung.

2 Festsetzung des Besoldungsdienstalters nach dem Besoldungsanpassungsgesetz für das Land NRW v. 13.5.1958, 20.6.1960, LAV NRW NW Pe, Nr. 7475 (Unterordner A 1).

3 Anmelde-Vordruck zum Wintersemester 1937/38, 2.7.1937, Archiv der Universität der Künste Berlin 1/4790.

anstaltungen der Universität Marburg teilnahm, aber nicht offiziell immatrikuliert war – wie er es ja auch in seinem Lebenslauf vom 28. Juni 1937 angab.

Die Musik und das ›Heilige‹. Ein möglicher Studienschwerpunkt

Die spärlichen Angaben zu den besuchten Vorlesungen, Seminaren und Übungen deuten auf ein hohes Interesse des jungen Martin Stephani nicht nur an Musikwissenschaft und Kunstgeschichte, sondern auch an Religionswissenschaft und Religionspsychologie hin. Lässt sich darin ein roter Faden erkennen?

Rudolf Otto, seit 1917 Ordinarius für Systematische Theologie an der Philipps-Universität zu Marburg, hatte in seinem Hauptwerk *Das Heilige* (1917) versucht, die Grunderfahrung des Numinosen – obwohl es dem rationalen Verstehen letztlich entzogen ist – begrifflich zu fassen.[4] Mit dem Begriffspaar *mysterium tremendum* und *mysterium fascinans* umschrieb er die Aspekte dieser Grunderfahrung: die Ahnung eines absolut fremden und unfassbaren, unnahbaren, ungeheuren und übermächtigen Ganz Anderen, das den Menschen erschauern lässt, ihn zugleich aber auch unwiderstehlich anzieht und ergreift, in ihm ein »Kreaturgefühl«[5] auslöst – Otto spricht auch von einem Gefühl des »Zunichtewerdens«[6] –, das zur Selbstdemütigung und Sühne drängt. Otto hatte übrigens in seinem Buch auch über »Ausdrucksmittel für das Numinose in der Kunst«[7] nachgedacht und war dabei zu dem Schluss gekommen: »Ein *positives* Mittel zum Ausdrucke des Heiligen hat auch die Musik nicht[,] die doch sonst allen Gefühlen den mannigfaltigsten Anklang leihen kann.«[8] In der katholischen Messe, so Otto, verstumme die Musik im heiligsten Moment, während der Wandlung, »und zwar schlechthin und für längere Zeit[,] sodass das Schweigen sich selbst gleichsam ausklingen kann.«[9] Das Numinose, so die These Ottos, kommt am besten in der Stille zum Ausdruck, Musik komme dem am nächsten, so Otto unter Verweis auf das *Incarnatus* in Bachs h-moll-Messe, Beethovens *Missa solemnis* und Felix Mendelssohn Bartholdys Komposition von Psalm 2,[10] wenn sie leise werde: »Und zwar

4 Otto, Das Heilige. Das Werk erlebte zahlreiche, teilweise überarbeitete Auflagen. Der Neudruck folgt der Fassung von 1936 mit den letzten Korrekturen Rudolf Ottos.
5 Ebd., S. 8–12.
6 Ebd., S. 66.
7 Ebd., S. 85–91.
8 Ebd., S. 90 (Hervorhebung im Original).
9 Ebd.
10 Warum toben die Heiden, op. 78 Nr. 1, MWV B 41 (1843).

liegt auch hier der Ausdruck der Sache weniger in der Musik selber als in ihrer Dämpfung, Verhaltung, fast möchte man sagen Verschüchterung«.[11]

In diesem Punkt trafen sich die Reflektionen Rudolf Ottos mit denen Hermann Stephanis, der 1902 mit einer Dissertation über *Das Erhabene insonderheit in der Tonkunst und das Problem der Form im Musikalisch-Schönen und Erhabenen* im Fach Psychologie bei Theodor Lipps (1851–1914) an der Universität München promoviert worden war.[12] Das »Erlebnis des Erhabenen« definierte Stephani als »das Erlebnis außerordentlicher Größe oder Kraft«,[13] die entweder »im Kontraste zu dem uns Geläufigen« oder in dessen »außerordentlicher Steigerung [...] und damit verbundener Formenverneinung«[14] wirke. Bach und Beethoven, in ihrem Gefolge dann Richard Wagner, Franz Liszt und Anton Bruckner hätten dem Erhabenen in der Musik Ausdruck zu geben verstanden. Mit Blick auf Beethovens *Hammerklaviersonate* schrieb Stephani:

> »Allein bei Beethoven kennt jetzt die Wucht des Gedankenanpralls keine Grenzen: das mit letzter Selbstbeherrschung gewahrte formale Gewebe zerreißt, es beginnt ein Orkan von Kadenzen und Läufen auf ein und derselben Grundharmonie, oder die ungeheure Macht krampft sich in drei, vier, fünf ganz gleichen, lang hallenden Akkorden zusammen – und im Hintergrund erhebt sich die ganze Größe geahnter Unendlichkeit. Hier tritt jener Fall ein, von dem wir oben sagten: das Übersinnliche staue sich an der spröden Materie und blicke uns durch ihr grobes Gewebe mit dem Auge des Unergründlichen an; ihm aber antworte unsre Seele mit einem tiefen Schauer, der bis in unsre sinnliche Natur nachzittere.«[15]

Auch wenn sich an dieser Stelle kein Verweis auf das Werk Rudolf Ottos findet, so ist doch der Bezug zu dessen Konzept des Numinosen – besonders des *mysterium tremendum* – unübersehbar. Nur hatte Hermann Stephani mit Blick auf die Möglichkeiten der Musik, das Erlebnis des Numinosen auszudrücken, ganz andere Vorstellungen. Es lag nahe, dass der Religionswissenschaftler und der Musikwissenschaftler, beide an der Philipps-Universität, in einen regen Gedankenaustausch traten. Tatsächlich waren Rudolf Otto und Hermann

11 Otto, Das Heilige, S. 90.

12 Stephani, Das Erhabene. Das Dissertationsthema ging, wie Hermann Stephani in seinem der Dissertation beigefügten Lebenslauf schrieb, auf die Forschungen seines Doktorvaters zur psychologischen Ästhetik zurück. Ebd., S. 79f.

13 Ebd., S. 71. Stephani unterschied »drei Formgattungen des Ästhetisch Wertvollen«: »das Anmutige, das Schöne, das Erhabene«. Ebd., S. 73, Anm. 1.

14 Ebd., S. 72.

15 Ebd., S. 74. Insbesondere verwies Stephani auf den fünftletzten Takt des Adagios in der Klaviersonate Nr. 29 B-Dur op. 106.

Stephani befreundet, sie schrieben in den 1920er Jahren – im Rahmen der Bemühungen Ottos zur »Entwicklung neuer liturgischer Formen«[16] – sogar gemeinsam Kirchenlieder.[17] Martin Stephani dürfte Rudolf Otto daher persönlich gekannt haben. Eigenen Angaben zufolge besuchte er bei ihm – wohl noch in seiner Gymnasialzeit – einen Lektürekurs über die Bhagavadgita.[18]

Rudolf Otto war befreundet mit dem Psychologen und Philosophen Erich Rudolf Jaensch, seit 1913 ordentlicher Professor in Marburg, der – neben seinen Hauptwerken zur Wahrnehmungspsychologie – seit dem Ende der 1920er Jahre einen eigenen religionspsychologischen Ansatz entwickelte,[19] der wiederum in das Werk Rudolf Ottos einfloss.[20] Auch hier ergaben sich Berührungspunkte zu Hermann Stephani, der 1926 ein Buch über *Grundfragen des Musikhörens*, 1956 eines *Zur Psychologie des musikalischen Hörens* veröffentlichte.[21]

Mit aller Vorsicht wird man – vor dem Hintergrund späterer Äußerungen[22] – die These wagen können, dass der junge Martin Stephani in Anknüpfung an

16 Kraatz, Otto, Karl Louis Rudolph.

17 Vgl. Otto, Erneuerung, S. 108f. (Chorsatz »Zum Gedächtnissonntag«, geschrieben von Rudolf Otto, komponiert von Hermann Stephani). Vgl. Lauster/Schüz/Barth/Danz, Vorwort, S. XIV.

18 Dieser Kurs fand im Wintersemester 1934/35, donnerstags zwischen 15 und 16 Uhr, statt. Personal- und Vorlesungsverzeichnis der Philipps-Universität Marburg, Winterhalbjahr 1934/35, S. 19. Demnach besuchte Stephani diese Veranstaltung als Oberprimaner. Im Sommersemester 1934 hatte Otto eine Vorlesung über »Arische Heilslehren verglichen mit der christlichen (Lektüre der Bhagavadgita)« angeboten, allerdings mittwochs um 12 – 13 Uhr, weshalb der Schüler Martin Stephani daran wohl nicht teilnehmen konnte. Personal- und Vorlesungsverzeichnis der Philipps-Universität Marburg, Sommerhalbjahr 1934, S. 19. – In seinen religionswissenschaftlichen Hauptwerken hatte Otto die Mystik des Hinduismus und des Christentums in vergleichender Perspektive untersucht.

19 Dabei machte sich Jaensch auch Gedanken über das Verhältnis von Theologie und Wahrnehmungspsychologie. Vgl. Jaensch u. a., Aufbau, S. 436–441 (Beilage »Die religiösen Kategorien und der Realismus«): Hier wandte sich Jaensch gegen eine Tendenz in der evangelischen Theologie, sich als »›Komplemementärtheorie‹ zu den Lehren des naturalistischen Positivismus [zu verstehen], der das gesamte Wirkliche als Domäne seiner Begriffsbildungen beanspruchte« (S. 437). Damit lasse sich die Theologie in »Unwirklichkeitssphären« (ebd.) abdrängen, obgleich doch ihr Gegenstand – das Religiöse – durchaus zur Sphäre des Wirklichen gehöre und sich nicht in Werturteilen erschöpfe.

20 Auf die eidologische Forschung Jaenschs verwies Rudolf Otto in seinem Buch »Das Gefühl des Überweltlichen (Sensus numinis)« (1932), S. 274f. Vgl. Willenborg, Von der Billard- zur Bowling- zur Erdkugel, S. 626, Anm. 6, S. 634f.

21 Stephani, Grundfragen; ders., Psychologie.

22 Vgl. unten S. 111, S. 193.

die Vorstellungen seines Vaters an der Frage der Musik als Medium zur Wahrnehmung des Göttlichen interessiert war. Dazu würde auch sein Ausflug in die Kunstgeschichte bei Richard Hamann passen – demnach wäre der junge Martin Stephani auch an den Möglichkeiten der Bildenden Kunst als Ausdruck des Göttlichen interessiert gewesen. In dem Lebenslauf, den er im Zusammenhang mit seinem Verlobungs- und Heiratsgesuch an das Rasse- und Siedlungshauptamt der SS im Dezember 1944 verfasste, weist Stephani ausdrücklich darauf hin, dass er »bereits als Schüler« das »seit dem siebenten Lebensjahre intensiv betriebene Musikstudium« durch die Teilnahme an Vorlesungen und Seminaren auf den »verschiedensten Wissensgebiete[n] [...] erweiterte u. in übergeordnete Beziehungen zu setzen lernte«.[23] Stephani selbst verstand seine Studien auf den Gebieten der Religionswissenschaft, der Psychologie und Kunstgeschichte mithin als Einbettung seiner musikalischen und musikwissenschaftlichen Ausbildung in größere Zusammenhänge.

»Der Geist jugendlicher Bewegung«. Die ›Gleichschaltung‹ der Philipps-Universität Marburg

Solchen Interessen zum Trotz dürfte Martin Stephani während seiner Studien mit der ›Gleichschaltung‹ der Universität Marburg von unten und oben konfrontiert gewesen sein. Wie bereits erwähnt, hatte der Nationalsozialismus auch in Marburg bereits in der ausgehenden Weimarer Republik starken Zulauf aus den Reihen der Studentenschaft.[24] 1926 hatte sich die Sektion Marburg des Nationalsozialistischen Deutschen Studentenbundes (NSDStB) gebildet, deren Mitgliederzahl von neun (1926) auf 256 (1934) anstieg.[25] Bei der Studentenkammerwahl im Juli 1931 errang der NSDStB die Hälfte, im Jahr darauf fast zwei Drittel der Sitze.[26] Eine Statistik aus dem Sommersemester 1935, die 1.166 von insgesamt 1.281 in Marburg immatrikulierten (männlichen) Studenten erfasste, weist aus, dass 886 (= 69,2 Prozent) von ihnen in der NSDAP, SA, SS, im NSKK, in der HJ, der Fliegergruppe oder dem NSDStB

23 Lebenslauf, Beilage zu: Antrag an das Rasse- und Siedlungshauptamt der SS auf Übersendung der Vordrucke zu einem Verlobungs- und Heiratsgesuch, 8.12.1944, BArch Berlin., R 9361/III, 202641.

24 Im Jahre 1935 stellten Studenten 20 Prozent der Mitglieder der NSDAP in Stadt und Landkreis Marburg. Mann, Entstehen, S. 286f.

25 Ebd., S. 280, Anm. 136.

26 Ebd., S. 286, Anm. 181, 287, 288.

organisiert waren.[27] Schon im Februar 1933 frohlockte Erich Rudolf Jaensch in einem öffentlichen Vortrag über den »Genius loci der Universität Marburg«:

> »Wenn man die deutsche Hochschule mit einer Uhr vergleicht, so ist Marburg die Unruhe darin. Bonzentum, akademisches Papsttum hat sich hier nicht halten können. Der Geist jugendlicher Bewegung ist der Geist Marburgs.«[28]

Wie sich die »jugendliche Bewegung« gegen das »akademische Papsttum« in Stellung brachte, zeigte sich etwa bei der Bücherverbrennung auf dem Marburger Kämpfrasen am 10. Mai 1933[29] oder am 29. November 1933, als mehr als 1000 Studenten auf dem Marburger Marktplatz eine öffentliche Protestkundgebung gegen den Professor für Zivilrecht Alfred Manigk (1873–1942) veranstalteten, nachdem dieser – in der Weimarer Republik Mitglied der linksliberalen Deutschen Demokratischen Partei – sich in einer Lehrveranstaltung kritisch zum Nationalsozialismus geäußert hatte. Er wurde daraufhin 1934 vorzeitig emeritiert.[30] Geräuschloser verlief die ›Gleichschaltung von oben‹, deren wichtigstes Instrument das Gesetz zur Wiederherstellung des Berufsbeamtentums (GWB) vom 7. April 1933 war. Die ordentlichen Professoren und Privatdozenten jüdischer Herkunft oder jüdischen Glaubens waren vorerst durch den ›Frontkämpferparagraphen‹[31] des Gesetzes geschützt – einzig

27 Nagel (Hg.), Philipps-Universität, S. 276, Anm. 288. – Seit 1931 bestand auch eine – zahlenmäßig nicht sehr große – Arbeitsgemeinschaft nationalsozialistischer Studentinnen. Mann, Entstehen, S. 280f.

28 Abgedruckt in der Hessischen Volkswacht, 4./5.2.1933, zit. n. Mann, Entstehen, S. 289.

29 Artikel »Scheiterhaufen auf dem Kämpfrasen. Wider den undeutschen Geist!«, in: Oberhessische Zeitung, 11.5.1933, als Faksimile abgedruckt in: Dettmering, Was alle lesen konnten, S. 215; Schneider, Widerstand, S. 224–228.

30 Artikel »Kundgebung der Studentenschaft gegen die Feinde des Nationalsozialismus«, in: Oberhessische Zeitung, 29.11.1933, als Faksimile abgedruckt in: Dettmering, Was alle lesen konnten, S. 492f.; Nagel, Philipps-Universität, S. 42, 218–232; Schneider, Widerstand, S. 228. Am 18. Juni 1935 kam es zu einer spontanen Demonstration einiger nationalsozialistischer Studenten gegen Johann Wilhelm Mannhardt (1883–1969), den Direktor des Marburger Instituts für das Deutschtum im Ausland, der selber zum Lager der Nationalsozialisten gehörte, sich aber geweigert hatte, einen geflüchteten österreichischen Nationalsozialisten zu einem Vortrag zuzulassen. Mannhardt wurde daraufhin 1936/37 beurlaubt. Schneider, Widerstand, S. 237f.

31 Nach § 3 Abs. 2 des GWB sollten »nicht arische« Beamte im Dienst belassen werden, wenn sie entweder schon vor dem August 1914 verbeamtet gewesen waren oder »im Weltkrieg an der Front für das Deutsche Reich oder für seine Verbündeten gekämpft« hatten oder deren »Söhne im Weltkrieg gefallen«

Hermann Jacobsohn (1879–1933), Professor für vergleichende Sprachwissenschaft, wegen seiner jüdischen Herkunft und seiner demokratischen Gesinnung (auch er war in der Weimarer Republik Mitglied der Deutschen Demokratischen Partei gewesen) mit einem doppelten Makel behaftet, wurde am 25. April 1933 nach § 6 des GWB[32] vom Dienst suspendiert und nahm sich zwei Tage später das Leben.[33]

Die politischen Spannungen und Konflikte im Zuge der ›Gleichschaltung‹ der Universität Marburg können dem jungen Martin Stephani kaum entgangen sein, waren doch seine akademischen Lehrer – auf beiden Seiten – darin verstrickt. Richard Hamann sah sich nach der ›Machtergreifung‹ einer nationalsozialistischen Hetzkampagne ausgesetzt, die durch die Veröffentlichung seines Buches *Geschichte der Kunst* (1933) ausgelöst wurde. In verschiedenen Zeitungen – etwa im Völkischen Beobachter, im Angriff und in der *Oberhessischen Zeitung* – erschienen polemische Besprechungen des Buches. So titelte der *Völkische Beobachter* am 28. März 1933: »Hamanns Kunstgeschichte. Ein Handlanger des Kommunismus«.[34] Daraufhin wurde Richard Hamann im Sommersemester 1934 beurlaubt; erst gegen Ende des Wintersemesters 1934/35 wurde das Lehrverbot wieder aufgehoben.[35] Er stand auch weiterhin unter argwöhnischer Beobachtung der Partei. So denunzierte ihn der Marburger SA-Brigadeführer am 26. August 1935 beim Rektor der Philipps-Universität – Hamann habe es »in der heutigen Zeit noch fertig gebracht, bei Juden zu kaufen«.[36] Auch Rudolf

waren. An der Universität Marburg fielen sechs ordentliche Professoren, ein Honorarprofessor und zwei Privatdozenten unter diese Regelung. Nagel, Philipps-Universität, S. 38f.

32 Nach § 6 GWB konnten Beamte »zur Vereinfachung der Verwaltung« ohne Angabe von Gründen in den Ruhestand versetzt werden.

33 Nagel, Philipps-Universität, S. 43, S. 119. Vgl. Maier-Metz, Hermann Jacobsohn; Verroen, Leben Sie?; Maas, Jacobsohn, Hermann. Dazu auch der Artikel von Dr. Hanns Herrmann, »Zum Gedenken an Hermann Jacobsohn«, in: Hessisches Tageblatt, 29.4.1933, als Faksimile abgedruckt in: Dettmering, Was alle lesen konnten, S. 187. Das *Hessische Tageblatt* stellte an diesem Tag sein Erscheinen ein.

34 Nagel, Philipps-Universität, S. 256, Anm. 222.

35 Schneider, Widerstand, S. 241f.

36 Zit. n. Nagel, Philipps-Universität, S. 264 (Dok. 136). Richard Hamann konnte sich gegen die Anfeindungen behaupten. Er leitete auch weiterhin das an der Universität Marburg angesiedelte Preußische Forschungsinstitut für Kunstgeschichte. Im Zweiten Weltkrieg unternahmen Mitarbeiter des Instituts ausgedehnte »Photokampagnen« in das besetzte Frankreich, um die dortigen Kunstschätze, etwa den Teppich von Bayeux, im Detail abzulichten – »ein gewaltsamer, nur unter den Bedingungen der militärischen Unterwerfung Frankreichs möglich gewordener Übergriff auf französisches Kulturgut«. Nagel, Philipps-Universität,

Otto war ein Liberaler alter Schule, der seit 1913 die Nationalliberale Partei im Preußischen Abgeordnetenhaus und seit 1919 die Deutsche Demokratische Partei in der Preußischen Landesversammlung vertreten hatte.[37] Er war seit 1929 emeritiert, leitete aber weiterhin die Religionskundliche Sammlung und gab Vorlesungen, stand jedoch nicht so im Fokus der Aufmerksamkeit wie die aktiven Hochschullehrer. Ob sein Tod im Jahre 1937 – er starb an den Folgen eines Sturzes von einem Turm, hartnäckigen Gerüchten zufolge handelte es sich um einen Suizid – im Zusammenhang mit der politischen Entwicklung stand, darüber kann nur spekuliert werden.

Im Gegensatz zu Richard Hamann und Rudolf Otto war Erich Rudolf Jaensch spätestens seit 1932, als er förderndes Mitglied der SS wurde, ein Anhänger des Nationalsozialismus. Im März 1933 unterzeichnete er die *Erklärung von 300 Hochschullehrern für Adolf Hitler*, am 1. Mai 1933 trat er der NSDAP und dem NS-Lehrerbund bei.[38] Das von Jaensch im Jahre 1933 gegründete Institut für psychologische Anthropologie sollte zu einem Zentrum nationalsozialistischer Philosophie werden.

Jaensch war allerdings nicht typisch für die Marburger Professorenschaft. Zu Beginn des ›Dritten Reiches‹ umfasste der Lehrkörper der Philipps-Universität 187 Personen, darunter 82 Ordinarien.[39] Keiner der ordentlichen Professoren besaß vor 1933 das Parteibuch der NSDAP. Sieben von ihnen bemühten sich nach dem 30. Januar 1933 mit Erfolg um eine Parteimitgliedschaft – darunter Erich Rudolf Jaensch. Die große Mehrheit fand erst nach dem Ende der Aufnahmesperre im Jahre 1937 den Weg in die Partei, bis schließlich am Ende des Zweiten Weltkriegs mehr als zwei Drittel der Ordinarien ›Parteigenossen‹ waren.[40]

S. 71. Vgl. ebd., S. 404–416 (Dok. 226–227). Die Photographen des Marburger Instituts waren zur selben Zeit im besetzten Frankreich unterwegs wie Martin Stephani.

37 Kraatz, Otto, Karl Louis Rudolph.

38 Nagel, Philipps-Universität, S. 18, Anm. 40; Klee, Personenlexikon, S. 281. Mit seinen Schriften *Der Gegentypus. Psychologisch-anthropologische Grundlagen deutscher Kulturphilosophie, ausgehend von dem, was wir überwinden wollen* (Leipzig 1938), *Das Wahrheitsproblem bei der völkischen Neugestaltung von Wissenschaft und Erziehung* (Langensalza 1939) und *Der Hühnerhof als Forschungs- und Aufklärungsmittel in menschlichen Rassenfragen* (Berlin 1939) lieferte er eine Rechtfertigung der NS-Rassenpolitik. Im Zweiten Weltkrieg war Jaensch »auf dem Gebiet der Heerespsychologie (Eignungsprüfungen für Spezialtruppen und Spezialaufgaben)« tätig. Zit. n. Nagel, Philipps-Universität, S. 371 (Dok. 208).

39 Ebd., S. 38.

40 Ebd., S. 46.

»[...] er lebt in seiner Musik und für seine Musik.« Hermann Stephani und der Nationalsozialismus

Auch Hermann Stephani stellte erst nach der vorübergehenden Mitgliedersperre einen Antrag auf Mitgliedschaft in der NSDAP.[41] 1938 wurde sein Antrag auf eine finanzielle Beihilfe[42] vom Reichs- und Preußischen Ministerium für Wissenschaft, Erziehung und Volksbildung unter Berufung auf eine Stellungnahme des Nationalsozialistischen Deutschen Dozentenbundes abgelehnt, in der es hieß, Stephani sei ein »absolut unpolitischer Mensch [...], der auch an den tagespolitischen Hochschulfragen kein Interesse bezeugt«.[43] Der Rektor der Philipps-Universität – in den Jahren 1937/38 bekleidete der Jurist Leopold Zimmerl (1899–1945) dieses Amt – argwöhnte, dass diese negative Beurteilung auf den im Jahre 1937 seines Amtes als Marburger Dozentenbundsführer enthobenen Privatdozenten Kurt Düring (1898–1945) zurückging, der – so Zimmerl in einer ausführlichen Stellungnahme für das Ministerium – »alle diejenigen als nichteinsatzbereit zu bezeichnen pflegte, die ihre Einsatzbereitschaft nicht im engsten Kreise seiner Mitarbeiter zum Ausdruck brachten«.[44] Zimmerl, der die Sache wohl zu einem Präzedenzfall machen wollte, um eine Klärung des Verhältnisses zwischen dem Rektor und dem Dozentenbundsführer herbeizuführen, gab in seiner Stellungnahme für das Ministerium eine eingehende Darstellung der politischen Aktivitäten Hermann Stephanis:

> »Stephani ist eine Künstlernatur; er lebt in seiner Musik und für seine Musik. Gerade durch seine Kunst und die wissenschaftliche Beschäftigung mit den Zeitströmungen auf dem Gebiet der Musik, wurde er schon vor 1933 der völkischen Erneuerungsbewegung nahe gebracht. So hat er sich schon 1926 in seiner Arbeit ›Grundfragen des Musikhörens‹ lei-

41 Prieberg, Handbuch, S. 6864f. – 1939 wurde Stephani zudem Mitglied im NS-Dozentenbund. Henze-Döhring, Musik, S. 85.

42 Hermann Stephanis finanzielle Situation war durchaus prekär, musste er doch »seine vielköpfige Familie im Unterschied zu den Ordinarien und verbeamteten Universitätsangehörigen von seinem Lehrauftrag und geringen anderen Einkünften finanzieren.« Henze-Döhring, Musik, S. 94f., Anm. 43.

43 Zit. n. Nagel, Philipps-Universität, S. 342, Anm. 60.

44 Zit. nach ebd., S. 342 (Dok. 190). – Zimmerl vermutete zudem noch »einen Geheimagenten der Reichsleitung des NSD-Dozentenbundes« (zit. n. Nagel, Philipps-Universität, S. 71) in den eigenen Reihen. Dabei handelte es sich vermutlich um Friedrich Wachtsmuth (1883–1975), Professor für vorderasiatische Kunst an der Marburger Universität, der als Gutachter des Dozentenbundes tätig war (ebd.).

> denschaftlich gegen die von der jüdischen Presse eifrig propagierte Atonalistentonschrift gewandt und die ›Unfruchtbarkeit eines überzüchteten Intellektualismus‹ bekämpft. Im Jahre 1932 hat Stephani einen Aufruf des ›Kampfbundes für deutsche Kultur‹ mitunterzeichnet, obwohl er sich dadurch politisch exponierte. Sein nationalsozialistisches Erlebnis hat er in etwa 20 Kompositionen zu Texten, die der Idee des Dritten Reiches dienen, zum Ausdruck gebracht. Ich erwähne davon nur sein Werk ›Aufbruch, 14 Gesänge zur Zeitenwende‹.[45]
> Stephani hat ferner seine politische Einsatzbereitschaft dadurch unter Beweis gestellt, dass er wiederholt bei Gliederungen oder angeschlossenen Verbänden der NSDAP. Vorträge gehalten hat, so im Rahmen des NSLB. in Gladenbach und in Marburg. Stephani hat ferner die Wintersonnenwendfeier in der Zelle Wilhelmsplatz in Marburg künstlerisch ausgestaltet. Stephani ist Parteianwärter, förderndes Mitglied der SS, Mitglied der deutschen Gesellschaft für Rassenhygiene, des Reichskolonialbundes, des Reichsbundes der Kinderreichen und der NSV. Er ist bei jeder größeren Parteiversammlung zugegen. Seine vier Kinder[46] sind teils in der HJ., teils im NSKK.[47] aktiv politisch tätig.
> Charakterlich ist Stephani das Musterbild eines selbstlosen Menschen und Künstlers. Er veranstaltet auf eigenes Risiko jährlich mehrmals künstlerisch wertvolle Konzerte in Marburg, und hat dabei regelmäßig ein Defizit von einigen hundert Mark.«[48]

Man sieht: Leopold Zimmerl mühte sich nach Kräften, von Hermann Stephani das Bild eines treuen ›Volks- und Parteigenossen‹ zu zeichnen. Bei genauerer Betrachtung erkannt man indes sehr schnell, dass dieses Bild überzeichnet ist.

Dafür, dass Hermann Stephani durch sein künstlerisches und wissenschaftliches Schaffen schon vor 1933 der »völkischen Erneuerungsbewegung« näher gekommen sei, führte Zimmerl ein Zitat aus Stephanis Buch *Grundfragen des Musikhörens* aus dem Jahr 1926 an, das belegen sollte, dass sich Stephani schon damals scharf gegen die atonale Musik gewandt hätte, die von der nationalsozialistischen Musikpolitik ab 1933 perhorresziert wurde. Das Zitat war jedoch aus dem Zusammenhang gerissen, denn Stephani hatte sich an dieser

45 Stephani, Aufbruch.
46 Martin, Reinhart, Otfried sowie Sunhilt Stephani.
47 Hier ist Martin Stephani gemeint.
48 Nagel, Philipps-Universität, S. 342f. (Dok. 190).

Stelle keineswegs grundsätzlich gegen den »Atonalismus« ausgesprochen – nur wollte er ihn nicht zum »absoluten Prinzip« erhoben wissen.[49]

Interessant ist, was Zimmerl in seinem Bericht nicht anführte, um die vermeintliche völkische Gesinnung Stephanis zu belegen: nämlich dessen enthistorisierende, de facto ›entjudende‹ Umarbeitung der Texte der beiden Oratorien *Judas Makkabäus* und *Jephta* von Georg Friedrich Händel schon vor dem Ersten Weltkrieg. Den Text des *Judas Makkabäus* hatte Stephani erstmals 1904, ein zweites Mal – nunmehr mit dem Titel *(Judas) Makkabäus. Vaterländisches Oratorium* – im Jahre 1914 umgearbeitet.[50] Eine dritte Überarbeitung unter dem Titel *Der Feldherr. Freiheits-Oratorium von G. F. Händel* sollte im Jahre 1939 folgen – dazu später mehr. Die schrittweise Enthistorisierung des alttestamentarischen Stoffes erleichterte dessen politische Funktionalisierung – so etwa bei der Reichsgründungsfeier an der Universität Marburg am 18. Januar 1931, bei der – statt der ursprünglich vorgesehen vier Sätze aus Mozarts Symphonie Es-Dur – mehrere Chorstücke aus dem *Judas Makkabäus* in der Bearbeitung Hermann Stephanis zur Aufführung gelangten. Ein kritischer Geist wie Albrecht Götze (1897–1971), Professor für semitische Sprachen und orientalische Geschichte an der Philipps-Universität, erblickte in dieser Musikauswahl, wie er in einem Protestschreiben an den Rektor der Universität Marburg darlegte, eine klare politische Aussage, die er als Pazifist entschieden ablehnte.[51] Was Götze meinte,

49 Die komplette Passage lautete: »Zum Kompositionsprinzip erhoben, wird reiner Atonalismus an der Unfruchtbarkeit eines überzüchteten Intellektualismus zugrunde gehen. Aus erloschenen Kratern feinerer seelischer Triebkräfte ist kein Leben mehr zu zeugen. Der Atonalismus ist als relativer in hohem Maße fähig, die Kunst zu bereichern; zum absoluten Prinzip erhoben, ist er ihr Tod.« Stephani, Grundfragen, zit. n. Nagel, Philipps-Universität, S. 342, Anm. 61.

50 Von beiden Bearbeitungen sind mehrere Editionen erschienen, die teilweise voneinander abweichen. So ist in dem Klavierauszug *Georg Friedrich Händel – Makkabäus. Vaterländisches Oratorium in der Neubearbeitung von Hermann Stephani* (Leipzig 1929) der Name Judas aus dem Titel getilgt worden. Grossert/Sandmeier, Gedicht, S. 161, Anm. 54 und 56, S. 170, Anm. 102. Vgl. auch: Sandmeier, »Dankgebet«; Roters, Bearbeitungen, S. 35f.; Drüner/Günther, Musik, S. 108f.; Henze-Döhring, Musik, S. 90–95.

51 Maier-Metz, Entlassungsgrund, S. 56–60. In dem Brief Götzes heißt es: »Die ausgewählten Chortexte müssen bei der Studentenschaft – auch wenn sie aus Judas Makkabäus stammen – eine Auslegung finden, die die Gemeinsamkeit von vornherein zerstört, die allein die Grundlage einer solchen Feier sein kann.« Zit. n. ebd., S. 58. Götze wurde 1933 auf der Grundlage des Gesetzes zur Wiederherstellung des Berufsbeamtentums entlassen.

wird an den von Hermann Stephani zu diesem Anlass ausgewählten Chortexten deutlich:

»Hör' uns o Herr, wir flehn zu dir, auf dich wir baun,
der Gnade Hort: gewähr uns Freiheit oder edlen Tod!

*

O Vater, dess' allwaltend Macht
In Erd' und Meer und Himmel wacht:
Dies Volk, dein Eigen unverwandt,
mach stark durch fester Eintracht Band!
Den Helden send' voll Mut und Geist,
der uns're Ketten kühn zerreißt!«[52]

Der Kontext lässt den Subtext deutlich hervortreten: »Der Missbrauch religiöser Anrufung an Gott, um Stärke und Eintracht des Volkes flehend, gipfelt in einer Bitte, die unmissverständlich auf einen kommenden Führer zu beziehen war.«[53]

Statt auf diese Episode abzuheben, versuchte Zimmerl, ein frühes Engagement Stephanis zugunsten des Nationalsozialismus mit einer Unterschrift zu belegen. Hermann Stephani hatte in der Tat – zusammen mit 41 anderen Hochschullehrern – einen Aufruf der Sektion Universitäten und Hochschulen des 1928 von Alfred Rosenberg (1892–1946) gegründeten Kampfbundes für deutsche Kultur unterzeichnet, der am 30. April 1932 im Völkischen Beobachter erschienen war. Dies war jedoch kein Bekenntnis zum Nationalsozialismus als Partei:

> »Der Veröffentlichungsort war einschlägig, aber es handelte sich ausdrücklich nicht um eine Werbemaßnahme für die NSDAP. Der ›Kampfbund‹ wurde vielmehr als parteiübergreifende Organisation vorgestellt, deren Ziel die Sammlung zu einer Art neuem Kulturkampf, nämlich gegen den ›Kulturbolschewismus‹ sei. Geworben wurde besonders um die Akademikerschaft, die wegen der wünschenswerten ›akademischen Freiheit‹ von unmittelbaren politischen Bindungen absehen wolle, die aber doch an diesem alle Deutschen angehenden ›Schicksalskampf‹ teilnehmen müsse.«[54]

Ganz in diesem Sinne hatte sich Hermann Stephani, der eigenem Bekunden nach während des Ersten Weltkriegs der kurzlebigen, extrem nationalistischen

52 Zit. n. Maier-Metz, Entlassungsgrund, S. 58.
53 Ebd.
54 Hasselhorn, Johannes Haller, S. 217.

und offen antisemitischen Deutschen Vaterlandspartei beigetreten war,[55] in der Weimarer Republik von jedem parteipolitischen Engagement ferngehalten. Seine Sympathien dürften indessen dem deutschnationalen Lager gehört haben – so erklärt sich auch seine Unterschrift unter einem Aufruf Marburger Hochschullehrer zur Wiederwahl Paul von Hindenburgs vom 5. Februar 1932:

> »In dieser Stunde, in der unter seiner Führung das deutsche Volk den entscheidenden Kampf um seine Freiheit aufgenommen und sich zur Durchführung dieses Kampfes die härtesten Opfer auferlegt hat, darf es nicht geschehen, dass die Wiederwahl Hindenburgs zum Reichspräsidenten unter den trüben Vorzeichen innerpolitischer Kämpfe vor sich geht. Wir dürfen der Welt in diesem Augenblick nicht das schmähliche Schauspiel bieten, dass die Deutschen sich nicht einmal in diesem größten Namen über alle Parteiungen hinweg zusammenfinden können. Wir dürfen nicht selbst das kostbare Gut an echter Autorität und Würde, das uns in ihm anvertraut ist, entwerten.«[56]

Der ›nationalen Wiedergeburt‹ Deutschlands im Jahre 1933, der ›Regierung der nationalen Konzentration‹ und dem ›Führer und Reichskanzler‹ Adolf Hitler stand man im Hause Stephani vermutlich uneingeschränkt positiv gegenüber – die nationalsozialistische ›Machtergreifung‹ feierte Hermann Stephani in Liedkompositionen wie *Dem Führer: Nun sind die deutschen Lande nicht mehr in Nacht getan* (Op. 64, Nr. 2, 1933) oder *Sieg Heil: Der Sieg ist erstritten, das Reich ist erwacht!* (Op. 66, Nr. 2, 1933).[57] Seine Unterschrift findet sich auch unter dem »Ruf an die Gebildeten der Welt«. In dieser »Kundgebung der deutschen Wissenschaft«, die am 11. November 1933, am Tag vor der Reichstagswahl und der Volksabstimmung über den Austritt des Deutschen Reiches aus dem Völkerbund, veröffentlicht wurde, legten etwa 900 Hochschullehrer ein »Bekenntnis [...] zu Adolf Hitler und dem nationalsozialistischen Staat«[58] ab.

55 Hermann Stephani, Antrag zur Bearbeitung der Aufnahme als Mitglied der Reichsschrifttumskammer, Gruppe Schriftsteller, 29.1.1941, BArch. Berlin, R 9361/V, 37012. Die Deutsche Vaterlandspartei existierte vom September 1917 bis zum Dezember 1918.

56 Zit. n. Nagel, Philipps-Universität, S. 94 (Dok. 15).

57 Textproben bei Prieberg, Handbuch, S. 6865.

58 Bekenntnis der Professoren an den deutschen Universitäten und Hochschulen zu Adolf Hitler und dem nationalsozialistischen Staat. Überreicht vom Nationalsozialistischen Lehrerbund Deutschland/Sachsen, o. O., o. J. [1933], http://www.archive.org/stream/bekenntnisderpro00natiuoft#page/2/mode/2up (20.9.2018). Hermann Stephanis Name findet sich auf S. 131. Fischer, Völkerkunde, S. 597,

Einen Antrag auf Aufnahme in die NSDAP stellte Hermann Stephani jedoch, wie bereits erwähnt, trotz aller Loyalitätsbekundungen vorerst nicht. Die fördernde Mitgliedschaft in der SS und die Mitgliedschaft in der Nationalsozialistischen Volkswohlfahrt,[59] die Mitgliedschaft im Reichskolonialbund[60] und der Beitritt zur neu gegründeten Marburger Ortsgruppe der Deutschen Gesellschaft für Rassenhygiene[61] lassen es auf den ersten Blick so aussehen, als ob sich Hermann Stephani am politischen Leben im ›neuen Deutschland‹ rege beteiligte. Tatsächlich ist hier jedoch eine im bürgerlichen Milieu häufig zu beobachtende Strategie erkennbar, politische Linientreue zu demonstrieren, ohne sich wirklich auf die Partei einzulassen[62] – das gilt selbst für die fördernde Mitgliedschaft in der SS, die viele Zeitgenossen anstrebten, die zögerten, sich der NSDAP anzuschließen, galt doch die SS damals noch – im Gegensatz zur SA, die für den offenen Terror auf der Straße verantwortlich gemacht wurde – als

weist darauf hin, dass nicht ganz klar sei, »wie die Unterschriften zu diesem *Bekenntnis* zustande gekommen sind, noch welches genau das Bekenntnis ist«. Zu Vorbehalten der Rechts- und Staatswissenschaftlichen Fakultät der Philipps-Universität vgl. Nagel, Philipps-Universität, S. 188 (Dok. 83).

59 Die Nationalsozialistische Volkswohlfahrt (NSV) entwickelte sich nach der Machtübernahme rasch zur zweitgrößten Massenorganisation im nationalsozialistischen Deutschland (nach der Deutschen Arbeitsfront). Eine Mitgliedschaft verpflichtete lediglich zu einem finanziellen Beitrag. Der Beitritt zur NSV stellte daher die unverbindlichste Form dar, seine Loyalität zum ›neuen Deutschland‹ zu bekunden. Zur Stellung der NSV im Gefüge der Spitzenverbände der freien Wohlfahrtspflege: Hammerschmidt, Wohlfahrtsverbände, S. 390, S. 396f.

60 Der Reichskolonialbund wurde am 10. Juni 1933 als Dachorganisation der verschiedenen bereits bestehenden Kolonialgesellschaften gegründet. Es könnte sein, dass Stephani einer dieser Gesellschaften angehört hatte und auf diese Weise Mitglied im ›gleichgeschalteten‹ Reichskolonialbund wurde.

61 Die 1905 gegründete (Deutsche) Gesellschaft für Rassenhygiene trat vor allem für die Legalisierung der eugenischen Sterilisierung ein. Da Hermann Stephani auch Mitglied im Reichsbund der Kinderreichen war, einer 1922 gegründeten Selbsthilfeorganisation kinderreicher Familien, die Ende der 1920er Jahre immer stärker zur Rassenhygiene hin tendierte, kann man annehmen, dass Stephani mit der eugenischen Idee sympathisierte. – Initiator der Marburger Ortsgruppe der Deutschen Gesellschaft für Rassenhygiene war Wilhelm Pfannenstiel (1890–1982), Professor für Hygiene an der Universität Marburg, der im Zweiten Weltkrieg als SS-Sanitätsinspekteur auch für die Inspektion der Konzentrationslager im Generalgouvernement zuständig war und 1942 persönlich bei der Vergasung von Juden im Vernichtungslager Belzec anwesend war. Gerabek, Rassenhygieniker.

62 Dies gegen Maier-Metz, Entlassungsgrund, S. 60.

eine weniger fanatische, disziplinierte, einen legalistischen Kurs verfolgende Parteiformation.[63]

Auch die Berufung Hermann Stephanis in die Leitung der neu gegründeten Marburger Ortsgruppe des Kampfbundes für deutsche Kultur durch deren Leiter, den Redakteur der Oberhessischen Zeitung (und künftigen Bürgermeister Marburgs) Ernst Scheller, am 3. Mai 1933 fügt sich in dieses Bild.[64] Hintergrund dieser Berufung dürfte die ›Selbstgleichschaltung‹ des Marburger Konzertvereins gewesen sein, dessen Dirigent Hermann Stephani war. Hatte Stephani in der Vergangenheit Differenzen mit dem Vereinsvorstand gehabt – die im Jahre 1929 sogar zur vorübergehenden Kündigung des Dirigenten geführt hatten[65] –, so bot sich ihm hier die Gelegenheit, den Konzertverein, der zunächst als eigenständige Abteilung in die Ortsgruppe des Kampfbundes für deutsche Kultur eingegliedert wurde, unter seine Regie zu bringen. Gleichzeitig eröffnete sich ihm die Möglichkeit, sich auch für seine anderen öffentlichen Unternehmungen Protektion und finanzielle Förderung zu sichern. Er betrachtete dies – wie aus den nach 1945 geschriebenen *Erinnerungen* Hermann Stephanis zu entnehmen ist – als ein Gebot sowohl staatspolitischer Verantwortung als auch kluger Wahrung der eigenen Interessen:

> »Wird ein Schiff leck, so stellt die Mannschaft ihre Differenzen mit dem Kapitän zurück und eilt an die Pumpen. So hatten es auch viele der Konservativen 1919 gehalten, sich [dem sozialdemokratischen Reichstagspräsidenten] Friedrich Ebert [1871–1925] zur Verfügung und ihre vorbildliche Pflichtauffassung unter Beweis gestellt. – Auch der Konzertverein zögerte [1933] nicht, sich dem NS-Kampfbund für deutsche Kultur anzuschließen und auch manche Veranstaltungen meines Musikwissenschaftlichen Seminars ordneten sich willig dem mehr oder minder sanften Zwange unter, den die Reglementierung alles öffentlichen Lebens auch auf das Kunstgeschehen auszuüben begann. Es war mir sogar eine Genugtuung, als der verständige Marburger Kulturleiter [wahrscheinlich ist Ernst Scheller

63 Dementsprechend stieg die Zahl der fördernden Mitglieder der SS von rund 13.000 im Jahre 1932 auf 167.000 im Jahre 1933. Schulte, Zwangsarbeit, S. 77.

64 An diesem Tag meldete die Oberhessische Zeitung, dass der NSDAP-Kreisleiter den künftigen Marburger Bürgermeister Ernst Scheller mit der Leitung der neu zu bildenden Ortsgruppe des Kampfbundes für deutsche Kultur beauftragt habe. Dieser wiederum habe 14 Persönlichkeiten des Marburger Kulturlebens in die Leitung berufen, darunter Hermann Stephani. Artikel »Schwarzes Brett. Kampfbund für deutsche Kultur«, in: Oberhessische Zeitung, 3.5.1933, als Faksimile abgedruckt in: Dettmering, Was alle lesen konnten, S. 206. Vgl. Maier-Metz, Entlassungsgrund, S. 59.

65 Walter, Friedrich Ebert, S. 234–238.

gemeint] zu mir kam und, entgegen sonstigen nationalsozialistischen Gepflogenheiten, Aufführungen religiöser Tonwerke Hindernisse über Hindernisse in den Weg zu legen, mich bat, eine Anzahl meiner geistlichen Großaufführungen in einen gemeinsamen Ring mit seinen eigenen Unternehmungen einzubauen, und sich sogar bereit erklärte, sich gelegentlich an der geldlichen Trägerschaft zu beteiligen.«[66]

Alles in allem kann man Hermann Stephani wohl dem Milieu des deutschnationalen protestantischen Bildungsbürgertums zuordnen. Nach der Machtübernahme der Nationalsozialisten fiel die überwältigende Mehrheit dieses Milieus zunächst in einen Taumel der Begeisterung über die scheinbare nationale Wiedergeburt Deutschlands und stellte sich hinter Adolf Hitler und seine ›Regierung der nationalen Konzentration‹.[67] Tatsächlich schien der Vorrat an ideologischen und politischen Gemeinsamkeiten zwischen Deutschnationalen und Nationalsozialisten beträchtlich: Mit Blick auf die politische Ordnung gehörten dazu die Skepsis gegenüber Demokratie, Parlamentarismus und Liberalismus, der Hass auf Marxismus und Bolschewismus, ein autoritäres Staatsmodell und das Führerprinzip. Im Hinblick auf die soziale Neugestaltung wusste man sich im Volksgemeinschaftsgedanken, in ständestaatlichen Gesellschaftsentwürfen, einer vagen Kapitalismuskritik aus konservativer Perspektive, in der Forderung nach einer Stärkung des Mittelstandes, in Großstadtfeindschaft und Agrarromantik einig. Die Wirtschaftspolitik der ›Regierung der nationalen Konzentration‹, die Arbeitslosigkeit und Armut energisch anging, fand bei den Deutschnationalen ebenso begeisterten Zuspruch wie der Austritt aus dem Völkerbund, die Wiederherstellung der nationalen Ehre, die forcierte Aufrüstung, die Stärkung des Wehrwillens und eine scharfe Ablehnung des Pazifismus, überhaupt eine Außenpolitik, die eine Revision des Versailler Vertrages als letztes Ziel verfolgte. In der Sphäre der Kultur stimmte man überein in der bedingungslosen Ablehnung der Moderne als ›entartet‹, ›vernegert‹ und ›verjudet‹. Überhaupt bildeten der Antisemitismus – bis etwa zu dem mit den Nürnberger Gesetzen erreichten Radikalisierungsgrad –, weiter eine kraftvolle Bevölkerungs- und Erbgesundheitspolitik sowie eine rigorose Ordnungspolitik gegen Gruppen am Rande der Gesellschaft weitere Klammern zwischen dem Nationalsozialismus und großen Teilen des deutschnationalen Bürgertums.

66 Zit. n. ebd., S. 240. Walter gibt an, dass eine teilweise Kopie dieser Erinnerungen aus dem Besitz von Dr. Wilhelm Kessler als Depositum an das Hessische Musikarchiv gegangen sei. Nach Auskunft des Hessischen Musikarchivs vom 29. Juni 2018 sind die Erinnerungen Hermann Stephanis dort jedoch nicht auffindbar.

67 Vgl. Gailus, 1933 als protestantisches Erlebnis.

Gewiss gab es auch manches, was im bürgerlichen Milieu Unbehagen hervorrief: die plebejische Attitüde der nationalsozialistischen Massenbewegung, die sich scharf gegenüber bürgerlichen Werten und Formen abgrenzte, die antiklerikale, ja oft sogar antichristliche Propaganda, der Druck auf die ›konservative Opposition‹ aus den Reihen des Stahlhelms, die ›Gleichschaltung‹ aller Bereiche des gesellschaftlichen Lebens, Inkompetenz, Korruption und Vetternwirtschaft der Parteibonzen, der Terror auf der Straße und die Rede von einer ›zweiten Revolution‹, wie sie insbesondere aus den Reihen der SA immer wieder laut wurde. Doch ließen – wie es Hermann Stephani in seinen *Erinnerungen* formuliert – die Anfangserfolge der Nationalsozialisten »das Vertrauen aufkommen, die Bewegung werde ihrer übler Kinderkrankheiten schon Herr werden«.[68]

Franz von Papens Marburger Rede – eine Blaupause für das Denken Martin Stephanis?

Offen zum Ausdruck kam die ›konservative Opposition‹ in der viel beachteten Rede, die Vizekanzler Franz von Papen (1879–1969) am 17. Juni 1934 zur Feier des Universitätsgründungstages auf der Jahreshauptversammlung des Marburger Universitätsbundes im Auditorium Maximum der Philipps-Universität hielt. Diese in der Hauptsache von seinem Mitarbeiter Edgar Julius Jung (1894–1934) verfasste Rede bündelte die Kritikpunkte der konservativen Opposition an der nationalsozialistischen Machtübernahme. Seine »innere Verpflichtung an Adolf Hitler und sein Werk« zwinge ihn, so Papen gleich zu Anfang der Rede, »in diesem entscheidenden Abschnitt der deutschen Revolution«[69] öffentlich Stellung zu beziehen. In einer Phase, da der Prozess der nationalen Erneuerung in ruhigeres Fahrwasser komme, »da die Begeisterung verflacht, die zähe Arbeit an diesem Prozess ihr Recht fordert, [zeige sich,] dass der Läuterungsprozess von solch historischem Ausmaße auch Schlacken erzeugt, von denen er sich reinigen muss«.[70] Der durch die ›Gleichschaltung‹ der Presse entstandene »ventillose Zustand« mache es notwendig, dass »der Staatsmann selber eingreifen und die Dinge beim Namen nennen« müsse – und die neue Regierung sei »stark genug […], anständige Kritik zu ertragen«.[71]

68 Zit. n. Walter, Friedrich Ebert, S. 244.
69 Rede des Vizekanzlers von Papen vor dem Universitätsbund Marburg am 17. Juni 1934, Berlin 1934, S. 3.
70 Ebd., S. 4.
71 Ebd.

Offen kritisierte Papen den »Anspruch auf ein revolutionäres oder nationales Monopol für bestimmte Gruppen«.[72] Die »konservativ-revolutionäre Bewegung« habe sich vom Nationalsozialismus »wesentlich nur durch die Taktik« unterschieden: Während jene »jede weitere Demokratisierung« abgelehnt habe, sei dieser »zunächst den Weg der Demokratie zu Ende«[73] gegangen. Die Geschichte habe »der nationalsozialistischen Taktik recht gegeben«[74] – die Konservativen würden dies ohne weiteres anerkennen und stünden zum neuen Staat, deshalb sei es falsch, sie »mit dem Schlagwort ›reaktionär‹« abtun zu wollen:

> »Die Vorherrschaft einer einzigen Partei an Stelle des mit Recht verschwundenen Mehr-Parteiensystems erscheint mir geschichtlich als ein Übergangszustand, der nur so lange Berechtigung hat, als es die Sicherung des Umbruchs verlangt und bis die neue personelle Auslese in Funktion tritt.«[75]

Im weiteren Verlauf seiner Rede sprach Papen manche Kritikpunkte offen an: Die Staatsführung habe darüber zu wachen, »dass kein neuer Klassenkampf unter anderen Feldzeichen sich wiederholt«.[76] Er wies das »Gerede von der zweiten Welle, welche die Revolution vollenden werde«,[77] scharf zurück: »Mit ewiger Dynamik kann nicht gestaltet werden.«[78] Papen warnte vor jeder Form von Planwirtschaft und Kollektivismus, die »zu unausrottbarer Korruption«[79] führten, vor »Eigennutz, Charakterlosigkeit, Unwahrhaftigkeit, Unritterlichkeit und Anmaßung«,[80] vor »Byzantinismus«,[81] vor »Terror«[82] und »Drohungen gegenüber hilflosen Volksteilen«.[83] Er verurteilte »150prozentige Nationalsozialisten [...], die Wissenschaftlern von Weltruf ihre Existenz bestreiten möchten, weil sie kein Parteibuch besitzen«.[84]

72 Ebd., S. 5.
73 Ebd.
74 Ebd., S. 6.
75 Ebd., S. 9.
76 Ebd., S. 12.
77 Ebd., S. 14.
78 Ebd., S. 15.
79 Ebd.
80 Ebd.
81 Ebd., S. 13.
82 Ebd., S. 14.
83 Ebd., S. 16.
84 Ebd., S. 13.

> »Es geht [...] nicht an, den Geist mit dem Schlagwort Intellektualismus abzutun. [...] Der wahre Geist ist so lebenskräftig, dass er sich für seine Überzeugung opfert. Die Verwechslung von Vitalität mit Brutalität würde eine Anbetung der Gewalt verraten, die für ein Volk gefährlich wäre.«[85]

Fluchtpunkt der gesamten Argumentation war die Gegenübersetzung von Staat als »Organisation« und dem Leben als organischem »Wachstum«.[86] Es komme darauf an, dass das deutsche Volk zu seiner »natürlichen sozialen Ordnung«[87] zurückfinde – hier könne der Staat nur die Rahmenbedingungen gestalten. Entscheidend – so der Tenor der Rede – sei es, dass der neue Staat eine religiöse Grundlage habe:

> »Der Sinn der Zeitenwende ist klar: Es geht um die Entscheidung zwischen dem gläubigen und dem ungläubigen Menschen, es geht darum, ob alle ewigen Werte verweltlicht werden sollen oder nicht, ob der Vorgang der Säkularisation, der Entheiligung, wie er vor einigen Jahrhunderten einsetzte, zur Entgöttlichung des Menschengeschlechtes und damit zum Zerfall jeglicher Kultur führt oder ob der Glaube an die Transzendenz und die ewige Weltordnung wieder das Fühlen, Denken und Handeln der Menschen grundlegend bestimmt.«[88]

Die Nationalsozialisten betrachteten die Rede Franz von Papens als offenen Affront – die anwesenden SA-Führer verließen demonstrativ den Saal.[89] Dagegen hätten »alle oppositionellen Kräfte«, so vermerkt es ein Lagebericht der Gestapo, durch die Rede »starken Auftrieb«[90] erhalten. Obwohl das Regime versucht hatte, die Publikation der Rede zu verhindern,[91] war sie nach kurzer Zeit allgemein bekannt. Wie die Gestapo berichtete, wurde sie »in reaktionären Kreisen mit Schreibmaschine vervielfältigt und weiterverbreitet«.[92] Kurze Zeit später – im Zuge des Röhm-Putsches – zerschlug das Regime die konser-

85 Ebd.
86 Ebd., S. 6.
87 Ebd., S. 8.
88 Ebd., S. 7.
89 Klein (Hg.), Lageberichte, Bd. 2, S. 780.
90 Bericht der Gestapo vom 5. Juli 1934, in: Klein (Hg.), Lageberichte, Bd. 1, S. 117.
91 Freilich war die Rede im Rundfunk ausgestrahlt worden. Schon gedruckte Exemplare der *Frankfurter Zeitung* mit dem Redetext wurden hingegen beschlagnahmt. Schneider, Widerstand, S. 239.
92 Bericht der Gestapo vom 5. Juli 1934, in: Klein (Hg.), Lageberichte, Bd. 1, S. 117.

vative Opposition. Edgar Jung wurde am 1. Juli 1934 ermordet, Franz von Papen unter Hausarrest gestellt.[93]

Man wird wohl davon ausgehen können, dass die Marburger Rede auch im Hause Stephani bekannt war. Ob der damalige Primaner Martin Stephani den Text kannte, darüber kann man nur spekulieren. Es fällt aber auf, dass spätere Äußerungen Martin Stephanis eng an Franz von Papens Redepassage über den »Sinn der Zeitenwende« anknüpften, wie noch zu zeigen sein wird.[94]

93 Papen war gezwungen, das Amt des Vizekanzlers niederzulegen, und wurde als Gesandter nach Wien geschickt.

94 Vgl. unten S. 186f.

5. Militärdienst, 1935 bis 1937

»Nur Soldat bis Oktober!« Das erste Dienstjahr

Vom 30. Oktober 1935 bis zum 30. September 1937 leistete Martin Stephani seinen Wehrdienst in der neu gegründeten Wehrmacht ab. In der Nachkriegszeit, so etwa in seiner ersten Vernehmung durch den öffentlichen Ankläger beim Spruchgericht Bielefeld am 3. Juli 1947, sagte er stets aus, er habe seiner »Militärpflicht [...] genügt«.[1] Tatsächlich hatte sich Martin Stephani freiwillig zur Wehrmacht gemeldet. In seinem Lebenslauf vom 28. Juni 1937, der seinen Bewerbungsunterlagen für die Hochschule für Musik in Berlin beiliegt, heißt es dazu:

> »Da zur Zeit meiner Schulentlassung der Reichsarbeitsdienst weder Bedingung zum Hochschulstudium noch zum Eintritt in die Wehrmacht war, meldete ich mich zur Ableistung meiner Wehrpflicht sofort freiwillig, um später im Studium nicht unterbrochen zu werden.«[2]

Die Männer des Jahrgangs 1915 wurden im Zeitraum von Anfang Juni bis Mitte August 1935 gemustert. Regulär wurden einige von ihnen seit dem 16. Oktober 1936, die meisten aber erst seit dem 2. November 1937 zum aktiven Wehrdienst einberufen.[3] Sie hatten zuvor – gemäß dem Wehrgesetz vom 21. Mai 1935 und dem Reichsarbeitsdienstgesetz vom 26. Juni 1935 – eine sechsmonatige Dienstzeit im Reichsarbeitsdienst zu erfüllen.[4] Daraus folgt, dass Martin Stephani – statt seine Einberufung abzuwarten – sich schon bei der Musterung freiwillig zum Dienst in der Wehrmacht gemeldet haben muss, um einerseits seine Wehrpflicht abzuleisten, bevor er mit seinem Studium begann, und um andererseits Sonderbestimmungen zur Befreiung von Wehrmachtsfreiwilligen von der Arbeitsdienstpflicht zu nutzen. Statt also wie andere Männer seines Jahrgangs zunächst zum Reichsarbeitsdienst eingezogen zu werden, trat

1 Aussage vom 3. Juli 1947, BArch. Koblenz, Z 42–IV, Nr. 2887.
2 Lebenslauf, 28.6.1937, Archiv der Universität der Künste Berlin 1/4790.
3 Absolon, Wehrgesetz, S. 154f.
4 Wehrgesetz v. 21.5.1935, RGBl. I S. 609, § 8, Abs. 3; Gesetz für den Reichsarbeitsdienst v. 26.6.1935, RGBl. I, S. 769. Vgl. Absolon, Wehrgesetz, S. 16f.

er am 30. Oktober 1935 seinen Wehrdienst bei der 11. Kompanie des Infanterie-Regiments 57 in Siegen/Westfalen an.[5]

Die Briefe, die Martin Stephani aus dem Militärdienst an seine Eltern schrieb, sind erhalten geblieben. Sie lassen deutlich erkennen, dass ihm das von scharfem Drill, einem barschen Kasernenhofton, endlosen Diensten und körperlichen Strapazen geprägte Soldatenleben nicht behagte. Was den feingeistigen jungen Mann besonders störte, war die Kulturferne des Militärlebens, vor allem fehlte ihm die klassische Musik. In einem Brief an seinen Vater klagte er am 23. Februar 1936:

> »Das erste Mal seit sehr langer Zeit glückte es mir, einmal wieder gute Musik zu hören: Schumanns Fasching u. Karneval.[6] Das Radio im Lesezimmer läuft den ganzen Tag über (sonntags wenigstens); aber alles achtet ängstlich darüber, dass nur ja nichts anderes als übelster Schund – (siehe Radio Luxemburg![7]) – die Kaserne durchdröhnt.«[8]

Das Banausentum seiner Kameraden kommentierte er – sich selbst, wohl ohne sich dessen bewusst zu sein, die Rolle des gekreuzigten Christus zuschreibend – mit den Worten: »Vergib ihnen, sie wissen nicht, was sie tun.«[9] Immer wieder scheint in den Briefen, die Martin Stephani zu dieser Zeit nach Hause schrieb, die Sorge durch, dass seine Virtuosität als Solist an der Geige unter dem Exerzieren leiden könnte. Nicht ohne Grund: Im Sommer 1936 laborierte er an einer hartnäckigen Verletzung am Ellenbogen. Ungeduldig sehnte er das Ende seiner Militärzeit herbei. Davon zeugt ein Stoßseufzer in einem Brief an seine Mutter vom 7. Juni 1936: »Na ja, wir halten uns an die neue Deutung des Begriffes N.S.B.O., welcher da ist verdolmetscht in Soldatensprache: Nur Soldat bis Oktober!«[10]

5 R.u.S.-Fragebogen Martin Stephani, BArch. Berlin, R 9361/III, 202641 (hier ist als Eintrittsdatum der 30. Oktober 1935 angegeben). Lebenslauf, 28.6.1937, Archiv der Universität der Künste Berlin 1/4790. Untergebracht war die Einheit in der Kaserne Heiden. Anmelde-Vordruck zum Wintersemester 1937/38, 2.7.1937, Archiv der Universität der Künste Berlin 1/4790.

6 Gemeint sind vermutlich *Faschingsschwank aus Wien* op. 26 und *Carnaval. Scènes mignonnes sur quatre notes* für Klavier op. 9 von Robert Schumann.

7 Radio Luxembourg (Luxemburg) war am 15. März 1933 als erster Privatsender Europas mit einem französischsprachigen Programm gestartet. Vgl. RTL – Deutschlands Hit-Radio, in: Wikipedia. Die freie Enzyklopädie, https://de.wikipedia.org/wiki/RTL_–_Deutschlands_Hit-Radio (20.9.2018).

8 Martin Stephani an seinen Vater, 23.2.1936, Universitätsarchiv Marburg, 312/3/19.

9 Ebd.

10 Martin Stephani an seine Mutter, 7.6.1936, Universitätsarchiv Marburg,

Kurz darauf erlebte Martin Stephani jedoch eine böse Überraschung. Sollte die Dauer des aktiven Wehrdienstes für Angehörige des Geburtsjahrgangs 1914 und jünger ursprünglich nur ein Jahr betragen, so wurde sie mit Erlass vom 24. August 1936 auf zwei Jahre verlängert.[11] Hermann Stephani plante wohl, beim Regimentskommandeur vorzusprechen, um eine vorzeitige Entlassung seines Sohnes zu erwirken[12] – ohne Erfolg: »Gesuch abgelehnt!«[13] meldete Martin Stephani am 22. Oktober 1936 kurz und bündig nach Hause.

»[...] ein guter Mensch, ein guter Soldat und ein hochkünstlerischer Mensch«. Martin Stephani als Militärmusiker

Auf die Verlängerung seines Wehrdienstes reagierte Stephani, der am 1. Oktober 1936 zum Gefreiten befördert worden war, indem er sich im Dezember desselben Jahres zum Musikkorps des Infanterie-Regiments 57 meldete, »um in technischer Hinsicht für einen praktischen Musikberuf nicht untauglich zu werden«.[14] Dieses Musikkorps stand unter der Leitung von Friedrich Deisenroth (1903–1997), dem späteren Chef des Stabsmusikkorps der Bundeswehr.[15] Man kann wohl davon ausgehen, dass Martin Stephani und Friedrich Deisenroth einander kannten, hatte letzterer doch am 1. April 1934 die verwaiste Reichswehrkapelle in Marburg übernommen – die von Fall zu Fall auch das Collegium musicum unterstützte. Deisenroth war zum 1. Dezember 1935 zum Regimentskapellmeister befördert und zum Stab des II. Bataillons des Infanterie-Regiments 57 nach Siegen versetzt worden.[16] Am 11. Dezember 1936 berichtete Martin Stephani einem Freund:

> »Habe mich vor 3 Wochen ins Musik-Korps versetzen lassen, wo mich gleich sehr viel Arbeit erwartete, da ja neben der Probenarbeit auch Dinge wie Korps-Exerzieren, Blinkausbildung, Morsen u.a.m. laufen. Und Sonnabende u. Sonntage waren stets durch Konzerte besetzt.«[17]

312/3/19. Die Abkürzung NSBO stand eigentlich für »Nationalsozialistische Betriebszellenorganisation«.

11 Absolon, Wehrgesetz, S. 16.
12 Martin Stephani an seinen Vater, 6.10.1936, Universitätsarchiv Marburg, 312/3/19.
13 Martin Stephani an seine Eltern, 22.10.1936, Universitätsarchiv Marburg, 312/3/19.
14 Lebenslauf, 28.6.1937, Archiv der Universität der Künste Berlin 1/4790.
15 Zur Biographie: Prieberg, Handbuch, S. 1019–1021.
16 Gruner, Musikleben, S. 148–153.
17 Martin Stephani an Hans-Hellmuth Schneider, 11.12.1936, Universitätsarchiv Marburg, 312/3/19.

Diesen Brief hatte der Rechtshänder übrigens mit der linken Hand geschrieben, da er sich eine Schnittwunde an der rechten Hand zugezogen hatte – wieder eine Verletzung, die das Musizieren eine Zeitlang unmöglich machte. Doch von nun an rückte die Musik wieder in den Vordergrund:

> »Am Freitag kam ich gerade zum Vorüben einer am Sonnabend stattfindenden Trauerparade zurecht (5 Std. im Schneesturm mit dauernd zufrierenden Instrumenten); abends Kasino; sonnabends bis 4.00 Uhr morgens Tanzmusik; sonntags Konzert; heute Kasino, übermorgen Kasino usw. usw. Nach dem Herakles[18] ein ganz stimmungsvoller Anfang wieder, nicht? Die Konzertdaten häufen sich immer weiter, darunter 2 x Rundfunk. Eine von uns gespielte Plattensendung kam bereits einmal durch und wird Mitte des Monats nochmals gesendet.«[19]

Mehrmals berichtete Martin Stephani stolz davon, dass Konzerte seines Musikkorps im Rundfunk ausgestrahlt wurden. So heißt es in einem Brief an die Eltern unter dem 22. Februar 1937:

> »Wir haben übrigens mit unserm Radiospiel (übermorgen wieder) einen Rekord inne in Bezug auf die Vielzahl der angeschlossenen Sender. Köln überschüttete uns in einem Extra-Schreiben mit einem Mordslob – Königsberg rief noch während wir spielten begeistert bei uns an. Der ›Mittag‹[20] schrieb wörtlich von ›seit Jahren nicht erreichter‹ Hochleistung eines Bataillonskonzertes.«[21]

Zwei Tage später wies Stephani seine Eltern auf ein weiteres Rundfunkkonzert hin:

> »Freitag von 10.10 Uhr bis 21.30 Uhr sind wir wieder im Radio; diesmal zwar fast nur mit Märschen u. Soldatenliedern, die Euch kaum interessieren werden. Aber ich mache Euch aufmerksam auf zwei Sätze von Deisen-

18 Es bleibt unklar, worauf Stephani hier anspielt. Gemeint ist möglicherweise Georg Friedrich Händels Oratorium *Hercules* (*Herakles*) aus dem Jahre 1745 (HWV 60).

19 Martin Stephani an seine Eltern, 2.2.1937, Universitätsarchiv Marburg, 312/3/19.

20 Gemeint ist wahrscheinlich die Zeitung »Der Mittag – Zeitung für Rhein und Ruhr«, die seit 1920 in Düsseldorf erschien. Vgl. Der Mittag, in: Wikipedia. Die freie Enzyklopädie, https://de.wikipedia.org/wiki/Der_Mittag, (20.9.2018).

21 Martin Stephani an seine Eltern, 22.2.1937, Universitätsarchiv Marburg, 312/3/19.

roth aus ›Vier sinfonische Bilder aus dem Soldatenleben‹[22] – wirklich recht gut gemacht u. von uns auch gut gespielt.«[23]

Freilich konnte Stephani dem üblichen Militärdienst nicht entgehen. Am 22. Februar 1937 klagte er:

»[...] die letzten 14 Tage reichten an meine tollsten Rekrutenwochen mindestens heran. Später mehr darüber. An die Geige bin ich außerdienstlich seit 3 Wochen nicht mehr gekommen. Das vielstündige Ausharren in Schnee u. Kälte hat die Finger überdies recht unbrauchbar gemacht.«[24]

Zwei Monate später, am 23. April, klagte Stephani über die unmäßig langen Dienstzeiten:

»Wir haben schlimme 3 Wochen hinter uns, in denen wir zu wirklicher Musik so gut wie nicht gekommen sind. Es ist unglaublich: aber wir hatten an Hitlers Geburtstag [20. April] 25 (!) Stunden hintereinander Dienst«.[25]

Sein Dienstvorgesetzter Friedrich Deisenroth war des Lobes voll über Martin Stephanis Wirken im Musikkorps. In einem Schreiben an Hermann Stephani vom 6. November 1937, in dem er darum bat, Martin möge sich doch einmal bei den alten Regimentskameraden melden,[26] versicherte Deisenroth,

22 Friedrich Deisenroths *Suite für Heeresmusik* mit dem Titel *Vier Bilder aus dem Soldatenleben* (»Der Morgen des Soldaten«, »Fröhlicher Ausmarsch«, »Im Gefecht«, »Abends im Quartier«) wurde nach Prieberg, Handbuch, S. 1020f., 1939 auf einem Großkonzert der Wehrmacht zum Besten des Winterhilfswerks in Wiesbaden aufgeführt und am 4. Februar 1939 im Reichssender Frankfurt ausgestrahlt.

23 Martin Stephani an seine Eltern, 24.2.1937, Universitätsarchiv Marburg, 312/3/19.

24 Martin Stephani an seine Eltern, 22.2.1937, Universitätsarchiv Marburg, 312/3/19.

25 Martin Stephani an seine Eltern, 23.4.1937, Universitätsarchiv Marburg, 312/3/19.

26 »Dass Martin nun in Berlin ist, haben wir uns alle denken können, doch konnten wir es nicht wissen. Ich möchte Sie bitten, ihn zu veranlassen, dass er seinen Kameraden wenigstens einen kleinen Kartengruß sendet, damit die allgemein vorhandene Beliebtheit von Martin nicht Schiffbruch leidet, zumal seine mit ihm gegangenen Kameraden schon öfters schreiben. Aber auch an mich hat Martin noch nicht eine Zeile gesandt. Ich verstehe das aber sehr gut. Ein junger Mensch steuert in ein neues Leben und so erscheint das Vergangene unwichtig.« Aus einem Briefe von Musikmeister Deisenroth vom 6. November 1937 (Abschrift), Universitätsarchiv Marburg, 312/3/19.

»[...] wie sehr ich Martin schätzen lernen konnte, wie sehr ihn der Geringste seiner Kameraden geradezu liebte. Er war ein guter Sauerteig in dem neuen Brot und sein eminenter musikalischer Geist hat alles und alle veredelt. Sie [Hermann Stephani] hätten es mit ansehen müssen, wie Martin ein guter Mensch, ein guter Soldat und ein hochkünstlerischer Mensch war. Ihm muss es gelingen, in seinem zukünftigen Beruf mit Leichtigkeit vorwärts zu kommen. Ich bin manchmal ganz unzufrieden, wenn ich ohne ihn musizieren muss. Mein Ohr sucht und sucht, aber ›der göttliche Funke ist verglommen‹, ›er ist nach Berlin entkommen‹. Sie dürfen sich als Vater glücklich schätzen, einen solchen Sohn zu haben. Bei uns ist er nie vergessen. Das sagen Sie ihm bitte, und sollte er mal in Not kommen, (was nicht anzunehmen ist), so ist er bei mir und bei uns allen als guter Bruder angesehen.«[27]

27 Ebd.

6. Studium, 1937 bis 1940

»Martin [...] ist schwer besorgt wegen Ihrer Prüfungstermine«. Die Aufnahme an der Hochschule für Musik zu Berlin

Die freiwillige Meldung zur Wehrmacht schien eine kluge Entscheidung gewesen zu sein, doch wurde die Karriereplanung des jungen Martin Stephani durch zwei Umstände, die er nicht hatte absehen können, empfindlich gestört. Zum einen verlängerte sich sein Militärdienst, wie bereits geschildert, unversehens auf zwei Jahre. Zum anderen war die Ableistung der Arbeitsdienstpflicht mittlerweile zur Voraussetzung für die Zulassung zum Hochschulstudium erklärt worden.[1] War Martin Stephani zunächst davon ausgegangen, dass er sein Studium im Wintersemester 1936/37 würde aufnehmen können, so war eine Immatrikulation nunmehr frühestens im Wintersemester 1937/38 möglich – und auch das nur, wenn er vom Reichsarbeitsdienst zurückgestellt würde.

Im Juni 1937 wurde daher Hermann Stephani aktiv und wandte sich an einen alten Freund, Prof. Dr. Fritz Stein (1879–1961), den Direktor der Staatlichen Akademischen Hochschule für Musik in Berlin.[2] Am 26. Juni 1937 schrieb Hermann Stephani an Fritz Stein:

> »Sehr höflich bitte ich die Leitung der Staatlichen akademischen Hochschule für Musik, bei dem Herrn Reichserziehungsminister beantragen zu wollen, dass Martin (aufgrund seiner damaligen freiwilligen Meldung in das Heer zu einer Zeit, wo der Arbeitsdienst noch nicht Pflicht war) auch ohne Ableistung des Arbeitsdienstes in die Hochschule aufgenommen werden dürfe.«[3]

Am 22. August 1937 meldete sich Hermann Stephani erneut bei Fritz Stein. Er hatte seinen Sohn inzwischen »in aller Form« zum 1. Oktober 1937 mit dem Hauptfach Dirigieren an der Hochschule für Musik angemeldet,

1 Grüttner, Studenten, S. 227.
2 Zur Biographie: Prieberg, Handbuch, S. 6815–6830.
3 Hermann Stephani an Fritz Stein, 26.6.1937, Archiv der Universität der Künste Berlin 1/4790.

»[…] und es ist ihm auf Antrag der Hochschule vermutlich inzwischen der Termin seiner Arbeitsdienstpflicht wohl weit genug hinausgeschoben worden. […] Vielleicht liegt es nicht ganz außerhalb des Bereiches der Möglichkeit, dass ihm daraufhin der Arbeitsdienst schließlich ganz erlassen wird.«[4]

So kam es letztendlich auch – Martin Stephani wurde gar nicht mehr zum Reichsarbeitsdienst eingezogen. Inzwischen hatte sich aber ein neues Problem ergeben: Die Aufnahmeprüfungen in der Hochschule für Musik in Berlin für das Wintersemester 1937/38 fanden im September 1937 statt, also noch vor der Entlassung Martin Stephanis aus der Wehrmacht.[5] Sein Vater legte auch dieses Problem Fritz Stein vor:

»Martin rückt nun, nach 23-monatigem Militärdienst, demnächst ins Manöver ein und ist schwer besorgt wegen Ihrer Prüfungstermine. Seine Entlassung vom Militär wird nämlich ganz an das letzte Ende des Septembers fallen, und es ist vollkommen ausgeschlossen, dass ihm das Militär vor Manöverschluss eine vorzeitige Entlassung bewilligt. Dazu kommt, dass gerade das Siegener Regiment seinen Soldaten anerkanntermaßen diese 2 Jahre die allerschwersten Anstrengungen abgefordert hat. Irgendwelche Vorbereitungen auf die Hochschulprüfung sind auch nicht im Entferntesten möglich gewesen. Martin ist durch seine Dienstzeit vielmehr in seinem Können weit zurückgeworfen worden, abgesehen von gewissen Erfahrungen im Orchesterspiel, die er besonders als Klarinettist in der ganz hervorragenden Regimentskapelle des Musikmeisters Deisenroth sammeln konnte.
So erlaube ich mir denn die höfliche Anfrage: Ist es wohl möglich, dass Martin erst Anfang Oktober zu einer Prüfung zugelassen wird? Oder genügt es, ganz ausnahmsweise, zu seiner versuchsweisen Aufnahme in die Hochschule vielleicht gar, wenn ich, der ich selbst seit 34 Jahren als Dirigent im Musikleben stehe, hiermit die Versicherung abgebe:
Mein Sohn Martin hat für den Musikberuf eine weit überdurchschnittli-

4 Hermann Stephani an Fritz Stein, 22.8.1937, Archiv der Universität der Künste Berlin 1/4790.

5 Hermann Stephani hatte wohl zunächst auf eine vorzeitige Entlassung seines Sohnes aus der Wehrmacht gehofft. Doch teilte Martin Stephani seinen Eltern am 9. März 1937 mit: »Nach *sicheren* Quellen ist eine Entlassung für mich *völlig* aussichtslos. Ihr braucht gar nicht mehr zu hoffen.« Martin Stephani an seine Eltern, 9.3.1937, Universitätsarchiv Marburg, 312/3/19 (Hervorhebungen im Original).

> che Veranlagung; ich kenne keinen angehenden jungen Musiker, bei dem diese Veranlagung tiefer nach Innen gegründet wäre als bei ihm; er ist vor seiner Militärzeit ein ungewöhnlich befähigter Streichquartett-Primgeiger gewesen; für den Kapellmeisterberuf insbesondere besitzt er eine entschiedene Eignung. [...] Heil Hitler«.[6]

»Die Aufnahmeprüfung gänzlich zu umgehen, ist aus formalen Gründen und auch im Hinblick auf die zu erwartenden Berufungen leider nicht möglich«, teilte Prof. Dr. Franz Rühlmann (1896–1945), der stellvertretende Direktor der Hochschule für Musik, am 25. August 1937 mit.[7] Doch durfte Martin Stephani, der am 30. September 1937 im Range eines Unteroffiziers d. R. aus der Wehrmacht entlassen wurde, die Aufnahmeprüfung Anfang Oktober nachholen. Er bestand sie ohne Schwierigkeiten und konnte sich am 14. Oktober 1937 in der Staatlichen Akademischen Hochschule für Musik in der Hardenbergstraße/Fasanenstraße in Berlin-Charlottenburg immatrikulieren.[8]

»Nicht Artisten wollen wir heranzüchten, sondern deutsche Künstler bilden«. Die ›Gleichschaltung‹ der Hochschule für Musik, 1929 bis 1937

Die 1869 gegründete Königliche Akademische Hochschule für Musik zu Berlin – bis in die 1920er Jahre hinein »das einzige Konservatorium im deutschsprachigen Raum, das sich Hochschule nennen durfte« – war ein kulturpolitisches Prestigeobjekt des preußischen Staates – es ging um nicht weniger als die »Etablierung eines Mittelpunkts in der Musikkultur«.[9] Dieses »Programm aus monarchischer Zeit« wurde in der Weimarer Republik »zugunsten der *Neuen Musik* uminterpretiert«, die als »zeitgemäße Ausdrucksform der Republik« galt und als »künstlerisches Pendant eines neuen Staates und einer neuen Gesellschaft propagiert« wurde.[10] 1920 stellte der Pianist und Musikpädagoge Leo Kestenberg (1882–1962), seit 1918 Musikalischer Berater des Preußischen Ministeriums für Wissenschaft, Kunst und Volksbildung, mit der Berufung des österreichischen Komponisten Franz Schreker (1878–1934) zum Direktor der Hochschule für Musik die Weichen für deren Reform.[11] Zu seinem Stell-

6 Ebd.
7 Franz Rühlmann an Hermann Stephani, 25.8.1937, Archiv der Universität der Künste Berlin 1/4790.
8 Karteikarte Martin Stephani, Archiv der Universität der Künste Berlin 1/4790.
9 Schenk, Hochschule, S. 12.
10 Ebd.
11 Ebd., S. 80.

vertreter wurde der Musikwissenschaftler Georg Schünemann (1884–1945) ernannt. Die Berufung der neuen »Doppelspitze« bildete den »Auftakt eines umfassenden personellen Revirements«.[12] In den frühen 1920er Jahren wurde etwa die Hälfte des Dozentenkollegiums ausgetauscht. Der neue Lehrkörper zeichnete sich durch seine Aufgeschlossenheit gegenüber der musikalischen Avantgarde, seine Internationalität und einen hohen Anteil von Musikern und Musikerinnen jüdischen Glaubens oder jüdischer Herkunft aus, weshalb der Hochschule für Musik in der Endphase der Weimarer Republik der Ruch eines »Judenstalls«[13] anhaftete. Parallel zur personellen Verjüngung des Dozentenkollegiums trieb das ›Triumvirat‹ Kestenberg, Schreker und Schünemann[14] eine Reorganisation der Hochschule mit »funktional weit ausgreifende[n] Angliederungen und Neugründungen«[15] voran: So wurde der Berliner Staats- und Domchor im Sommersemester 1923 in die Hochschule für Musik eingegliedert, ebenso das Phonogramm-Archiv; zwischen 1925 und 1931 fand die Staatliche Schauspielschule unter dem Dach der Hochschule für Musik eine Heimstatt;[16] 1926 wurde das Seminar für Musikerziehung ins Leben gerufen; 1928 kam schließlich die Rundfunkversuchsstelle hinzu, die sich mit der »Medienrevolution der zwanziger Jahre«[17] auseinandersetzte, mit Fragen der Rundfunk- und Filmmusik befasste und mit elektronischer Musik experimentierte. Erkennbar ist einerseits eine »Ausdehnung des Fächerspektrums in Richtung einer Schule für Musik und Darstellende Kunst«, andererseits ein Ausgreifen »über das Gebiet der Ausbildung [...] hinaus« und eine Bündelung »berufsbildende[r], wissenschaftliche[r], museale[r] und experimentelle[r] Aufgaben«.[18] Die Zahl der Studierenden stieg – bei starken Schwankungen – auf über 600.[19] Dennoch blieb der Ausbau der Hochschule, »gemessen an den ehrgeizigen Plänen Kestenbergs, ein Torso«.[20] So scheiterte im Jahre 1927 die angestrebte Eingliederung der Akademie für Kirchen- und Schulmusik.

Gegen Ende der 1920er Jahre kam es zunehmend zu Spannungen innerhalb des Kollegiums. Dabei trat der Geiger Gustav Havemann (1882–1960), der 1920 an die Hochschule für Musik berufen worden war (und sich hier nachdrücklich für die Neue Musik eingesetzt hatte), als Wortführer der unzufrie-

12 Ebd., S. 82.
13 Harich-Schneider, Charaktere, S. 110.
14 Schenk, Hochschule, S. 84.
15 Ebd., S. 85.
16 Fischer-Defoy, Kunst, S. 50–54.
17 Schenk, Hochschule, S. 86. Vgl. Fischer-Defoy, Kunst, S. 33–40.
18 Schenk, Hochschule, S. 86.
19 Ebd.
20 Ebd., S. 91.

denen Hochschuldozenten auf. 1929 kam es zu einer bitteren Auseinandersetzung zwischen Havemann und dem ungarisch-jüdischen Geiger Carl Flesch (1873–1944), dessen Berufung an die Hochschule für Musik im Jahre 1928 eine ungute »Konkurrenzsituation«[21] geschaffen hatte. Havemann warf seinem Kontrahenten unter Berufung auf eine Bemerkung in dessen Abhandlung über das »Klangproblem im Geigenspiel«[22] vor, er wolle »als getaufter Jude und nationalisierter Deutscher [...] bewusst den jüdischen Klangsinn auf uns übertragen, den unsere Rasse für Werke unserer Rasse [...] ablehnt, denn sie findet ihn zu weichlich und zu sinnlich.«[23] Zwar konnte nach einem heftigen öffentlichen Schlagabtausch ein brüchiger Friede zwischen den beiden Kontrahenten hergestellt werden, doch blieb ihr Verhältnis angespannt.[24] Überhaupt scheint die Atmosphäre im Hochschulkollegium völlig vergiftet gewesen zu sein. Der renommierte österreichische Pianist Artur Schnabel (1882–1951), der ebenfalls jüdischer Herkunft war, zog es vor, seinen Anstellungsvertrag im Jahre 1931 nicht mehr zu verlängern – rückblickend begründete er diesen Schritt mit den »ständigen Reibereien und Konflikten« im Kollegium, »die sich in einem ziemlich aggressiven, gehässigen Ton entluden.«[25] Gleichzeitig kam es unter dem Vorwand des von der Weltwirtschaftskrise erzwungenen Sparkurses zu ersten Entlassungen, wobei es vor allem Musiker mit jüdischem Hintergrund traf. Es formierte sich eine »Fronde innerhalb der Lehrerschaft gegen Sozialabbau und – diese Verquickung gab es – Ausländer«.[26]

Im Juni 1932 musste Franz Schreker, der selber mütterlicherseits jüdische Vorfahren hatte, unter politischem Druck zurücktreten, nachdem Gustav Havemann, der sich inzwischen der NSDAP und dem Kampfbund für deutsche Kultur angeschlossen hatte (dessen Orchester er leitete), ihn im Namen der oppositionellen Hochschuldozenten ultimativ aufgefordert hatte, die jüdischen Dozenten zu entlassen oder selbst zu gehen.[27] Neuer Direktor wurde

21 Dümling, Weg, S. 73. Die folgende Darstellung der ›Gleichschaltung‹ der Hochschule für Musik fasst im Wesentlichen diesen vorzüglichen Aufsatz zusammen.

22 In dieser Veröffentlichung hatte Flesch beiläufig behauptet, dass es »ganze Rassen oder Volksstämme« gebe, »bei denen sich der Klangsinn unter dem Einfluss bestimmter Lebensgewohnheiten günstiger entwickelt hat als bei anderen«. Als Beispiele hatte er insbesondere »die polnischen und russischen Elemente jüdischer Abstammung« sowie die »Zigeunerrasse« genannt. Offener Brief an Professor Carl Flesch, verfasst von Gustav Havemann, zit. n. Dümling, Weg, S. 74.

23 Zit. n. ebd., S. 75.

24 Ebd., S. 77.

25 Schnabel, Pianist, S. 125. Vgl. Dümling, Weg, S. 79; Schenk, Hochschule, S. 98.

26 Schenk, Hochschule, S. 96.

27 Hailey, Franz Schreker, S. 273; Dümling, Weg, S. 79. Schreker übernahm nach seinem Ausscheiden aus der Hochschule für Musik die Leitung einer Meister-

der bisherige Stellvertreter, Georg Schünemann, der in den ersten Monaten des ›Dritten Reiches‹ zum »Handlanger der Nationalsozialisten«[28] wurde.

Bei der ›Gleichschaltung‹ der Hochschule für Musik spielte der Kampfbund für deutsche Kultur, der im Mai 1933 »offiziell als Kulturorganisation der NSDAP«[29] anerkannt wurde, eine Schlüsselrolle. An ihrer Spitze stand der Reichsorganisationsleiter Hans Hinkel (1901–1960), der zugleich eine Stellung als Staatskommissar zur besonderen Verfügung im Preußischen Ministerium für Wissenschaft, Kunst und Volksbildung sowie als Leiter des Amtlichen Preußischen Theaterausschusses (verbunden mit der Stelle eines Oberregierungsrates im Preußischen Ministerium des Innern) bekleidete.[30] Der Kampfbund nahm »eine Zwischenposition zwischen einer Regierungsstelle und einer spontanen Volksbewegung ein« und leitete aus der Forderung, der politische Umbruch müsse in eine »Kulturrevolution« münden, »weitreichende, auch außerhalb der Legalität liegende Vollmachten ab«. Nachdem eine Gruppe des Kampfbundes unter Führung des Komponisten Paul Graener (1872–1944)[31] schon bei einem hochschulinternen Vortragsabend der Kompositionsklasse unter Walter Gmeindl (1890–1958) am 9. Februar 1933 für einen öffentlichen Eklat gesorgt hatte, der eine scharfe Kritik an der Leitung der Hochschule im Völkischen Beobachter nach sich zog,[32] wurde Georg Schünemann am 27. April 1933 als Hochschuldirektor abgesetzt.[33] Treibende Kraft hinter dieser Absetzung scheint Hans Hinkel gewesen zu sein,[34] wobei Gustav Havemann angeregt hatte, zunächst einen kommissarischen Direktor einzusetzen.[35] Für diesen Posten hatte er den Dirigenten und Musikwissenschaftler Fritz Stein, bis dahin Professor an der Universität Kiel, vorgeschlagen, mit dem er sich am 1. April 1933 in einer inoffiziellen Besprechung auf die Grundzüge der Neuordnung der Hochschule für Musik verständigt hatte.[36] Stein – seit Mai 1932

klasse für musikalische Komposition an der Preußischen Akademie der Künste, wurde aber im April 1933 auf der Grundlage des Gesetzes zur Wiederherstellung des Berufsbeamtentums entlassen. Er starb 1934 an den Folgen eines Schlaganfalls. Dümling, Weg, S. 81.

28 Schenk, Hochschule, S. 102.
29 Dümling, Weg, S. 82. Danach auch die folgenden Zitate.
30 Geiger, »Einer unter Hunderttausend«, S. 49. Dazu auch: Prieberg, Handbuch, S. 3019–3057.
31 Vgl. Andreas, Musik, S. 256–274; Domann, »Führer«.
32 Dümling, Weg, S. 82f.; Schenk, Hochschule, S. 101.
33 Er wurde auf den Posten des Leiters der Musikabteilung der Preußischen Staatsbibliothek abgeschoben. Vgl. Kater, Muse, S. 298f.
34 Dümling, Weg, S. 84f., Anm. 45.
35 Ebd., S. 85f.
36 Havemann an Hinkel, 2.4.1933, abgedruckt in: Wulf, Musik, S. 104.

ebenfalls Mitglied im Kampfbund für deutsche Kultur[37] – taktierte bei dieser Gelegenheit sehr geschickt, indem er einerseits die fristlose Entlassung zweier »ausländischer Juden«, des Pianisten Leonid Kreutzer (1884–1953) und des Cellisten Emanuel Feuermann (1902–1942), forderte, »wodurch er sich dem ›Kampfbund‹ als tatkräftiger Säuberer empfahl«,[38] andererseits darum bat, die notwendigen Kündigungen schon vor seiner offiziellen Berufung vorzunehmen, damit er sein neues Amt unbelastet antreten könne. Damit »wälzte er die Verantwortung für die von ihm mitgetragenen Säuberungen ab«.[39] Der Vorgang ist bezeichnend für eine gewisse »Doppelzüngigkeit«[40] Fritz Steins, der nach innen eine fast durchgehend harte Linie gegen jüdische und oppositionelle Kollegen verfolgte, sich nach außen hin aber gerne konziliant und jovial gab.[41] Tatsächlich wurden die »Aufräumungsarbeiten«,[42] die von der Fachgruppe Musik des Kampfbundes für deutsche Kultur gefordert worden waren, schon vor der Amtsübernahme Fritz Steins am 2. Mai 1933 eingeleitet. Auch die Verträge mit Leonid Kreutzer und Emanuel Feuermann wurden nicht mehr verlängert.[43]

Der Wechsel an der Spitze der Hochschule für Musik war wohl ganz bewusst in den Semesterferien vollzogen worden. Die Hochschulangehörigen, von denen nicht wenige mit Georg Schünemann sympathisierten, »wurden zu Beginn des Sommersemesters 1933 vor vollendete Tatsachen gestellt.«[44] In seiner Antrittsrede am 2. Mai 1933 gab Fritz Stein den neuen Kurs vor. In Zukunft würden die Lehrkräfte an der Hochschule für Musik ihren Unterricht in dem Bewusstsein gestalten, dass

> »[...] unsere deutsche Musik [...] in ihrem innersten Wesen nie Angelegenheit des nur Sinnfälligen, der Technik, der Virtuosität gewesen ist, nur Äußerung des Spieltriebs, [...], sondern stets Offenbarung, Auswirkung

37 Custodis, Bürokratie, S. 222.
38 Dümling, Weg, S. 87.
39 Ebd.
40 Ebd.
41 Michael H. Kater macht darauf aufmerksam, dass Stein einen in England lebenden »jüdischen Schwiegersohn« hatte, so dass manche seiner Konzessionen an das NS-Regime dem »Selbstschutz« gedient haben könnten. Kater, Muse, S. 301.
42 So heißt es in einem undatierten Papier mit dem Titel »Wünsche der Fachgruppe Musik für eine Neugestaltung der Staatlichen Hochschule für Musik«, als Faksimile abgedruckt in: Dümling, Weg, S. 91; Fischer-Defoy, Kunst, S 71.
43 Dümling, Weg, S. 92f.; Suchy, Leonid Kreutzer; Maurer Zenck, Emanuel Feuermann.
44 Dümling, Weg, S. 87.

geistiger und seelischer Kräfte, die aus den Urtiefen unseres Volkstums nach Gestaltung im Kunstwerk drängen. Nicht Artisten wollen wir heranzüchten, sondern deutsche Künstler bilden, die ihren Beruf auffassen als eine heilige, volkhaft, seelisch und weltanschaulich fundierte Kulturaufgabe.«[45]

Hatte sich Gustav Havemann im Sommersemester 1933 wohl Hoffnungen gemacht, nach Ablauf der kommissarischen Leitung Steins zum Wintersemester 1933/34 die Direktorenstelle übernehmen zu können,[46] baute Fritz Stein, der am 3. Juli 1933 seine Aufnahme als Mitglied der NSDAP beantragte[47] (die ihm indessen erst 1940 gewährt wurde[48]), seine Position zielstrebig aus. Am 9. November 1933 wurde Stein zum ordentlichen Direktor der Hochschule für Musik bestellt,[49] während Havemann bald darauf im Zusammenhang mit dem ›Fall Hindemith‹[50] in Ungnade fiel. Stein avancierte zum Mitglied des Präsidialrates und Leiter des Amtes für Chorwesen und Volksmusik in der Reichsmusikkammer und war in dieser Funktion mit der »Gleichschaltung aller Chöre im Reich«[51] betraut. Im September 1933 ließ er sich auf Drängen Hans Hinkels zum Präsidenten des Reichsbundes für Evangelische Kirchenmusik wählen, gliederte diesen in die Reichsmusikkammer ein und sorgte auf diese Weise für die ›Gleichschaltung‹ der Kirchenmusik.[52] Nach der Suspendierung des Direktors der – organisatorisch selbstständigen – Akademie für Kirchen- und Schulmusik, Hans Joachim Moser (1889–1967), übernahm Fritz Stein im Wintersemester 1933/34 dessen Amt kommissarisch, was allgemein »als Vorstufe einer Vereinigung beider Hochschulen angesehen«[53] wurde. Dazu kam es freilich nicht, die Hochschule für Musik musste sogar das Seminar für Musikerziehung an die Akademie für Kirchen- und Schulmusik abgeben.[54] Trotz dieses Misserfolgs bleibt festzuhalten, dass Fritz Steins persönliche Stellung in der Musikpolitik des ›Dritten Reiches‹ unangefochten blieb

45 Zit. n. ebd., S. 89. Die Rede Steins wurde in der Zeitschrift *Die Musik* (Juni 1933, S. 657–659) abgedruckt.
46 Dümling, Weg, S. 94.
47 Ebd., S. 89; Fischer-Defoy, Kunst, S. 72; Custodis, Bürokratie, S. 223.
48 Schenk, Hochschule, S. 326; Custodis, Bürokratie, S. 224.
49 Dümling, Weg, S. 87, Anm. 55.
50 Vgl. zum ›Fall Hindemith‹ unten S. 79–85, S. 165–170.
51 Kater, Muse, S. 301.
52 Ebd., S. 303–314; Schenk, Hochschule, S. 326f.
53 Schenk, Hochschule, S. 334.
54 1934 wurde an der Akademie für Kirchen- und Schulmusik das Fach »Musik für die Hitlerjugend« eingeführt. Vgl. Fischer-Defoy, Kunst, S. 98–103.

– nicht zuletzt, weil sein Schüler Peter Raabe (1872–1945) im Jahre 1935 zum Präsidenten der Reichsmusikkammer ernannt wurde.[55] Auf der politischen Ebene war er bestens vernetzt, seine persönlichen Beziehungen reichten bis in das unmittelbare Umfeld Hitlers, der ihm im Dezember 1939 persönlich die Goethe-Medaille verlieh, die höchste Auszeichnung für Wissenschaftler und Künstler im ›Dritten Reich‹.[56] Vor allem aber war Fritz Stein mit SS-Obergruppenführer Sepp Dietrich (1892–1966), dem Chef der Leibstandarte SS Adolf Hitler,[57] freundschaftlich verbunden – mehrmals ließ sich Stein für mehrere Wochen beurlauben, um den Chor der Leibstandarte aufzubauen.[58] Engster Mitarbeiter Steins war der Theater- und Musikkritiker Franz Rühlmann, seit dem 1. Mai 1933 ›Parteigenosse‹,[59] den Stein im August 1933 »aus einer Redaktionsstube in der Provinz«[60] als Direktorialassistenten an die Hochschule für Musik holte und 1938 auch formal zum stellvertretenden Direktor erhob.

Unter der Leitung Steins und Rühlmanns schritt die ›Säuberung‹ der Hochschule für Musik von ›Juden‹, ›Kulturbolschewisten‹ und ›Kestenbergianern‹ zielstrebig voran. Insgesamt wurden im Unterrichtsjahr 1932/33 nicht weniger als 27 Dozenten und Dozentinnen entlassen.[61] Die wissenschaftlichen Einrichtungen und Sammlungen wurden nun wieder von der Hochschule abgetrennt – die Rundfunkversuchsstelle wurde geschlossen,[62] das Phonogramm-Archiv dem Völkerkundemuseum zugeordnet, die Instrumentensammlung dem neu gegründeten Institut für Deutsche Musikforschung. Die Hochschule für Musik wurde wieder auf ihre »bloße Ausbildungsfunktion«[63] reduziert.

Auf der Grundlage des Gesetzes gegen die Überfüllung der deutschen Schulen und Hochschulen wurden zahlreiche Studenten und Studentinnen jüdischen Glaubens oder jüdischer Herkunft von der Hochschule für Musik relegiert. Nur in seltenen Ausnahmefällen wurden Studierende, die als ›Juden‹ oder ›jüdische Mischlinge‹ galten, neu aufgenommen. Auf Anfrage des Reichsministeriums für Wissenschaft, Erziehung und Volksbildung teilte Fritz Stein im August 1938 mit, dass an der Hochschule für Musik noch »1 Jude, 4 Misch-

55 Custodis, Bürokratie, S. 223; Okrassa, Peter Raabe.
56 Kater, Muse, S. 302; Custodis, Bürokratie S. 224.
57 Clark, Josef »Sepp« Dietrich, S. 119–133. Die Beförderung zum SS-Obergruppenführer erfolgte unmittelbar nach der »Röhm-Krise« am 1. Juli 1934.
58 Schenk, Hochschule, S. 327.
59 Fischer-Defoy, Kunst, S. 72.
60 Schenk, Hochschule, S. 328.
61 Dümling, Weg, S. 92. Vgl. Fischer-Defoy, Kunst, S. 125f.
62 Fischer-Defoy, Kunst, S. 39.
63 Schenk, Hochschule, S. 333.

linge I. Grades, 3 Mischlinge II. Grades«[64] studierten. Seit dem Sommersemester 1934 gab es politische Schulungskurse für die Studierenden, um diesen »eine wesensandere Einstellung zur Gemeinschaft des Volkes«[65] näherzubringen – diese Bestrebungen begegneten freilich, wie Stein bei der Eröffnung des Wintersemesters 1935/36 beklagte, »vielfach noch einer passiven Resistenz oder zumindest einem mangelnden Verständnis«.[66]

Der ›Fall Hindemith‹, 1933 bis 1938[67]

Paul Hindemith (1895–1963), 1927 zum Professor für Komposition an die Hochschule für Musik berufen, sah sich als führender Vertreter der musikalischen Avantgarde der zwanziger Jahre nach der Machtübernahme scharfer Kritik ausgesetzt, die vor allem von einer antimodernistischen Fraktion innerhalb der nationalsozialistischen Bewegung um Alfred Rosenberg, den Beauftragten des Führers für die gesamte weltanschauliche Erziehung, ausging.[68] Hindemiths Werke wurden von zahlreichen Veranstaltern aus den Konzertprogrammen gestrichen, seine Auftritte als Konzertsolist und Kammermusiker wurden seltener.[69] Der Musikverlag B. Schott's Söhne, der die Werke Hindemiths herausgab, sah sich genötigt, im August/September 1933 in der verlagseigenen Zeitschrift *Melos* die in der Tagespresse verbreitete Meldung zu dementieren, Hindemith sei bereits emigriert.[70] Hans Hinkel, der Führer des Kampfbundes für deutsche Kultur, bestätigte am 11. Oktober 1933 auf Anfrage der Hamburger Volkshochschule, dass Hindemith noch in Amt und Würden war:

64 Als Faksimile abgedruckt in: Dümling, Weg, S. 101. Vgl. Fischer-Defoy, Kunst, S. 127

65 Aus dem Jahresbericht 1933/34 der Hochschule für Musik, zit. n. Dümling, Weg, S. 102.

66 Aus dem Jahresbericht 1934/35, zit. n. Dümling, Weg, S. 104.

67 Der ›Fall Hindemith‹ ist ausführlich untersucht worden von: Maurer Zenck, Boykott; Heller/Reininghaus, Hindemiths heikle Jahre; Kater, Komponisten, S. 47–88; Burde, Neue Musik, S. 55f.; Fischer-Defoy, Auseinandersetzung (Wiederabdruck aus: dies., Kunst, S. 87–92); Schenk, Hochschule, S. 328–332; Dümling, Weg, S. 98f. Der folgende Abschnitt fasst diese Beiträge zusammen.

68 Dazu die Zusammenstellung von Zitaten in: Prieberg, Handbuch, S. 2985f.

69 Schaal-Gotthardt, »Geflügelzucht«, S. 166f. – »Im April 1933 wurde dem Verlag B. Schott's Söhne mitgeteilt, dass die Hälfte aller Werke Hindemiths auf Grund ihrer Einstufung als ›kulturbolschewistisch‹ verboten worden sei. Offiziell existierte jedoch noch kein Verbot.« Reichwein, Musikalienverlage, S. 54.

70 Zit. n. Prieberg, Handbuch, S. 2985f.

»Es wird deshalb auch nichts dagegen einzuwenden sein, dass er sich als Komponist betätigt und als Musiker auftritt. Allerdings sind seine Kompositionen wenig in Einklang zu bringen mit dem, was wir jetzt im nationalsozialistischen Staat unter Kunst verstehen.«[71]

So konnte Paul Hindemith seiner Tätigkeit als Kompositionslehrer an der Hochschule für Musik einstweilen weiter nachgehen.[72] Nach der Gründung der Reichskulturkammer wurde er im Februar 1934 sogar in den Führerrat des Berufsstandes der Komponisten, die erste Fachschaft der Reichsmusikkammer, berufen.[73] Zu dieser Zeit arbeitete Hindemith an einer neuen Oper mit dem Titel *Mathis der Maler*, in dem es am Beispiel der historischen Figur des Malers Matthias Grünewald (1470–1528) um das Verhältnis von Kunst und Gesellschaft ging, »wobei mehr oder weniger verschlüsselte Bezüge zum aktuellen Geschehen 1933 hergestellt werden«.[74] Es spricht manches dafür, dass Hindemith mit der Auswahl des Stoffes »den neuen Herren zeigen wollte, dass er ein deutscher Komponist«[75] war. Das Textbuch – zu dem es drei deutlich unterschiedliche Vorentwürfe gibt – lässt sich nicht eindeutig als politisches Statement interpretieren – auf jeden Fall findet sich darin »nichts, was für Widerstand spräche«.[76] Musikalisch zeichnete sich die neue Oper – im Gegensatz zu Hindemiths früheren experimentellen Werken – durch eine

71 Als Faksimile abgedruckt in: Dümling, Saxophon, S. 109. Auch zit. in: Heller/Reininghaus, Hindemiths heikle Jahre, S. 6.

72 Fischer-Defoy, Auseinandersetzung, S. 98f.

73 Burde, Neue Musik, S. 55; Maurer Zenck, Boykott, S. 73; Kater, Muse, S. 343. Zu Hindemiths auf die Reichsmusikkammer gemünztem Spottgedicht »Die Geflügelzucht«: Schaal-Gotthardt, Geflügelzucht.

74 Fischer-Defoy, Auseinandersetzung, S. 98. Danach auch die folgenden Zitate.

75 Maurer Zenck, Boykott, S. 69. Im Oktober 1932 hatte Hindemith nach langer Suche ein neues Opernprojekt in Angriff genommen. Gemeinsam mit dem Schriftsteller Ernst Penzoldt (1892–1955) arbeitete er an dem Libretto zu *Etienne und Luise* nach Penzoldts gleichnamiger Novelle aus dem Jahre 1929. Mit dem politischen Umbruch am 30. Januar 1933 war klar, dass eine solche Oper wegen des politisch brisanten Stoffes – in der Novelle ging es um die Liebesbeziehung zwischen einem französischen Kriegsgefangenen und einem deutschen Mädchen am Ende des Ersten Weltkriegs – keine Chance haben würde, auf einer deutschen Bühne aufgeführt zu werden. Kurzzeitig dachte Hindemith nun an »eine heitere Oper über die Eröffnung der ersten Eisenbahnen«. Erst im Sommer 1933 entschied er sich für eine Oper über Matthias Grünewald. Sein Verleger Ludwig Strecker hatte ihm dieses Sujet bereits 1932 vorgeschlagen, doch hatte Hindemith es damals aus dramaturgischen Gründen abgelehnt. Schaal-Gotthardt, Geflügelzucht, S. 164–168 (Zitat: S. 164). Dazu auch: Nickel/Schaal, Dokumente.

76 Maurer-Zenck, Boykott, S. 127. Vgl. ebd., S. 121–127.

klassizistische Haltung aus. Die Kritik an Hindemith wollte indessen nicht verstummen. Dabei stand »der Wert oder Unwert seines derzeitigen musikalischen Schaffens gar nicht zur Diskussion.«[77] Vielmehr ging es um dessen »undeutsche Haltung« in der Weimarer Republik, die ihn »für die politische Aufbauarbeit der Bewegung als untragbar erscheinen«[78] lasse. In den zwanziger Jahren hatte sich Hindemith mit seiner expressiven Musik wie auch mit provokanten Libretti als ›Bürgerschreck‹ exponiert. Seine damalige Zusammenarbeit mit Bertolt Brecht (1898–1956) machte ihn in den Augen der Nationalsozialisten ebenso suspekt wie seine gemeinsamen Konzerte mit jüdischen Virtuosen oder die teilweise jüdische Abstammung seiner Frau – Gertrud Hindemiths (1900–1967) Vater, der Frankfurter Komponist und Dirigent Ludwig Rottenberg (1865–1932), war Jude.[79]

Während noch Verhandlungen mit mehreren deutschen Opernhäusern über die Uraufführung der Oper *Mathis der Maler* liefen, wurde am 12. März 1934 die – aus der Oper extrahierte – *Mathis-Symphonie* unter der Leitung von Wilhelm Furtwängler (1886–1954) in der Berliner Philharmonie uraufgeführt. Obwohl das Presseecho durchaus freundlich ausfiel,[80] bestätigte Reichsminister Hermann Göring (1893–1946) am 27. August 1934 in einem Schreiben an Furtwängler, dass Hitler persönlich die Uraufführung der Oper, die für die kommende Spielzeit an der Berliner Staatsoper angezeigt war,[81] untersagt habe.[82] Hindemith hielt sich zu dieser Zeit bedeckt, um seinen Gegnern keine Angriffsfläche zu bieten.[83] Um Hitler doch noch umzustimmen, veröffentlichte Furtwängler am 25. November 1934 in der Deutschen Allgemeinen Zeitung einen Artikel mit dem Titel »Der Fall Hindemith«.[84] Dieser in scharfem Ton

77 Erklärung des Reichsamtes der NS-Kulturgemeinde, in: Der Westen, 34. Jg., Nr. 336, 9.12.1934, zit. n. Heller/Reininghaus, Hindemiths heikle Jahre, S. 6.
78 Ebd.
79 Maurer Zenck, Boykott, S. 78; Kater, Muse, S. 345.
80 Dazu die Zusammenstellung von Zitaten in: Prieberg, Handbuch, S. 2988–2993.
81 Maurer Zenck, Boykott, S. 74.
82 Ebd. Adolf Hitler soll im Jahre 1929 eine Aufführung der Hindemith-Oper *Neues vom Tage* in der Berliner Krolloper besucht und an einer Szene, in der eine Frau in einem fleischfarbenen Trikot in der Badewanne lag, Anstoß genommen habe. Walter, Hitler in der Oper, S. 192f.; Kater, Muse, S. 345; Dümling, »Zerstörer«, S. 87.
83 So schlug er seinem Verlag Schott's Söhne am 15. November 1934 vor, *Das Nusch-Nuschi* und *Sancta Susanna* vorerst nicht mehr zu verkaufen. Maurer Zenck, Boykott, S. 79. Zu dieser Zeit bestand ein »eingeschränkte[s] Sendeverbot von Werken Hindemiths im Rundfunk«. Schaal-Gotthardt, Geflügelzucht, S. 172.
84 Deutsche Allgemeine Zeitung, 25.11.1934, z.T. abgedruckt in: Wulf, Musik, S. 373–376.

geschriebene Artikel wurde jedoch von der Regimespitze als Affront aufgefasst. Da Furtwängler seine Funktionen als Vizepräsident der Reichsmusikkammer und als Dirigent des Philharmonischen Orchesters an der Staatsoper Berlin zur Disposition stellte, falls seine Forderung, die Aufführung von Hindemiths Oper zu erlauben, nicht erfüllt würde, »wurde die ganze Frage unnötig zu einem Machtkampf hochgespielt, den er verlieren musste«.[85] Reichspropagandaminister Joseph Goebbels (1897–1945) antwortete am 6. Dezember 1934 auf einer Großkundgebung im Berliner Sportpalast anlässlich der Ersten Jahrestagung der Reichskulturkammer mit einem scharfen Angriff auf Furtwänglers Bekenntnis zu Hindemith,[86] woraufhin sich Furtwängler genötigt sah, von seinen Ämtern zurückzutreten.[87]

Hindemith hatte bereits am 5. Dezember 1934 die Beurlaubung von seiner Professur an der Hochschule für Musik beantragt. Er folgte einer Einladung der türkischen Regierung nach Ankara, um Vorschläge für eine Reform des türkischen Musiklebens zu unterbreiten, wobei ihm durchaus bewusst war, dass er hier eine »Bewährungsprobe«[88] eingeräumt bekam. Gegenüber Fritz Stein erklärte Hindemith in einem Brief vom 21. Februar 1935: »Ich bitte Sie, in dieser lediglich informatorischen Zwecken dienenden Reise nicht eine Handlung gegen die Schule oder gar gegen Deutschland sehen zu wollen.«[89]

Fritz Stein hielt unbeirrt an Paul Hindemith fest, auch als er selbst »unter politischen Druck«[90] geriet. Dies ist – gerade angesichts des sonst bei Stein zu beobachtendem Opportunismus – bemerkenswert. Allerdings zog er es vor, hinter den Kulissen zu wirken. Einer Solidaritätsadresse für Paul Hindemith aus den Reihen der Hochschulangehörigen schob er einen Riegel vor: Die Cembalolehrerin Eta Harich-Schneider (1897–1986) hatte am 3. Dezember 1934 eine Loyalitätserklärung für Hindemith verfasst, die von vielen Studierenden und einigen wenigen Professoren unterzeichnet worden war. Stein weigerte sich, diese Erklärung weiterzureichen, da diese gegen das ›Führerprinzip‹ ver-

85 Maurer Zenck, Boykott, S. 83.
86 Dr. Goebbels zum Fall Furtwängler-Hindemith, in: Berliner Lokal-Anzeiger, 7.12.1934, z.T. abgedruckt in: Wulf, Musik, S. 376–378; Burde, Neue Musik, S. 56.
87 Zu Furtwänglers Rolle im ›Dritten Reich‹: Wessling, Wilhelm Furtwängler; Prieberg, Kraftprobe; Shirakawa, Devil's Master.
88 Maurer Zenck, Boykott, S. 89.
89 Als Faksimile abgedruckt in: Dümling (Hg.), Saxophon, S. 111. Zu Hindemiths Mission in der Türkei: Zimmermann-Kalyoncu, Musiker. Vgl. auch Cremer/Przytulla, Exil, S. 30, S. 47, S. 87; Haymatloz, S. 70f.
90 Schenk, Hochschule, S. 330.

stoße.[91] Daraufhin zogen alle Professoren mit Ausnahme der Initiatorin ihre Unterschrift zurück.

Im April 1935 schickte Fritz Stein das Textbuch der Oper *Mathis der Maler*, das ihm »als Beweis der Läuterung Hindemiths« galt, an Richard Strauss (1864–1949), den Präsidenten der Reichsmusikkammer,[92] sowie an Hans Hinkel – mit der Bitte um Weiterleitung an Goebbels, damit sich dieser »ein Urteil über den hohen kunstethischen Ernst des Librettos«[93] bilden könne. Die gemeinsamen Bemühungen führten tatsächlich dazu, dass das Reichspropagandaministerium seinen Widerstand gegen eine Rückberufung Hindemiths aufgab – daraufhin forderte das Reichsministerium für Wissenschaft, Erziehung und Volksbildung den Komponisten am 25. April 1935 auf, seinen Unterricht an der Hochschule für Musik wieder aufzunehmen. Hindemith bat jedoch um Aufschub bis zum Wintersemester 1935/36, um – wie er in einem vertraulichen Bericht vom Juni 1935 schrieb – »der deutschen Musikkultur für die Zukunft ein Einflussgebiet von größtem Ausmaß zu sichern und damit für das deutsche Ansehen im Auslande zu arbeiten.«[94]

Im Wintersemester 1935/36 kehrte Hindemith zu seiner Lehrtätigkeit an der Hochschule für Musik zurück, am 17. Januar 1936 leistete er sogar das obligatorische Treuegelöbnis auf Adolf Hitler.[95] Fritz Stein lobte ihn als einen seiner »pflichteifrigsten und besten Lehrer«.[96] Gleichzeitig betonte Stein, dass sich Hindemith nicht mit dem Gedanken trage zu emigrieren, obwohl die Uraufführung von *Mathis der Maler* am Frankfurter Opernhaus am Ende der Spielzeit 1935/36 – trotz der Fürsprache Hans Hinkels – nicht zustande kam.[97] Hindemith selber fühlte sich »durch den nicht ausgesprochenen, aber tatsächlich bestehenden Boykott meiner Kompositionen [...] schon jetzt in einem Zustande geistiger Emigration«.[98]

91 Ebd., S. 331; Dümling, Weg, S. 99.

92 Vgl. Splitt, Richard Strauss 1933–1935; ders., Richard Strauss und die Reichsmusikkammer, S. 15–31.

93 Zit. n. Fischer-Defoy, Auseinandersetzung, S. 100. Vgl. Maurer Zenck, Boykott, S. 91.

94 Paul Hindemith, Bericht über meine Tätigkeit in der Türkei, Juni 1935, als Faksimile abgedruckt in: Dümling (Hg.), Saxophon, S. 115–117, Zitat: S. 115. Auch zit. in: Heller/Reininghaus, Hindemiths heikle Jahre, S. 8.

95 Hindemiths Treuegelöbnis ist als Faksimile abgedruckt in: Dümling, Weg, S. 105; Dümling (Hg.), Saxophon, S. 119.

96 Fritz Stein an Oberst Gossrau, Luftfahrtministerium, 22.12.1936, zit. n. Fischer-Defoy, Auseinandersetzung, S. 100.

97 Maurer Zenck, Boykott, S. 95–97; von Haken, Reichsdramaturg, S. 42f.

98 Undatiertes Argumentationspapier Hindemiths (für Hans Hinkel), als Faksimile abgedruckt in: Dümling (Hg.), Saxophon, S. 118. Der Verlag B. Schott's Söh-

Letztlich hatte Paul Hindemith jedoch in Deutschland keine Zukunft. In der Ausstellung »Entartete Musik«, die am 24. Mai 1937 in Düsseldorf ihre Tore öffnete, wurde er als Exponent des »Musikbolschewismus«[99] öffentlich diffamiert. Mittlerweile war Hindemith zu der Einsicht gelangt, »dass das ständige Zukreuzekriechen nur wenig Zweck hat.«[100] Schon am 22. März 1937 hatte er seine Kündigung bei der Hochschule für Musik eingereicht.[101] Zum 1. Oktober 1937 schied er aus dem Dozentenkollegium aus. Bis zuletzt hatte Fritz Stein versucht, seinen Einfluss zugunsten Hindemiths geltend zu machen. Selbst nach dem Ausscheiden Hindemiths hielt Stein »die Stelle des ersten Kompositionslehrers eine Zeit lang offen, weil er noch auf einen Sinneswandel Hindemiths hoffte.«[102] Doch waren alle Bemühungen vergeblich: Im September 1938 verließ Paul Hindemith Deutschland und ließ sich in der Schweiz nieder, nachdem seine Oper *Mathis der Maler* im Mai 1938 in Zürich uraufgeführt worden war.[103] Einstweilen vermied er den offenen Bruch mit dem nationalsozialistischen Deutschland. Erst 1940, in den USA, distanzierte er sich eindeutig vom Staat Hitlers.[104]

Der ›Fall Hindemith‹ lag, wie Dietmar Schenk zu Recht hervorhebt, in einer »Grauzone der Unklarheiten und Unwägbarkeiten«, er verdeutlicht ein »Spannungsverhältnis zwischen modernitätsfeindlichen Restriktionen und der Suche nach einer nicht bloß restaurativen, sondern genuin faschistischen Kunst«.[105] Die nationalsozialistische Kulturpolitik war alles andere als aus einem Guss – sie war vielmehr geprägt von einem Neben- und Gegeneinander verschiedener Staats- und Parteiinstanzen, und diese nahmen auch im ›Fall Hindemith‹ unterschiedliche, ja gegensätzliche Positionen ein. Paul Hindemith hätte zum führenden Exponenten Neuer Musik im nationalsozialistischen Deutschland aufsteigen können. Dass es nicht dazu kam – und diese Rolle schließlich Werner Egk (1901–1983) zufiel –, lag daran, dass Hindemith schier übermächtige Feinde in der Regimespitze hatte: neben ›dem Führer‹ selbst vor allem Alfred

ne argwöhnte im Oktober 1936 ein offizielles »Aufführungsverbot« der Werke Hindemiths. Schaal-Gotthardt, Geflügelzucht, S. 177.

99 Dümling, Zerstörer, S. 82. Vgl. allg. John, Musikbolschewismus.

100 Zit. n. Maurer Zenck, Boykott, S. 105.

101 Ob Hindemith, indem er diesen Schritt vollzog, »pokerte«, also die nationalsozialistische Regierung unter Zugzwang setzen wollte, damit sie alle Restriktionen gegen ihn aufhob, muss dahingestellt bleiben. »Jedenfalls verlor er den Poker«. Heller/Reininghaus, Hindemiths heikle Jahre, S. 9.

102 Schenk, Hochschule, S. 332. Vgl. Maurer Zenck, Boykott, S. 105f.

103 Von Haken, Reichsdramaturg, S. 42.

104 Fischer-Defoy, Auseinandersetzung, S. 122.

105 Schenk, Hochschule, S. 329.

Rosenberg und seine NS-Kulturgemeinde sowie den Reichspropagandaminister und Präsidenten der Reichskulturkammer Joseph Goebbels – »ein seltenes Zeichen der Einmütigkeit«[106] zwischen diesen beiden Protagonisten, die sich ansonsten »spinnefeind«[107] waren. Auf der anderen Seite hatte Hindemith im Dickicht der nationalsozialistischen Musikpolitik durchaus auch Fürsprecher: Gustav Havemann (der wohl auch wegen seines allzu nachdrücklichen Eintretens für Hindemith im Juli 1935 seiner Ämter in der Reichsmusikkammer enthoben wurde), Fritz Stein, Wilhelm Furtwängler, Peter Raabe, Hans Hinkel oder den Reichsdramaturgen Rainer Schlösser (1899–1945).[108]

Paul Hindemith war eben aus der Hochschule für Musik ausgeschieden, als der junge Martin Stephani sein Studium dort aufnahm, doch dürfte er den Nachhall des Konflikts um Paul Hindemith noch deutlich wahrgenommen haben. Jedenfalls sollte der ›Fall Hindemith‹, wie noch zu zeigen sein wird, in der weiteren Biographie Stephanis noch eine Rolle spielen.

Ein »Nachwuchsdirigent von betont politischer Haltung«. Die Studienjahre

Fünf Semester lang – vom Wintersemester 1937/38 bis zum Wintersemester 1939/40 – studierte Martin Stephani an der Hochschule für Musik. Die Unterrichtsgebühr bezahlte sein Vater, dessen Bitte nach einer »Studienbeihilfe«[109] für seinen Sohn Gehör fand: Im Sommersemester 1938 erhielt Martin Stephani ein Stipendium in Höhe von 200 RM, im Sommersemester 1939 ein weiteres in Höhe von 150 RM, im abschließenden Wintersemester 1939/40 schließlich eine »Prämie« von 50 RM.[110] Während seiner Studienzeit wohnte er zur Untermiete in der Herderstr. 16 a in Berlin-Charlottenburg 2.[111]

Als Hauptfach hatte Martin Stephani das Dirigieren gewählt – auf Vermittlung seines Vaters[112] wurde er in die Meisterklasse von Prof. Kurt Thomas

106 Kater, Muse, S. 346.

107 Maurer Zenck, Boykott, S. 84, Anm. 73.

108 Vgl. Maurer Zenck, Boykott, S. 98 (mit dem Hinweis, dass selbst die Hitlerjugend mehrmals für Hindemith eintrat); von Haken, Reichsdramaturg, S. 41–44.

109 Hermann Stephani an Stein, 26.7.1937, Archiv der Universität der Künste Berlin 1/4790.

110 Karteikarte Martin Stephani, Archiv der Universität der Künste Berlin 1/4790.

111 Dort wohnte er wohl zur Untermiete bei Frau A. Vetter. Karteikarte Martin Stephani, Archiv der Universität der Künste Berlin 1/4790.

112 Hermann Stephani an Fritz Stein, 26.6.1937, Archiv der Universität der Künste Berlin 1/4790: »Als Hauptfach möchte Martin Dirigieren wählen, und zwar bit-

(1904–1973), von 1934 bis 1939 Professor für Chorleitung an der Hochschule für Musik, aufgenommen. Er besuchte weiterhin die Dirigentenklasse von Prof. Walter Gmeindl, der seit 1929 in Berlin lehrte.[113] Welche Nebenfächer Martin Stephani in Berlin studierte, geht aus den Unterlagen der Hochschule für Musik nicht hervor.[114] Hermann Stephani hatte sich für die Zusatzfächer Klavier und Violine ausgesprochen.[115]

Martin Stephani wurde schon bald zu einem Musterstudenten. Seinem Lebenslauf vom 17. Juni 1948 zufolge wurde er bereits 1938 »persönlicher Assistent von Generalmusikdirektor Prof. Dr. Fritz Stein, den ich ebenso wie Prof. Thomas bei Proben u. Aufführungen häufig vertrat.«[116] Aus dem dritten Semester liegt ein langer Brief Martin Stephanis an den emeritierten Pathologen Prof. Dr. Rudolf Beneke (1861–1946) vor, einen guten Freund der Familie Stephani.[117] In diesem Brief gibt Stephani interessante Einblicke in sein Studium:

te ich, ihn in die Chorleiterklasse von Herrn Professor Kurt Thomas aufzunehmen, mit dem ich in Darmstadt bereits darüber sprach.«

113 Lebenslauf, 17.6.1948, LAV NRW, Abteilung Rheinland, NW 1049 Ne 30266, Auszug PA, Bd. II–IV; Kurz-Lebenslauf in Stichworten, Anlage zu: Martin Stephani an Theodor Huber, 6.7.1958, Stadtarchiv Bielefeld, 270,009/Musikverein, Nr. 56.

114 In seiner ausführlichen Darlegung »Mein künstlerischer Werdegang« aus dem Jahre 1949 erwähnte Martin Stephani, dass er auch die Meisterklasse zur Opernleitung bei Prof. Clemens Schmalstich (1880–1960) besucht habe. Martin Stephani, Mein künstlerischer Werdegang, o. D. [Dezember 1949], Stadtarchiv Bielefeld, 107,1/Kulturdezernat, Nr. 33. Diese Information findet sich nur an dieser Stelle – wohl nicht ohne Grund: Die Darstellung diente der Bewerbung um den Posten eines Städtischen Musikdirektors, der auch die Opern am Bielefelder Theater zu dirigieren hatte.

115 Hermann Stephani an Fritz Stein, 26.6.1937, Archiv der Universität der Künste Berlin 1/4790: »Im Zusatzfach Klavier würde ich ihn am liebsten bei Herrn Professor Rudolf Schmidt sehen. Falls er im Zusatzfach auch Violinunterricht haben könnte, wäre es mir sehr lieb, denn vor seinen 2 Militärjahren, die ihn natürlich weit zurückgeworfen haben in seinem Können, war er ein sehr tüchtiger Quartett-Geiger mit besonderer Begabung zu ausdrucksvollem Vortrag. Wenn es Ihnen möglich sein sollte, meinem Sohne eine Studienbeihilfe zu erwirken, würde ich Ihnen noch ganz besonders dankbar sein!«

116 Lebenslauf, 17.6.1948, LAV NRW, Abteilung Rheinland, NW 1049 Ne 30266, Auszug PA, Bd. II–IV. Vgl. Kurz-Lebenslauf in Stichworten, Anlage zu: Martin Stephani an Theodor Huber, 6.7.1958, Stadtarchiv Bielefeld, 270,009/Musikverein, Nr. 56.

117 Beneke hatte Hermann Stephani im Vorstand des Marburger Konzertvereins den Rücken gestärkt. Walter, Friedrich Ebert, S. 234. Vgl. Henrik Eberle, Rudolf

»Der wichtigste Teil meiner jetzigen Studierarbeit besteht im Partiturenstudium von Orchester-, resp. Oratorienwerken im Hinblick auf die Orchesterpraxis. Das heißt: während in den ersten beiden Semestern der Schwerpunkt auf der Chorarbeit lag (in Verbindung mit der Erwerbung einer modulationsfähigen Schlagtechnik), ruht dieser jetzt auf Chor und Orchester gleichermaßen betont. Das bedeutet, dass die Fähigeren unter uns, die in den vorigen Semestern *nur* Lernende waren, jetzt auch verantwortlich Proben leiten müssen vor großem Apparat, und zwar Proben (Chor *und* Orchester), die auf irgendeine Aufführung hinzielen. Vor allem werden wir jetzt öfter vor den großen (200 Stimmen zählenden) Hochschulchor gestellt, der nicht nur eine private Angelegenheit der Hochschule ist, sondern als eine der schlagkräftigsten Berliner Oratorienvereinigungen rein konzertmäßige Funktionen hat und als solche natürlich nicht nur Hochschüler, sondern auch viele andere Mitglieder [umfasst[118]]. Stein leitet den Chor an sich selbst, winkt aber ständig einen von uns zu sich ans Pult und sagt, ohne dass man vorher eine Ahnung oder Möglichkeit zur Vorbereitung gehabt hätte: ›Studieren Sie diesen Chor mit den Leuten!‹ Dann klemmt er sich sein Monokel ins Auge und guckt zu, wie man sich anstellt. Es ist natürlich immer eine Feuerprobe vor den mehr als kritischen Blicken Steins und unserer lieben Kollegen[,] in der kurzen Zeit eine brauchbare Musik hervorzubringen; überdies sitzen im Saal stets eine Reihe von Zuhörern, und wenn man sich einmal verschlägt oder etwas nicht ganz Glückliches sagt, ist man für lange Zeit blamiert und unmöglich. Bei solchen Gelegenheiten versagen oft die begabtesten und musikalischsten Menschen – freilich sind die Bedingungen einer solchen Arbeit auch vor keinem Apparat, den man irgendwo draußen als junger Dirigent bekommt, so schwierig und verwirrend als hier; denn dort ist man ja keiner Kritik von Seiten des Apparates ausgesetzt, sofern man nur bescheidensten Anforderungen genügt. Ich habe am Vorabend meines Geburtstages [1. November 1938] mit einigem Erfolg den großen Ehre sei Gott-Chor aus dem Weihnachtsoratorium geprobt und dirigiert; auch im Kammerorchester, das ja eine Konzertinstitution von Geltung im Berliner Musikleben ist, dirigiere ich neuerdings häufiger, sogar mit Eta Harich-Schneider am Cembalo!«[119]

Beneke, in: Martin-Luther-Universität Halle-Wittenberg, http://www.catalogus-professorum-halensis.de/benekerudolf.html (20.9.2018)

118 Unsichere Lesart.

119 Martin Stephani an »Onkel Rudolf« [Beneke], 30.10./7.11.1938, Universitätsarchiv Marburg, 312/3/19 (Hervorhebung im Original). Die hier zitierte Passage wurde am 7. November 1938 geschrieben.

In seinem für das Rasse- und Siedlungshauptamt der SS geschriebenen Lebenslauf vom Dezember 1944 hebt Stephani hervor, er sei während seines Studiums »nach kurzer Zeit [...] Kameradschaftsführer im NSDStB [Nationalsozialistischen Deutschen Studentenbund]«[120] geworden. Im Juli 1947 hört sich das schon anders an: »Während meines Studiums an der Hochschule gehörte ich pflichtgemäß dem NSDStB an.«[121] Das Spruchgericht Bielefeld folgte dieser Deutung und hielt in seinem abschließenden Urteil vom 7. Juni 1948 fest: »Während dieses Studiums in Berlin konnte er nicht vermeiden, Mitglied des NSDStB zu sein.«[122] In seinem Lebenslauf vom 17. Juni 1948 bekräftigte Stephani diese Deutung noch einmal:

> »Während meines Studiums an der ›Hochschule für Musik‹ 1937 – 1939 gehörte ich – wie jeder deutsche Student, pflichtgemäß dem NSDStB an, in dem ich ebenfalls keinen Rang bekleidet und niemals in Uniform Dienst getan habe (da ich keine besaß).«[123]

Auch in seinem Brief an Gustav Scheck vom 6. September 1959 spricht Stephani von einer »Pflichtmitgliedschaft«[124] im NSDStB in den Jahren von 1937 bis 1940.

Es existieren keine Quellen aus der Zeit, die darüber Aufschluss geben könnten, wie Martin Stephani an das Amt eines Kameradschaftsführers des NSDStB kam, ob er es aus politischer Überzeugung von sich aus anstrebte, ob er es aus opportunistischen Motiven übernahm oder ob es ihm gar aufgenötigt wurde. Es spricht manches dafür, dass er den Posten auf Wunsch seines Mentors Fritz Stein übernahm, hatte es doch zuvor »Querelen«[125] mit dem Studentenführer der Hochschule für Musik gegeben (die freilich zu der Zeit, als Martin Stephani sein Studium aufnahm, bereits ausgeräumt waren[126]); auch machte die

120 Lebenslauf, Beilage zu: Antrag an das Rasse- und Siedlungshauptamt der SS auf Übersendung der Vordrucke zu einem Verlobungs- und Heiratsgesuch, 8.12.1944, BArch. Berlin, R 9361/III, 202641.

121 Lebenslauf, undatiert [1947], BArch. Koblenz, Z 42–IV, Nr. 2887.

122 Urteil des Spruchgerichts Bielefeld, 7.6.1948, BArch. Koblenz, Z 42–IV, Nr. 2887.

123 Lebenslauf, 17.6.1948, Anlage zu: Stephani an Denazifizierungsausschuss Köln, 17.6.1948, LAV NRW, Abteilung Rheinland, NW 1049 Ne 30266, Auszug PA, Bd. II–IV.

124 Martin Stephani an Gustav Scheck, 6.9.1959, LAV NRW, Abteilung Rheinland, NW Pe, Nr. 7475, Auszug PA, Bd. III.

125 Schenk, Hochschule, S. 336.

126 Custodis, Bürokratie, S. 228.

Reichsstudentenführung kein Hehl daraus, dass sie die Musikhochschulen in ihrer überkommenen Form am liebsten abgeschafft hätte.[127]

In dem bereits zitierten Brief an Rudolf Benecke vom 30. Oktober 1938 deutet sich aber auch an, dass Martin Stephani zu dieser Zeit näher an den Nationalsozialismus heranrückte, und zwar unter dem Eindruck der Sudetenkrise, nachdem er bei einer Konzertreise der Hochschule für Musik mit dem Schicksal sudetendeutscher Flüchtlinge in Thüringen unmittelbar konfrontiert worden war:

> »Von dem Verlauf unserer Herbstkonzertreise hörtest Du wohl durch meine Eltern; Genaues – und es gibt *sehr* viel davon zu berichten – werde ich Euch an Hand von Bildern später einmal *mündlich* sagen können. Sie war jedenfalls zum Teil voll von unglaublich schönen, zum andern aber auch sehr, sehr ernsten Eindrücken; ich meine mit den letzteren vor allem die grauenhaften Bilder, die die zahlreichen sudetendeutschen Flüchtlinge vor uns aufstellten. Vielfach sind ja die Berichte in den deutschen Zeitungen von der Bevölkerung nicht geglaubt, oder doch als maßlos übertrieben hingestellt worden. Wir jedenfalls haben mit eigenen Augen und Ohren feststellen können, dass das Elend dieser Menschen mit keinem Worte übertrieben werden *konnte* – im Gegenteil: es reichte kein Wort aus, um es auch nur *annähernd* zu schildern! Man muss es gesehen haben, wie die Sudetenkinder in Suhl etwa – also weit hinter der Grenze – beim Nahen eines harmlosen Lastkraftwagens mit gellenden Schreien von der Straße in die Häuser stürzten und stundenlang nicht zu beruhigen waren, weil sie glaubten, die Tschechen seien wieder da mit ihren schweren Tanks – eine Tatsache, die ja in ihrem Heimatorte zur Tagesordnung gehörte. Bis in unsere eigenen Reihen drangen die furchtbaren Dinge, da wir zwei sudetendeutsche Kantorei-Mitglieder haben. Einer von ihnen hatte bereits seit 3 Monaten von seinen Eltern und Angehörigen nichts mehr gehört: er musste die schlimmsten Befürchtungen haben, da gerade sein Heimatort täglich in den Zeitungen als einer der Brennpunkte des grässlichen Geschehens bezeichnet wurde. Nun wurde eines Tages ein Telegramm überbracht, das ein Nachbar seines Elternhauses irgendwie hatte schmuggeln können, und zwar des Inhalts, dass die ganze Familie verschleppt worden sei, nur der Vater im Keller seines Hauses gefesselt liege und täglich dreimal ausgepeitscht würde, damit er ein [...[128]] Geheimnis preisgeben solle!«[129]

127 Schenk, Hochschule, S. 336, mit Bezug auf das »4. Musiklager« der Reichsstudentenführung am 30./31. August 1938.

128 Ein Wort unleserlich.

129 Martin Stephani an »Onkel Rudolf« [Beneke], 30.10./7.11.1938, Universitätsar-

Höhepunkt des Studiums Martin Stephanis war zweifellos eine Konzertreise des Kammerorchesters der Hochschule für Musik nach Italien. Vom 26. Februar bis zum 9. März 1939 war das 18 Studierende umfassende Kammerorchester, begleitet von Fritz Stein und Eta Harich-Schneider, unterwegs. Das eigentliche – vom italienischen Rundfunk aufgezeichnete – Austauschkonzert fand am 1. März 1939 in S. Cecilia in Rom statt, wobei der erste Teil – das *Brandenburgische Konzert* D-Dur Nr. 5 und das Konzert d-moll für zwei Violinen und Orchester – von Martin Stephani dirigiert wurde. Auf Einladung von Prof. Giuseppe Gabetti (1886–1948), des Direktors des *Istituto Italiano di Studi Germanici*,[130] folgten ein weiteres Konzert in Rom am 2. März 1939 sowie Konzerte am Konservatorium Luigi Cherubini in Florenz am 5. März, im Liceo Musicale Martini in Bologna am 6. März und im Konservatorium Guiseppe Verdi in Mailand am 7. März 1939.[131]

In einem Bericht über diese Tournee, den Martin Stephani für die Zeitschrift *Völkische Musikerziehung* schrieb, freute er sich über die »rückhaltlose Begeisterung der Italiener«, die »doppelt hoch zu bewerten« sei, weil »deren fein ausgeprägter Klangsinn große Ansprüche«[132] stelle. Das Kammerorchester der Hochschule, so Stephani weiter, habe »in Italien Zeugnis [...] von deutscher Musikerziehung, deutscher Werkbesessenheit und künstlerischer Gemeinschaftsarbeit«[133] abgelegt. Sinn des Austauschprogramms sei es, »die Jugend der beiden großen befreundeten Nationen für die unvergleichlichen Kulturleistungen ihrer Völker gegenseitig aufzuschließen.«[134] Angesichts der großen Bedeutung, die das nationalsozialistische Deutschland gerade zu dieser Zeit dem Kulturaustausch mit dem faschistischen Italien beimaß – Stephani selbst betont in seinem Text, dass sich das Publikum bei den Konzerten »aus den Spitzen des italienischen Musiklebens und den Vertretern der Ministerien zusammensetzte«[135] –, kann man davon ausgehen, dass das zuständige

chiv Marburg, 312/3/19 (Hervorhebungen im Original). Die hier zitierte Passage wurde am 30. Oktober 1938 geschrieben.

130 Der Germanist Franz Koch (1888–1969), der sich im März 1938 mit Gabetti traf, um dessen politische Überzeugungen zu erkunden, urteilte: »Er ist der wichtigste Mittelsmann auf dem Felde der kulturellen Beziehungen zwischen Deutschland und Italien. Aber man darf sich keinem Zweifel darüber hingeben [...], dass er geistig nicht auf der Seite des neuen Deutschland steht«. Zit. n. Höppner, Germanisten, Anm. 25.

131 Staatliche Hochschule für Musik an Reicherziehungsminister, 22.2.1939, Archiv der Universität der Künste Berlin 1/363.

132 Stephani, Musikstudenten, S. 219.

133 Ebd.

134 Ebd., S. 220.

135 Ebd.

Reichsministerium für Wissenschaft, Erziehung und Volksbildung nur politisch zuverlässige Studentinnen und Studenten zu dieser Konzertreise zuließ. Zu Recht stellt Martin Stephani daher in seinem Lebenslauf vom Dezember 1944 fest: »Mit der Durchführung von öffentlichen Konzerten, u.a. auch auf einer Italien-Turnee [sic], wurde meine Eignung als Nachwuchsdirigent von betont politischer Haltung herausgestellt.«[136]

»Doppeltes Spiel«.
Martin Stephanis Rolle in den Konflikten um Eta Harich-Schneider

Im Zusammenhang mit der Italienreise geriet Martin Stephani zwischen die Fronten eines schon seit einiger Zeit schwelenden Konflikts zwischen der Leiterin der Cembaloklasse Eta Harich-Schneider und dem Dozenten für Flöte Gustav Scheck. Um Martin Stephanis Rolle in diesen Auseinandersetzungen angemessen beurteilen zu können, ist es notwendig, die Grundzüge dieses Konfliktes nachzuzeichnen.

Eta Harich-Schneider hatte Ende der 1920er Jahre – sie war damals schon eine arrivierte Konzertpianistin – mit dem Studium des Cembalos begonnen und 1930 ihr erstes, viel beachtetes Konzert mit diesem Instrument gegeben. Im selben Jahr gründete sie ein Collegium für Alte Musik, das alle vierzehn Tage zunächst in den Räumen der Modeschule in der Hitzigstraße 5 im Berliner Stadtteil Tiergarten, ab 1933 im Schloss Monbijou konzertierte. Ihren Lebensunterhalt bestritt sie zu Beginn der 1930er Jahre mit einem Lehrauftrag an der Evangelischen Schule für Volksmusik am Evangelischen Johannesstift in Spandau. Doch wurde ihr Vertrag im März 1933 gekündigt. Rückblickend zeichnete Harich-Schneider von sich das Bild einer entschiedenen »Antifaschistin«.[137] Politisch sei sie suspekt gewesen, weil sie sich im Februar 1933 geweigert habe, der Aufforderung des »geschäftliche[n] Unternehmer[s]«[138] des Collegiums für Alte Musik nachzukommen, keine jüdischen Musiker mehr zu engagieren.[139] Als praktizierender Katholikin sei ihr »aus konfessionellen Gründen«[140] der Lehrauftrag vom Evangelischen

136 Lebenslauf, Beilage zu: Antrag an das Rasse- und Siedlungshauptamt der SS auf Übersendung der Vordrucke zu einem Verlobungs- und Heiratsgesuch, 8.12.1944, BArch. Berlin, R 9361/III, 202641.

137 So Eta Harich-Schneider, in: Wikipedia. Die freie Enzyklopädie, https://de.wikipedia.org/wiki/Eta_Harich-Schneider (20.9.2018).

138 Harich-Schneider, Charaktere, S. 87.

139 Ebd., S. 84, S. 87.

140 Ebd., S. 84.

Johannesstift entzogen worden. Die Primärquellen deuten allerdings darauf hin, dass eine geplante Konzertreise Harich-Schneiders nach Italien, die sich mit dem Beginn des Sommersemesters 1933 überschnitt, der Grund oder doch zumindest der Auslöser für die Kündigung gewesen sein könnte.[141] Wie auch immer: Im Sommer 1933 war Harich-Schneider »ohne feste Anstellung; das brauchte mich aber nicht zu kümmern, denn meine Hochschulprofessur war seit anderthalb Jahren fest eingeplant, und mein Kontrakt lag bereit«.[142] Vom Wintersemester 1933/34 an übernahm Eta Harich-Schneider die Leitung der Cembaloklasse an der Hochschule für Musik.

Hier sei sie, so erinnerte sich Eta Harich-Schneider rückblickend, schon unfreundlich aufgenommen worden. Von Anfang an gab es Spannungen mit der Hochschulleitung. Ein Dissens bestand wohl im Hinblick auf den Umfang ihrer Lehrtätigkeit – energisch bestand Harich-Schneider »auf dem Versprochenen [...]: Hauptfach, Stilkundeseminar, Kammermusikklasse mit Generalbassunterricht«.[143] Mit dem Direktor Fritz Stein geriet sie aneinander, als dieser anfing, »ungeniert in meine Konzertserie hineinzureden«.[144] Gustav Scheck, der 1934 als Dozent an die Hochschule für Musik berufen wurde, habe, so die Darstellung Harich-Schneiders, »Steins musikalische Annexionsgelüste«[145] unterstützt. Eta Harich-Schneider und Gustav Scheck standen als Spezialisten für Alte Musik in einem direkten Konkurrenzverhältnis, das dadurch verschärft wurde, dass sie in Stilfragen konträre Meinungen vertraten. Harich-Schneider rechnete Scheck dem Lager der ›Laienmusikkreise‹ zu, über die sie manch vernichtendes Urteil abgab.[146] Nachdem Gustav Scheck vergeblich versucht habe, sie für seinen eigenen Kammermusikkreis

141 In einem Protokoll der Besprechung des geschäftsführenden Ausschusses des Kuratoriums der Berliner Kirchenmusikschule am Sonnabend, den 22. April [1933] heißt es, Eta Harich-Schneider solle schriftlich mitgeteilt werden, »dass die Schule ihre Ansprüche nicht anerkennt, ihr aber trotzdem den Klavier- und Cembalounterricht an der Schule bis Oktober [1933] belassen will. Sollte Frau Schneider wegen ihrer Konzertreise nach Italien nicht pünktlich zum Semester mit ihrem Unterricht beginnen, so wäre dieses ein Grund für eine fristlose Kündigung.« Eine zweite Fassung dieses Protokolls mit handschriftlichen Vermerken belegt, dass man im Johannesstift zeitweilig sogar darüber nachdachte, Harich-Schneider – unter Beibehaltung der Kündigung ihres Vertrages – auch über den Oktober 1933 hinaus als Cembalolehrerin zu beschäftigen. Historisches Archiv des Evangelischen Johannesstifts (HAEJS) 07, 0424.

142 Harich-Schneider, Charaktere, S. 84.

143 Ebd., S. 88.

144 Ebd., S. 91.

145 Ebd., S. 118.

146 Ebd., S. 80, S. 91.

zu gewinnen, sei er, so Eta Harich-Schneider, bestrebt gewesen, sich in die Konzerte des Collegiums für Alte Musik im Schloss Monbijou einzudrängen.

Eta Harich-Schneiders Verhältnis zu Fritz Stein trübte sich gegen Ende des Jahres 1934 immer weiter ein. »Nach der Röhmaffäre war von seiner jovialen politischen Toleranz kein Schatten mehr übriggeblieben.«[147] Harich-Schneider verfasste, wie bereits erwähnt, am 3. Dezember 1934 eine Loyalitätserklärung für ihren Kollegen Paul Hindemith, die von vielen Studierenden und mehreren Dozenten – darunter erstaunlicherweise auch Gustav Scheck – unterzeichnet wurde. Als einzige weigerte sie sich, ihre Unterschrift zurückzuziehen, »als Stein uns zu Rebellen erklärte«.[148] Der 3. Dezember 1934 sei »der Beginn seiner planmäßigen Maschinationen [sic] gegen mich«[149] gewesen.

Um die Jahreswende 1938/39 flammte der unter der Oberfläche weiter schwelende Konflikt um die Monbijou-Konzerte wieder auf. Gleichzeitig arbeitete Eta-Harich-Schneider für die Zeitschrift *Die Musik* an einem Artikel »zu den landläufigsten Stilirrtümern [...], die sich in Laienmusikkreisen in die Aufführungspraxis Alter Musik eingeschlichen hätten«.[150] Dieser Artikel ging auf eine Anfrage des Musikwissenschaftlers Dr. phil. habil Herbert Gerigk (1905–1996) zurück, der seit dem 1. Januar 1935 als Referent der Hauptstelle für das Sachgebiet Musik im Amt für Kunstpflege, einer Untergliederung des Amtes Rosenberg, also des bürokratischen Apparates, den sich Reichsleiter Alfred Rosenberg in seiner Eigenschaft als Beauftragter des Führers für die Überwachung der gesamten geistigen und weltanschaulichen Schulung und Erziehung der Partei und aller gleichgeschalteten Verbände aufgebaut hatte. Gleichzeitig betreute Gerigk die Hauptstelle Kulturpolitisches Archiv im Amt Rosenberg und fungierte als Musiksachverständiger der NS-Kulturgemeinde.[151] Seit September 1936 war er zudem Hauptschriftleiter der Zeitschrift *Die Musik*. Gerigk, der mit dem Anspruch angetreten war, »in das chaotische Musikbabel *eine Ordnung aus den Gesichtspunkten nationalsozialistischer Kunstpflege*«[152] zu bringen, legte großen Wert auf Werktreue. Er bezeichnete es – unter Berufung auf die Kulturrede Adolf Hitlers auf dem Reichsparteitag im Jahre 1937 als »Unverstand [...], große Kunstwerke, die aus einer anderen Zeit und damit aus einer vielleicht anders gearteten weltanschaulichen Gebundenheit heraus entstanden sind, jetzt deshalb auszumerzen oder umzufor-

147 Ebd., S. 118.
148 Ebd.
149 Ebd., S. 119.
150 Ebd., S. 104.
151 Bis zu deren Eingliederung in das Freizeitwerk Kraft durch Freude der Deutschen Arbeitsfront im Juni 1937.
152 Zit. n. Sieb, Zugriff, S. 74 (Hervorhebung im Original). Vgl. ebd., S. 67–77.

men«, sofern sie »von Menschen unseren Blutes geschaffen worden«[153] seien. Für Gerigk war es daher »ganz selbstverständlich«, die »Meisterwerke von Schütz, Händel und Bach in der Form weiter[zu]pflegen, die ihnen von diesen Heroen der deutschen Musik gegeben wurde«.[154] Vor diesem Hintergrund ist auch der Wunsch Gerigks nach einem Artikel Eta Harich-Schneiders zu sehen. Über den Umstand, dass sie ausgerechnet das »musikalische Sprachrohr des Amtes für Kunstpflege«[155] im Amt Rosenberg nutzte, um ihre Attacke gegen Gustav Scheck zu lancieren, geht Eta Harich-Schneider in ihren Lebenserinnerungen stillschweigend hinweg.

Vor diesem Hintergrund fand die Konzertreise des Kammerorchesters der Hochschule für Musik nach Italien vom 26. Februar bis zum 9. März 1939 statt, die der Darstellung Eta Harich-Schneiders zufolge von ihr organisiert worden war – Fritz Stein habe sich nachträglich in dieses Unternehmen hineingedrängt und es zu einer Veranstaltung im Rahmen eines von ihm initiierten Hochschulaustauschprogramms umfunktioniert.[156] Nach der Italientournee eskalierte der Konflikt.[157]

Im April 1939 erschien dann Eta Harich-Schneiders Artikel »Stilaufführungen – ›mit kleinen Fehlern‹« in *Die Musik*.[158] Die »Laienmusikkreise« seien »außer sich«[159] gewesen. Gustav Scheck veröffentlichte in der Mainummer der Zeitschrift eine Entgegnung, in der er Eta Harich-Schneider persönlich angriff. Gerigk weigerte sich, eine Stellungnahme Harich-Schneiders zu dieser Entgegnung zum Abdruck zu bringen.[160]

Harich-Schneider, die den Konflikt mit Gustav Scheck und Fritz Stein in ihren Lebenserinnerungen *Charaktere und Katastrophen* in kräftigen Farben ausmalt, hebt hervor, dass sie Martin Stephani in diesem Konflikt zunächst als Verbündeten betrachtet habe. Der Studentenschaftsführer habe den persönlichen Kontakt zu ihr gesucht, ihr wiederholt signalisiert, er stehe auf ihrer Seite, und anlässlich eines Scharmützels Harich-Schneiders mit mehreren Schülern Gustav Schecks den »›merkwürdigen Terrorismus gewisser Spielgruppen‹«[161] beklagt. Nach der Veröffentlichung ihres Artikels habe Stephani ihr vertrau-

153 Ebd., S. 75.
154 Ebd., S. 74.
155 Ebd.
156 Harich-Schneider, Charaktere, S. 106f., S. 108.
157 Ebd., S. 107.
158 Eta Harich-Schneider, Stilaufführungen – ›mit kleinen Fehlern‹, in: Die Musik 1939, S. 441–443, wiederabgedruckt in: dies., Charaktere, S. 104–106.
159 Harich-Schneider, Charaktere, S. 135.
160 Ebd.
161 Ebd., S. 107.

lich mitgeteilt, dass Scheck vor Wut »tobe«.[162] Harich-Schneider zögerte nicht, sich auf den Studentenschaftsführer und persönlichen Assistenten des Direktors zu beziehen. Dieser geriet vor allem durch eine unbedachte Bemerkung bei den Proben vor der Konzertreise nach Italien zwischen die Fronten, wie einem Brief Fritz Steins an Eta Harich-Schneider vom 5. Juli 1939 zu entnehmen ist:

> »Wenn ich mit Ihnen über die Angelegenheit nicht gesprochen habe, so vermied ich das mit voller Absicht. Denn ich war – das gestehe ich offen – sehr ärgerlich darüber, dass Sie Ihren Artikel gegen die ›Puristen‹ mit solchen eindeutigen Spitzen versehen haben. Wenn Sie Dr. Gerigk um einen Beitrag über Aufführungspraxis alter Musik bat, – war es da z.B. notwendig, eine doch recht abseitige Spezialfrage wie den verschärften ›französischen Ouvertürenrhythmus‹ einzubeziehen? Sie wussten, dass uns diese Frage im Kreis des Kammerorchesters wenige Wochen zuvor beschäftigte, dass Prof. Scheck, auf *meine* Bitte wohlgemerkt, seine Auffassung hierüber in unsere Partitur der h-Moll Suite eingetragen hatte und dass wir diese Aufführungsart einmal auf der Italienreise ausprobieren wollten – Stephanis Lapsus linguae in der Probe: ›Ach, lassen wir den Quatsch‹[163] war Ihnen wohl auch nicht unbekannt geblieben – konnten Sie da wirklich annehmen, dass Prof. Scheck sich durch Ihre polemische Behandlung dieser Frage *nicht* getroffen fühlen musste?«[164]

Harich-Schneider verstand dies als Parteinahme Martin Stephanis in ihrem Konflikt mit Gustav Scheck. Stephani sah sich daraufhin gezwungen, eine eidesstattliche Erklärung abzugeben,

> »dass der Ausdruck ›Quatsch‹ im Zusammenhang mit der von Prof. Scheck eingerichteten Bach-Ouvertüre in der betreffenden Kammerorchesterprobe von mir nicht gebraucht worden ist. Der Flötist des Orchesters hat eine Bemerkung von mir, die sich auf den, aus Zeitmangel notwendig gewordenen, Verzicht der Scheck'schen Fassung bezog, in der Erregung mehrere Tage später in dieser missverständlichen Form weitergegeben.«[165]

Der im Juli 1939 unternommene Versuch, den Konflikt um die Monbijou-Konzerte durch den Schiedsspruch eines Hochschullehrergremiums zu ent-

162 Ebd., S. 109.
163 Randglosse: »war ein Irrtum!«
164 Stein an Harich-Schneider, 5.7.1939, Archiv der Universität der Künste Berlin 1/5017 (Hervorhebungen im Original).
165 Eidesstattliche Erklärung Martin Stephani, 23.11.1939, Archiv der Universität der Künste Berlin 1/5017.

schärfen, scheiterte.[166] Im Oktober kam es zum Eklat[167] Stein entzog Harich-Schneider die Leitung der Monbijou-Konzerte. Diese wiederum betrachtete die Monbijou-Konzerte als ihre »Schöpfung« und ihren »Besitz«,[168] wandte sich an die Gerichte und erwirkte eine einstweilige Verfügung, die zur Absetzung des nächsten Konzerts führte. Gleichzeitig beantragte sie ein Disziplinarverfahren gegen sich selbst, um ihre Sache im Reichsministerium für Wissenschaft, Erziehung und Volksbildung zur Sprache zu bringen. Stein, der die Auffassung vertrat, »Monbijou sei ein Hochschulunternehmen«,[169] erhob Einspruch gegen die einstweilige Verfügung beim Landgericht Berlin, das nach einer mündlichen Verhandlung am 3. November 1939 zu dem Schluss kam, Harich-Schneider und Stein seien »gleichberechtigte Partner in einem Privatunternehmen«.[170]

Martin Stephani konnte nicht verhindern, dass er tiefer in den weiter eskalierenden Konflikt hineingezogen wurde. Eta Harich-Schneider betrachtete ihn noch immer als Verbündeten in dem von ihr selbst initiierten Disziplinarverfahren.[171] Wie sich in einer Sitzung am 29. März 1940 jedoch herausgestellt habe, sei sie hinter ihrem Rücken von Martin Stephani schwer belastet worden – er habe ein geradezu vernichtendes Urteil abgegeben.

> »Sollte Stephani zu den ›Himmlerschen Hörscharen‹ zählen, die Opfer aushorchen und ausliefern? Ich hatte keine Möglichkeit, das zu ergründen, denn [Martin] Miederer [Musikreferent im Reichserziehungsministerium] ging schnell über den Namen Stephani hinweg. Tatsächlich, wie später ans Licht kam, hatte er mich schwer belastet und Spitzeldienste zugegeben. Er habe sich mit gespielter Harmlosigkeit mir genähert und ›um der guten Sache willen ein doppeltes Spiel getrieben‹. Billigerweise ließ ich dann bei ihm anfragen, ob diese Aussage unter Zwang und Drohung entstanden sei oder ob es sich überhaupt um eine Fälschung handle? Er hat nicht reagiert.«[172]

Tatsächlich übergab Martin Stephani am 30. Januar 1940 im Rahmen des Disziplinarverfahrens, das Eta Harich-Schneider gegen sich selbst angestrengt hatte, eine umfangreiche »Protokollskizze« an Dr. Martin Miederer (1905–

166 Harich-Schneider, Charaktere, S. 136f.
167 Ebd., S. 142.
168 Ebd., S. 96. Vgl. S. 109, S. 127.
169 Ebd., S. 145.
170 Ebd.
171 Harich-Schneider, Charaktere, S. 145f.
172 Ebd., S. 154.

1992).[173] Darin gab Stephani freimütig zu, er habe angesichts der Vertraulichkeit Harich-Schneiders ihm gegenüber »ein doppeltes Spiel«[174] gespielt, um die Hochschulleitung vor ihren Intrigen warnen zu können. Stephanis Erklärung schadete Eta Harich-Schneider tatsächlich ganz außerordentlich und dürfte den Ausschlag in ihrem Disziplinarverfahren gegeben haben, bezeugte er darin doch, dass ihr Artikel in der Zeitschrift *Die Musik* – obwohl Gustav Scheck darin nicht namentlich erwähnt wurde – sehr wohl als persönlicher Angriff gedacht gewesen war, was sie selbst stets in Abrede gestellt hatte. Aus diesem Zeugnis ließ sich der Vorwurf unkollegialen Verhaltens gegenüber einem Mitglied des Hochschullehrerkollegiums ableiten. Darüber hinaus trat Stephani als Zeuge dafür auf, dass Eta Harich-Schneider sich in ehrverletzender Weise über ihren Dienstvorgesetzten Fritz Stein geäußert hatte, was ebenfalls als dienstliches Vergehen gewertet werden konnte. Ganz allgemein entwarf Martin Stephani das Bild einer exaltierten, zu hochgradigen Erregungszuständen neigenden, neurasthenischen Persönlichkeit – wohl nicht ganz unbeabsichtigt erweckte er den Eindruck, dass Eta Harich-Schneider sich im Grenzbereich psychischer Gesundheit und Krankheit bewegte, so dass man ihren Aussagen nicht trauen könne. Dagegen findet sich in seiner Stellungnahme – dies sei ausdrücklich hervorgehoben – keinerlei politische Denunziation.[175]

173 Der Oberregierungsrat und SS-Obersturmbannführer Dr. Martin Miederer war 1937 vom bayerischen Innenministerium für das Musikreferat im Amt Volksbildung des Reichsministeriums für Wissenschaft, Erziehung und Volksbildung freigestellt worden. Er war von 1934 bis 1940 (stellvertretender) Vorsitzender des Vereins Freunde des Regensburger Domchores e.V. In dieser Funktion war er maßgeblich an Plänen beteiligt, in Regensburg ein Musisches Gymnasium zu errichten, die Ausbildung der Regensburger Domspatzen in dieses Gymnasium zu verlagern, den Chor umzubenennen und der Aufsicht des Reichserziehungsministeriums zu unterstellen. Dieses Projekt kam jedoch über das Planungsstadium nicht hinaus, stattdessen wurde das Musische Gymnasium unter Leitung von Kurt Thomas am 1. Juli 1939 in Frankfurt am Main eröffnet. Vgl. Halter, Regensburger Domspatzen, S. 376, S. 379f.; Heldmann, Musisches Gymnasium, S. 49–101; Nagel, Hitlers Bildungsreformer, S. 199f., S. 397f. (mit der unzutreffenden Angabe, Miederer sei der Chorleiter der Regensburger Domspatzen gewesen); Bordin, Hermann-Walther Freys wissenschaftspolitische Bedeutung, S. 91–144. Problematisch ist die Arbeit von Smolorz, Regensburger Domspatzen. Vgl. dazu die vernichtende Kritik von Werner, Wie die NS-Geschichte der Domspatzen geklittert wird.

174 Protokollskizze Martin Stephanis v. 30.1.1940, Archiv der Universität der Künste Berlin 1/74. Das vollständige Dokument findet sich im Anhang.

175 Fritz Stein, Franz Rühlmann und Gustav Scheck wurden um Stellungnahmen zu dieser Aussage Martin Stephanis gebeten. Stein unterstrich die Bedeutung dieser Aussage, indem er feststellte, »dass Martin Stephani zu den reifsten und charak-

In ihren Lebenserinnerungen betont Eta Harich-Schneider mehrmals, der Konflikt um ihre Person an die Hochschule für Musik habe von Anfang an eine politische Komponente gehabt – sie sei auch als »undeutsche Frau«, engagierte Katholikin, in kritischer Distanz zum Nationalsozialismus stehende Dissidentin und »Judenfreundin« verfolgt worden: »Eine sonderbare Mischung von politischer Hetze und menschlicher und künstlerischer Herabsetzung wurde ganz planmäßig aufgekocht.«[176] Die Primärquellen sprechen indessen eine andere Sprache: Im Kern ging es nach wie vor um Kabalen und Konflikte, wie sie an der Hochschule für Musik in diesen bewegten Jahren an der Tagesordnung waren. Politische Diffamierungen flossen im Laufe der Auseinandersetzungen in persönliche Invektiven ein – nicht jedoch bei Martin Stephani.

Dass es sich im Grunde nicht um eine (rein) politische Verfolgung handelte, zeigt sich auch im Ausgang des Konflikts. Nach der Anhörung im Rahmen des Disziplinarverfahrens am 29. März 1940 reichte Eta Harich-Schneider eine Dienstaufsichtsbeschwerde gegen Martin Miederer ein.[177] Als sie im Mai 1940 von einer weiteren Italientournee zurückkehrte, fand sie ihre fristlose Kündigung vor. Dagegen erhob Harich-Schneider an 17. Mai 1940 Klage beim Arbeitsgericht. Am 6. Juni 1940 fand ein erster Gerichtstermin statt. »Die Verteidigung meiner Gegner stützte sich ausschließlich auf Martin Stephanis Schilderung eines Gesprächs, das er unter vier Augen mit mir geführt haben wollte. Er war aber nicht als Zeuge geladen.«[178] Harich-Schneider lehnte Angebote zu einer außergerichtlichen Einigung ab, die ihr von der Hochschule für Musik und vom Ministerium für Wissenschaft, Erziehung und Volksbildung angeboten wurden – bei letzterer Gelegenheit habe sie, wie sie selber angibt,

terlich zuverlässigsten Studierenden der Hochschule gehört. Er genießt nicht nur bei seinen Kommilitonen und im NS-Studentenbund eine besondere Vertrauensstellung, sondern wird ebenso von der Lehrerschaft als außergewöhnliche künstlerische Begabung und geistig überragende, menschlich einwandfreie Persönlichkeit geschätzt, die unbedingt Glaubwürdigkeit verdient.« Stellungnahme von Prof. Dr. Fritz Stein zu der Protokollskizze des Studierenden Martin Stephani vom 30. Januar 1940, 13.2.1940 Archiv der Universität der Künste Berlin 1/74. Gustav Scheck gab mit Hinweis auf die Aussage Stephanis seiner Überzeugung Ausdruck, dass Eta Harich-Schneiders Behauptungen »nunmehr wohl als ein einziges Gewebe von falscher Darstellung, Umbiegung der Wahrheit bis zur boshaften Lüge erkennbar« seien. Stellungnahme des Prof. Gustav Scheck zu der Protokollskizze des Studierenden Martin Stephani vom 30. Januar 1940, undatiert, Archiv der Universität der Künste Berlin 1/74.

176 Harich-Schneider, Charaktere, S. 127.

177 Ebd., S. 155.

178 Ebd., S. 158. Vgl. dazu: Rechtsanwalt Dr. Franz Crüger an Arbeitsgericht Berlin-Charlottenburg, 5.6.1940, Archiv der Universität der Künste Berlin 1/5018.

eine Professur in Prag ausgeschlagen.[179] Bei einem weiteren Gerichtstermin am 29. Oktober 1940 bot die Hochschule die Zurücknahme der fristlosen Entlassung, eine fristgerechte Kündigung und die Nachzahlung des Gehaltes an – der Richter habe sie, so Harich-Schneider, gezwungen, auf der Basis dieses Angebots einem Vergleich zuzustimmen.[180] 1941 nutzte Eta Harich-Schneider schließlich eine Einladung nach Japan und ging nach Tokio, wo sie bis 1949 blieb.[181]

»Riesenerfolg: Publikum raste!« Das Ende des Studiums

Stephanis Verstrickung in die hochschulinternen Konflikte fiel in die letzte Phase seiner Ausbildung zum Konzert-, Opern- und Chordirigenten. Noch immer war er als persönlicher Assistent Fritz Steins tätig. An seine Eltern schrieb er am 18. Januar 1940, er »helfe« Stein »augenblicklich bei der Abfassung des Reger-Kataloges«.[182] Fritz Stein, dessen Biographie über Max Reger (1873–1916) soeben erschienen war,[183] hatte bereits 1934 in den Veröffentlichungen der Max-Reger-Gesellschaft ein *Thematisches Verzeichnis der im Druck erschienenen Werke von Max Reger*[184] herausgegeben. Eine Neuausgabe erschien 1953 – an den Vorarbeiten zu diesem Verzeichnis war auch Martin Stephani beteiligt gewesen, wie aus der Danksagung hervorgeht.[185]

Im Februar 1940 erfolgte Martin Stephanis Exmatrikulation.[186] Einstweilen versuchte er, sich mit gelegentlichen Konzerten über Wasser zu halten. Am 22. Februar 1940 berichtete er nach Hause: »Ich sollte [am] 1. III. in den ›Konzerten junger Künstler‹ moderne Sachen begleiten, ebenfalls in der jugoslawischen Gesandtschaft: beides gut honoriert sollte einen Monat finanzieren – leider wegen Kohlenmangels nun auf unbestimmte Zeit verschoben!«[187] Durchaus

179 Harich-Schneider, Charaktere, S. 162.
180 Ebd., S. 163.
181 Vgl. Kubaczek, Meide alles. Das selbst gewählte Exil in Tokio trägt sowohl Züge einer »Flucht« aus dem nationalsozialistischen Deutschland als auch einer »Propagandareise« – das Auswärtige Amt trug ihre Reisekosten (ebd., S. 270f.).
182 Martin Stephani an seine Eltern, 18.1.1940, Universitätsarchiv Marburg, 312/3/19. – In diesem Brief schrieb Martin Stephani ferner, er arbeite an einer »Schubert-Instrumentation, die sehr heikel, aber, wie ich denke, ebenso lohnend ist«. Was damit gemeint war, konnte nicht abschließend geklärt werden.
183 Stein, Max Reger. Stein war mit Reger befreundet gewesen.
184 Ders., Verzeichnis (1934).
185 Ders., Verzeichnis (1953), S. VIII.
186 Karteikarte Martin Stephani, Archiv der Universität der Künste Berlin 1/4790.
187 Martin Stephani an seine Eltern, 22.2.1940, Universitätsarchiv Marburg, 312/3/19.

selbstbewusst fügte er hinzu: »Im Orchesterkonzert am 19. [Februar 1940] hatte ich mit den drei großen Arien Riesenerfolg: Publikum raste!«[188]

Im selben Brief erwähnte Martin Stephani auch, dass er mit dem Chor der Hochschule für Musik »inzwischen wieder 2 x tüchtig am ›Feldherrn‹ geprobt«[189] habe. Hermann Stephani hatte, wie bereits erwähnt, das von ihm bereits im Jahre 1904/1914 geschaffene neue Textbuch zu Georg Friedrich Händels Oratorium *Judas Makkabäus* nochmals umgearbeitet und dem Werk nunmehr den Titel *Der Feldherr. Freiheits-Oratorium von G. F. Händel* gegeben. Die neue Fassung zeichnete sich – den in den ersten beiden Fassungen eingeschlagenen Weg konsequent fortsetzend – durch kräftige Kürzungen sowie eine Tendenz zur »radikalen Entstofflichung« aus: sämtliche »Judaismen, Historisierungen und Eigennamen«[190] waren getilgt, die konkrete Handlung war weitgehend aufgelöst und auf eine abstrakte Ebene erhoben worden. Religiöse Bezüge waren nicht völlig gestrichen worden, »jedoch in ihrer Konkretisierung ein[ge]schränkt, so dass ›Gott‹ letztlich zu einer abstrakten, passiv Wahrheit und ethische Legitimität verleihenden Instanz ohne christlichen Bezug – eben lediglich zu ›eine[r] Höh'ren Macht‹ – wird«.[191] Durch die »radikalisierte Abstraktion ohne konkreten Bezug zu Zeit und Raum« hatte Hermann Stephani »ein prototypisches Sujet« geschaffen, »dessen beliebige politische Vereinnahmung nur allzu gut funktioniert.«[192] Hervorzuheben ist, dass der *Feldherr* – im Gegensatz zu anderen Bearbeitungen des *Judas Makkabäus* zur Zeit des ›Dritten Reiches‹ – kein Auftragswerk war.[193] Nach dem Zweiten Weltkrieg behauptete Stephani, das Reichspropagandaministerium habe ihn aufgefordert, Namen aus der griechischen Mythologie in die Händeloratorien einzusetzen, was er abgelehnt habe. Stattdessen habe er es durch die Neufassungen des *Judas Makkabäus* und des *Jephta* geschafft, »jene bei-

188 Ebd.

189 Ebd.

190 Grossert/Sandmeier, Gedicht, S. 181. Ferner zur Entstehung des *Feldherrn*: Roters, Bearbeitungen, S. 36f., 44–59; Drüner/Günther, Musik, S. 109f.

191 Grossert/Sandmeier, »Gedicht«, S. 179. Das Zitat im Zitat ist ein Auszug aus Stephanis Textbuch.

192 Ebd., S. 183. Die Autorinnen weisen darauf hin, dass Stephanis Bearbeitungen des *Judas Makkabäus* auf der Linie einer »kontingent-diskursiven Entwicklung [liegt], die im 19. Jahrhundert ihren Ursprung hat«. Sie warnen daher »vor einer vor dem Hintergrund der Entstehung des Feldherrn im Nationalsozialismus und insbesondere im Jahr des Kriegsbeginns 1939 allzu nahe liegenden Deutung« (ebd., S. 182).

193 Ebd., S. 183. Zu anderen Bearbeitungen des *Judas Maccabäus*: Roters, Bearbeitungen, S. 33–35, 59–67; Drüner/Günther, Musik, S. 110f.; Fetthauer, Musikverlage, S. 278f.

den Gipfelschöpfungen Händels dem Konzertleben wiederzugeben, ohne die gewaltigen religiösen Kräfte, die sie ausstrahlen, auch nur im allerleisesten anzutasten«.[194] Von einer solchen Aufforderung durch das Reichspropagandaministerium, so urteilt Sabine Henze-Döhring dezidiert, könne Stephani »nur geträumt haben«.[195] Tatsächlich hatte die Reichsmusikkammer die Aufführung der Händel'schen Oratorien in der Originalfassung ausdrücklich genehmigt.[196]

Man wird daher davon ausgehen können, dass Hermann Stephanis erneute Bearbeitung des *Judas Makkabäus* aus freien Stücken geschah – und dass sich damit sehr wohl eine politische Aussage verband: *Der Feldherr* sollte zum Ausdruck bringen, dass es, um den begonnenen Krieg siegreich zu beenden, der Verbindung von Volk, Führer und jener ›höheren Macht‹ bedurfte, für die die Chiffre ›Gott‹ stand. In einem Artikel, den er 1942 in der Zeitschrift *Die Musik* veröffentlichte, um sich gegenüber Kritik an seinen Bearbeitungen zu rechtfertigen, brachte Hermann Stephani diesen Gedanken anhand der beiden Figuren des ›Sehers‹ (ursprünglich: Simon, der Bruder des Judas Makkabäus, in der Fassung von 1914: der ›Hohepriester‹) und des ›Feldherrn‹ (Judas Makkabäus) zum Ausdruck:

> »Seher und Feldherr verkörpern die sittlichen Grundkräfte des Volkes, jener Selbstbesinnung, Hingabe an die ewigen Dinge, Glauben – dieser Tatkraft, Selbstbeherrschung, den flammenden Willen ›Freiheit oder Tod‹! Und es ist wundervoll zu sehen, zu welcher Reife des Schicksalserlebens unter großen Führern ein Volk heranzuwachsen vermag. Das Unerhörte geschieht, die ungeheure feindliche Übermacht liegt am Boden. Kein Siegestaumel, keine Selbstüberhebung. Ins tiefste erschüttert steht das siegreiche Volk vor der Vorsehung Schicksalswalten, deren ›heiliges Richten der Erdkreis erfährt‹: *der Mensch wird zum Vollstrecker des göttlichen Willens.* Hier liegt der Kern dieser Schöpfungen [Händels] beschlossen.«[197]

Er habe versucht, »den im letzten Grunde überpersönlichen, übervolklichen und überzeitlichen Sinngehalt dieser Oratorien herauszuarbeiten«.[198] Es sei ihm darum gegangen, die Erinnerung an diese Werke, die »acht Jahre lang schon fast erloschen schien«, wiederzuerwecken und »ihre strahlenden Gesun-

194 Zit. n. Henze-Döring, Musik, S. 91.
195 Ebd.
196 Ebd., S. 91f.; Prieberg, Musik, S. 351; Potter, Deutscheste der Künste, S. 280.
197 Stephani, Neufassung, S. 81 (Hervorhebung im Original). Abgedruckt auch in: Prieberg, Handbuch, S. 6868.
198 Stephani, Neufassung, S. 81.

dungskräfte aufs neue dem deutschen Chorleben zuzuführen.«[199] Hier scheinen die schon bekannten Vorstellungen Hermann Stephanis – und auch seines Sohnes Martin – von den Ausdrucksmöglichkeiten des Göttlichen in der Musik und der läuternden Wirkung der Musik durch.

Der Feldherr wurde im Mai 1940 unter der Leitung von Fritz Stein in Berlin uraufgeführt.[200] Martin Stephani nahm, wie aus seinem Brief vom 22. Februar 1940 hervorgeht, als Chorleiter an den Proben für diese Aufführung des Werks seines Vaters teil. Der Aufführung selber konnte er nicht mehr beiwohnen – er war mittlerweile zur Wehrmacht eingezogen worden. Seine Eltern indessen planten, zu diesem Anlass nach Berlin zu reisen, was Martin Stephani zu einem »Geständnis«[201] zwang:

> »Ich bin mit Helga [schon] geraume Zeit so gut wie verlobt. Wir kennen uns ja eigentlich schon seit Beginn unserer gemeinsamen Hochschulzeit; aber aus rätselhafter Scham, die wir voreinander hatten, verbargen wir ängstlich unsere gegenseitige Neigung, jeder in dem Glauben, für den anderen zu schlecht zu sein. Erst auf der gemeinsamen Italienreise [im Februar/März 1939] spürten wir ein geheimnisvolles Band zwischen uns, was unsere Scheu voreinander und Ratlosigkeit nur vermehrte; und wir kamen über den Ton korrekter gegenseitiger Höflichkeit eigentlich nie heraus. Erst seit vorigen Sommer [1939] wissen wir, dass wir unmerklich uns so entgegengewachsen waren, dass einer ohne den anderen nicht mehr sein konnte. Von Verlobung im üblichen Sinne war übrigens zwischen uns nie die Rede: wir waren u. sind füreinander da und wissen dies, wie man so etwas nur einmal im Leben weiß. Sie ist für mich, nach manchen bitteren Erfahrungen, das größte Glück, was es für mich geben kann in diesem Leben. Ich bin zwar erst 24, aber ich glaubte nicht mehr, dass es überhaupt eine Frau für mich gäbe, die meinen ganz einsam stehenden Auffassungen von einer solchen in täglich wunderbarer Weise entspräche.«[202]

Stephani bat seine Eltern, die Verbindung vorerst geheim zu halten, weil die Verlobten »Klatsch« befürchteten: »Zudem: Helga steht als Geigerin in der Öffentlichkeit, ich bin augenblicklich ein unbekannter Soldat – Dinge, die für *uns* nicht das geringste, vor der Öffentlichkeit aber viel zu besagen haben.«[203]

199 Ebd.
200 So die Ankündigung in: Die Musik XXXII. Jg., H. 8, Mai 1940, S. 287, zit. n. Prieberg, Handbuch, S. 2634.
201 Martin Stephani an seine Eltern, 11.5.1940, Universitätsarchiv Marburg, 312/3/19.
202 Ebd.
203 Ebd. (Hervorhebung im Original).

7. In der Wehrmacht, 1940

Unmittelbar nach dem Abschluss seines Studiums, am 1. März 1940, war Martin Stephani wieder zur Wehrmacht einberufen worden. Er diente zunächst im Range eines Unteroffiziers, im Ersatz-Bataillon 67 in Berlin-Spandau. Wohin es von dort aus gehen sollte, war ungewiss. Seine Situation ändere sich »eigentlich täglich«,[1] teilte Stephani am 11. Mai 1940 seinen Eltern mit. Zunächst hatte es so ausgesehen, als würde er zu den Truppen abkommandiert, die Norwegen besetzen sollten: »Seit meiner letzten Nachricht an Euch war ich inzwischen als Angehöriger eines Luftlandekorps für Narvik vorgesehen worden – durch die jüngsten Ereignisse bereits überholt!«[2] Nunmehr sei er »als Frontunteroffizier mit besonderen Funktionen (wahrscheinlich auch im Rahmen von Luftlandetruppen!) eingeteilt« und werde als solcher »mit wenigen ausgesuchten anderen in einem besonderen Lehrgang in der Handhabung neuartiger Waffen geschult.«[3] Es könne sein, dass er am Ende dieses etwa achttägigen Lehrgangs als »Spezialausbilder« einige »für besonderen Fronteinsatz aufgestellte Einheiten«[4] an diesen Waffen auszubilden haben werde. Möglich sei aber auch »eine Versetzung zur Front zwecks *aktiver* Betätigung« mit diesen »Spezialwaffen«.[5] Mit einem gewissen Stolz bat Martin Stephani seine Eltern, diese Informationen vertraulich zu behandeln, da sie *»geheim«*[6] seien. In einem Postskriptum fügte er hinzu: »Eben Nachricht: 20.6. zur Front!«[7]

1 Martin Stephani an seine Eltern, 11.5.1940, Universitätsarchiv Marburg, 312/3/19.
2 Ebd.
3 Ebd.
4 Ebd.
5 Ebd. (Hervorhebung im Original).
6 Ebd. (Hervorhebung im Original).
7 Ebd.

Eine »hochbedeutsame Kulturaufgabe«. Martin Stephanis Bewerbung in Olmütz

Wie dem Brief an die Eltern vom 11. Mai 1940 auch zu entnehmen ist, lief zu dieser Zeit eine Bewerbung Martin Stephanis auf den vakanten Posten eines Stadtmusikdirektors in Olmütz (Olomouc) im Protektorat Böhmen und Mähren. In seinem Lebenslauf vom Dezember 1944 schreibt Stephani von »mehrfachen Berufungen als Leiter der jeweiligen städtischen Musikarbeit (z.B. in Olmütz)«[8] zwischen dem Abschluss seines Studiums und seiner Wiedereinberufung zur Wehrmacht. In seinem Lebenslauf vom Juli 1947 wird er konkreter:

> »Musikalische Erfolge in Berlin und auf einer Konzertreise durch Italien (1939) trugen mir verschiedene Berufungsangebote (z.B. als Stadt-Musikdirektor nach Olmütz u. als Leiter des Berliner Staats- und Domchores)[9] ein, deren Annahme mir jedoch durch die Wiedereinberufung zur Wehrmacht im März 1940 [...] trotz entsprechender U.-K.-Stellungsanträge seitens der jeweils zuständigen Berufungsausschüsse unmöglich gemacht wurde.«[10]

In seinem Lebenslauf vom 17. Juni 1948 unterfütterte Martin Stephani diese Darstellung mit weiteren Einzelheiten:

> »Dirigentische Erfolge in Berlin sowie auf Konzertreisen – u.a. nach Italien – trugen mir verschiedene, angesichts meiner Jugend ehrenvolle Angebote ein, unter anderem als Städtischer Musikdirektor von Olmütz, die jedoch infolge meiner erneuten Einberufung zum Heeresdienst (im März 1940) zunächst hinfällig wurden, obwohl ich z.B. den Vertrag mit der Stadt Olmütz bereits unterzeichnet hatte.«[11]

Entgegen dieser Darstellung erfolgte die Berufung Martin Stephanis zum Musikdirektor der Stadt Olmütz nicht etwa schon vor seiner erneuten Einberufung zur Wehrmacht am 1. März 1940. Wahrscheinlich hatte er aber zu die-

8 Lebenslauf, Beilage zu: Antrag an das Rasse- und Siedlungshauptamt der SS auf Übersendung der Vordrucke zu einem Verlobungs- und Heiratsgesuch, 8.12.1944, BArch. Berlin, R 9361/III, 202641.

9 Vgl. dazu S. 178–189.

10 Lebenslauf, undatiert [1947], BArch. Koblenz, Z 42–IV, Nr. 2887. So auch im Urteil des Spruchgerichts Bielefeld, 7.6.1948, BArch. Koblenz, Z 42–IV, Nr. 2887.

11 Lebenslauf, 17.6.1948, LAV NRW, Abteilung Rheinland, NW 1049 Ne 30266, Auszug PA, Bd. II–IV.

sem Zeitpunkt seine Bewerbung bereits auf den Weg gebracht. Darauf deutet zumindest ein Empfehlungsschreiben Fritz Steins vom 27. März 1940 hin:

> »Martin Stephani, der soeben sein Studium an der Berliner Hochschule für Musik abgeschlossen und sein Können als Chor- und Orchesterdirigent in öffentlichen Konzerten unter Beweis gestellt hat, zählt nach Herkunft und Anlage zu den glücklichsten Begabungen, die mir in meiner Hochschulpraxis begegnet sind. Der Sohn des bekannten Marburger Universitätsmusikdirektors Prof. Dr. Hermann Stephani konnte sich von Jugend auf nicht nur die handwerklichen Grundlagen des Musikerberufes mühelos aneignen, er wurde auch vertraut mit der geistigen Atmosphäre einer Universitätsgemeinschaft und früh zur Beschäftigung mit musikwissenschaftlichen Fragen angeregt. Zugleich lernte er die musikorganisatorischen Möglichkeiten und Erfordernisse einer Provinzstadt aus nächster Anschauung und Mitarbeit kennen. Als Musiker zeichnet sich Stephani durch eine seltene Vielseitigkeit aus: er ist ein ebenso vortrefflicher Geiger wie Pianist, beherrscht das gesamte Gebiet der Musiktheorie und besitzt eine umfassende musikgeschichtliche Bildung. So sind bei ihm die Voraussetzungen für eine erfolgversprechende Dirigentenlaufbahn gegeben, zu der ihn auch seine menschlichen Eigenschaften prädestinieren: eine vorbildliche Pflichttreue, eiserner Fleiß, suggestive Überzeugungskraft und fanatische Werkbesessenheit. Seine stets nur der Sache dienende Einsatzbereitschaft hat Stephani auch in der Arbeit des Studentenbundes aufs beste bewährt und seine organisatorischen Fähigkeiten schätze ich so hoch ein, dass ich ihn in den beiden letzten Semestern als meinen Assistenten beschäftigte. Ich bin überzeugt, dass Stephani, trotz seiner Jugend, die Aufgabe, in leitender Stelle ein städtisches Musikleben aufzubauen, als Mensch und Künstler aufs glücklichste meistern wird.«[12]

Der Posten, auf den sich Martin Stephani bewarb, hatte eine eminent kulturpolitische Dimension, wurde das deutsche Musikwesen in der besetzten, zu einem vom Deutschen Reich abhängigen Protektorat umgewandelten Tschechoslowakei doch als Mittel zur Stärkung des ›deutschen Volkstums‹ betrachtet, und zwar in unmittelbarer Konkurrenz zum trotz aller Unterdrückungsmaßnahmen fortbestehenden tschechischen Musikwesen, das sich seinerseits der »Verteidigung der tschechischen nationalen Identität«[13] gegen die Besatzungs-

12 Empfehlungsschreiben Fritz Stein, 27.3.1940, Archiv der Universität der Künste Berlin 1/4790.

13 Vysloužil, Musikgeschichte, S. 271. Als 1941 die Tschechische Oper in Brünn geschlossen wurde, gelang es, eine Reihe von professionellen Musikern tschechi-

macht verschrieb. Den Posten des Direktors des Olmützer Musikvereins samt Musikschule hatte im Jahre 1919 der Absolvent des Wiener Konservatoriums Josef Heidegger – bis dahin Chorleiter des deutschen Gesangvereins Concordia in Kremsier (Kroměříž) – übernommen. 1924 zum Direktor des Musikvereins in Brünn (Brno) berufen, arbeitete er fortan nur noch zwei Tage in der Woche für den Olmützer Musikverein[14] – aus der Sicht der Regierung des ›Protektorats Böhmen und Mähren‹ ein höchst unbefriedigender Zustand. Dringend wurde daher ein hauptamtlicher Musikdirektor nur für Olmütz gesucht.

Dass Martin Stephanis Bewerbung in die engere Auswahl gezogen wurde, spricht für das Vertrauen in seine politische Linientreue – und angesichts der antitschechischen Ressentiments, die er während der Sudetenkrise entwickelt hatte, wäre er wohl auch der richtige Mann im ›Volkstumskampf‹ gewesen. Im Postskriptum des Briefes an seine Eltern vom 11. Mai 1940 berichtete Stephani, dass er »vom Minist.[erium für Wissenschaft, Erziehung und Volksbildung] ausgewählt worden«[15] sei. Er könne die Stelle zum 1. September 1940 antreten und solle sich am 16. Mai »beim Regierungskommissar vorstellen, um alles vorzubereiten.«[16] Für diese Fahrt habe er »unter großen Schwierigkeiten Urlaub bekommen, weil die Sache ›reichswichtig‹ ist!«[17] An dieser Stelle ließ Stephani auch erkennen, wie verlockend die Aussicht für ihn war, Musikdirektor in Olmütz zu werden:

> »Nach wie vor ist es meine Ansicht, dass diese Sache ideal für mich ist, gerade *weil* sie trostlos schwierig scheint. Außerdem gibt sie mir alle Chancen! Und sie ist es *wert* vor allem, was man nicht sagen könnte, wenn ich mich als ›2.‹ an irgendeiner *Schmiere* emporkrabbeln müsste!«[18]

Die Sorge seines Vaters, er könne den vielfältigen Anforderungen vielleicht nicht gewachsen sein, versuchte Martin Stephani mit markigen Worten zu zerstreuen: »Habe keine Sorge Väterchen: ich habe genug Reserven u. bin es gewohnt, dass dort, wo *ich* hinkomme, Späne fliegen«.[19] Der Brief endet mit einer optimistischen Prognose zum Kriegsverlauf:

scher Nationalität nach Olmütz zu holen. Diese »eigentümliche Art erzwungener Zusammenarbeit zwischen Tschechen und Deutschen« (ebd., S. 268) stellte den Städtischen Musikdirektor vor eine schwere Aufgabe.

14 Ebd., S. 228f.

15 Martin Stephani an seine Eltern, 11.5.1940, Universitätsarchiv Marburg, 312/3/19.

16 Ebd.

17 Ebd.

18 Ebd. (Hervorhebungen im Original).

19 Ebd. (Hervorhebung im Original).

> »Falls ich am 1.9.[1940] noch Soldat sein sollte, was anzunehmen ist, würde ich dann vom Minist.[erium] reklamiert werden können, weil die militärischen Entscheidungen in *Europa* gefallen sein werden!«[20]

Am 10. Juli 1940 meldete sich die Stadtgemeinde Olmütz bei der Hochschule für Musik und teilte mit, man habe endgültig beschlossen, Martin Stephani zum 1. September 1940 »für die deutsche Musikschule einzustellen«.[21] Vergeblich hatte die Gemeinde Olmütz versucht, Stephani unter der angegebenen Adresse – Friedenau, Ringstr. 41 – zu erreichen. Nun bat sie die Hochschule, die Nachricht weiterzugeben. Franz Rühlmann konnte Martin Stephani auch nicht erreichen – dieser war inzwischen zu einer »Marinedurchgangskompanie auf der Insel Wangerooge als infanteristischer Ausbilder (Unteroffizier)«[22] abkommandiert worden – und wandte sich deshalb am 13. Juli 1940 an Hermann Stephani:

> »Soeben habe ich mit der Dienststelle des Reichsprotektors in Prag telefoniert, der dortige Sachbearbeiter, Dr. Hans Reinhold, Prag, Czernin Palais, Reichsprotektor, will den Antrag auf Uk-Stellung auch seinerseits stellen, so dass sowohl der Reichsprotektor als auch der Oberlandrat in Olmütz wirksam werden. Dr. Heinhold [sic] braucht hierzu aber eiligst die Angabe des zuständigen Wehrbezirkskommandos, der Wehrnummer, des jetzigen Truppenteils und Ihr Sohn müsste alle diese Angaben umgehend an Dr. Reinhold [...] geben. Hoffentlich kommt alles in Ordnung, so dass Ihr Sohn die schöne Chance in Olmütz wahrnehmen kann.«[23]

Jedoch konnte Martin Stephani die Stelle in Olmütz nicht zum 1. September 1940 antreten, weil seine u.k.-Stellung nicht gelang. Noch immer saß er als infanteristischer Ausbilder auf der Insel Wangerooge fest.

20 Ebd. (Hervorhebung im Original).

21 Stadtrat der Hauptstadt Olmütz, Der Regierungskommissar, an Staatl. Akad. Hochschule für Musik, z. Hd. Rühlmann, 10.7.1940, Archiv der Universität der Künste Berlin 1/4790.

22 Lebenslauf, undatiert [1947], BArch. Koblenz, Z 42–IV, Nr. 2887. So auch: Martin Stephani an Gustav Scheck, 6.9.1959, LAV NRW, Abteilung Rheinland, NW Pe, Nr. 7475, Auszug PA, Bd. III.

23 Franz Rühlmann an Hermann Stephani, 13.7.1940, Archiv der Universität der Künste Berlin 1/4790. Am selben Tag schrieb Rühlmann auch an den Regierungskommissar in Olmütz: »Hoffentlich gelingt die Unabkömmlichkeitsstellung, zu der ich, wie ich wiederholen möchte, gerne alles Erforderliche beitragen werde.« Franz Rühlmann an Regierungskommissar Olmütz, 13.7.1940, Archiv der Universität der Künste Berlin 1/4790.

»Hart am Abgrund«. Eine weltanschauliche Standortbestimmung im September 1940

Auf Wangerooge sei er, so schrieb Martin Stephani in einem Brief vom 19. September 1940, für »2000 Soldaten als politischer Referent der Wehrmacht«[24] tätig. Dieser lange Brief – die überlieferte Abschrift umfasst 14 Schreibmaschinenseiten – war an Rudolf Beneke und seine Frau Maria, geb. Ahlenstiel, gerichtet, gute Freunde der Familie Stephani. Offenbar hatten Äußerungen Stephanis in einem Brief an seine Eltern im Verwandten- und Freundeskreis für Irritationen gesorgt, so dass er sich (auf besorgte Briefe von Rudolf und Maria Beneke hin) genötigt sah, seine Weltanschauung *in extenso* zu Papier zu bringen.

Stephani räumte ein, dass er seine Gedanken besser »verschwiegenen Tagebuchblättern«[25] hätte anvertrauen sollen. Ein Tagebuch führe er jedoch nicht – »wenn ich auch stoßweise Skizzen u. Pläne für alle möglichen Unternehmungen in meinen ›Gehirnfächern‹ verberge!« –, da er »für einen solchen Luxus« keine Zeit habe und überdies überzeugt sei,

> »dass im augenblicklichen Neubau der Welt das 20. Jahrhundert mehr denn je verpflichtet ist dem Wort: Im Anfang war die *Tat*! Und zwar nicht die triebhaft ihrer Notwendigkeit *un*bewusste Siegfried-Tat, sondern die, in ihrem *weitesten* Sinne gewollte, mit Blut geschriebene Tat, von der Nietzsche verkündet, dass sie Geist sei!«[26]

Es gehe in diesem weltgeschichtlichen Moment, so Stephani, um nicht weniger als die »Neuerschaffung einer Welt, die sich bewusst außerhalb der wesentlichen, resp. charakteristischen Kräfte des 18. u. 19. Jahrhunderts vollzieht.«[27] Scharf grenzte sich Stephani von dem »zur Hohngestalt gewordene Liberalismus [ab], der seine vergifteten Krallen sogar in die Weichen von Kunst und Wissenschaft grub u. der nun heute in England u. Amerika [...] in teuflischen

24 Martin Stephani an »Onkel Rudolf« und »Maria« [Beneke], 19.9.1940, Universitätsarchiv Marburg, 312/3/19. Das vollständige Dokument findet sich im Anhang.

25 Ebd.

26 Ebd. Stephani zitiert hier aus dem ersten Teil des *Faust* von Johann Wolfgang v. Goethe (Kapitel 6): »Im Anfang war die Tat!« Er spielt ferner an auf eine Passage in Friedrich Nietzsches *Also sprach Zarathustra* (Abschnitt »Vom Lesen und Schreiben«): »Von allem Geschriebenen liebe ich nur das, was Einer mit seinem Blute schreibt. Schreibe mit Blut: und du wirst erfahren, dass Blut Geist ist.«

27 Ebd.

Orgien sich selbst überschlägt.«[28] Den Idealen der Französischen Revolution erteilte er eine Absage: »wir träumen heute nicht mehr von ›Freiheit‹ (?), ›Gleichheit‹ (?) u. ›Brüderlichkeit‹ (?)«.[29] Das Zeitalter der Aufklärung habe

> »von der *Binsenwahrheit* aller ›Naturwissenschaft‹ nichts begriffen [...]: dass nämlich ›alle lebendige Entwicklung vom Gleichartigen zum Ungleichartigen, vom Undifferenzierten zum Differenzierten strebt und nicht umgekehrt; dass es daher ein Zeichen *verringerter*‹ – (u. eben *nicht*, wie gepredigt, *Beweis* einer *gesteigerten*!) – ›Lebenskraft u. beginnender Vergreisung war, wenn das Streben des europäischen Geistes u. des von ihm beeinflussten Teiles der Menschheit, vor allem seit dem 18. Jahrhundert, immermehr auf Gleichartigkeit und auf Einebnung möglichst aller Unterschiede der Rassen, Völker u. Individuen ausging ...‹«.[30]

Diese Argumentation gipfelte schließlich in einer Apotheose des Krieges:

> »Und zur erneuten Gültigmachung des genannten Natur-*Ur*gesetzes führen wir, *dürfen* wir Deutschen diesen Krieg führen! Zur *Wieder-ungleich-Machung* u. damit zur ›natürlichen‹ *Sinnabstufung* der Werte! Ob es sich da nun um die Beseitigung einer toten u. damit naturgesetzwidrigen Geldherrschaft handelt, um die dogmatischen Irrtümer angeblich alleinseligmachender Religionslehren [...] oder um die Probleme der politischen – als da sind: Arbeit-, nahrung- u. wohnraumsichernden – Raumaufteilung der Erde, – immer (u. es gibt *nichts*, *garnichts*, was der Korrektur durch dieses Gesetz nicht bedürfte!) sichtbarer trägt unser – sagen wir getrost – *heiliger* Krieg den Adel der ›Notwendigkeit‹ (im Wortsinne!) auf der Stirn!«[31]

Martin Stephanis Brief offenbart ein hoch gespanntes Lebensgefühl, das – mit Verweis auf die Erfahrungen zweier Weltkriege und unter Bezug auf Friedrich Hölderlin (1770–1843) und Friedrich Nietzsche (1844–1900) – ein gefährdetes Leben voller Chaos, Leid, Schmerz und Tod feierte: »Wir wollen es nie mehr fliehen, dies Leid, sondern es aufsuchen und verstehen als den *wahren* Schöpfer alles unbändigen Willens.«[32]

28 Ebd.
29 Ebd.
30 Ebd. (Hervorhebungen im Original). Zitate im Zitat: Hier zitierte Martin Stephani, wie er schrieb, den Philosophen Theodor Haering (1884–1964). Bei der Durchsicht der einschlägigen Veröffentlichungen Haerings konnte die Textpassage nicht gefunden werden. – Vgl. Hantke, Philosoph; Gebhart, Fall.
31 Martin Stephani an »Onkel Rudolf« und »Maria« [Beneke], 19.9.1940, Universitätsarchiv Marburg, 312/3/19 (Hervorhebungen im Original).
32 Ebd. (Hervorhebung im Original).

Die Romantik habe es als erste wieder gewagt,

> »vom angemaßten Kothurn menschlichen Gott-*Gleich*-Wahnsinns – den nur das tragische Missverständnis des prometheischen Gedankens Goethes u. Beethovens gebären konnte! – hinabzusteigen, um die chaotischen Tiefen u. leidvollen Schründe der menschlichen Seele von neuem auszuleben, ohne die kein ›tanzender Stern‹ (Nietzsche) geboren werden kann. Und sie hat uns als ihr *Kostbarstes* wieder wissen lassen, was es heißt, brennende *Sehnsucht* zu haben nach diesem Stern u. der Unendlichkeit seiner Räume; Sehnsucht als Ausdruck der Spannung, die stets dort ist, wo wir ›gefährdet‹ leben u. hart am Abgrund: unter uns das Chaos – über uns der Stern!«[33]

Es gelte, aus »Sehnsucht« und »Gefährdung« wieder »den Willen zum *Maß* zu finden in Gläubigkeit und Ehrfurcht« – dies sei das »heiligste Vermächtnis«[34] des Zeitalters. Die Natur gebäre »ihre Maße [...] im *Schmerz* [...], u. also suchen auch *wir* das Leid, ohne das kein Maß ist!«[35] Hier drückte sich nicht nur Stephanis individuelles Lebensgefühl aus. Er zeigte sich auch zutiefst überzeugt von der höheren Sendung Deutschlands – und davon, dass der nationalsozialistische Staat dabei war, diese Sendung mit Feuer und Schwert zu erfüllen. Unter Verweis auf Hölderlin – »... und unbesiegbar groß, wie aus dem Styx der Götterheld, gehn Völker aus dem Tode, den sie zur rechten Zeit sich selbst bereiten«[36] – beschwor Martin Stephani gleichsam den totalen Krieg als Schöpfer einer neuen Welt.

In diesem Zusammenhang kam Stephani auch auf sein Verständnis von der Rolle der Kunst zu sprechen. Sie sei – hier zitierte er seinen Vater – »das feinste Barometer der Welt« und deshalb imstande,

33 Ebd. (Hervorhebungen im Original). Stephani zitiert hier aus Friedrich Nietzsches *Also sprach Zarathustra* (Zarathustras Vorrede, 5): »Man muss noch Chaos in sich tragen, um einen tanzenden Stern gebären zu können.« Zudem paraphrasiert Stephani in dieser Briefpassage die Vorrede von Erich Wolf zu: ders. (Hg.), Friedrich Hölderlin, S. 12, wenn auch verzerrend. Bei Wolf heißt es nämlich: »Deutschland ist das liebendste der Völker, das heilige Herz. Es hat im neuen Zeitalter die große Sendung, all-liebend gleich den Göttern zu leben und vorbildlich den Völkern der Welt eine heilig-gefährdete Gemeinschaft zu sein, die nahe am Abgrund wohnt.« Stephani hatte diese Hölderlin-Ausgabe wohl sehr intensiv studiert und in sein Weltbild integriert.

34 Ebd. (Hervorhebung im Original).

35 Ebd. (Hervorhebungen im Original).

36 Ebd. Zitat aus Hölderlins *Tod des Empedokles*.

»Antwort auf die Frage nach der Beschaffenheit uns u. unserem germanischen Auftrage gegenwartgemäßer ›Götter‹ zu geben, an alle die, welche in der Welt realer Tatsachen nur furcht- und ekelerregende Larven sehen u., bei deren Anblick verzagend, nicht die prächtigen Falter bemerken, die sich bereits zum Auskriechen anschicken.«[37]

Die Kunst – und insbesondere die Musik – sollte also nach Stephani den tieferen Sinn der »totale[n] Neuschöpfung« der Welt durch den Weltanschauungs-, Lebensraum- und Vernichtungskrieg des nationalsozialistischen Deutschlands zur Anschauung bringen, ihn als heroisches Ringen zur Wiederherstellung einer natürlichen Ordnung im Sinne ewiger Wahrheiten deuten.

Mittelalter und Romantik hätten »die bisher *arteigensten* Offenbarungen deutscher ›Weltanschauung‹ (im Wortsinn)«[38] hervorgebracht. »Menschlicher Wille« habe – so Stephani weiter – »bereits einmal im nordischen Raum ›barbarischer‹ Maß*losigkeit* – (seien wir doch *stolz* auf diesen *Ehrentitel*, den uns unsere Feinde von je gaben!)«[39] ein Maß gesetzt, an dem die heutige Zeit sich messen könne – die Gotik in der Baukunst, das Barock in der Musik. Die moderne Musik betrachtete Stephani allerdings nicht nur als epigonal:

»Dass freilich die moderne Musik zunächst die formale Statik eines Bachschen Barock ins motorisch-intellektuelle, u. die Gefühlsdynamik der Romantik ins kitschig-sentimentale erotisch-dekadenter Schlagercouplets verzerrte, war ›der Tod, den sie sich selbst bereiten‹ musste, um geläutert im Spätwerk eines Hindemith etwa wieder auferstehen zu können.«[40]

Dies ist der erste Hinweis für die Hochschätzung, die Martin Stephani dem Spätwerk Paul Hindemiths entgegenbrachte.

Gegen Ende seines Briefes brachte Martin Stephani sein Lebensgefühl noch einmal mit einem Zitat von Rudolf G. Binding (1867–1938) auf den Punkt, einem Autor, der eine besondere Bedeutung für den jungen Mann hatte: »Wenn ich Binding lese, ist mir stets, als ob einer meine eigensten Gedanken erraten hätte: so persönlich spricht er mich an!«[41] Zum dramatischen Höhepunkt seines Briefes zitierte Martin Stephani also die Schlussverse aus Bindings Gedichtzyklus *Gespräche mit dem Tod*:

37 Ebd.
38 Ebd. (Hervorhebung im Original).
39 Ebd. (Hervorhebungen im Original).
40 Ebd.
41 Ebd.

»Ich will nicht Himmel, will nicht Hölle schauen
von Menschenangst in Menschenkindertagen
geboren zwischen Hoffnung und dem Grauen,
und nichts von einem menscherschaffnen Gott:
Dem Unbekannten sollst du mich vertrauen,
und wenn es schrecklich ist so ist es schön, o Tod.«[42]

»[...] es hätte genauso gut jemanden anderen betreffen können«. Abkommandierung zum OKW und Singleiterlehrgang bei der Leibstandarte Adolf Hitler

Die angestrebte Unabkömmlichkeitsstellung kam nicht zustande – die Wehrmacht gab Martin Stephani nicht frei. Stattdessen wurde er im Spätherbst 1940 »zur Abhaltung von Singleiter-Lehrgängen zum OKW kommandiert«.[43] Über den Fortgang der Dinge gibt ein Brief von Franz Rühlmann an Fritz Stein vom 9. November 1940 Auskunft, der 1948 dem Entnazifizierungsausschuss in Köln in beglaubigter Abschrift vorgelegt wurde:

> »Mein Brief hat in der Hauptsache den Zweck, Sie zu bitten, vielleicht dort an Ort und Stelle zu sondieren, ob nicht in der Angelegenheit der U.K.Stellung Stephanis für Olmütz über das OKW etwas zu erreichen ist. Es rief mich gestern dringend Dr. Reinhold aus Prag an und teilte mir mit, dass der U.K. Antrag des Reichsprotektors abgelehnt worden sei. Es sei nun dadurch eine ziemlich verzweifelte Situation entstanden, denn der Oberlandrat von Olmütz rufe täglich in Prag an und schildere die Lage dort als völlig untragbar. [Josef] Heidegger sei den vorliegenden Aufgaben gegenüber so gut wie hilflos und sei im Begriff, die Karre rettungslos in den Dreck zu fahren. Wenn nicht binnen kurzer Frist Stephani doch noch frei gegeben werden könne, müsse schleunigst ein anderer hinbeordert werden, der die Dinge mit Zielbewusstsein und Energie anpacke. .. [sic] Es bestehe die Gefahr, dass unübersehbarer Schaden für die deutsche Kultur- und Volkstumsarbeit im ganzen Regierungsbezirk Olmütz angerichtet werde. Nach meinem Dafürhalten ist hier wirklich Not am Mann und ich muss sagen, dass diese hochbedeutsame Kulturaufgabe vom OKW doch wohl mindestens ebenso hoch eingeschätzt und respektiert zu werden verdient, wie die Chorarbeit mit der Leibstandarte, zu der Stephani ja gleichsam über Nacht beurlaubt werden konnte. Es kommt hinzu, dass

42 Binding, Gedichte, S. 40.
43 Lebenslauf, undatiert [1947], BArch. Koblenz, Z 42–IV, Nr. 2887.

es mir ehrlich leid tun würde, wenn Stephani die Chance, die mit dem Einsatz in Olmütz verbunden ist, verloren gehen sollte und ein anderer dort zum Zuge käme, der es vielleicht weniger verdient und obendrein vielleicht auch weniger geeignet ist. Könnten Sie mit [Leutnant Ferdinand] Lorenz [Stephanis unmittelbarem Vorgesetzten im OKW, Abt. Inland[44]] und auch mit Stephani selbst noch einmal sprechen, und könnte Lorenz vielleicht Mittel und Wege angeben, wie man zum Ziel gelangen kann? Ich werde auch hier noch bei [Ernst-Lothar] v. Knorr [1896–1973][45] vorstoßen und alle erdenklichen Hebel ansetzen. Reinhold hat mich um äußerste Beschleunigung und baldigen telefonischen Bescheid gebeten. Die Sache drängt offenbar ganz abscheulich!«[46]

Aus diesem Brief geht bereits hervor, dass das Oberkommando der Wehrmacht Martin Stephani Anfang November 1940 »zwecks Aufstellung eines Chores zur Leibstandarte [Adolf Hitler der Waffen-SS] nach Metz«[47] abgestellt hatte. Ende Dezember 1940, so berichtet Martin Stephani im Jahre 1947, sei er zum OKW »zurückbefohlen« worden und habe dort bis zum Mai 1941 »als musikalischer Lehrgangsleiter«[48] gearbeitet. Auch in seiner Aussage vor dem öffentlichen Ankläger beim Spruchgericht Bielefeld am 3. Juli 1947 gab Martin Stephani an, er sei »schon während meiner Zugehörigkeit zur Wehrmacht [...] für etwa 7 Wochen auf Bitten der ›Leibstandarte‹ von der Wehrmacht zur Waffen-SS abgestellt« worden: »Ich hatte dort Chöre zu schulen.«[49] In seinem für den Entnazifizierungsausschuss in Köln verfassten Lebenslauf vom 17. Juni 1948 fasst Martin Stephani diesen Abschnitt seines Lebens noch einmal zusammen: »Von einem Fronttruppenteil auf Wangerooge wurde ich im

44 Fragebogen des Military Government of Germany, 8.11.1948, LAV NRW, Abteilung Rheinland, NW 1049 Ne 30266, Auszug PA, Bd. II–IV.

45 Der Musikpädagoge und Komponist Ernst-Lothar von Knorr gehörte von 1925 bis 1937 der Leitung der Städtischen Volksmusikschule Berlin-Süd in Neukölln an, 1937 wurde er Lehrer an der Hochschule für Musik in Berlin, ehe er im September 1941 zum stellvertretenden Direktor der Musikhochschule Frankfurt am Main und zum Leiter der dortigen Militärmusikschule berufen wurde. Von 1937 bis Ende August 1941 fungierte von Knorr als Musikreferent im Oberkommando des Heeres und konnte als solcher eine u.k.-Liste mit 360 Namen in unmittelbarer Nähe Hitlers lancieren. Vgl. Prieberg, Handbuch, S. 3784–3809.

46 Franz Rühlmann an Fritz Stein, 9. November 1940, polizeilich beglaubigte auszugsweise Abschrift, LAV NRW, Abteilung Rheinland, NW 1049 Ne 30266, Auszug PA, Bd. II–IV.

47 Lebenslauf, undatiert [1947], BArch. Koblenz, Z 42–IV, Nr. 2887.

48 Ebd.

49 Aussage vom 3. Juli 1947, BArch. Koblenz, Z 42–IV, Nr. 2887.

Nov. 1940 auf Befehl des OKW zurückgezogen u. als ›Lehrgangsleiter‹ für die ›Singleiterlehrgänge des OKW‹ eingesetzt, deren erster mich in Metz bei der Leibstandarte erwartete.«[50] Danach habe er, so Stephani, weitere »Lehrgänge von Januar bis April 1941 bei Heeres- und Luftwaffeneinheiten in Frankreich u. im Reichsgebiet«[51] durchgeführt.

Ein letztes Mal kam Martin Stephani in seinem Brief an Gustav Scheck vom 6. September 1959 auf seinen Einsatz bei der Leibstandarte Adolf Hitler im November/Dezember 1940 zu sprechen:

> »Ohne meinen Willen oder mein Zutun wurde ich im November 1940 von einem infanteristischen Kommando bei der Marine auf der Insel Wangerooge zum OKW nach Berlin abkommandiert, um von dort mit anderen jüngeren Kapellmeistern und Chorleitern als sogen. ›*Singeleiter*‹ in 14-tägigem Turnus reihum von Truppe zu Truppe entsandt zu werden.[...]
> Rein zufällig – es hätte genauso gut jemanden anderen betreffen können – erfolgte mein erster derartiger Auftrag bei der Waffen-SS, der damals in Metz liegenden sogen. ›Leibstandarte‹, nach dessen Erfüllung ich zahlreiche weitere solcher ›Singeleiter-Lehrgänge‹ auch bei anderen Truppenteilen der Wehrmacht befehlsgemäß absolvierte.«[52]

Stephani betont an dieser Stelle das Moment des Zufalls. Doch ist nicht davon auszugehen, dass ihn sein erster Einsatz als »Singeleiter« zufällig zur Leibstandarte Adolf Hitler nach Metz führte. Die genauen Umstände der Beurlaubung Stephanis zur Leibstandarte Adolf Hitler im November/Dezember 1940 gehen zwar aus den Primärquellen nicht hervor. Doch kann die Darstellung Fritz Steins in einem ›Persilschein‹ für Martin Stephani aus dem Jahre 1948 ein hohes Maß an Plausibilität für sich beanspruchen. Er sei, so Stein, als Direktor der Staatlichen Hochschule für Musik in Berlin von Kriegsbeginn an bestrebt gewesen, die »besonders begabten Studierenden möglichst lange zurückstellen«[53] oder von der Front zu einem der auf seinen Vorschlag hin eingerichteten Chorleiterlehrgänge versetzen zu lassen und somit »einer ›friedlichen‹ Verwendung«[54] zuzuführen. So auch im Falle Martin Stephanis:

50 Lebenslauf, 17.6.1948, Anlage zu: Stephani an Denazifizierungsausschuss Köln, 17.6.1948, LAV NRW, Abteilung Rheinland, NW 1049 Ne 30266, Auszug PA, Bd. II–IV.

51 Ebd.

52 Martin Stephani an Gustav Scheck, 6.9.1959, LAV NRW, Abteilung Rheinland, NW Pe, Nr. 7475, Auszug PA, Bd. III (Hervorhebung im Original).

53 Erklärung Fritz Stein, 5.1.1948, LAV NRW, Abteilung Rheinland, NW 1049 Ne 30266, PA Bd. II–IV.

54 Ebd.

> »Das Schicksal des hochbegabten Hochschulabsolventen Martin Stephani, mit dessen Vater ich seit Jahrzehnten freundschaftlich verbunden bin, lag mir besonders am Herzen, da ich diesen ausgezeichneten, auch geistig und charakterlich wertvollen Musiker für eine der großen Hoffnungen unseres Dirigentennachwuchses hielt und bestimmte Pläne für seine spätere Laufbahn hatte.«[55]

Dann gab Fritz Stein eine Erklärung dafür, wie Stephani zur Leibstandarte Adolf Hitler gekommen sei:

> »Im Jahre 1938 war ich [Stein] in meiner Eigenschaft als Hochschuldirektor und Leiter des ›Amtes für Chorwesen und Volksmusik‹ (innerhalb der Reichsmusikkammer) dienstlich aufgefordert worden, mit Männern aus der Leibstandarte Adolf Hitler einen Chor zur Pflege des Volksliedes ins Leben zu rufen, der nach nur einmaligem Auftreten in kleinstem Kreise[56] bei Kriegsausbruch seine Probenarbeit einstellen musste.[57] Im Herbst 1940, als die Leibstandarte einige Monate in Metz in Ruhe lag, bat mich der Kommandeur Sepp Dietrich, wieder mit dem Chor zu arbeiten, und es gelang mir, für Stephani von seiner militärischen Dienststelle einen Urlaub zu erwirken und ihn wenigstens für eine Weile vor dem Fronteinsatz zu sichern, damit er mir bei den Proben assistieren könnte. Dies tat er mit solchem Erfolg, dass ich ihm nach 14tägiger Zusammenarbeit in Metz die selbstständige Leitung des Chores überlassen und mich zu meiner Hochschularbeit zurückziehen konnte.«[58]

Folgt man dieser Darstellung, so war es Fritz Stein, der die Abordnung Martin Stephanis von seinem Truppenteil erwirkte, um seinen Musterschüler vor einem möglichen Fronteinsatz zu bewahren. Der Einsatz bei der Leibstandarte war demnach als eine vorübergehende Beurlaubung von der Wehrmacht, nicht aber als eine dauernde Abkommandierung zur Waffen-SS gedacht. Diese

55 Ebd.

56 Was Stein an dieser Stelle verschweigt: Bei diesem einmaligen Auftritt »in kleinstem Kreise« handelte es sich um ein Geburtstagsständchen für Adolf Hitler am Abend des 19. April 1939. Prieberg, Handbuch, S. 6824; Custodis, Bürokratie, S. 232.

57 Eta Harich-Schneider schreibt in ihren Lebenserinnerungen: »Stein hatte einen heißen Draht zu einem hohen Parteifunktionär und drohte gern, davon Gebrauch zu machen: ›Ich brauch' doch nur den Sepp Dietrich anzurufen!‹« Harich-Schneider, Charaktere, S. 123.

58 Erklärung Fritz Stein, 5.1.1948, LAV NRW, Abteilung Rheinland, NW 1049 Ne 30266, PA Bd. II–IV.

Darstellung ist insofern stimmig, als zu dieser Zeit hinter den Kulissen noch Verhandlungen um eine u.k.-Stellung Stephanis zwischen Stein, dessen Stellvertreter Franz Rühlmann und dem Vorgesetzten Stephanis im OKW, Leutnant Ferdinand Lorenz, liefen, um Stephani doch noch für die Stelle in Olmütz frei zu bekommen.

8. Versetzung zur Leibstandarte Adolf Hitler der Waffen-SS, Januar bis Mai 1941

»OKW, Leibstandarte u. Prag zanken sich weiter um mich«. In der Schwebe

Bei der Leibstandarte Adolf Hitler sorgte Martin Stephani – wie er in einem Brief an seine Eltern stolz berichtete – für »Furore«.[1] Am zweiten Weihnachtsfeiertag, dem 26. Dezember 1940, trat er mit dem von ihm aufgebauten Chor der Leibstandarte vor Adolf Hitler persönlich auf. Er sei, so betonte Stephani, »der einzige von den rund 1000 jetzt eingesetzten Wehrmacht-Chorleitern, der vor dem Führer dirigierte! Eine Tatsache, welche die Standarte stark propagandistisch auswertet!«[2] Die Folgen dieses Auftritts schilderte Fritz Stein in seinem ›Persilschein‹ aus dem Jahre 1948 so:

> »Das Weitere ergab sich dann zwangsläufig: Die Konzerte des Chores unter Stephani erregten in Metz Aufsehen; Sepp Dietrich, bei aller geistigen Primitivität ein warmer Freund des Volksgesanges, war stolz auf ›seinen Chor‹ und ließ Stephani nicht mehr los. Er stellte wiederholt beim OKW den Antrag, die Beurlaubung Stephani's in eine Abkommandierung zur Waffen-SS umzuwandeln. Als sich das OKW 4 Monate lang dagegen gesträubt hatte, hat Sepp Dietrich dann im Mai 41 die Versetzung Stephanis zur Waffen-SS kurzerhand auf dem Wege eines Führerbefehls durchgesetzt.«[3]

Tatsächlich beantragte der Kommandeur der Leibstandarte, SS-Obergruppenführer Sepp Dietrich, die Versetzung Stephanis zur Leibstandarte Adolf Hitler der Waffen-SS, die schließlich am 4. Mai 1941 erfolgte.[4] Das Narrativ von

1 Martin Stephani an seine Eltern. 21.1.1941, Universitätsarchiv Marburg, 312/3/19.
2 Ebd.
3 Erklärung Fritz Stein, 5.1.1948, LAV NRW, Abteilung Rheinland, NW 1049 Ne 30266, PA Bd. II–IV.
4 In seinem Lebenslauf vom Dezember 1944 schreibt Martin Stephani dazu, dies sei »auf Befehl von SS-Oberstgruppenführer [Sepp] Dietrich« geschehen. Lebenslauf, Beilage zu: Antrag an das Rasse- und Siedlungshauptamt der SS

einem ›Führerbefehl‹, also einer persönlichen Weisung Adolf Hitlers an der normalen Kommandostruktur vorbei, entstand erst im Zuge der Entnazifizierung Martin Stephanis nach 1945 – dazu später mehr.

Die Briefe Martin Stephanis an seine Eltern aus der Zeit von Januar bis Mai 1941 geben näheren Aufschluss über die Umstände, die schließlich zu seiner Versetzung zur Waffen-SS führten. Als Stephani am 3. Januar 1941 nach einem kurzen Heimaturlaub nach Metz zurückkehrte, musste er, wie er seinen Eltern schrieb, schon einiges Verhandlungsgeschick aufbieten, um »die Macht des OKW gegen die der LSSAH [Leibstandarte SS Adolf Hitler] auszuspielen (Diplomatisches Kunststück!!!)«[5] und einen Marschbefehl zu erhalten.

Stephani reiste von Metz aus wieder zum OKW nach Berlin. Allerdings entstand nun eine komplizierte Konstellation. Am 17. Januar 1941 berichtete Stephani seinen Eltern darüber:

> »OKW, Leibstandarte u. Prag zanken sich weiter um mich u. einer intrigiert gegen den andern. Sepp Dietrich will zum Führer gehen, wenn er mich nicht sofort wiederbekäme! Dieses Vorhaben spielt das OKW gegen mich aus: es sagt, die Haltung der Standarte sei der einzige Stein auf dem Wege nach Olmütz, für das ein Arbeitsurlaub längst genehmigt ist. [...] allerdings *denken* sie nicht daran, mich der Leibstandarte ganz zu überlassen: sie sinnen auf Wege, auch diese mit irgendwelchen Paragraphen übers Ohr zu hauen, damit ich ständig zur Verfügung des OKW bleibe!

auf Übersendung der Vordrucke zu einem Verlobungs- und Heiratsgesuch, 8.12.1944, BArch. Berlin, R 9361/III, 202641.

5 Martin Stephani an seine Eltern, 3.1.1941, Universitätsarchiv Marburg, 312/3/19. Auf der Rückfahrt von Metz nach Berlin verunglückte der Zug. Martin Stephani berichtete darüber an seine Eltern: »Ich ›fraß‹ meine 5 Mandarinen im Zuge (ohne das Gefühl allerdings einer wesentlichen Verkleinerung des riesigen Magenlochs) u. stellte mir gerade ein Gericht Bratkartoffeln mit obligaten Spiegeleiern in wehmütiger Erinnerung an die Fleischtöpfe des Rotenbergs zusammen – als ein furchtbarer Stoß unter Splittern u. Krachen mich an die gegenüberliegende Abteilwand warf u. die Kanten mehrerer Koffer sich in unangenehmer Weise mit meinem Rücken familiär machten: wir waren kurz vor Völklingen auf einen haltenden D-Zug aufgefahren! Die Folge: eine völlig zertrümmerte Maschine u. 3 ebensolche Wagen (rund zwanzig Verletzte). Ich hatte mal wieder – in einem hinteren Wagen sitzend – mein sprichwörtliches Glück u. trug nur eine leichte Armschürfung u. das Gefühl zerschmetterter Rückenknochen davon. (Also keine Angst, wenn in der Zeitung eine vielleicht etwas aufgemachte Schilderung zu lesen ist!) Von Berlin aus, das ich nun nicht mehr *vor* 36 Stunden zu erreichen hoffen kann – sehr unangenehm, wenn ich dadurch Lorenz verfehle!! – weitere, möglichst *mündliche* Nachrichten.« Hervorhebungen im Original.

> Widerlicher Kuhhandel!! Prag ist wütend, will sich nichts gefallen lassen u. gedenkt aus *meinem* einen Präzedenzfall zu machen – *auch* möglichst in der Reichskanzlei.«[6]

Vollends verworren wurde die Situation, als Martin Stephani wenige Tage später vom Heer zur Marine versetzt und der 4. Schiffs-Stamm-Abteilung in Wilhelmshaven zugeteilt wurde. Er erhalte, so schrieb er am 21. Januar 1941 an seine Familie, täglich neue Marschbefehle, die sogleich widerrufen würden. So bleibe ihm nichts übrig, als auf gepackten Koffern zu sitzen und zu warten. Anschaulich beschrieb Stephani seine prekäre Situation:

> »Ich habe zwar den Ruhm, mich von allen Seiten begehrt zu sehen – aber falle natürlich (als, militärisch gesehen, kleiner Unteroffizier) von einer prekären Situation in die andere.
> Mein Gepäck bei Vogelsangs[7] stand ständig an der Tür, da jeden Augenblick ein anderer Anruf Alarmzustände schuf: ›Sie müssen morgen sofort zur Leibstandarte zurück – besorgen Sie sich sofort Fahrscheine!‹ Nachmittags dann: ›Nein – fahren Sie noch heute Abend nach Olmütz; denn sind Sie erst mal dort, kann man weiter sehen!‹ Ich stürze los, verabschiede mich von Helga: Telefon! ›Nein – es geht doch noch nicht, da eben die Bestimmung herausgekommen ist, dass alle freiwerdenden Chorleiter, die das OKW aus der Truppe entnommen hat, sofort wieder dieser zurückzuschicken sind, Sie also nicht zu civilen Zwecken beurlaubt werden können. Fahren Sie also morgen erst mal nach Nancy!‹
> So ging es nicht ein- od. zweimal, sondern Tag um Tag! Dabei habe ich weder Marken, Verpflegungsgeld, Wehrsold u. dergl. u. kann nirgends dergleichen bekommen, weil ich keine militärisch-brauchbaren Unterlagen habe: alle Zahlmeistereien raufen sich die Haare über mich – denn keiner hat eine Bestimmung für ein Kuriosum wie mich, das von einem Truppenteil arbeitsbeurlaubt worden ist, der selbst mich nur als Kommandierten führt, mich dem OKW zur Verfügung gestellt, zu gleicher Zeit aber an einen anderen Marinetruppenteil versetzen musste, der seinerseits aber auch nicht über mich verfügen kann, ja mich noch nicht einmal kennt! So gut wie keine Wäsche zum Wechseln, keine Waschmöglichkeit, ständig aber bei höheren militärischen Stellen antichambrierend!«[8]

6 Martin Stephani an seine Eltern. 17.1.1941, Universitätsarchiv Marburg, 312/3/19 (Hervorhebungen im Original).

7 Stephani wohnte in der Kriegszeit zur Untermiete bei Familie Vogelsang. Vgl. unten S. 218f.

8 Martin Stephani an seine Eltern. 21.1.1941, Universitätsarchiv Marburg,

Zu diesem Zeitpunkt hatte die Stelle als Musikdirektor der Stadt Olmütz noch immer höchste Priorität für Martin Stephani. Allerdings sah er auch die Möglichkeiten, die sich ihm bei der Leibstandarte boten: »Dabei *könnte* ev.[entuell] mein Zurückkehren zur LSSAH [Leibstandarte SS Adolf Hitler] von unabsehbarer Bedeutung beruflich für mich werden – *könnte*! Jeder sagt mir, es sei ev. eine unwiederbringliche Chance für mein ganzes Leben damit verbunden.«[9] Stephani argwöhnte, dass sein unmittelbarer Vorgesetzter im OKW, Leutnant Ferdinand Lorenz, mit einer »undurchsichtigen Schaukelpolitik«[10] versuchte, ihn in seiner Abteilung zu halten.

Einstweilen war Stephani im Auftrag des OKW in Frankreich unterwegs, so etwa in Nancy, Dinan, Dinard, Rouen, Bordeaux, Méréville und Paris, dann wieder in Berlin, um Konzerte vor der Generalität zu geben,[11] ›Lehrvorfüh-

312/3/19. Sogar Großadmiral Erich Raeder (1876–1960) solle jetzt noch »eingespannt« werden, um die Abstellung für Olmütz durchzusetzen. Am 31. Mai 1941 schrieb Stephani an seine Eltern, dass es nun auf das Plazet des 2. Admirals der Nordsee ankomme: »*Sollte* er, als desinteressiert, *ablehnen*, besteht eine letzte, aber sehr bedeutsame Möglichkeit durch direktes Eingreifen Raeders.« Martin Stephani an seine Eltern, 31.1.1941, Universitätsarchiv Marburg, 312/3/19 (Hervorhebungen im Original). In einem weiteren Brief an die Eltern vom 21. Februar 1941 heißt es: »Olmütz kann als gesichert angesehen werden: es wäre schon, wenn nicht beim letzten Luftangriff auf W'haven meine sämtlichen militärischen Papiere (einschließlich derer der U.K.-Stellung) verbrannt wären. (!) Jedenfalls ist der Großadmiral bereits in die Sache eingespannt.« Martin Stephani an seine Eltern, 21.2.1941, Universitätsarchiv Marburg, 312/3/19.

9 Martin Stephani an seine Eltern. 21.1.1941, Universitätsarchiv Marburg, 312/3/19 (Hervorhebungen im Original). Am 31. Januar 1941 schrieb Stephani an seine Eltern: »Außerdem muss ich natürlich, vielmehr *müsste* ich mal ausgiebig mich mit [Fritz] Stein über die LSSAH [Leibstandarte SS Adolf Hitler]-Sache unterhalten, gerade jetzt, wo es *besonders* darauf ankommt, über alles genauestens orientiert zu sein, um in dem hohen diplomatischen Spiel auf keine falsche Figur zu setzen.« Martin Stephani an seine Eltern, 31.1.1941, Universitätsarchiv Marburg, 312/3/19 (Hervorhebungen im Original).

10 Martin Stephani an seine Eltern. 21.1.1941, Universitätsarchiv Marburg, 312/3/19.

11 In einem Brief an die Eltern vom 12. Februar 1941 berichtete Stephani von einer »Großveranstaltung« im Hauptquartier der 6. Armee in Dinard in der Bretagne vor Generalfeldmarschall Walter v. Reichenau (1882–1942). Martin Stephani an seine Eltern, 12.2.1941, Universitätsarchiv Marburg, 312/3/19. In einem weiteren Brief vom 11. März 1941 heißt es: »Nach sehr anstrengender Arbeit im OKW, auf dem ich täglich von früh bis spät zu arbeiten hatte [...], wurde ich ganz plötzlich wieder nach Paris beordert (von wo Helga heute abend wieder abfährt: ich komme eine halbe Stunde vor ihrem Zug nach Berlin dort an!) Es handelt sich um etliche Großveranstaltungen wieder vor den Generalfeldmar-

rungen‹ zu veranstalten und Lehrgänge durchzuführen. Als Stephanis Abordnung zum OKW am 30. März 1941 auslief, hatte die Marine seine Rückversetzung zum Heer angeordnet, von wo aus er dann zur Leibstandarte Adolf Hitler abkommandiert werden sollte. Am 4. April meldete er sich aus Schwerin, wo er einen Singleiter-Lehrgang der Luftwaffe abhielt, bei seinen Eltern. Dabei machte er aus seiner Ratlosigkeit kein Hehl:

> »Da meine Kommandierung zum OKW mit dem 30. [März] ablief, hätte ich, nach den neuesten Bestimmungen, als Ausbilder des Jahrganges 1915 zur Truppe zurückkehren müssen – es fragte sich nur, zu welcher: W'haven hatte mich versetzt, zur Leibstandarte darf ich nicht in Marsch gesetzt werden, weil bislang immer noch kein schriftlicher Versetzungsbefehl vorliegt, nach Olmütz kann ich nicht, weil ich zur Leibstandarte versetzt bin! Zum Irrsinnigwerden! OKW ist außer sich, Marine außer sich, Olmütz außer sich, Protektor außer sich, Stein u. Rühlmann außer sich, Ministerium außer sich – nur ich bin fast abgestumpft nach diesem wilden Jahr! Also schwebe ich im Augenblick mit einem irren Lächeln um die Lippen völlig in der Luft, ohne dass ein Truppenteil mich an sich reißen könnte. Mein General sagt – sowas hätte er in seiner langen Laufbahn noch nicht erlebt!«[12]

Für die verworrene Lage machte Martin Stephani vor allem seinen unmittelbaren Dienstvorgesetzten, Leutnant Ferdinand Lorenz, verantwortlich, dem er nicht nur die Veruntreuung von Geldern, sondern auch die Unterschlagung seines Versetzungsbefehls vorwarf: »Ich persönlich setze dies alles auf Rechnung des Satans Lorenz u. glaube, dass er dies Durcheinander *planmäßig* angelegt hat, das, wenn es von ihm stammt, eines Wurm in ›Kabale u. Liebe‹ nicht unebenbürtig ist!«[13] Stephani bezichtigte Lorenz der »Hochstapelei«:[14] Er habe die Leistungen Stephanis und der anderen Lehrgangsleiter an höherer Stelle als seine eigenen ausgegeben. Deshalb sei es am 30. März 1941 zum »offenen Bruch«[15] zwischen Lorenz und den ihn unterstellten Militärmusikern gekom-

schällen [Wilhelm] Keitel [1882–1946; Chef des OKW] und [unleserlich], die von besonderer Wichtigkeit sind. Vermutlich bin ich aber am 19. schon wieder in Bln. [Berlin], da an diesem Tag sämtliche Chefs der Stäbe unser Publikum sein werden (im großen Saal der Hochschule).« Martin Stephani an seine Eltern, 11.3.1941, Universitätsarchiv Marburg, 312/3/19.

12 Martin Stephani an seine Mutter, 4.4.1941, Universitätsarchiv Marburg, 312/3/19.

13 Ebd. (Hervorhebung im Original).

14 Ebd.

15 Ebd.

men. Stephani gab an, er habe in diesem Konflikt als »Vermittler«[16] fungiert. Einmal mehr hatte er jedoch ein doppeltes Spiel getrieben, denn gleichzeitig hatte er, wie er den Eltern gegenüber freimütig einräumte, seinen Vorgesetzten – nur der »großen Sache«[17] wegen, wie er ausdrücklich hervorhob – denunziert und ihm, wie er großspurig hinzufügte, gerade damit vielleicht sogar den Hals gerettet:

> »Deshalb habe ich mit aller Kraft einen militärischen Skandal großen Stiles (bei welchem er [Lorenz] sogar als Offizier noch hätte gehenkt werden müssen!) verhindert, um die Sache zu retten. Dadurch, dass ich [Fritz] Stein u. durch ihn eine Reihe wichtiger höherer Offiziere auf das *fachliche* Unvermögen Lorenz' aufmerksam machte u. ihnen allmählich die Augen öffnete über die *wahren* Leistungen der Lehrgangsleiter, die bisher voller Bewunderung dem Scharlatan Lorenz gut geschrieben wurden – dadurch beginne ich ihn langsam aber sicher in seiner angemaßten Stellung zu unterhöhlen. *Seine* Stellung würde *ich* wahrscheinlich angetragen bekommen, wenn bei mir nicht inzwischen der absolute Höhepunkt aller denkbaren militärischen Konfusionen erreicht u. damit das Verfügungsrecht über meine Person jeder militärischen Dienststelle praktisch abgesprochen worden wäre.«[18]

Eine ›Führernatur‹ auf der Suche nach einer Aufgabe

Während seines Aufenthalts in Schwerin schrieb Martin Stephani einen weiteren Brief an seine Eltern, in dem er mit kräftigen Strichen von sich das Bild einer einsamen ›Führernatur‹ zeichnet, die sich im Vollgefühl ihrer hohen Verantwortung unter Verzicht auf die kleinen Freuden des Lebens für andere aufopfert, sorgsam darauf bedacht, ihr empfindsames Seelenleben in der militärischen Umgebung zu verbergen:

> »Ich würde gern mehr u. ausführlicher schreiben, wenn ich nicht andauernd von einer Hasterei in die andere gerissen würde; dazu die ungeheure Verantwortung all den vielen Menschen gegenüber, die einem immer wieder anvertraut werden u. in die man Keime legt, von denen man nicht im entferntesten ahnen kann, wie sie aufgehen werden. Erschütternd ist immer wieder die Erfahrung, dass 99,9 % aller Menschen doch eigentlich im Grunde völlig unsicher sind im Denken wie im Handeln und deshalb

16 Ebd.
17 Ebd.
18 Ebd. (Hervorhebungen im Original).

unselbständig. Sie lassen sich ziehen u. wollen gezogen sein – ganz gleich, welchen Alters – und wehe ihnen, wenn sie sich selbst überlassen bleiben; der einzige Halt[,] den sie besitzen[,] ist ein dürrer Strauch überkommener Gewohnheiten. Wenn man es fertig bringt, ihnen neuen Geist einzuhauchen[,] u. ihnen eine Betätigung in diesem Geist zur Gewohnheit werden lässt – dann ist das schon sehr viel. Jedenfalls muss ich es geradezu als ein Verbrechen bezeichnen, wenn die, die als Anreger u. Führer der wesentlichen Dinge zu den 0,1 % gehören, all die Millionen Schaafe [sic] u. Lämmer [hochmütig[19]] ins Wasser rennen lassen, weil es eben doch nur Schaafe seien!
Seltsam freilich, dass man mit 25 Jahren schon Führer u. im wahren Sinne Seelsorger sein muss – noch seltsamer, dass dieser unter all den Menschen fast immer Jüngste wie selbstverständlich als Führer ausgesucht u. anerkannt wird (selbst von den Kameraden der Lehrgangsleitung).
Da das aber in Schul-, Hochschul- u. Militärzeit gleichermaßen eigentlich der Fall war, merkt man vor den Anforderungen, die das Leben selbst dann noch stellt[,] wenn andere Menschen schlafen, dass man bisher doch kaum zum Genusse dieses Lebens gekommen ist (ich meine nicht den Genuss, der in der Auszeichnung des überhaupt ›angefordertwerdens‹ besteht.)
Denn man hat auf allen Stufen zu schnell weiter gemusst; und das Glücksgefühl, dass man überhaupt lebt, einfach lebt, und um das zu kosten man einfach etwas Zeit braucht und Wärme, empfand man immer seltener. Und sehr klammert man sich an die Male, wo es da war: wenn Väterchen spielte am Heiligen Abend, überhaupt Weihnachten zuhause, Sommer [19]39 in Norderney ganz allein und einige Tage mit Helga [Schon] in Boot und Sonne. Und jetzt wacht man täglich morgens auf u. fährt erschreckt hoch mit einem schmerzlichen Gefühl, dass wieder ein Tag vorbei sei u. mit ihm etwas unersetzlich Kostbares unwiederbringlich verloren. […] Jedenfalls kann man nichts dagegen tun, dass man einsamer wird; man ist eben einfach schon jetzt zu weit entfernt von dem, was andere Menschen tun und denken u. die Male sind selten, wo man solche gleichen Sinnes trifft. Zudem kommt, dass man eben ewig ›das Büble‹ bleiben wird mit seinen Ansichten von Eltern, Frauen, Schönheit, Reinheit u. Musik u. noch ›ein Büble‹ hab ich bisher noch nicht getroffen. So muss man es also fein säuberlich verstecken, dass man es in dem schnauzenden Unteroffizier und dem fanatischen Volkserzieher nicht gewahr wird, es missdeutet u. verletzt, denn es soll in allem ständige Kraftquelle bleiben.«[20]

19 Unsichere Lesart.
20 Martin Stephani an seine Eltern, 30.4.1941, Universitätsarchiv Marburg, 312/3/19.

Wenige Tage später klärte sich die verworrene Situation, die durch die verschiedenen Versetzungen und Abkommandierungen Martin Stephanis entstanden war. Zum 4. Mai 1941 wurde er – nach dem Abschluss des Singleiter-Lehrgangs der Luftwaffe – zum Ersatzbataillon der Leibstandarte Adolf Hitler abkommandiert, das zu dieser Zeit in der Kaserne in Berlin-Lichterfelde stationiert war.[21]

Dieser im März 1933 unter der Bezeichnung ›Stabswache Berlin‹ gegründete paramilitärische Verband war auf dem Reichsparteitag im September 1933 in ›Leibstandarte SS Adolf Hitler‹ umbenannt worden. Um Mitternacht am 9. November 1933 wurden die Angehörigen der Leibstandarte vor der Münchner Feldherrnhalle auf die Person des ›Führers‹ vereidigt, seitdem bildeten sie Hitlers »Prätorianergarde«.[22] Als Organ »unmittelbarer Führergewalt«[23] führte die Leibstandarte Adolf Hitler ein Eigenleben innerhalb der SS und entzog sich selbst der Befehlsgewalt des Reichsführers-SS. Ihre Loyalität gegenüber dem ›Führer‹ bewies die Leibstandarte in der ›Nacht der langen Messer‹ am 30. Juni 1934, als ihr eine »Schlüsselrolle«[24] bei der Liquidierung der SA-Führung zufiel. 1938 wurde die Leibstandarte zu einem stehenden militärischen Verband umgeformt und mit den ›politischen Bereitschaften‹ zur ›SS-Verfügungstruppe‹ zusammengefasst.[25] Schon beim Angriff auf Polen gingen verschiedene Kriegsverbrechen auf das Konto der Leibstandarte. Wegen eines Massakers

21 »Es kam gestern Abend nun also die *endgültige* Versetzung zur LSSAH [Leibstandarte SS Adolf Hitler] bis hierher durch, und zwar schriftlich seltsamerweise aus Wangerooge, das sich bei Schons (!!) nach meiner augenblicklichen Adresse erkundigt hatte! Nach diesem Schreiben erhalte ich Befehl, mich sofort beim IV. / LSSAH (das IV. Bataillon liegt in Bln.) zu melden. Meine hiesige Dienststelle nun ist *nicht* gesonnen, mich *vor* Beendigung dieses 3. Lehrganges hier wieder abzugeben. Ich habe offenbar mit der Abschlussveranstaltung des 2. Lehrganges solchen Eindruck gemacht (auch bei Partei- und Pressestellen), dass sie mich auch an dieser Stelle am liebsten für *sich* behalten würden. Jedenfalls geht heute ein entsprechendes Schreiben ans IV. Btl. ab; d.h. ich würde spätestens am 4. Mai mich in Berlin melden. Geht freilich die Standarte nicht darauf ein – es geht ja auch noch viel Zeit wegen des langen Anmarschweges nach dem Süden verloren! – könnte ich doch noch *vor* diesem Datum abberufen werden. – Ihr seht: *Nerven* braucht man in diesen Angelegenheiten – manchmal ist's wirklich fast zuviel!« Martin Stephani an seine Eltern, 25.4.1941, Universitätsarchiv Marburg, 312/3/19 (Hervorhebungen im Original).

22 Hein, SS, S. 77.

23 Clark, Sepp Dietrich, S. 121.

24 Ebd., S. 122.

25 Westemeier, Himmlers Krieger, S. 35–39, S. 75–91. Zum »Bildungsprogramm« in der Leibstandarte: Harten, Himmlers Lehrer, S. 192–201. Vgl. allgemein: Wegner, Hitlers Politische Soldaten; Rohrkamp, »Kämpfer«.

an etwa fünfzig jüdischen Zivilgefangenen wurde der SS-Hauptsturmführer, Leibstandarten-Obermusikmeister und Musik-Inspizient der SS-Verfügungstruppe Hermann Müller-John (1894–1945) sogar von der Wehrmacht in Haft genommen – er sollte sich vor einem Kriegsgericht verantworten, musste aber nach Fürsprache Sepp Dietrichs auf Befehl Hitlers wieder freigelassen werden.[26] Während des Frankreichfeldzugs kam es zu weiteren Exzesstaten der Leibstandarte: So wurden beim Massaker von Wormhoudt am 28. Mai 1940 zwischen achtzig und hundert britische und französische Kriegsgefangene von Angehörigen der Leibstandarte ermordet.[27] Zahlreiche weitere Massaker in Frankreich, Italien und Russland sollten noch folgen. Der Ruf einer besonders harten, brutalen und skrupellosen Truppe des ›Weltanschauungskrieges‹ eilte der Leibstandarte SS Adolf Hitler voraus – es wäre verwunderlich, wenn Martin Stephani dies bei seiner Abkommandierung nicht bekannt gewesen wäre.

Mit dem Wechsel zur Waffen-SS trat Stephani der SS bei (Mitglieds-Nr. 434516).[28] Am 9. November 1942 wurde er zum Untersturmführer, genau ein Jahr später, am 9. November 1943, zum Obersturmführer befördert.[29] In seiner ersten Vernehmung durch den öffentlichen Ankläger beim Spruchgericht Bielefeld am 3. Juli 1947 hob er hervor, dass seine Beförderung innerhalb der Waffen-SS »in dem üblichen Turnus«[30] erfolgt sei. In seinem Schreiben an Gustav Scheck vom 6. September 1959 äußerte sich Martin Stephani mit beißendem Sarkasmus zu diesem Thema:

> »Mein angeblich so ›hoher SS-Rang‹ schließlich bestand in dem eines – ›Oberleutnant's‹ (!): nicht wahr, eine ›*tolle*‹ militärische Karriere, wenn man insgesamt fast *sieben Jahre* Soldat war und bereits 1937 seine Friedensdienstzeit als ›Unteroffizier der Reserve‹ beschloss, (während die Kameraden des gleichen Jahrganges es an der Front üblicherweise – und natürlich mit Recht! – zum Major, Oberstleutnant oder Oberst zu bringen pflegten, soweit der Tod sie verschonte)!«[31]

26 Westemeier. Himmlers Krieger, S. 141f. Dazu auch: Riehle, Herbert von Karajan, S. 419–421.
27 Aitken, Massacre.
28 R.u.S.-Fragebogen Martin Stephani, BArch. Berlin, R 9361/III, 202641.
29 SS-Personalkarteikarte Martin Stephani, BArch. Berlin, VBS 286, 6400043558.
30 Aussage vom 3. Juli 1947, BArch. Koblenz, Z 42–IV, Nr. 2887.
31 Stephani an Scheck, 6.9.1959, LAV NRW, Abteilung Rheinland, NW Pe, Nr. 7475, Auszug PA, Bd. III (Hervorhebungen im Original).

9. Der Wechsel von der Leibstandarte Adolf Hitler zum SS-Führungshauptamt, Mai bis Juli 1941

»[...] was mir wurde, ist Kompaniedienst schlimmster Sorte«. Beim Ersatzbataillon der Leibstandarte Adolf Hitler

Wie es letztlich dazu gekommen war, dass sich die Leibstandarte in dem monatelangen Tauziehen durchsetzen konnte, war Stephani selbst nicht klar. Nach Hause berichtete er, er sei kurz nach seiner Ankunft in Berlin-Lichterfelde, am 13. Mai 1941, zufällig Sepp Dietrich begegnet, der für einige Stunden mit dem Flugzeug von der Front in die Reichshauptstadt geflogen war. Dietrich habe ihn, so Stephani, sofort gefragt: »›*Sind* Sie denn nun eigentlich zu mir versetzt oder nicht?‹ Also auch er weiß nichts, außer der Tatsache, dass er den Versetzungsantrag gestellt hatte! In diese dunkle Geschichte wird wohl niemals Licht kommen.«[1] Die Lesart, dass Sepp Dietrich bei Adolf Hitler einen ›Führerbefehl‹ erwirkt habe, um Martin Stephanis Abkommandierung zu erzwingen, ist vor dem Hintergrund dieser Quelle nicht zu halten – es handelte sich um eine Legendenbildung im Zuge des Entnazifizierungsverfahrens.[2]

Dietrich habe, so berichtete Stephani seiner Familie, sogleich angeordnet, dass er etwa 14 Tage in Lichterfelde bleiben und dann mit einer neu aufgestellten Kompanie zur Leibstandarte stoßen sollte, die nach dem Ende des Griechenlandfeldzugs nach Prag verlegt werden sollte. Dort sollte Stephani dem Stab eingegliedert werden und die Funktion des Chorleiters übernehmen. Doch verzögerte sich der Abmarsch zum ›Feldheer‹. Überraschenderweise

1 Martin Stephani an seine Eltern, 13.5.1941, Universitätsarchiv Marburg, 312/3/19 (Hervorhebung im Original).

2 Als ›Führerbefehl‹, ›Führererlass‹ oder ›Führerverordnung‹ bezeichnet man Anordnungen Adolf Hitlers mit unmittelbarer Gesetzeskraft. Das Recht zum Erlass solcher ›Führerbefehle‹ leitete das Regime einerseits aus dem Recht des Reichspräsidenten der Weimarer Republik zum Erlass von Notverordnungen (das mit Hindenburgs Tod auf Hitler übergegangen war), andererseits aus dem Ermächtigungsgesetz von 1933 her. Vgl. Moll (Hg.), Führer-Erlasse. Hätte es im Fall Stephani tatsächlich einen ›Führerbefehl‹ gegeben, so hätte Sepp Dietrich mit Sicherheit davon Kenntnis gehabt.

tauchte nun auch wieder die Reklamation des Reichsprotektors auf – damit rückte die Stelle in Olmütz wieder in greifbare Nähe.

Nach einigem Hin und Her einigte man sich jedoch am 10. Juni 1941 darauf, dass Stephani beim Ersatzbataillon der Leibstandarte in Lichterfelde bleiben sollte: »Nun bin ich also [...] *doch* hier gelandet – auf eigenen Wunsch u. im Glauben, die Marter der persönlichen Ungewissheiten mit einer kleinen Gewissheit im Militärischen wenigstens versuchsweise u. von ferne ausbalancieren zu können.«[3] Stephani hatte gehofft, zum Stabsdienst eingeteilt zu werden, »was mir wurde, ist Kompaniedienst schlimmster Sorte, also etwa Spandau mit 3 potenziert! Dienst von 4 Uhr bis 22 Uhr täglich!«[4] Wieder war Stephani infanteristischer Ausbilder im Range eines Unterscharführers. Bitter beklagte er sich bei seinen Eltern:

> »Und nun *wieder* auf dem Kasernenhof stehen u. Menschen misshandeln müssen, ohne den Sinn davon begreifen zu können, u. nun [auch] noch mit den großen Erfahrungen (u. greifbaren *Erfolgen*!) einer durchgeführten höheren soldatischen Erziehung – ich kann das einfach nicht mehr. [...] Hier, wo ich vertretbar bin, richte ich mich zugrunde in der sterilen Komiss-Maschinerie – u. da, wo ich Bedeutendes leisten könnte für mein Land, muss ich zusehen, wie sie einen Unfähigen nach dem andern davonjagen (Olmütz u.a.!). Hoffentlich erlebe ich noch den Tag der Erkenntnis, wozu dies alles gut war!«[5]

Stephani versuchte, unter diesen Umständen weiter musikalisch zu arbeiten, indem er mit den ihm unterstehenden Soldaten Marschlieder einübte – mit so großem Erfolg, wie er selbstgefällig berichtete, dass sein Kompaniechef »sprachlos vor Verwunderung«[6] sei: »Wenn sich unsere guten preußischen Psychologie-Strategen (!) doch mal überlegen wollten, *wieso* unsereins mit der Masse Mensch in einem Bruchteil der Zeit das Zehnfache als sie erreicht!«[7] Stephani war aber höchst unzufrieden, dass er diese »Arbeit, die peripherisch meinen Beruf streift, [...] *zusätzlich* zum regulären Dienst«[8] leisten müsse. Auch als seine Vorgesetzten ihm in Aussicht stellten, ihn mit der Aufstellung eines Berliner Standartenchors zu betrauen, der propagandistisch »in Presse,

3 Martin Stephani an seine Eltern, 12.6.1941, Universitätsarchiv Marburg, 312/3/19 (Hervorhebung im Original).
4 Ebd.
5 Ebd. (Hervorhebungen im Original).
6 Martin Stephani an seinen Vater, 17.6.1941, Universitätsarchiv Marburg, 312/3/19.
7 Ebd. (Hervorhebung im Original).
8 Ebd. (Hervorhebung im Original).

Rundfunk u. Film«[9] wirken sollte, blieb Stephani skeptisch: »Wie weit sind sie doch alle entfernt von der *wahren* Idee meiner Arbeit, die erprobtermaßen dem kämpfenden Soldaten seelische Spannkraft geben u. erhalten kann u. soll – nichts mehr u. nichts weniger!«[10] Fast resignativ berichtete Stephani nach Hause:

> »Von mir kann nichts Neues berichtet werden: wir *werden* geschliffen, um selbst umso besser schleifen zu können; freudlos reiht sich ein grauer Dienstag an den andern; u. auch der morgige zweite Sonntag hier weist einen Dienstplan auf, der mit seiner Dauer von 5 – 18 Uhr einer Strafkompanie Ehre machen würde. Jedenfalls hatte ich es mir nicht träumen lassen, dass ich nach dem abenteuerlichen Kreislauf meiner Soldatenschicksale ausgerechnet wieder als Kasernenhof-Unteroffizier landen würde – mit seinem Gebrüll u. seinen tausend Unerträglichkeiten. Ich empfinde das fast als Degradierung. Und diene außerdem ja bereits nun im vierten Jahr! Unter diesen Umständen ist die bisher ja nicht durchführbar gewesene Beförderung mir nun doch sehr erwünscht! Endlich zum Feldheer zu kommen, wäre die Erlösung!«[11]

Indessen bemühte sich Stephani vergeblich um seine Versetzung zum ›Feldheer‹:

> »Ich will nicht klagen (denn ich bin von der Größe der Zeit u. meinen ›Mitarbeiteransprüchen‹ an sie viel zu sehr durchdrungen!) – aber die ständig neue Knebelung eigener schöpferischer Schaffenskraft ist doch sehr hart«.[12]

Am 29. Juni 1941 hatte Martin Stephani seinen Eltern Neuigkeiten zu vermelden:

> »Ich kann nur kurz andeuten, dass das Kommandoamt Reichsführung SS,[13] das der Standarte übergeordnet ist, sich sehr um mich bewirbt für kulturelle Aufgaben u. sehr bohrt, mich aktivieren zu lassen. Ich könnte da in sehr kurzer Zeit im Range eines Majors Aufgaben übernehmen, die

9 Martin Stephani an seinen Vater, 21.6.1941, Universitätsarchiv Marburg, 312/3/19.
10 Ebd. (Hervorhebung im Original).
11 Ebd. (Hervorhebung im Original).
12 Martin Stephani an seinen Vater, 17.6.1941, Universitätsarchiv Marburg, 312/3/19.
13 Stephani meint wahrscheinlich das Kommandoamt der Waffen-SS, das dem SS-Führungshauptamt eingegliedert war.

> freilich wichtig genug sind, u. an denen beteiligt zu sein bei der im Frieden zu erwartenden Schlüsselstellung der SS im staatlichen Leben von größtem Wert wäre.«[14]

Zur gleichen Zeit hatte die Leibstandarte Stephani doch noch einen »Arbeitsurlaub« in Olmütz in Aussicht gestellt, sobald er eine »chorische Großkundgebung der Waffen-SS im Fernsehsender«[15] am 4. Juli 1941 erfolgreich würde durchgeführt haben. Tatsächlich war Anfang Juli der Weg frei für eine dreimonatige Tätigkeit in Olmütz.[16] Stephani, der sich zumindest einen sechsmonatigen Aufenthalt erhofft hatte, zögerte jedoch, eröffnete das Interesse des SS-Führungshauptamtes ihm doch »die Möglichkeit [...], unter verhältnismäßig günstigen Bedingungen in Berlin zu bleiben u. damit ev.[entuell] in Reichweite *noch* lohnenderer Aufgaben«.[17] Freilich hatte Stephani auch Bedenken, ob sich aus einem Wechsel in das SS-Führungshauptamt nicht Komplikationen und Konflikte ergeben könnten:

> »Andererseits liegen sich bereits jetzt Kommando- u. Schulungsamt Reichsführung SS[18] in den Haaren, *wer* von beiden mich bekommen soll, d.h. wer die Abteilung Chorwesen betreuen soll; und es sind nicht sehr erfreuliche Dinge, die sich da abzuzeichnen beginnen. Schließlich auch kann niemand wissen, wie sich Sepp [Dietrich] dazu verhalten wird: er hat sich zwar Befehlen *dieser* Art des Kommandoamtes zu fügen, wird aber aufgrund seiner ungeheuren Position mich auf irgendeine Art zurückholen können, da er mich ja schließlich für *sich* requiriert hat!«[19]

14 Martin Stephani an seine Eltern, 27.6.1941 (Nachtrag vom 29.6.1941), Universitätsarchiv Marburg, 312/3/19.

15 Ebd.

16 Stephani hatte sich am Abend des 30. Juni 1941 mit Dr. Reinhold und dessen Frau zu einem Gespräch getroffen. Dabei hatte er erfahren, dass nur noch ein dreimonatiger Arbeitsurlaub zur Debatte stand. Martin Stephani an die Eltern, 2.7.1941, Universitätsarchiv Marburg, 312/3/19.

17 Martin Stephani an seine Eltern, 2.7.1941, Universitätsarchiv Marburg, 312/3/19 (Hervorhebung im Original).

18 Gemeint ist hier die Abteilung C 1.2d des SS-Hauptamtes (SS-Schulungsamt, Abt. Kulturelle Arbeiten, Unterabteilung Musik, geleitet von Albert Kasprick. Vgl. Harten, Himmlers Lehrer, S. 157, 162–166. Das SS-Hauptamt und das SS-Führungshauptamt standen in scharfer Konkurrenz zueinander.

19 Martin Stephani an seine Eltern, 2.7.1941, Universitätsarchiv Marburg, 312/3/19 (Hervorhebungen im Original).

»[...] was nur immer einer Lösung durch die Waffen bedarf, muss jetzt gelöst werden«. Eine weltanschauliche Standortbestimmung im Juni 1941

Wohlgemerkt, dies waren Bedenken im Hinblick auf die eigene Karriere. Politische Vorbehalte hatte Martin Stephani nicht, wie ein Brief an seine Eltern vom 27. Juni 1941, in dem er den Überfall auf die Sowjetunion kommentierte, eindeutig belegt:

> »Die Führung des früher oder später unvermeidlichen Russland-Krieges jetzt u. zu dieser Stunde mit auf allen anderen Seiten *freien* Fronten ist wohl die genialste Tat des Führers seit Kriegsbeginn. Es scheint geradezu ein Aufatmen durch alle europäischen Länder (zumindest in diesen!) zu gehen aufgrund der Erkenntnis, dass also ›Faschismus‹ u. ›Bolschewismus‹ *doch* nicht das gleiche sind (wie man doch eigentlich überall sagte u. bei *uns* schändlicherweise sogar!), sondern wie Feuer u. Wasser sich verhalten müssen. Über allgemeine raum- und wirtschaftspolitische Interessen hinausgehend scheinen sogar Völker mit schwächstem politischen Instinkt wie die Schweiz zu ahnen, dass Europa u. seine Kultur *ohne* den Stahlpanzer aus Faschismus u. Nationalsozialismus verloren wäre; u. zwar verloren gegenüber der Stoßkraft des Bolschewismus sowohl als auch der des internationalen Geldwahnsinns u. der damit verbundenen Merkantilisierung Europas im Sinne Amerikas.«[20]

Martin Stephani deutet es an: In seinem Elternhaus hatte man anfangs wohl – vom Standpunkt der ›konservativen Revolution‹ aus betrachtet – die plebejische Massenbewegung des Faschismus mit dem Bolschewismus gleichgesetzt, eine Sichtweise, die durch den Hitler-Stalin-Pakt bestätigt zu sein schien. Davon setzte sich Martin Stephani jetzt scharf ab: Für ihn war der Nationalsozialismus die weltgeschichtlich notwendige dritte Kraft, die Europa sowohl vor dem von der stalinistischen Sowjetunion ausgehenden Kommunismus als auch vor dem Kapitalismus amerikanischer Prägung retten würde. Offen bekannte sich Martin Stephani in diesem Zusammenhang auch zu Hitlers Krieg gegen das ›Weltjudentum‹:

> »Fast schaudernd begreift man endlich auch den ganz tiefen Sinn der von Hitler gefällten Urteile über die Juden: es kann nicht mehr bestritten werden, dass sie das Gift sind u., bewusst oder unbewusst, die Welt des menschlichen Daseins der Auflösung entgegentreiben. Und tatsächlich sind

20 Martin Stephani an seine Eltern, 27.6.1941, Universitätsarchiv Marburg, 312/3/19 (Hervorhebungen im Original).

es ja nur scheinbare Widersprüche, wenn das Judentum von ideologisch *verschiedenen* Seiten den Berg der Weltherrschaft erklimmt: Kapitalismus u. Bolschewismus haben beide ja die wirksamsten Mittel an der Hand, die Masse Mensch gefügig zu machen u. in die unausdenkbarsten Abhängigkeiten eines Führerkonsortiums zu bringen. Das Ziel ist das gleiche: mit dem [...[21]] die Welt zu knechten.«[22]

Stephani gab sich an dieser Stelle siegesgewiss. Aus militärischen Kreisen wollte er erfahren haben, dass man damit rechne, die Sowjetunion innerhalb von sechs Wochen zu bezwingen. Ein Kriegseintritt Amerikas sei wohl erst zu erwarten, wenn die Entscheidung in Russland längst gefallen sei.

> »Ich persönlich halte es für ein Glück, dass die Frage Sowjet-Russland schon jetzt, also noch *innerhalb* des Weltkrieges, einer Lösung zugeführt wird: es wäre untragbar gewesen, dieses Problem aller europäischen Probleme weiterhin als Damokles-Schwert über unseren Häuptern schweben zu lassen. (Was übrigens in diesem Zusammenhang vom Führer an persönlicher Selbstbeherrschung geleistet wurde, war übermenschlich!)
> Überhaupt: was nur immer einer Lösung durch die Waffen bedarf, *muss* jetzt gelöst werden; denn wenn diese einst wieder schweigen, müssen sie *ganz* schweigen: Sie würden bei dem Krieg, der *dann* beginnt – dem Krieg nach innen, Ihr versteht! – ihren eigenen Sieg, den Sieg nach außen, wieder vernichten u. damit den Sieg nach innen *ganz* unmöglich machen.«[23]

Die letzten Bemerkungen schließen sich an Martin Stephanis weltanschauliche Standortbestimmung vom September 1940 an: Den Krieg betrachtete er in einem übergeordneten Zusammenhang lediglich als einen Teil jener »totalen Neuschöpfung« im Sinne der »Wieder-ungleich-Machung« der Welt, der Wiederherstellung einer »›natürlichen‹ Sinnabstufung der Werte« und einer auf natürlicher Ungleichheit basierenden Gesellschaftsordnung.[24] Wenn erst einmal die Waffen nach dem endgültigen Sieg im »Krieg nach außen« schweigen würden, sollte die Kulturarbeit zur sittlichen Erneuerung des Volkes durch dessen Hinführung zu »gegenwartgemäßen ›Göttern‹«[25] beginnen. In diesem »Krieg nach innen«[26] maß Martin Stephani, wie wir gesehen haben, der Musik eine

21 Ein Wort unleserlich.
22 Martin Stephani an seine Eltern, 27.6.1941, Universitätsarchiv Marburg, 312/3/19.
23 Ebd. (Hervorhebungen im Original).
24 Vgl. S. 109.
25 Ebd.
26 Ebd.

ausschlaggebende Rolle zu – und für sich selbst sah er hier eine Zukunftsaufgabe von weltgeschichtlicher Bedeutung.

Wie gut sich die Gedankengänge Martin Stephanis in die Weltanschauung der SS einfügten, sei mit einem Zitat aus einer Rede des Reichsführers-SS, Heinrich Himmler (1900–1945), belegt. Am 9. Juni 1942 führte Himmler im Haus der Flieger in Berlin vor SS-Oberabschnittsführern aus:

> »Ich habe [...] mit voller Absicht meine tiefste innere Überzeugung eines Glaubens an Gott, eines Glaubens an das Schicksal, an den Uralten, wie ich ihn nannte [...] ausgesprochen. Wir werden für alle Dinge wieder Maßstäbe in unserem Volk finden müssen, den Maßstab des Makrokosmos und des Mikrokosmos, der Sternenhimmel über uns und die Welt in uns, die Welt, die wir im Mikroskop sehen. Das Wesen dieser größenwahnsinnig Gewordenen, auch gerade der Christen, die von einer Beherrschung dieser Erde durch die Menschen reden, muss einmal abfallen und in die richtigen Maße zurückgeschraubt werden. Der Mensch ist gar nichts Besonderes. Er ist irgendein Teil auf dieser Erde. [...] In diese Welt muss er wieder tief ehrfürchtig hineinsehen. Dann bekommt er einmal den richtigen Maßstab, was über uns ist, wie wir in diesen Kreislauf verflochten sind.«[27]

27 Zit. n. Smith/Peterson (Hg.), Heinrich Himmler, S. 160.

10. Musikreferent im SS-Führungshauptamt, Juli 1941 bis Mai 1945

Nachdem das einzige große SS-Musikkorps Berlins – das der Leibstandarte Adolf Hitler – im September 1939 an die Front abgerückt war, sah sich das am 15. August 1940 gegründete SS-Führungshauptamt veranlasst, einen Musikzug z. b. V. (zur besonderen Verwendung) aufzustellen.[1] Durch eine Sonderverfügung wurden seit 1941 »besonders befähigte, im Fronteinsatz bewährte und vielfach auch verwundete Musiker der Waffen-SS«[2] nach Berlin abkommandiert. Der Musikzug wurde der Musikinspektion der Waffen-SS im SS-Führungshauptamt unterstellt, die vom Musikinspizienten der Waffen-SS, SS-Sturmbannführer Leander Hauck (1901–1945), geleitet wurde. Die unmittelbare Leitung des Musikzuges wurde SS-Untersturmführer Franz Schmidt (1915–1971) übertragen. Schließlich wurde der Musikzug z. b. V. als Stabsmusikkorps der Waffen-SS beim SS-Führungshauptamt verselbstständigt. Dieses unterstand nunmehr unmittelbar dem Chef des SS-Führungshauptamtes der Waffen-SS – dies war zunächst Himmler persönlich, ab 1943 dessen Stabschef, SS-Obergruppenführer und General der Waffen-SS Hans Jüttner (1894–1965).[3] Stationiert war das Musikkorps, das zunächst eine Planstärke von 65, später dann von 100 Musikern hatte, in der Kaserne der Leibstandarte Adolf

1 Zum Folgenden: Bunge, Musik, S. 62f. Dieses Buch wird hier nach dem 2006 erschienenen Neudruck zitiert, der sich nur in unwesentlichen Details von der ersten, 1975 veröffentlichten Ausgabe unterscheidet. Wegen der fehlenden kritischen Distanz zum Gegenstand ist dieses Buch mit Vorsicht zu verwenden. Die darin enthaltenen Sachinformationen sind allerdings, soweit sie mit anderen Quellen abgeglichen werden können, als zuverlässig zu betrachten. Der Autor, Fritz Bunge, könnte ein Verwandter von Gustav Adolf Bunge (1885–1968) gewesen sein, der von 1934 bis 1941 als Führer des Musikzugs 1 der SS-Standarte Deutschland, von 1941 an als Führer des Musikkorps des SS-Artillerie-Ersatz-Regiments Deutschland tätig war. Vgl. Bunge, Musik, S. 36–38; Prieberg, Handbuch, S. 831f.

2 Bunge, Musik, S. 62.

3 Vgl. Schulte, Hans Jüttner, S. 276–288.

Hitler in Berlin-Lichterfelde – also genau dort, wo Martin Stephani als infanteristischer Ausbilder gestrandet war.

In seinem Brief an Gustav Scheck vom 6. September 1959, in dem Stephani noch einmal ausführlich in apologetischer Absicht auf seine Rolle im ›Dritten Reich‹ einging, gab er an, es sei Franz Schmidt gewesen, der ihn seinerzeit in der Kaserne in Lichterfelde »entdeckte und herausholte«.[4] Zur Erläuterung fügte Stephani hinzu:

> »Der ehemalige Marinemusikmeisteranwärter Franz Schmidt war, ebenso wie ich ohne persönlichen Einfluss darauf zu haben, infolge einer Vereinbarung der höheren Stäbe zur Waffen-SS ›überstellt‹ worden, um dieser ein bisher dort nicht vorhandenes militärisches Musikwesen nach dem Vorbild der übrigen Wehrmachtsteile aufzubauen; als ›Musikreferent des Führungshauptamtes der Waffen-SS‹ hatte er den Auftrag, in der Truppe nach ›Spezialisten‹ zu fahnden, die er, wie also auch mich, in sein Referat versetzen zu lassen das Recht besaß.«[5]

Tatsächlich kannten sich Franz Schmidt und Martin Stephani: Sie waren ab 1939 Kommilitonen an der Hochschule für Musik in Berlin gewesen und hatten gemeinsam deren Kapellmeisterklasse besucht.[6] So konnte der Wechsel in das SS-Führungshauptamt auf dem kurzen Dienstweg in die Wege geleitet werden. Stephani verzichtete auf den ihm in Aussicht gestellten dreimonatigen Arbeitsurlaub in Olmütz und wurde kurzfristig von Schmidt für das Stabsmusikkorps der Waffen-SS reklamiert. Am 8. Juli 1941, so heißt es in dem Lebenslauf Stephanis vom Dezember 1944, trat er seinen Dienst als Musikreferent im SS-Führungshauptamt in der Kaiserallee 188 in Berlin-Wilmersdorf an.[7]

Auf diesem Posten blieb Martin Stephani bis zum Kriegsende, auch wenn er laut SS-Personalkarteikarte vom 9. November 1942 als Angehöriger der

4 Martin Stephani an Gustav Scheck, 6.9.1959, LAV NRW, Abteilung Rheinland, NW Pe, Nr. 7475, Auszug PA, Bd. III.

5 Ebd.

6 In einem Brief an seine Mutter berichtete Martin Stephani über das Reichsmusikkorps der Waffen-SS: »Sein Leiter u. mein augenblicklicher Chef [Franz Schmidt] ist Studiengenosse von mir u. der fähigste Musikmeister, der seit Jahren die Hochschule verlassen hat! Nebenbei Orgelvirtuose usw.!« Martin Stephani an seine Mutter, 16.7.1941, Universitätsarchiv Marburg, 312/3/19.

7 Lebenslauf, Beilage zu: Antrag an das Rasse- und Siedlungshauptamt der SS auf Übersendung der Vordrucke zu einem Verlobungs- und Heiratsgesuch, 8.12.1944, BArch. Berlin, R 9361/III, 202641. Zum Gebäudekomplex in der Kaiserallee: Flechtmann, SS-Führungshauptamt, S. 171–207.

SS-Kraftfahr-Ersatz-Abteilung geführt wurde und erst am 10. Juni 1943 offiziell in das SS-Führungshauptamt, Abt. II b (Kommandoamt der Waffen-SS), wechselte.[8] Wie die SS-Personalkarteikarte weiter vermerkt, wurde Martin Stephani am 1. April 1944 offiziell zur 10. SS-Panzer-Division »F. [Frundsberg]« versetzt.[9] Er blieb aber, wohl von seiner Einheit beurlaubt, auf seinem Posten in Berlin – der Grund dafür dürfte darin zu suchen sein, dass sein Vorgesetzter Franz Schmidt zu dieser Zeit an die Front versetzt wurde.[10]

Anfangs spielte Martin Stephani mit dem Gedanken, sich doch noch für einen Fronteinsatz zu melden. Am 16. Juli 1941, kaum eine Woche auf dem neuen Posten, schrieb er auf einer Postkarte an seine Mutter:

> »Sonst zieht sich schon wieder drohendes Gewölk über mir zusammen u. meines Bleibens wird auch *hie*r nicht mehr lang sein: Unfähigkeit u. Bürokratismus feiern auch hier Triumphe, eine Abteilung gönnt den Erfolg meiner Arbeit der anderen nicht – u. ich werde eines Tages den gordischen Knoten durchhauen u. mich – *jetzt* besteht Aussicht! – an die Front versetzen lassen.«[11]

»Mein Satz des SS-Treueliedes wird in Kürze Reichsgesetz«. Erste Aufgaben im SS-Führungshauptamt

Auf dieser Postkarte vermerkte Martin Stephani aber auch stolz: »Das Reichsmusikkorps Waffen-SS spielt fast *nur* noch Sachen, die ich empfohlen habe!«[12] Wenige Tage später, am 27. Juli 1941, schrieb Stephani erneut an seine Familie, und zwar

8 Vgl. die Übersicht in: SS-Führungshauptamt, in: Wikipedia. Die freie Enzyklopädie, https://en.wikipedia.org/wiki/SS_Führungshauptamt (20.9.2018). Die Angaben zur Organisationsstruktur des SS-Führungshauptamtes bei Wegner, Soldaten, S. 268, und Flechtmann, SS-Führungshauptamt, S. 178f., scheinen sich auf einen früheren Zeitpunkt zu beziehen. Auf den Umschlägen der Briefe an seinen Bruder Reinhart gab Martin Stephani bis Ende 1943 als Absender an: Kommando der Waffen-SS bzw. SS-Führungshauptamt, II b (8), Berlin-Wilmersdorf, Kaiserallee 188. Später notierte er: SS-Führungshauptamt/Stabsmusikkorps bzw. Musikinspektion der Waffen-SS, Berlin-Wilmersdorf, Kaiserallee 188.

9 SS-Personalkarteikarte Martin Stephani, BArch. Berlin, VBS 286, 64000443558. Dazu auch: Braun, Epilog, S. 556.

10 Vgl. S. 199–201.

11 Martin Stephani an seine Mutter, 16.7.1941, Universitätsarchiv Marburg, 312/3/19 (Hervorhebungen im Original).

12 Ebd. (Hervorhebung im Original).

> »*Während* der Arbeit; denn ich habe sehr zu tun u. muss die Sonntage zuhilfe nehmen. Es ist übrigens nicht *so*, Väterchen, dass ich eine ›Wartezeit‹ hätte jetzt – im Gegenteil: ich habe nur die mir zugesicherte u. in diesem Falle unerlässliche *Selbständigkeit* in Bezug auf gewisse Bezirke meiner Arbeit nicht erhalten können.«[13]

Worauf sich die Klage Martin Stephanis, es werde ihm für »gewisse Bezirke« seiner Arbeit nicht die notwendige und vorab zugesicherte Selbstständigkeit eingeräumt, konkret bezog, darüber kann man nur Mutmaßungen anstellen. Es ist möglich, dass er darüber enttäuscht war, dass er einstweilen bei öffentlichen Auftritten des Stabsmusikkorps der Waffen-SS noch nicht zum Zuge kam. Doch hatte er – eigenem Bekunden nach – ein gewichtiges Wort bei der Werkauswahl mitzureden. Weiter berichtete Stephani, dass er mit Instrumentieren beschäftigt sei, »um die militärischen Feiern wie Beerdigungen, Einweihungen, Kundgebungen usw. bei uns mit wertvoller u. einwandfreier Musik zu versehen.«[14] An seinen Vater gewandt, fügte er hinzu:

> »Deine Attinghausen-Musik ist schon um- u. für großes Blasorchester incl. Saxophon neu instrumentiert, wird in einigen Tagen schon eingereicht u. in alle Zukunft *die* offizielle Trauermusik (anstelle der beim Heer üblichen Choräle!) werden! Mein Satz des SS-Treueliedes wird in Kürze Reichsgesetz für die gesamte SS.«[15]

Am 16. Juli 1941 hatte Stephani von seiner Mutter

> »*alles* [erbeten], was Väterchen an Blasmusik geschrieben hat (z.B. die Festspielfanfaren, die Originalfanfare usw.). Wenn Väterchen z.B. Attinghausens Tod noch für *Nur*-Blechbläser bearbeiten will, möchte er es doch bald tun; es fehlt so *dringend* an solchen Sachen! (Das alles gesondert in einem ›Blechmusikheft› herausgegeben, würde auch finanziell rentabel sein!)«[16]

Bei der »Attinghausen-Musik« dürfte es sich um einen Ausschnitt aus Hermann Stephanis *Bühnenmusik zu Wilhelm Tell* op. 47 handeln.[17] Friedrich Schiller

13 Martin Stephani an seine Eltern, 27.7.1941, Universitätsarchiv Marburg, 312/3/19 (Hervorhebungen im Original).

14 Ebd.

15 Ebd. (Hervorhebung im Original).

16 Martin Stephani an seine Mutter, 16.7.1941, Universitätsarchiv Marburg, 312/3/19 (Hervorhebungen im Original).

17 Vgl. das (unvollständige) Werkverzeichnis in: Heussner, Stephani, Hermann, Sp.

lässt in seinem Schauspiel *Wilhelm Tell* Werner II. von Attinghausen (vor 1255–1322/1329), den Landammann von Uri, sterbend die Worte sprechen:

»Drum haltet fest zusammen – fest und ewig –
Kein Ort der Freiheit sei dem anderen fremd –
Hochwachten stellet aus auf euren Bergen,
dass sich der Bund zum Bunde rasch versammle –
seid einig – einig – einig –«[18]

Attinghausens Tod war ein beliebtes Sujet sowohl in der Bildenden Kunst wie auch in der Musik.[19] Martin Stephani, mit Schillers *Wilhelm Tell* bestens vertraut – hatte er doch als Schüler bei den Marburger Festspielen den Tellknaben gespielt –, ebenso mit dem kompositorischen Werk seines Vaters, hatte, wie aus den eben zitierten Briefen hervorgeht, die Idee, die von seinem Vater gegebene musikalische Interpretation von Attinghausens Tod zur offiziellen Trauermusik der SS umzugestalten und so eine Alternative zu den in der Wehrmacht üblichen christlichen Chorälen zu schaffen. Um bei SS-Trauerfeiern Verwendung finden zu können, musste Hermann Stephanis Musik für Blasorchester neu instrumentiert werden – was der Sohn in die Hand nahm. Nebenbei hoffte Martin Stephani, wie er freimütig einräumte, dass sich mit der Publikation eines »Blechmusikheftes« auch ein finanzieller Gewinn für den in prekären wirtschaftlichen Verhältnissen lebenden Vater würde erzielen lassen.[20]

Ebenso interessant ist der Hinweis Martin Stephanis, dass er das SS-*Treue-*

1266. Hier findet sich der Vermerk, dass dieses Werk nur als Manuskript vorliegt.

18 Friedrich Schiller, Wilhelm Tell, 4. Aufzug, 2. Szene.

19 Vgl. Henze-Döhring, Worte (ohne Bezug auf Hermann Stephani).

20 1940 hatte Hermann Stephani *Sechs Lieder auf Texte von Juga Krannhals* op. 88 herausgebracht. Es handelte sich um die Vertonung von *Kriegsgedichten* von Juga (Inge) Krannhals-Russell, der Witwe des baltendeutschen Privatgelehrten Paul Krannhals (1883–1934), dessen Hauptwerk *Das organische Weltbild* der nationalsozialistischen Ideologie manche Impulse gegeben hatte und der 1934 – kurz vor seinem Tod – von der Philosophischen Fakultät der Philipps-Universität Marburg zum Ehrendoktor ernannt worden war. Nach seinem Tod wurde das Archiv des Verstorbenen nach Marburg überführt und – unter Leitung seiner Witwe – zu Studienzwecken geöffnet. Vgl. Nagel, Philipps-Universität, S. 66. Zu den von Hermann Stephani vertonten Gedichten gehört u.a. ein »Marschlied«, dessen erste Strophe lautet: »Wir formen der Erde neues Gesicht, / wir Kämpfer im heiligen Streite, / vollstrecken der Weltgesetze Gericht, / wir stürmen voran und fürchten uns nicht, / denn Deutschland wächst in die Weite.« Krannhals-Russell, Sieg, S. 14.

lied neu gesetzt hatte und hoffte, dass dieser Satz offiziell für verbindlich erklärt würde. Das Lied »Wenn alle untreu werden« war für die SS, deren Wahlspruch bekanntlich »Meine Ehre heißt Treue« lautete, von herausragender Bedeutung. Im *SS-Liederbuch* wurde es nach dem »Horst-Wessel-Lied« und dem »Deutschlandlied« an dritter Stelle geführt – bei SS-Zeremonien sollte es regelmäßig den Höhe- und Endpunkt bilden.[21] Es handelte sich keineswegs um ein genuin nationalsozialistisches Musikstück. Vielmehr war es im Jahre 1814, vor dem Hintergrund der ›Befreiungskriege‹ gegen das napoleonische Frankreich, unter dem Titel *Erneuter Schwur* von Max von Schenkendorf (1783–1817) in Abwandlung eines von Novalis (1772–1801) verfassten geistlichen Liedes geschrieben und mit der leicht abgeänderten Melodie eines französischen Jagdliedes unterlegt worden. Die Widmung an Friedrich Jahn (1778–1852) verdeutlicht, dass dieses Lied auf das in den napoleonischen Kriegen untergegangene Heilige Römische Reich Deutscher Nation bezogen war – die SS stellte sich durch die Übernahme des Liedes in diese historische Kontinuitätslinie, die den nationalsozialistischen Staat als ›Drittes Reich‹ deutete. Zugleich hatte man durch die Kürzung von vier auf drei Strophen und geringfügige Eingriffe in den Text eine »Entkontextualisierung und Entzeitlichung des Schenkendorfschen Liedes«[22] erreicht. Der Text lautete nunmehr:

»Wenn alle untreu werden,
So bleiben wir doch treu,
dass immer noch auf Erden
für euch ein Fähnlein sei.
Gefährten unsrer Jugend,
ihr Bilder bessrer Zeit,
die uns zu Männertugend
und Liebestod geweiht.

Wollt nimmer von uns weichen,
uns immer nahe sein,
treu wie deutsche Eichen,
wie Mond und Sonnenschein!
Einst wird es wieder helle
In aller Brüder Sinn,
Sie kehren zu der Quelle
In Lieb und Treue hin.

21 Wilke, Hilfsgemeinschaft, S. 192.
22 Ebd., S. 193.

Ihr Sterne seid uns Zeugen,
die ruhig niederschaun,
wenn alle Brüder schweigen
und falschen Götzen traun.
Wir woll'n das Wort nicht brechen,
nicht Buben werden gleich,
woll'n predigen und sprechen
vom heil'gen deutschen Reich!«[23]

Inhaltlich fällt auf, wie gut das *Treuelied* mit dem Monolog des sterbenden Attinghausen zusammenpasst: Beide handeln von Not und Bedrängnis angesichts eines schier übermächtigen Feindes, von steter Kampfbereitschaft, von der Verheißung der Freiheit, von der Gefahr der Uneinigkeit, von unbeirrbarer Treue einer eingeschworenen Kerngemeinschaft bis in den Tod. Dieses Szenario fügt sich nahtlos in das Selbstbild der SS, die sich als ein Orden ›nordischer‹ Männer in einer Welt voller Feinde verstand, in der es galt, die soldatischen Tugenden »›Treue‹, ›Gehorsam‹, ›Kameradschaft‹, ›Pflichterfüllung‹, ›Ehre‹ und ›Anständigkeit‹«[24] hochzuhalten, um sich gegen die feindliche Übermacht zu behaupten.[25] Stephanis Bearbeitung[26] bildete die Voraussetzung für den Einzug des SS-*Treueliedes* in die Konzertsäle – für Martin Stephani, der dem nationalsozialistischen Staat die Kraftquellen der klassischen Musik erschließen wollte, ein wichtiges Anliegen.

Das Opfer. Martin Stephani und die Neubearbeitung des *Jephta*

Zu dieser Zeit stand Martin Stephani in engem künstlerischem Austausch mit seinem Vater, der gerade eben im Begriff stand, seine Neubearbeitung des Oratoriums *Jephta* von Georg Friedrich Händel abzuschließen. Hermann Stephani hatte sich, wie bereits erwähnt, schon seit längerer Zeit mit diesem Ora-

23 Zit. n. ebd.
24 Wegner, Hitlers Politische Soldaten, S. 41.
25 Diese Selbstwahrnehmung stand – spätestens seit der ›Machtergreifung‹ – in einem grotesken Missverhältnis zu den tatsächlichen Machtverhältnissen. Der Publizist Karl Kraus (1874–1936) prägte dafür schon 1933 den Begriff der »verfolgenden Unschuld«. Kraus, Walpurgisnacht, S. 194. Dazu auch: Hambrock, Dialektik, S. 80–84.
26 Es gab bereits eine Vielzahl von Bearbeitungen des *Treueliedes*. Vgl. Prieberg, Handbuch, S. 7670f. und passim. Über Stephanis Bearbeitung liegen weiter keine Informationen vor. Man kann annehmen, dass sein Satz nicht gedruckt wurde.

torium beschäftigt und im Jahre 1911 die erste deutsche Aufführung auf der Grundlage der Händelausgabe Friedrich Chrysanders (1826–1901) mit dem Städtischen Singverein zu Eisleben verwirklicht,[27] wobei er erste Eingriffe in das Original vorgenommen hatte.[28] Nun, dreißig Jahre später, hatte er sich erneut ans Werk gemacht und den *Jephta* noch einmal grundlegend überarbeitet. Aus dem Wunsch heraus, »unter unbedingter Wahrung der vollen sittlich-religiösen Resonanz, aus dem geschichtlichen Geschehen nur das überpersönlich, übervolklich und überzeitlich Gültige zu belassen«,[29] habe er – wie er im Vorwort der Neuausgabe von 1941 hervorhob – dem Werk den Titel *Das Opfer* gegeben. Wie schon im *Feldherrn*, so tilgte Stephani auch im *Opfer* alle alttestamentarischen Orts- und Eigennamen und löste überhaupt alle historischen Bezüge auf.[30] Wie bereits erwähnt, nahm Stephani nach dem Zweiten Weltkrieg für sich in Anspruch, durch die Tilgung der jüdischen Namen den *Jephta* vor dem durch Hitlers rigoroses Verbot »jüdische[r] Stoffgebiete« verhängten »Todesschweigen«[31] gerettet zu haben – wobei er geflissentlich unterschlug, dass die Reichsmusikkammer die Aufführung der Händelschen Oratorien in der Originalfassung ausdrücklich gestattet hatte.[32]

Man kann daher davon ausgehen, dass den inhaltlichen Eingriffen in die Handlung des Oratoriums eine Intention des Bearbeiters zugrunde lag. Den Handlungskern des Händel'schen Oratoriums bildete eine Episode aus dem elften Kapitel des Buches der Richter im Alten Testament: Jephta, der neu ernannte Heerführer der Israeliten im Kampf gegen die Ammoniter, gelobt Gott, im Falle eines Sieges den ersten Menschen, der ihm bei der Rückkehr aus der Schlacht begegnen wird, zu opfern. Tragischerweise trifft dieses Los Jephtas eigene Tochter Iphis – und in der biblischen Geschichte wird das Opfer auch vollzogen. In Händels Oratorium allerdings hatte der Librettist Thomas Morell (1703–1784) die Handlung, dem Publikumsgeschmack des 18. Jahrhunderts entsprechend, bereits abgewandelt: Ein Engel rettet Iphis, die, statt den Tod zu erleiden, zur jungfräulichen Dienerin Gottes bestimmt wird. Stephani war mit dieser Lösung nicht zufrieden. Er deutete die Verpflichtung der Iphis zu jungfräulicher Priesterschaft um in eine »Volksverpflichtung«,

27 Nach Hermann Stephanis eigener Angabe. Hermann Stephani, Vorwort, in: Händel, Opfer, S. 2–5, hier: S. 5.

28 Roters, Bearbeitungen, S. 39. Bis 1941 fanden 150 Aufführungen in der Bearbeitung Stephanis statt. Hermann Stephani, Vorwort, in: Händel, Opfer, S. 2–5, hier: S. 5.

29 Ebd. (Hervorhebungen im Original).

30 Roters, Bearbeitungen, S. 39.

31 Stephani, Verfälschung, S. 144.

32 Vgl. S. 101.

ein öffentliches Gelöbnis des Volkes, sich dem göttlichen Willen zu unterwerfen, zugleich ein Akt der Solidarität mit dem Heerführer, um diesem das ihm auferlegte Blutopfer zu ersparen. Wie schon beim *Feldherrn*, so rechtfertigte Hermann Stephani auch im Falle des *Opfers* die dichterische Freiheit, mit der er in die Handlung eingriff, mit der Idee des »Volksdramas«,[33] die schon bei Händel spürbar sei.

Es ging, wie schon im *Feldherrn*, um die Festigung der Verbindung von Volk und Führer in der Unterwerfung unter den göttlichen Willen – ein Gedanke, der auch bei Martin Stephani immer wieder auftaucht. Wie man der Korrespondenz mit seinen Eltern im Jahre 1941 entnehmen kann, nahm er an der Neubearbeitung des *Jephta* regen Anteil.

Erstmals taucht das Thema in einem Brief Martin Stephanis vom 24. April 1941 auf – noch während des Singleiter-Lehrgangs der Luftwaffe in Schwerin: Hierin teilte Stephani mit, er habe das Textbuch des *Jephta* an seinen Vater zurückgeschickt – wobei unklar bleibt, ob es sich um die ältere Fassung aus dem Jahre 1911 handelte oder schon um die im Entstehen begriffene Neufassung. An dieser Stelle unterstrich Martin Stephani die besondere Bedeutung, die dieses Werk für ihn hatte: »Es ist mir doch Händels liebstes Werk – trotz Messias!«[34]

Die inhaltliche Auseinandersetzung mit der Neufassung seines Vaters, die ihm zu diesem Zeitpunkt zumindest in Grundzügen bekannt gewesen sein muss, begann mit einem Brief vom 30. April 1941, wobei Martin Stephani zunächst sein Bedauern ausdrückte, dass kein persönlicher Austausch möglich war:

33 Stephani, Neufassung, S. 81. Stephani bezieht hier den Begriff des »Volksdramas« ausdrücklich schon auf die Urfassung des *Judas Makkabäus* und des *Jephta*.

34 Martin Stephani an seine Eltern, 24.4.1941, Universitätsarchiv Marburg, 312/3/19. Vgl. Martin Stephani an seine Eltern, 29.12.1941, Universitätsarchiv Marburg, 312/3/19: »Vom ›Messias‹, den ich vorgestern wieder einmal u. in mangelhafter Aufführung hörte, bin ich immer enttäuschter: ich verstehe die Vergötterung nicht, die man mit diesem Werke [ein Wort unleserlich]! Zweifellos sind wie immer ganz herrliche Einzelheiten festzustellen – aber als Ganzes? Mich ergreift streckenweise infolge der gar zu ausgefahrenen barocken Manieren geradezu Langeweile! Jedenfalls hält er m.E. einen Vergleich mit dem von mir über alles geliebten ›Opfer‹ nicht von ferne aus, das Du, Väterchen, gewiss auf das *Wertvollste* zusammengestrichen hast, zugegeben! Aber wo steht im Messias ein Chor wie ›bange Furcht‹ [›Bange Furcht und heil'ge Scheu‹, im dritten Akt], Arien wie die der Iphis oder des Jephta, eine Sinfonia wie die des II. Aktes [in der Neubearbeitung Hermann Stephanis an den Anfang des dritten Aktes gerückt] (vergl. das sehr schwache Pastorale!) – ja selbst eine solche Ouvertüre!« (Hervorhebung im Original).

> »Ja, Jephta-Besprechung wäre sehr gut! Den neuen Titel finde ich glänzend! Das einzige Bedenken, das gegen die Neufassung überhaupt eingewendet werden kann, ist der Gedanke der Volksverpflichtung am Schluss, der freilich so grandios ist, dass man nur mit blutigen Tränen die billige ›Jungfrauenverpflichtung‹ (!) des Originals belassen mag!«[35]

Man sieht, dass Martin Stephani von der Idee der »Volksverpflichtung« begeistert war, aber doch Kritik an diesem schwerwiegenden Eingriff fürchtete. Er werde sich, fügte er noch hinzu, »in den nächsten Tagen, wenn der schlimmste Trubel vorüber ist, nochmals ausführlicher über die Sache«[36] äußern. Dies ist wohl tatsächlich geschehen, der betreffende Brief ist jedoch nicht überliefert.[37] Im Juni 1941 bekam Martin Stephani den Klavierauszug des *Opfers* von seiner Mutter zugesandt, die offenbar ihren eigenen Kommentar beigefügt hatte. Dies kann man zumindest aus dem Dank Martin Stephanis in seinem Brief vom 27. Juni 1941 herauslesen: »Danke sehr für den ›Opfer‹-Klavierauszug, dessen Vertretung, Mütterchen, wir Väterchen doch lieber selbst überlassen wollen, selbst wenn mir schon jetzt die Schmährufe für ihn weh tun, die ich voraushöre.«[38] Man könne »dazu brieflich auch stets nur Missverständliches sagen«.[39] Er wolle auch seinem Bruder Reinhart raten, »nicht allzu scharfe, wenn auch gut gemeinte, Attacken gegen seinen doch mehr als verdienstvollen Vater zu reiten!«[40] Offenbar war die Neubearbeitung des *Jephta* auch in der Familie Stephani nicht unumstritten.

Der Austausch innerhalb der Familie ging weiter. Am 9. August 1941 kam Martin Stephani, der nun bereits seinen Posten im SS-Führungshauptamt angetreten hatte, auf das *Opfer* zurück, konkret: auf die ›Engelszene‹ am Ende des 4. Aktes:

35 Martin Stephani an seine Eltern, 30.4.1941, Universitätsarchiv Marburg, 312/3/19.
36 Ebd.
37 In einem weiteren Brief vom 28. Mai 1941 – nun schon aus der Kaserne des Ersatzbataillons der Leibstandarte in Lichterfelde – kam Martin Stephani auf diese Angelegenheit zurück: Hier ließ er seine Eltern wissen, er habe durchaus gewusst, dass seine Gedanken zur Neufassung des *Jephta* für den Druck wohl zu spät kämen, sie seien vielmehr als Anregung für eine spätere »endgültige Fixierung« gedacht gewesen. Martin Stephani an seine Eltern, 28.5.1941, Universitätsarchiv Marburg, 312/3/19.
38 Martin Stephani an die Eltern, 27.6.1941, Universitätsarchiv Marburg, 312/3/19.
39 Ebd.
40 Ebd.

»Die ›Engel-Sache‹ darf ich bitte noch ein paar Tage behalten – ich möchte einige genau zu überlegende Vorschläge machen, da ich den Gedanken der Volksverpflichtung keineswegs fallen gelassen wissen möchte u. er aus den Worten der Arie nicht eindeutig genug hervorgeht. Ich versuchte gestern Abend bereits, entsprechende Worte der Arie einzufügen – aber gedanklichen Klärungen ist ja die innere Struktur einer Barockarie sehr wenig zugänglich. Andererseits ist das stehen gelassene Stück des Recitativ zu dieser Klärung nicht lang genug. Könnte man nicht das Händelsche Original-Recitativ bei all seiner musikalischen Schwäche mit umso kräftigeren Worten versehen – unter Beibehaltung jedes einzelnen Tones? Auch – ehrlich gesagt – bin ich mit der Sinfonia [gemeint ist hier wohl die so genannte ›Engelssinfonie‹] immer noch nicht ganz einverstanden – auch tonartlich nicht –, weil ich denke, dass an dieser Stelle das *schönste* Händelsche Instrumentalstück gerade gut genug ist! Vielleicht wäre die gesamte Engelscene noch ein letztes Mal gänzlich umzubauen u. mit solcher Händel-Musik zu versehen, die an Schönheit u. Tiefe durch nichts überboten werden kann. Wenn ich nur selbst etwas mehr Zeit hätte! Bald weiteres!«[41]

Martin Stephani unterbreitete hier konkrete Vorschläge zur Umgestaltung der ›Engelszene‹, die sein Vater in der endgültigen Fassung tatsächlich berücksichtigt zu haben scheint. Die ›Engelssinfonie‹, die in der überkommenen Aufführungstradition den Auftakt der ›Engelszene‹ bildet,[42] – »ein robustes Tanzstück, einer Mazurka ähnlich«, wie Hermann Stephani urteilte – war durch das »aufrichtende, wunderbar mild tröstende Largo«[43] aus Händels *Concerto grosso* op.6 Nr.2, Takt 18–45, ersetzt worden. Es folgt das Rezitativ des Engels. Im Vorwort des Textbuchs erläuterte Hermann Stephani, wie er das Problem mit dem Engel-Rezitativ gelöst hatte: »[...] die Worte aber des Engels lassen wir bei ›Weiser Ratschluss Gottes‹! von 19 Takten aus ›O

41 Martin Stephani an seine Eltern, 9.8.1941, Universitätsarchiv Marburg, 312/3/19. Wenige Tage später heißt es in einem weiteren Brief: »Auf den Jephta-Engel komme ich nochmal zurück; ich würde grundsätzlich aber doch raten, wenn schon secco auf Zetteldruck, doch gleich das ganze Originalrecitativ mit einzubauen; denn diese wenigen 8 Takte, die Du belassen willst u. die im 5. Takt bereits erhebliche ›Stephanismen‹ (Mü! [Mütterchen]) aufweisen, scheinen mir doch nicht recht sinnvoll u. stammen mit den 3 Anfangszahlen [?] ja *ohnehin* aus dem Original.« Martin Stephani an seine Eltern, 27.8.1941, Universitätsarchiv Marburg, 312/3/19 (Hervorhebung im Original).

42 Sie fehlt in Händels Autograph. Es handelte sich um eine ältere Komposition, Sonata op. 1 Nr. 13 (4.), HWV 371.

43 Stephani, Vorwort, in: Händel, Opfer, S. 2–5, hier: S. 7.

glaubt ... wie's Gott auch fügt, ist's gut!‹ begleiten und runden mit 20 Takten aus der eben vernommenen Sinfonie die ganze Engelszene ab.«[44] Hermann Stephani hatte also nicht, wie sein Sohn vorgeschlagen hatte, das Originalrezitativ belassen, sondern einige Takte aus einem vorangegangenen, einer Streichung zum Opfer gefallenen Chor an die Anfangstakte des ursprünglichen Engelrezitativs angefügt. Die sich eigentlich anschließende Arie des Engels wurde ebenso gestrichen wie die im Original folgenden »Rezitative und Arien aus dem Familienkreise Jephtas«.[45] Nach dem Höhepunkt der Engelszene – »der Himmel hat gesprochen [...], auf alle senkt sich die Weihe eines höheren Menschheitsmorgens« – sei, so Hermann Stephani, eine »Familienszene« schlichtweg »unmöglich«.[46] Er beschloss das Oratorium stattdessen mit Händels I. Krönungsanthem aus der 2. Bearbeitung des Oratoriums *Esther* (1732).[47]

Der Text des Engelrezitativs brachte den Gedanken der »Volksverpflichtung« jetzt klar zum Ausdruck:

»Höre, du Volk,
Vernimm des Herren Wort:
Lasst ab vom blut'gen Werk!
Wahrlich nicht
Durch solche grause Tat
Erfüllet ihr des Eidgelübdes Sinn.

Du zogest Feldherr aus zum heil'gen Kampf,
Für deines Volkes Freiheit weiht'st du das Gelübde:
Das ganze Volk nun stehe ein für das Gelöbnis!

Es war des Herren weiser Ratschluss, der
Durch Knechtschaft, der durch Kampf, durch bittres Leid
Zum Lichte euch des Lebens führt!

So seid getrost:
Wer selbst sich überwand,
Mit dem ist Gott.

44 Ebd., S. 4. In dem von Katja Roters analysierten Klavierauszug ist ein alternatives Engelrezitativ notiert. Vgl. Roters, Bearbeitungen, S. 74, S. 79.
45 Stephani, Vorwort, in: Händel, Opfer, S. 2–5, hier: S. 4.
46 Ebd.
47 Ebd., S. 5; Roters, Bearbeitungen, S. 74.

Doch nimmer Opferblut –
Worum Gott wirbt,
Das ist dein Herz!

Das weihe ihm zum Opfer,
Du,
Deine Kinder,
Deine Kindeskinder
Ewiglich!«[48]

Das Opfer wurde auf den Händel-Tagen in Halle im Juni 1944 erstmals aufgeführt und erhielt überwiegend anerkennende Besprechungen, in die sich allerdings vereinzelt auch kritische Töne mischten.[49]

»Und all ihr Leben und Wirken bleibt durchdrungen von den großen Sonnen, die ich sie anbeten lehrte: Bach und Bruckner«. Unterricht für künftige SS-Musikführer

Am 27. August 1941 vermeldete Martin Stephani in einem Brief an seine Eltern stolz, dass er »nach Vereinbarung der Reichsführung SS mit der Reichshauptstadt [für die] am Städtischen Konservatorium auszubildenden zukünftigen SS-Musiker anstelle des eingezogenen Edmund von Borck (1906–1944)[50] den gesamten Theorieunterricht neben meiner Referatsarbeit im Kommandoamt zu übernehmen habe.«[51] Fortab oblag ihm also auch die Durchführung von

48 Händel, Opfer, S. 15f.
49 Roters, Bearbeitungen, S. 85.
50 Edmund v. Borck war seit 1931 Lehrer für Theorie und Komposition am Konservatorium der Reichshauptstadt Berlin. Seine Kompositionen waren nicht unumstritten. Er sei »ein Neutöner entschiedenster Prägung«, hieß es 1940 in einer Besprechung. 1938 hatte er eine Oper mit dem Titel *Napoleon* abgeschlossen, deren Erstaufführung zunächst an Bedenken des Reichspropagandaministeriums scheiterte, die sich gegen die »etwas spröde Musik«, vor allem aber gegen den Stoff richteten – es sei nicht angemessen, im nationalsozialistischen Deutschland ein Werk aufzuführen, das Napoleon heroisiere. Ende 1941 gab das Ministerium indessen seinen Widerstand auf, ein Jahr später konnte die Oper uraufgeführt werden. Zu diesem Zeitpunkt diente Edmund v. Borck bereits in der Wehrmacht, er fiel 1944 an der Front. Prieberg, Handbuch, S. 633–636, Zitate: S. 634, S. 635.
51 Martin Stephani an die Eltern, 27.8.1941, Universitätsarchiv Marburg, 312/3/19.

Lehrgängen für Musikmeister-Anwärter am Konservatorium der Reichshauptstadt in Berlin-Wilmersdorf. Zudem hatte er bei der Auswahl der Schüler, die über seine Abteilung, das Musikreferat im SS-Führungshauptamt (Kommandoamt der Waffen-SS, Abt. II b), lief, ein gehöriges Wort mitzusprechen.

Über das Auswahlverfahren gibt eine an alle Truppenteile der Waffen-SS bis zum Regiment oder selbstständigen Bataillon gerichtete Verfügung vom 23. August 1941 Auskunft. Demnach hatten die Divisionen und die selbstständigen Ersatzeinheiten der Waffen-SS bis zum 20. Januar jedes Jahres diejenigen Musiker aus ihren Reihen zu melden, die für eine Ausbildung zum »Musikmeister der Waffen-SS«[52] geeignet schienen. In Frage kamen Angehörige der Waffen-SS zwischen 21 und 28 Jahren, die über eine »gute musikalische Begabung und Vorbildung« und eine »ausreichende Allgemeinbildung«[53] verfügten, eine Mindestgröße von 1,74 m aufwiesen, mindestens drei Dienstjahre hinter sich hatten und bereit waren, sich schriftlich zu verpflichten, im Falle des Bestehens der Abschlussprüfung am Konservatorium der Reichshauptstadt auch über das 12. Dienstjahr hinaus »auf unbegrenzte Zeit«[54] in der Waffen-SS zu dienen. Zu den bei der Meldung einzureichenden Unterlagen gehörten ein »eingehendes Zeugnis des Musikzugführers über die musikalische Befähigung einschl.[ießlich] Klavierspiel und Kenntnis der Harmonielehre unter Angabe des Haupt- und Nebeninstrumentes«, ein handschriftlicher Lebenslauf, aus dem »der vor und während der Dienstzeit genommene außerdienstliche musikalische Unterricht ersichtlich« sein sollte, sowie »ein Verzeichnis der Musikstücke (Etüden, Solostücke, andere Werke), auf die er [der Anwärter] sich so vorbereitet hat, dass sie zum Vorspielen vor der Prüfungskommission gewählt werden können, unter Angabe des Instrumentes.«[55] Man kann davon ausgehen, dass Martin Stephani dieser Prüfungskommission angehörte und auch an den »Bestimmungen über die Ausbildung von SS-Musikern zu Musikmeistern

52 Verfügung des SS-Führungshauptamtes (Kommandoamt der Waffen-SS, Abt. II b), 23.8.1941, BArch. Berlin, NS 33/240.

53 Ebd.

54 Ebd. Die Verfügung vom 23. August 1941 trat an die Stelle einer anderen, nahezu wortgleichen Verfügung vom 16. Januar 1941. Hier war allerdings angeordnet worden, dass Angehörige der Waffen-SS, die eine Ausbildung zum »Musikzugführer« begonnen hatten, für »jedes angefangene Jahr der Ausbildung an der Hochschule 2 Jahre über die zwölfjährige Dienstzeit hinaus zu dienen« hätten. Verfügung des SS-Führungshauptamtes (Kommandoamt der Waffen-SS, Abt. II b), 16.1.1941, BArch. Berlin, NS 33/240.

55 Verfügung des SS-Führungshauptamtes (Kommandoamt der Waffen-SS, Abt. II b), 23.8.1941, BArch. Berlin, NS 33/240.

der Waffen-SS«[56] mitgewirkt hatte.[57] Deutlich erkennbar ist das Bestreben, die Zulassung zum Musikzugführer der Waffen-SS von einer Hochschulprüfung abhängig zu machen.

Über die Lehrtätigkeit Stephanis im Rahmen der Musikmeister-Ausbildung am Konservatorium der Reichshauptstadt erfährt man aus den Quellen fast nichts. Ein Hinweis auf Stephani findet sich in einer Nachschrift zu den »Lebenserinnerungen« des Musikwissenschaftlers Prof. Dr. Wolfgang Boetticher (1914–2002), der zur gleichen Zeit wie Stephani im Rahmen der Lehrgänge für Musikführer-Anwärter als Dozent tätig war.[58]

Boetticher war seit 1937 als Sachbearbeiter für Musikwissenschaft im Musikreferat der Reichsstudentenführung und als wissenschaftlicher Mitarbeiter in der Reichsleitung der NSDAP tätig, ab 1939 als Leiter der Hauptstelle Musik im Amt Rosenberg. Ab 1940 arbeitete Boetticher zudem für den Einsatzstab Reichsleiter Rosenberg, der in den von der Wehrmacht besetzten Ländern Europas dem Raub wertvoller Musikalien nachging. 1941 wurde er in Paris tätig.[59]

Unversehens geriet Boettichers Stellung in Gefahr, als er am 6. Juni 1941 für den Dienst in der Wehrmacht gemustert wurde. Nach eigener Aussage war er für eine Pioniereinheit vorgesehen. Er habe, so erklärte Boetticher in einer Erklärung vom 3. Oktober 1947, den »sicheren Verlust der Empfindlichkeit der Hand (Pianistenberuf)«[60] gefürchtet. In dieser Situation habe es nur einen Ausweg gegeben: »Nur das Stabsmusikkorps der Waffen-SS konnte mir, der ich bereits zur Einberufung heranstand, Hilfe gewähren. Diese Einheit der Waffen-SS gewährte mir fast uneingeschränkte Weiterarbeit als Künstler bis Kriegsende.«[61] Zum 7. Juli 1941 – also fast auf den Tag genau wie Martin Stephani – trat Boetticher seinen Dienst im Musikreferat im SS-Führungshauptamt an. Doch war er vom 30. August bis zum 6. Oktober mehrmals zu

56 Die Bestimmungen zu den bei der Abschlussprüfung zu stellenden Anforderungen konnten beim Kommandoamt der Waffen-SS, Abt. II b, angefordert werden. Verfügung des SS-Führungshauptamtes (Kommandoamt der Waffen-SS, Abt. II b), 25.11.1941, BArch. Berlin, NS 33/240.

57 Am 12. Februar 1944 schrieb er seinem Bruder Reinhart, er »stecke furchtbar in den Prüfungen (Reife- Semester- und Aufnahme-!)«. Martin Stephani an Reinhart Stephani, 12.2.1944, Privatbesitz.

58 Biographische Angaben nach: Prieberg, Handbuch, S. 578–598.

59 Dazu grundlegend: de Vries, Sonderstab, S. 193–198, S. 255–286, S. 309–328, S. 339–341.

60 Wolfgang Boetticher, Erklärung, 3.10.1947, Hauptstaatsarchiv Wiesbaden, Abt. 520/Marburg, Nr. 2021. – Ich danke Herrn Boris von Haken für die Überlassung einer Transkription dieses Schriftstücks.

61 Ebd.

Einsätzen des Einsatzstabes Rosenberg in den Niederlanden und in Frankreich abkommandiert. Mit Wirkung zum 15. Oktober 1941 wurde Boetticher wieder »zum Kommandoamt Waffen SS zurückversetzt.«[62] Wie man einem Aktenvermerk Boettichers für seinen Vorgesetzten beim Einsatzstab Rosenberg, Herbert Gerigk, vom 4. November 1941 entnehmen kann, kam es nahezu umgehend zu Kompetenzkonflikten:

> »Ursprünglich sollte ich dem Referat ›Militärmusik‹ zugeteilt werden. Es traten Schwierigkeiten auf, da der derzeitige Leiter der Musikabteilung [wahrscheinlich ist hier Franz Schmidt gemeint] der Ansicht war, später sein Amt aufgeben zu müssen. Ich habe ihn frühzeitig aufgeklärt, dass es nicht meine Absicht ist, ihm seine dienstlichen Aufträge aus den Händen zu spielen.«[63]

Wohl um den sich anbahnenden Konflikt zu entschärfen, wurde Boetticher »beauftragt, die Abteilung ›Traditions-Sammlung‹ zu übernehmen«,[64] die zu dieser Zeit auf Grund einer Anregung Heinrich Himmlers vom 15. September 1941 im Bereich der Personalabteilung im Kommandoamt der Waffen-SS eingerichtet wurde. Boetticher arbeitete daraufhin einen »Arbeitsplan« für ein Museum aus, in das »alle derzeit im Ostfeldzug erfassten Beutestücke [...] wandern« sollten, die »zur allgemeinen und Waffen-SS eine besondere Beziehung haben«, so etwa »Uniformstücke der feindlichen Wehrmacht« oder auch »kulturelle und politische Gegenstände aus bolschewistischem Besitz.«[65] Dem »SS-Museum« sollte zudem ein »Liedarchiv« angegliedert werden, das alle neuen Kriegslieder sammeln sollte, um sie späterer »wissenschaftliche[r] Untersuchung«[66] zugänglich zu machen. Das Projekt wurde ab Ende 1941 als »SS-Traditionssammlung« weitergeführt.[67] Boetticher arbeitete daran in en-

62 Aktenvermerk Wolfgang Boetticher (»Für Dr. Gerigk zur vertraulichen Kenntnis«), 4.11.1941, BArch. Berlin, NS 30/66, fol. 1. – Ich danke Herrn Boris von Haken für die Überlassung einer Kopie dieses Dokuments. Es findet sich auch abgedruckt in: Prieberg, Handbuch, S. 585f.

63 Ebd.

64 Ebd.

65 Ebd. Vgl. Verfügung des SS-Führungshauptamtes, Kommandoamt der Waffen-SS, Abt. II b (8), 12.12.1941, betr. SS-Traditionssammlung, BArch. Berlin, NS 33/240. Hier heißt es: »Für diese Traditionssammlung kommen hauptsächlich Ausrüstungs- und Uniformstücke, Bilddokumente, Musik- und Signalinstrumente, taktische Zeichen, Symbole aus Feindbesitz, Schallplatten und feindliches Propagandamaterial in Frage.«

66 Aktenvermerk Wolfgang Boetticher (»Für Dr. Gerigk zur vertraulichen Kenntnis«), 4.11.1941, BArch. Berlin, NS 30/66, fol. 1.

67 Potthast, Zentralmuseum, S. 186.

ger Kooperation mit dem Einsatzstab Rosenberg, dem er weiterhin angehörte und für den er im besetzten Europa unterwegs war, wofür er von der Waffen-SS regelmäßig Arbeitsurlaube erhielt.

Von der ursprünglichen Aufgabe im Stabsmusikkorps blieb – neben gelegentlichen Konzerten[68] – die Lehrtätigkeit in den Fächern »Klavierspiel und Instrumentenkunde«[69] im Rahmen der Lehrgänge für Musikführer-Anwärter am Konservatorium der Reichshauptstadt. In dieser Funktion war Boetticher, der in der Waffen-SS mit dem untersten Mannschaftsdienstgrad eines Schützen begann, 1942 zum Sturmmann und erst gegen Kriegsende zum Unterscharführer befördert wurde, Untergebener Martin Stephanis. In einer im August 2001 verfassten »Nachschrift« zu seinen »Lebenserinnerungen« – die 2002 postum veröffentlicht wurden – gab Boetticher an, er sei auf Vermittlung eines seiner akademischen Lehrer unmittelbar vor der drohenden Einberufung zur Wehrmacht »als Dozent für Musikgeschichte für die auszubildenden, angehenden Musikmeister der eben gebildeten Waffen-SS«[70] untergekommen. Im SS-Führungshauptamt habe er eine »höchst merkwürdige Sonderexistenz« geführt: »außerhalb des Truppendienstes oder eines Kasernenaufenthaltes, nie militärisch ausgebildet, als merkwürdiger Zivilist in der Wohnung der alten Mutter in Berlin-Schöneberg hausend, nie eine Schusswaffe bedienend oder tragend, Vorlesungen im Musikhistorischen Institut der Berliner Universität [...] haltend«.[71] Dabei sei er »beargwöhnt und selbst von einem bisher vertrauten Freundeskreis im Stich gelassen, grausam verfolgt« worden. »Immerhin«, fährt Boetticher an dieser Stelle fort, seinen »Vorgesetzten«, vor dem er

68 Er habe »mit manchem Beethoven-Konzert vor verwundeten Soldaten, denen die Kunst die letzte Stütze vor der Verzweiflung bot«, für die »Toleranz« der Waffen-SS gedankt, die ihm »fast uneingeschränkte Weiterarbeit als Künstler bis Kriegsende« ermöglicht habe. Boetticher, Erklärung, 3.10.1947. Aus den verschiedenen Einlassungen Boettichers wird nicht recht deutlich, ob er selber im Stabsmusikkorps der Waffen-SS mitspielte.

69 Lebenslauf Wolfgang Boetticher, 16.8.1947, Hauptstaatsarchiv Wiesbaden, Abt. 520/Marburg, Nr. 2021. – Ich danke Herrn Boris von Haken für die Überlassung einer Transkription dieses Schriftstücks.

70 Hier zit. n. dem handschriftlichen Original Boettichers: »Nachschrift zu meinem Testament«, abgeschossen am 18. August [2001]. – Ich danke Herrn Boris von Haken für die Überlassung einer Kopie dieses Schriftstücks. Die Angabe »Dozent für Musikgeschichte« bezieht sich auf Boettichers Lehrtätigkeit als Privatdozent an der Universität Berlin 1944/45, nicht auf die Lehrgänge der Waffen-SS ab 1941.

71 Ebd.

»damals stramm stehen musste, den Leutnant Martin Stephani«,[72] habe er nach dem Krieg noch einmal wiedergesehen.[73]

Von Martin Stephani selbst liegt auf dem gegenwärtigen Kenntnisstand nur ein einziges Dokument vor, das sich eingehender auf seine Unterrichtstätigkeit im Rahmen der Lehrgänge für Musikführer-Anwärter am Konservatorium der Reichshauptstadt bezieht. Am 18. Februar 1944 berichtete er seinen Eltern:

> »[...] Die Matthäus-Passion habe ich gestern Abend in meinem Literatur- und Stilkunde-Unterricht mit meinem Abschluss-Jahrgang durchgenommen, der in 4 Wochen Prüfung machen muss. Keiner von den Männern hatte sie je gehört bisher; und ich sehe es, wie stets meinen Notprüflingen gegenüber, für meine Pflicht an, über alles technische Formal-Wissen und -Können hinaus, sie bis zur letzten Minute mit lebendigen Inhalten bis oben hin vollzupropfen, denn *die* müssen ihnen vor Augen stehen, und sie stützen, wenn sie mit ihrem Musikkorps übermorgen im Kugelhagel vorne sind und auch sie, und gerade *sie*, sich selbst und den andern das große zehrende ›Warum‹ beantworten müssen.
> Die Süddeutschen sind immer sehr vorsichtig nur an Bach heranführbar; und es ist stets ein schwieriger Prozess, bis sie das Brot des Lebens vertragen lernen, und ein noch weiterer zum Verstehen und Lieben! Jedoch glückte es jedes Mal; und am Ende – beim Magnificat, F-Dur-Toccata und schließlich der Passion – gibt es fast immer tiefste Erschütterung und gar Tränen; und draußen leben sie dann von ihm; ihre vielen Briefe an mich bezeugen, dass er sich bewährt, wenn alles andere fragwürdig zu werden beginnt in den schlimmen Stunden. Mögen sie etwas weniger können – obwohl das bei mir sehr groß geschrieben wird! –: sie strahlen zeitlebens etwas aus, und sie können nicht anders als abgeben. Und so will ich sie haben: in kleinster Zelle von ihrer Aufgabe genährte und durchdrungene wirkliche Musik-Führer! Und all ihr Leben und Wirken bleibt durchdrungen von den großen Sonnen, die ich sie anbeten lehrte: Bach und Bruckner: alles, was dazwischen liegt, bis herab zum Soldatenschlager des Platz- und Manöverkonzertes, erhält von diesen Höhen einen letzten heimlichen Strahl!«[74]

72 Ebd.

73 Boetticher erwähnt an dieser Stelle auch, dass Stephani nach dem Krieg Direktor der Musikhochschule Detmold geworden sei. Wann genau die Begegnung zwischen Boetticher und Stephani nach dem Krieg stattgefunden hat, geht aus der Bemerkung indes nicht hervor. Es gibt auch keinerlei andere Belege für Kontakte zwischen den beiden nach 1945. Boetticher war 1946 in Darmstadt interniert und musste sich vor der Spruchkammer Marburg-Land verantworten.

74 Auszugsweise Abschrift aus einem Briefe des Martin Stephani vom 18.II.1944,

Engagement für die ›Unerwünschten‹ und ›Verbotenen‹? Das Sinfonieorchester des Stabsmusikkorps der Waffen-SS

Das Stabsmusikkorps der Waffen-SS sorgte »bei Staatsanlässen jeder Art, bei Ehrenkompanien, Empfängen, Trauerparaden und Trauerfeiern«[75] für Musik, war für die »musikalische Truppenbetreuung in Truppenunterkünften und Lazaretten«[76] zuständig, trat mit »Stand- und Platzkonzerten«[77] in Berlin, mit »Werkkonzerten«[78] in Industriebetrieben in und um Berlin »(von Siemens bis Leuna)«[79] sowie mit »großen Unterhaltungskonzerte[n] im Kuppelsaal des Reichssportfeldes«,[80] die auch vom Fernsehen übertragen wurden, in der Öffentlichkeit auf. Auch im Berliner Rundfunk war das Stabsmusikkorps der Waffen-SS öfters zu hören. Höchst bemerkenswert ist, dass das Stabsmusikkorps der Waffen-SS ein eigenes großes Sinfonieorchester aufstellte, das »in der Berliner Singakademie, später in der Philharmonie in der Bernburgerstraße, und, nach deren Zerstörung durch Luftangriff, im Beethovensaal« zahlreiche Konzerte gab, »in denen fast alle wesentlichen Werke der Orchesterliteratur – vom Barockzeitalter bis zur Neuzeit – zur Aufführung kamen«.[81] Die Aufstellung eines solchen Sinfonieorchesters war indessen nicht so ungewöhnlich, wie es auf den ersten Blick den Anschein hat: Schon in den 1930er Jahren unterhielten verschiedene SS-Einheiten klassische Musikensembles, die öffentlich

BArch. Koblenz, Z 42–IV, Nr. 2887 (Hervorhebungen im Original). Der Brief wurde dem Spruchgericht vermutlich von Hermann Stephani überlassen.

75 Bunge, Musik, S. 64.

76 Ebd. Bunge erwähnt Auftritte in der SS-Junkerschule Braunschweig, der SS-Unterführerschule Lauenburg und auf der Ordensburg Krössinsee.

77 Ebd., S. 65.

78 Ebd. – Mit ›Fabrikkonzerten‹ versuchte das nationalsozialistische Deutschland, »die werktätige Bevölkerung am Arbeitsplatz für [...] die klassische Musik zu interessieren.« Dahm, Reichskulturkammer, S. 216. Martin Stephani berichtete über ein solches Konzert in einem Brief an seine Mutter vom 11. Dezember 1941: »Als [Franz] Schmidt neulich anlässlich eines Werkpausenkonzertes bei ›Sarotti‹ mit den üblichen Märschen u. Potpourris sich einmal umdrehte u. fragte, ob sie vielleicht einmal ein Mozart-Konzert mit kleiner Nachtmusik u. so hören wollten, brauste aus den Reihen der Gefolgschaft ein Beifallssturm auf, der einen doch irgendwie erschütterte. Nein, mir als Mann der Praxis soll man langsam nichts mehr vormachen wollen, ›was das Volk will‹ (!); freilich: es ist immer entscheidend, *wer* es zum Wollen zwingt!« Martin Stephani an seine Mutter, 11.12.1941, Universitätsarchiv Marburg, 312/3/19 (Hervorhebung im Original).

79 Bunge, Musik, S. 65.

80 Ebd.

81 Ebd.

konzertierten – darin kam der Anspruch der SS, eine rassische *und* kulturelle Elite zu sein, zum Ausdruck.[82]

Der erste Auftritt des Sinfonieorchesters des Stabsmusikkorps der Waffen-SS fand wohl – soweit es die erhalten gebliebenen Programme erkennen lassen – Anfang 1942 am Konservatorium der Reichshauptstadt statt, als es die Ouvertüren zu *Oberon* von Carl Maria von Weber und *Die lustigen Weiber von Windsor* von Otto Nicolai sowie Franz Schuberts *Unvollendete* gab. In diesem Konzert trat auch Helga Schon, die Verlobte Martin Stephanis, als Solistin in einem Violinkonzert von Mozart auf.[83]

Im Winter 1942/43 wagte sich das Stabsmusikkorps der Waffen-SS mit zwei Konzertreihen – je vier »Sinfoniekonzerten« und vier »Sonderkonzerten«[84] – an die Öffentlichkeit, »deren Programme sich bewusst außerhalb des Bezirkes der Militärmusik bewegen und den höchsten Anforderungen hochqualifizierter Kulturorchester genügen«.[85] Der Bericht über das erste Sinfoniekonzert, das am 30. September 1942 in der Singakademie stattfand, fügte ausdrücklich hinzu, die SS bekunde damit ihren »Kulturwillen«.[86] Das Stabsmusikkorps der Waffen-SS spiele »in seiner jetzigen Form nicht länger als ein kurzes halbes Jahr zusammen«, sei aber bereit, »höchste Bewährungsproben abzulegen«.[87] So habe sich das Orchester im ersten der vier Konzerte mit so anspruchsvollen Werken wie dem 2. *Brandenburgischen Konzert* Bachs und Bruckners 2. Symphonie an die Öffentlichkeit gewagt und diese Werke »mit höchster Prägnanz, sicherem Einfühlungsvermögen und absoluter Werktreue«[88] gespielt. Zum Programm des ersten Konzerts gehörte auch Mozarts Konzert für Flöte und Harfe C-Dur, gespielt von der Harfenistin Dora Wagner (1908–2005) und dem Flötisten Gustav Scheck, den Martin Stephani von der Hochschule für Musik in Berlin kannte.[89]

Es folgten weitere Konzerte des Sinfonieorchesters der Waffen-SS, u. a. mit

82 Vgl. Prieberg, Musik, S. 256f.

83 Konzertbericht von Erwin Völsing, in: Die Musik, 34/5 (Februar 1942), S. 180f., abgedruckt in: Prieberg, Handbuch, S. 6191. Auch erwähnt in: Prieberg, Musik, S. 257, hier allerdings falsch datiert.

84 Auflistung der Konzerttermine bei Braun, Epilog, S. 547. Am 9. März 1943 fand zudem ein Konzert des Sinfonieorchesters im Bachsaal unter der Leitung von Leander Hauck statt, bei dem das E-Dur-Klavierkonzert, Werk 12, von Eugen d'Albert zur Aufführung kam. Musik im Kriege, April/Mai 1943, S. 29.

85 Adolph Meurer in: Allgemeine Musikzeitung LXIX/22, 30.10.1942, S. 184–185, zit. n. Prieberg, Handbuch, S. 6191.

86 Ebd.

87 Ebd.

88 Ebd.

89 Zu Gustav Schecks Beweggründen, in diesem Konzert aufzutreten, vgl. S. 276f.

Bachs *Kunst der Fuge* in der Fassung von Wolfgang Graeser (1906–1928), Haydns Sinfonie Nr. 40, Mozarts *Sinfonia concertante* für Violine, Viola und Orchester, Beethovens Sinfonie Nr. 8 sowie mit Händels Concerto grosso in F und Brahms Doppelkonzert.[90] Ein weiteres Konzert war »dem zeitgenössischen Musikschaffen gewidmet«[91] und präsentierte die *Konzertsuite* von Harald Genzmer (1909–2007), die Uraufführung des Violinkonzerts von Fritz von Bloh (1909–1988) sowie einer vom Komponisten zusammengestellten Konzertsuite aus dem Ballett *Joan von Zarissa* von Werner Egk.[92]

Beim III. Sonderkonzert, das am 28. April 1943 in der Berliner Singakademie stattfand und bei dem die *Symphonische Musik* von Harald Genzmer und die 4. Symphonie von Robert Schumann gespielt wurden, stand erstmals Martin Stephani am Dirigentenpult. Die *Deutsche Militär-Musiker-Zeitung* berichtete darüber:

> »Diese aus soldatischen Motiven zusammengeschweißte Musikerschar hat sich im Konzertsaal bereits einen guten Namen gemacht. Klanglich hat das Bläserische hier vorläufig das Übergewicht, aber das hindert nicht ein exaktes Zusammenwirken mit den Streichern, wo es sich darum handelt, deutsche Symphonik mit Sorgfalt, Hingabe und Schwung zu pflegen. [...] Untersturmführer Martin Stephanie [sic] hielt seine Musiker rhythmisch und dynamisch straff in der Hand«.[93]

Am 27. Mai 1943 folgte, nun wieder unter der Leitung Franz Schmidts, als IV. Sonderkonzert die Aufführung der 5. Symphonie Bruckners in der Berliner Philharmonie[94] – im Publikum, wie Fritz Bunge in seinem Buch *Musik in der Waffen-SS* (1975) – leider ohne Beleg – angegeben hat, kein geringerer als Herbert von Karajan (1908–1989). »Die Aufführung und Wiedergabe fand den ausdrücklichen Beifall des großen Dirigenten.«[95]

90 Ernst Krienitz, SS-Musikkorps musizierte klassisch, in: Deutsche Militär-Musiker-Zeitung, LXV/11–12, Juni 1943, S. 69, zit. n. Prieberg, Handbuch, S. 6192.

91 Adolph Meurer in: Allgemeine Musikzeitung LXIX/22, 30.10.1942, S. 184–185, zit. n. Prieberg, Handbuch, S. 6191.

92 Prieberg, Handbuch, S. 6192.

93 H. Hofer, Das Stabsmusikkorps des SS-Führungshauptamtes und sein 3. Sonderkonzert, in: Deutsche Militär-Musiker-Zeitung, LXV/13, Juli–August 1943, S. 81f., als Faksimile abgedruckt in: Braun, Epilog, S. 548f. – In dem Bericht heißt es irrtümlich, dieses III. Sonderkonzert habe in der Berliner Philharmonie stattgefunden.

94 Ein Anrechtsschein für dieses Konzert findet sich als Faksimile in: ebd., S. 520. Dem Brief Martin Stephanis an seinen Bruder Reinhart vom 12. Juni 1943 lag eine Ankündigung des Konzerts bei.

95 Bunge, Musik, S. 66. Vgl. Prieberg, Musik, S. 20, S. 27, S. 257. Der Grund

Belegt ist ein weiteres Konzert des Sinfonieorchesters, das gegen Ende 1943 stattfand. Dabei standen die *Sonate pian e forte* von Giovanni Gabrieli (1557–1612) in der Bearbeitung von Fritz Stein, die 3. Symphonie von Brahms sowie »als besondere Kostbarkeit«[96] das d-Moll-Konzert für drei Cembali von Bach – als Solisten traten Franz Schmidt, Martin Stephani und Oswald Enterlein (1915–1945)[97] auf. Der Bericht über dieses Konzert kündigte an, dass das Sinfonieorchester des Stabsmusikkorps der Waffen-SS künftig verstärkt »weniger bekannte klassische Meisterwerke und zeitgenössische Kompositionen«[98] zur Aufführung bringen wolle.

Das weitere Konzertprogramm des Sinfonieorchesters der Waffen-SS lässt sich nur noch bruchstückhaft rekonstruieren. In einem Brief an seine Eltern vom 14. Juni 1943 ging Martin Stephani kurz auf die weiteren Pläne ein:

> »[...] Wir planen für Winter erstmalig 4 Oratorien mit RIF [sic] ›Missa solemnis‹ von L. v. Beethoven, ›Das Opfer‹, Biblisches Oratorium von G.F. Händel, ›Saat und Ernte‹, Kantate von Kurt Thomas, Beethoven IX. Sym-

dafür, warum Herbert von Karajan dem Konzert beiwohnte, könnte darin liegen, dass Franz Schmidt im Februar 1943 um die Erlaubnis nachgesucht hatte, bis zu acht in der Ausbildung zum »Musikmeister der Waffen-SS« begriffenen Studierenden der »fortgeschrittensten Semester nach eingehender Vorbereitung [...] in Begleitung und unter Aufsicht der beiden Musikreferenten des SS-FHA [Franz Schmidt und Martin Stephani]« den Zugang zu den Proben Karajans mit der Staatskapelle zu gestatten – was wohl geschah. Richard Osborne, Herbert von Karajan. Leben und Werk, Wien 2002, S. 220f. Dazu auch: Braun, Epilog, S. 544–546. – Auch die Fachpresse reagierte wohlwollend auf das IV. Sonderkonzert des Sinfonieorchesters des Stabsmusikkorps der Waffen-SS. So hieß es in der Deutschen Militär-Musiker-Zeitung, das junge Orchester sei »den gewaltigen Anforderungen, die Bruckners riesige Choral- und Glaubenssymphonie an die Spieler stellt, gerecht« geworden. Erwin Kroll, Bruckners »Fünfte« und das Stabsmusikkorps des SS-Führungshauptamtes, in: Deutsche Militär-Musiker-Zeitung LXV/13–14, Juli–August 1943, S. 82. Als Faksimile abgedruckt in: Braun, Epilog, S. 549 (auch in: Prieberg, Handbuch, S. 6192).

96 Deutsche Militär-Musiker-Zeitung, LXV/23–24, Dezember 1943, S. 141, zit. n. Prieberg, Handbuch, S. 6193.

97 Prieberg, Handbuch, S. 1424f. Enterlein wurde 1942 von der Wehrmacht zur Musikinspektion beim SS-Führungshauptamt abkommandiert. 1944 trat er auch als Dirigent des Stabsmusikkorps der Waffen-SS auf. 1941 hatte er die Musik zu dem Chorspiel *Der Tod und das Reich* nach einem Text des Dramatikers Hans Rehberg (1901–1963) komponiert, in dem der Heldentod für das ›Dritte Reich‹ heroisiert wurde..

98 Deutsche Militär-Musiker-Zeitung, LXV/23–24, Dezember 1943, S. 141, zit. n. Prieberg, Handbuch, S. 6193.

phonie. Vielleicht schaffen wir Kampf um ›Missa‹ – wäre sensationell und ungeheuer beruhigend, wenn durch SS sanktioniert.«[99]

Geleitet wurde das Sinfonieorchester des Stabsmusikkorps der Waffen-SS – dies sei noch einmal betont – von Franz Schmidt. Martin Stephani nahm zwar für sich in Anspruch, entscheidenden Einfluss auf die Programmgestaltung des Stabsmusikkorps auszuüben, doch war es Franz Schmidt, der bis zu seiner Abkommandierung an die Front für gewöhnlich mit den Formationen des Stabsmusikkorps konzertierte. Das gilt auch für die viel beachteten »Sonderkonzerte« des Sinfonieorchesters des Stabsmusikkorps der Waffen-SS in den Jahren 1942/43. Wie bereits erwähnt, stand Martin Stephani lediglich beim III. Sonderkonzert am 28. April 1943 am Dirigentenpult. Erst nach der Versetzung Franz Schmidts an die Front am 1. Mai 1944 ging die Leitung des Orchesters an Stephani über. So dirigierte er am 14. Mai 1944 das Stabsmusikkorps des SS-Führungshauptamtes bei einer Veranstaltung des Gaus Berlin der NS-Gemeinschaft Kraft durch Freude im Berliner Europahaus – bei diesem Konzert am Sonntagvormittag, das unter dem Motto »Allen Gewalten zum Trotz sich erhalten« stand, gelangten Beethovens 5. Sinfonie und seine *Leonoren-Ouvertüre* Nr. 3 zur Aufführung, dazu gab es eine Lesung mit Gedichten von Goethe, vorgetragen von dem Schauspieler Gustav Knuth (1901–1987).[100]

In der Nachkriegszeit versuchte Stephani dagegen den Eindruck zu erwecken, er habe das Sinfonieorchester des Stabsmusikkorps der Waffen-SS allein aufgebaut – in seinen Einlassungen im Entnazifizierungsverfahren erwähnte er Franz Schmidt mit keinem Wort.[101] Vielmehr stellte er das Sinfonieorchester

99 Auszugsweise Abschrift aus einem Brief Martin Stephanis an seine Eltern, 14.6.1943, Beilage zu: Hermann Stephani an Staatsanwalt Seidel, Bielefeld, 7.9.1947, BArch. Koblenz, Z 42–IV, Nr. 2887. Bunge, Musik, S. 66, nennt folgende Aufführungen: »alle Brandenburgischen Konzerte von Johann Sebastian Bach, zahlreiche Symphonien von Haydn, Mozart, Beethoven, Schubert, Brahms und Bruckner, symphonische Werke von Max Reger (Mozart-Variationen), Debussy (L'après-midi d'une faune), Theodor Berger (Legende vom Prinz Eugen), Richard Strauss, Harald Genzmer u.v.a., zahlreiche Solokonzerte (Klavier-, Violin- und Cellokonzerte) und Gesangsbegleitungen, u.a. Marcel Wittrich [1901–1955] und Benjamino Gigli [1890–1957].«

100 Eine gedruckte Ankündigung des Konzerts ist als Faksimile abgedruckt in: Braun, Epilog, S. 553.

101 Stephani hütete sich auch, Leander Hauck zu erwähnen. Der Grund dafür könnte in der Vorgeschichte Haucks liegen: Dieser war von 1934 bis 1938 als Führer des Musikzuges I/SS–TV (Totenkopfverbände) Oberbayern auf dem Gelände des Konzentrationslagers Dachau stationiert gewesen. Dazu: Braun, Epilog, S. 535–537.

als seine ureigenste Schöpfung dar und betonte insbesondere dessen Werkauswahl, die von der offiziellen Parteilinie abgewichen und bei der Partei auf Kritik gestoßen sei. So heißt es in einem am 17. Juni 1948 verfassten Lebenslauf:

> »Auf dieser Dienststelle [Musikinspektion des SS-Führungshauptamtes] arbeitete ich bis Kriegsende ausschließlich als musikalischer Sachbearbeiter (Musikreferent), Leiter der Musikmeisterausbildung u. Dirigent eines von mir aufgestellten u. aus primitivsten Anfängen erzogenen großen Symphonieorchesters, mit dem ich mich in wachsendem Maße – trotz scharfer Angriffe der Parteipresse – in der Öffentlichkeit sowie im Rundfunk durchzusetzen vermochte, da ich in der Werkwahl gänzlich von den üblichen Schablonen solcher Zweckorchester abwich u. mich vor allem mit Nachdruck für die Zeitgenossen, einschl. der ›Unerwünschten‹ u. ›Verbotenen‹ einsetzte: u.v.a. [unter vielen anderen] z. B. mit einer eigenen Konzertfassung von Werner Egk's ›Joan von Zarissa‹, Harald Genzmer's ›Symphonischer Musik‹ u. Willy Burkhard's [1900–1955] (Schweiz) ›Hymnus‹. (Berliner Philharmonie.) Mit der Wiederaufführung von Claude Debussy's ›L'après-midi d'un faune‹ im ausverkauften Beethovensaal beseitigte ich gewaltsam u. erfolgreich als einziger deutscher Dirigent im Kriege das auch für diesen (französischen) Komponisten bestehende ›Aufführungsverbot‹, trotz der ständigen Proteste des Propagandaministeriums gegen diese meine – damals gefährliche – musikalische Tätigkeit.«[102]

Die zitierten Passagen wiederholte Martin Stephani fast wortwörtlich in seiner Darlegung »Mein künstlerischer Werdegang« vom Dezember 1949. Allerdings ging er hier ausführlicher auf die ›Unerwünschten‹ und ›Verbotenen‹ ein, denen er zur Aufführung verholfen habe:

> »[...] neben ganzen Bruckner-, Beethoven- und Brahmszyklen (Berliner Philharmonie und Beethovensaal) brachte ich, um nur die wesentlichsten zu nennen, in Ur- bzw. Erstaufführungen heraus: Pfitzners Sinfonie in C op. 46, des Schweizers Willy Burkhard ›Hymnus für Orchester‹, Genzmers ›Sinfonische Musik in A‹, eine eigene Konzertfassung von Egks ›Joan von Zarissa‹, Theodor Bergers ›Ballade‹ und ›Prinz Eugen‹, Fritz von Blohs [1910–1983] Violinkonzert, Ludwig Stiels [1901–1988] ›Ballade‹ für Cello und Orchester und vieles andere mehr, in Aufführungen, die fast ausnahmslos auf Dauerband des Rundfunks geschnitten wurden.«[103]

102 Lebenslauf vom 17.6.1948, LAV NRW, Abteilung Rheinland, NW 1049 Ne 30266, Auszug PA, Bd. II–IV.

103 Martin Stephani, Mein künstlerischer Werdegang, o. D. [Dezember 1949], Stadtarchiv Bielefeld, 107,1/Kulturdezernat, Nr. 33.

In seinem Brief an Gustav Scheck vom 6. September 1959 deutete Martin Stephani seine Tätigkeit im SS-Führungshauptamt vollends in einen inneren Widerstand um:

> »Die von uns [Franz Schmidt und Martin Stephani] dort [im SS-Führungshauptamt] bis Kriegsende nunmehr gemeinsam betriebene reine Musikarbeit diente zunächst ausschließlich den entsprechenden Belangen der Truppe, wurde dann aber mehr und mehr – wie sogar den damaligen Feindmächten bekannt – zusehends ein Hort des mit unserer s. Zt. ›unangreifbaren Uniform‹ getarnten inneren Widerstandes auf musikalischem Gebiet [...]. Unsere ständigen öffentlichen oder halböffentlichen Aufführungen von damals verbotenen oder unerwünschten Autoren sind so allgemein bekannt geworden, dass ich an dieser Stelle nur nochmals das s. Zt. in Berlin umlaufende Wort des unseligen Herrn [Heinz] Drewes [Musikreferent] im sogen. ›Propagandaministerium‹ zu wiederholen brauche: ›Wenn Stephani nicht diese Uniform trüge, säße er längst im KZ!‹«[104]

Martin Stephani nahm also nach dem Zweiten Weltkrieg für sich in Anspruch, die Werke »unerwünschter oder verbotener« Komponisten mit dem Sinfonieorchester des Stabsmusikkorps der Waffen-SS öffentlich – oder doch zumindest »halböffentlich« – zur Aufführung gebracht zu haben, zur Verärgerung des Reichspropagandaministeriums. Doch erscheint die Charakterisierung der von Stephani namentlich erwähnten Komponisten als unerwünscht oder gar verboten in historischer Perspektive mehr als fragwürdig.[105]

104 Martin Stephani an Gustav Scheck, 6.9.1959, LAV NRW, Abteilung Rheinland, NW Pe, Nr. 7475, Auszug PA, Bd. III.

105 Zu Fritz von Bloh liegen keine näheren Angaben vor. Den Schweizer Komponisten Willy Burkhard nannte Stephani an dieser Stelle wohl, weil dieser Ausländer war, ein Schwerpunkt seines Schaffens auf der geistlichen Musik lag und er sich in seinem Werk auch mit zeitgenössischen Musikströmungen auseinandersetzte. Stephani bezieht sich auf Burkhards *Hymnus*, op. 57, aus dem Jahre 1939. Bernhard Billeter, Lebensbeschreibung. in: Willy Burkhard, http://www.willyburkhard.ch/biografie.php?s=16 (20.9.2018). Ludwig Stiel, dessen U.K.-Stellung von der Wehrmacht zum 1. März 1943 ablief, wurde von Franz Schmidt für das Stabsmusikkorps der Waffen-SS angefordert, wie man einem Schreiben Schmidts an die »Entnazifizierungskommission für Kunstschaffende beim Magistrat von Groß-Hamburg« vom 10. November 1947 (zit. n. Braun, Epilog, S. 500) entnehmen kann. Schmidt betonte in diesem Zusammenhang, er habe viele »hochqualifizierte Musiker« an sein Orchester überstellen lassen, »um sie damit vor dem Fronteinsatz zu bewahren und gleichzeitig ihnen weiterhin die Berufsausübung zu ermöglichen (wobei ich weit über meinen vorgeschriebenen Etat hinausging)«.

Der Österreicher Theodor Berger (1905–1992) erfuhr im nationalsozialistischen Deutschland durchaus Förderung – so erteilte Reichspropagandaminister Goebbels ihm anlässlich der Reichsmusiktage 1939 einen Kompositionsauftrag in Höhe von 5.000 RM.[106] An der Uraufführung seiner Ballade für großes Orchester op. 10 durch die Berliner Philharmoniker unter Wilhelm Furtwängler im Dezember 1941 schieden sich allerdings die Geister – es habe, so vermerkt es ein Konzertbericht, »zum ersten Male nach langer Zeit wieder eine sehr deutliche Auseinandersetzung [gegeben], die sich auf der einen Seite in demonstrativem Klatschen, auf der anderen in Pfiffen und zum Teil sehr eindeutigen Zurufen äußerte.«[107] Der Meinungsstreit fand auch in der Presse ein Echo, wobei die Tendenz dahin ging, das Werk als »Vorstoß in musikalisches Neuland zu verteidigen und es gleichsam als Exponenten der Willenskräfte unserer Zeit gegen eine allzu bequeme Musikempfänglichkeit in Schutz zu nehmen.«[108] Im Programmheft war eine Äußerung Bergers zitiert worden, dass sein Werk unter dem Eindruck des Krieges entstanden sei und eine »apokalyptische Stimmung«[109] widerspiegele – dies wurde als politisch unangemessen betrachtet. Herausgekommen war ein rasanter »Klangorkan«, der »durch seine schlagzeuggewürzte Dissonanzenfülle eher Visionen des Furchtbaren als des Großen und Erhebenden heraufbeschwor.«[110] Ein solches apokalyptisches Szenario passte nicht zur nationalsozialistischen Kriegspropaganda. Einer der Kritiker fragte sich auch, »warum ein derart problematisches Werk heute an repräsentativer Stelle herausgebracht wird, wenn erst vor wenigen Jahren ähnliche Schöpfungen [...] als atonal gebrandmarkt und verbannt wurden«.[111] Wenn Martin Stephani also die *Ballade für großes Orchester* – dazu Bergers *Legende vom Prinzen Eugen* op. 11, die im Dezember 1942 uraufgeführt wurde[112] – mit dem Sinfonieorchester der Waffen-SS zur Aufführung brachte, mag dies den Unmut mancher Parteistellen erregt haben, ein förmliches Aufführungsverbot der Werke Theodor Bergers bestand indessen nicht.[113] Der Kom-

106 Prieberg, Handbuch, S. 396.

107 Hermann Killer, Berliner Konzerte, in: Die Musik XXXIV/3, Dezember 1941, S. 111, abgedruckt in: Prieberg, Handbuch, S. 397f., hier. S. 397.

108 Ebd.

109 Ebd., S. 398.

110 Ebd.

111 Ebd.

112 Dieses Werk fügte sich zumindest von der Thematik her in die nationalsozialistische Propaganda ein, galt doch der Habsburger Feldherr Prinz Eugen von Savoyen-Carignan (1663–1736) wegen seines Sieges über die Türken im Jahre 1717 als Retter des Abendlandes, Prieberg, Handbuch, S. 399.

113 Ebd., S. 398f.

ponist war keineswegs in Ungnade gefallen: 1944/45 erhielt er noch ein großzügiges Stipendium des Wiener Gauleiters Baldur von Schirach (1907–1974).[114]

Harald Genzmer,[115] ein Schüler Hermann Stephanis und Paul Hindemiths, war Martin Stephani vielleicht schon von Marburg her persönlich bekannt[116] – die anfängliche Zurückhaltung Stephanis wich bald ehrlicher Bewunderung.[117] Mit den Jahren entwickelte sich zwischen Genzmer und Stephani eine Duzfreundschaft. Trotz mancher Kritik erfuhr Genzmers Musik im ›Dritten Reich‹ durchaus öffentliche Anerkennung: Bei den Olympischen Sommerspielen in Berlin im Jahre 1936 erhielt er eine Bronzemedaille in der Kategorie Solo- und Chorgesang für sein Werk *Der Läufer*. 1940 wurde seine *Musik für Luftwaffenorchester*, ein Auftragswerk des Reichsluftfahrtministeriums, in Berlin aufgeführt. Als seine Konzerteinnahmen im Jahre 1942 – Genzmer war mittlerweile zur Wehrmacht einberufen worden und diente als Militärmusiker – deutlich zurückgingen, gewährte die Regierung ihm einen Staatszuschuss von 2.000 Reichsmark. 1944 wurde er sogar in die Liste der »Gottbegnadeten« aufgenommen, die alle wichtigen zeitgenössischen deutschen Komponisten umfassen sollte.[118]

Hans Pfitzner (1869–1949)[119] war zwar nie Mitglied der NSDAP, bekundete aber in verschiedenen Wahlaufrufen und Ergebenheitsadressen seine Sympathien für Adolf Hitler – zu dem er eine besondere Beziehung zu haben glaubte, seit dieser – damals noch ein weithin unbekannter Politiker – ihn

114 Ebd., S. 396.

115 Vgl. Prieberg, Handbuch, S. 1970–1972; Vgl. Kurzbiographie, in: Harald-Genzmer-Stiftung, http://genzmer-stiftung.schott-campus.com/ (20.9.2018).

116 Harald Genzmer war der Sohn des Rechtshistorikers Felix Genzmer (1878–1959), der von 1922 bis 1934 den Lehrstuhl für Öffentliches Recht an der Universität Marburg bekleidete. Harald Genzmer besuchte – wie Martin Stephani – das Reformrealgymnasium in Marburg und legte dort 1927 das Abitur ab.

117 1940 hatte Martin Stephani Harald Genzmer ein großes Lob gezollt: »Sonntag vor 8 Tagen gab übrigens Genzmer ein Debut in der Stadtbibliothek Charlottenburg, die erfreulicherweise jeden Sonntag vormittag ohne Eintrittsgeld vor geladenen Gästen zeitgen.[össische] Komponisten vermittelt. Das Programm, das Genzmer bot (Lieder, Kammermusik u. dergl.) zeigte ihn von ganz hocherfreulichen Seiten: er hat sich innerlich, im Gegensatz zu seinem äußeren Gebaren manchmal, kolossal entwickelt u. bot wirkliche reife originelle u. meisterliche Kunst. Beifall *so* groß, dass das gesamte Programm nachmittags wiederholt werden musste!« Martin Stephani an seine Eltern, 7.2.1940, Universitätsarchiv Marburg, 312/3/19 (Hervorhebung im Original).

118 Klee, Kulturlexikon, S. 177.

119 Zur Biographie grundlegend: Busch, Hans Pfitzner. Dazu auch: Kater, Komponisten, S. 193–241. Zuletzt: Schwalb, Hans Pfitzner.

nach einer Operation im Jahre 1923 am Krankenbett in einer Schwabinger Klinik besucht hatte.[120] So sprach sich Pfitzner nach dem Tode Hindenburgs im August 1934 nachdrücklich für die Vereinigung der Ämter des Reichskanzlers und des Reichspräsidenten in der Hand Hitlers aus.[121] Im April 1933 hatte er zu den Mitunterzeichnern des »Protestes der Richard-Wagner-Stadt München« gehört, der sich gegen den Festvortrag »Leiden und Größe Richard Wagners« richtete, den Thomas Mann (1875–1955) vor der Richard-Wagner-Gesellschaft in Amsterdam gehalten hatte – dieser Protest bewog Mann, nicht mehr nach Deutschland zurückzukehren, sondern ins Exil zu gehen.[122] Pfitzner erfuhr im ›Dritten Reich‹ zahlreiche Ehrungen. 1944 wurde auch er in die Liste der »Gottbegnadeten« aufgenommen (und sogar, zusammen mit Richard Strauss und Wilhelm Furtwängler, in die von Hitler persönlich zusammengestellte Liste der drei wichtigsten zeitgenössischen deutschen Musiker).[123] Doch genügte all das nicht, um dem »ungeheuren Anspruchsdenken«[124] Pfitzners zu genügen. Eine große Enttäuschung bedeutete es für ihn, dass das zu seinem 70. Geburtstag im Jahre 1939 geplante Festkonzert in München abgesagt wurde – im Braunen Haus berief man sich dabei auf Hitler, der bei der Begegnung mit Pfitzner im Jahre 1923 einen überaus ungünstigen Eindruck von dem Komponisten bekommen hatte.[125] Diese Zurücksetzung schmerzte den Egomanen umso mehr, als der 75. Geburtstag seines Rivalen Richard Strauss festlich begangen wurde. »Leider kümmern sich die leitenden Herren des neuen Deutschland[s] gar nicht um mich«, klagte Pfitzner. »Nicht nur das, ich werde in jeder Weise zurückgedrängt, übergangen, ja – so toll das klingt – direkt verboten. Ich müsste, wenn es richtig zuginge, der erste Mann im Land sein in künstlerischen Dingen, das heißt an höchster Stelle.«[126] Pfitzner geriet verschiedentlich mit nationalsozialistischen Funktionären aneinander, so etwa im Zuge der Pensionierungsaffäre 1934/35 mit Hermann Göring – Pfitzner war mit Vollendung des 65. Lebensjahres von der Münchener Akademie für Tonkunst in den Ruhestand versetzt worden, wogegen sich der Komponist energisch zur Wehr setzte.[127] Die meisten Reibungen mit dem nationalsozialistischen Regime waren eher das Ergebnis des »Querulantentums« und des

120 Busch, Hans Pfitzner, S. 130–141;
121 Ebd., S. 179–182.
122 Ebd., S. 160–171.
123 Klee, Kulturlexikon, S. 456; Schwalb, Hans Pfitzner, S. 121.
124 Ebd., S. 101.
125 Ebd., S. 104; Busch, Hans Pfitzner, S. 214–222.
126 Zit. n. Schwalb, Hans Pfitzner, S. 101 (ohne Herkunftsvermerk).
127 Busch, Hans Pfitzner, S. 197–208; Kater, Komponisten, S. 208–210.

»pathologischen Größenwahns«[128] Pfitzners als die Folge eines politischen Dissenses – Pfitzner war ein entschiedener Nationalist und ein in der Wolle gefärbter Antisemit. Freilich setzte er sich in ebenso »maßloser wie naiver Selbstüberschätzung«[129] bei der Regimespitze für einzelne jüdische Freunde und Kollegen ein.[130] Zu einem Bruch kam es bis Kriegsende nicht. Pfitzner genoss die Protektion des Generalgouverneurs Hans Frank (1900–1946) und des Reichsstatthalters im Warthegau Arthur Greiser (1897–1946).[131] »Und zu seinem 75. Geburtstag im Mai 1944 erhielt Pfitzner von Goebbels eine Ehrengabe von 50.000 Reichsmark – auf besondere Anweisung Hitlers war dieses Geschenk sogar steuerfrei.«[132] Aus alledem folgt: Es stellte für Martin Stephani keineswegs ein Wagnis dar, ein Werk von Hans Pfitzner zur Aufführung zu bringen – schon gar nicht, wenn es sich um die zum Spätwerk Pfitzners zählende Sinfonie C-Dur op. 46 aus dem Jahr 1940 handelte.[133]

Werner Egk,[134] ein Schüler von Carl Orff, hatte in der Weimarer Republik enge Verbindungen zur musikalischen Avantgarde unterhalten. Nach der Machtübernahme komponierte er indessen »umgehend etliche Werke, die das neue Regime feierten«,[135] so etwa die Musik zum Mysterienspiel *Job der Deutsche* von Kurt Eggers. In der *Musik* wurde das Werk als »zukunftsweisender Anfang« gefeiert und Egk als »sehr zeitbewusster, aggressiver Musiker« gelobt, »der seine Musik im Sinne einer neuen Konzentration der melodischen und rhythmischen Substanz mit Knappheit der Form und Präzision des Ausdrucks und mit einer stählernen Diatonik im Harmonischen aufbaut«.[136] Zustimmend wurde »Egks Bekenntnis [zitiert], dass ›dieser Stil durch seine Klarheit, seine Aggressivität, seine seelische Dynamik und seine aktivistische Kraft das Volk, in dem er seine Wurzeln hat, packen und begeistern wird‹«.[137] Trotz gelegentlicher gehässiger Angriffe aus dem Lager Rosenbergs fanden die Werke Egks überwiegend freundliche Aufnahme. Seine Oper *Die Zaubergeige*, im Jahre

128 Schwalb, Hans Pfitzner, S. 121.
129 Ebd., S. 98.
130 Busch, Hans Pfitzner, S. 114–130; Kater, Komponisten, S. 213–215.
131 Busch, Hans Pfitzner, S. 243–264.
132 Schwalb, Hans Pfitzner, S. 121.
133 Ebd., S. 113–115.
134 Vgl. Kater, Komponisten, S. 11–45; ders., Muse, S. 354–356; Prieberg, Handbuch, S. 1300–1330; Braunmüller, Wiederaufbau; Schleusener, Entnazifizierung; Custodis/Geiger, Netzwerke, S. 18–31.
135 Custodis/Geiger, Netzwerke, S. 21.
136 Erich Dörlemann in: Die Musik XXVI/3, Dezember 1933, S. 226, https://archive.org/details/DieMusik26jg1hj1933-34#page/n245..
137 Ebd.

1935 uraufgeführt, eckte zwar hier und da in der Kritik wegen ihrer Anklänge an Strawinsky an, »hatte jedoch den unschätzbaren Vorteil, dass sie ein leichtes populäres Werk war, das auf einem Märchenmotiv basierte«[138] – zudem gründete die Handlung auf dem Motiv »Der Jude im Dorn« aus der Sammlung der Gebrüder Grimm und ließ sich im Sinne antisemitischer Propaganda ausschlachten.[139] Werner Egk komponierte die Fanfaren für den Reichsparteitag 1935 und erhielt für seine *Olympische Festmusik* bei den Olympischen Sommerspielen 1936 eine Goldmedaille in der Kategorie »Orchestermusik«,[140] anlässlich der Reichsmusiktage in Düsseldorf – bei denen auch die Ausstellung »Entartete Musik« zu sehen und zu hören war – wurde Egks Kantate *Natur – Liebe – Tod* aufgeführt. In seinen Aufsätzen, etwa im Völkischen Beobachter, bekannte sich Egk eindeutig zum nationalsozialistischen Staat.[141]

Von 1936 bis 1940 wirkte Werner Egk als Kapellmeister an der Berliner Staatsoper. Seine neue Oper *Peer Gynt*, die auf Henrik Ibsens (1828–1906) gleichnamigem Drama beruhte, wurde dort am 24. November 1938 unter seiner Leitung uraufgeführt. Die Oper löste weniger wegen ihrer Musik – trotz der »Jazz-, Kabarett- und Song-Elemente, Dissonanzhäufungen [und der] Synkopenrhythmik«[142] – als vielmehr wegen des Librettos, das (vor allem in der berühmten ›Trollszene‹[143]) dem vermeintlichen »nordischen Wesensgehalt«[144] der Vorlage so gar nicht zu entsprechen schien, und der provokanten Inszenierung für eine Pressekontroverse. Diese fand jedoch ein schlagartiges Ende, als Hitler und Goebbels am 31. Januar 1939 die Aufführung des *Peer Gynt* an der Staatsoper besuchten – und »begeistert«[145] waren. So stand Werner Egks weiterer Karriere im ›Dritten Reich‹ nichts im Wege. 1941 lieferte er die Musik zu dem HJ-Film *Jungens*. Von 1941 bis 1945 war Egk, der nun wieder als freischaffender Komponist arbeitete, Leiter der Fachschaft Komponisten der STAGMA (Staatlich anerkannte Gesellschaft für musikalische Aufführungs-

138 Kater, Muse, S. 354.
139 Die Tendenz sei den braunen Machthabern »fast schon zu eindeutig« gewesen, urteilen Custodis/Geiger, Netzwerke, S. 21. Vgl. Kater, Komponisten, S. 14–16; Braunmüller, Wiederaufbau, S. 55–57.
140 Dümling, Weltoffenheit; Kater, Komponisten, S. 16f.
141 Braunmüller, Wiederaufbau.
142 Hermann Killer, Werner Egks »Peer Gynt«, in: Völkischer Beobachter Nord, Nr. 331, 27.11.1938, zit. n. Prieberg, Handbuch, S. 1312.
143 Custodis/Geiger, Netzwerke, S. 23f. Dazu auch: Kater, Komponisten, S. 18–20; Schneider, »Irrfahrt«, S. 13, S. 15f.
144 Hermann Killer, Werner Egks »Peer Gynt« und die Kunstbetrachtung, in: Die Musik XXXI/3, Dezember 1938, S. 198, zit. n. Prieberg, Handbuch, S. 1313.
145 Goebbels, Tagebücher, Teil I, Bd. 6, S. 246 (Eintrag v. 1. Februar 1939).

rechte) in der Reichsmusikkammer.[146] 1944 wurde auch er in die Liste der »Gottbegnadeten« aufgenommen. Auch in diesem Fall gilt: Martin Stephani ging letztlich keinerlei Risiko ein, wenn er ein Stück von Werner Egk für das Programm des Sinfonieorchesters der Waffen-SS vorschlug – schon gar nicht, wenn es sich um *Joan von Zarissa* handelte: Das Ballett wurde im Juli 1942 sogar an der Grand Opéra in Paris aufgeführt.[147]

Stephanis im Zuge der Entnazifizierung konstruiertes Narrativ geht von der unausgesprochenen Prämisse aus, dass der Nationalsozialismus jede Form moderner Musik abgelehnt hätte – was jedoch nicht der Fall war. Nationalsozialistische Musikpolitik setzte auf »Globalsteuerung«:[148] Auf der Suche nach einer zeitgemäßen musikalischen Ausdrucksform wurde lediglich markiert, was nicht toleriert wurde, etwa allzu dissonante oder gar entschieden atonale Musik oder Jazz. Doch selbst hier galt: »Nicht heilbar war lediglich die Nichtariereigenschaft.«[149] Es blieben durchaus Spielräume für »eine ›gesäuberte‹ Musikmoderne, die um ihre jüdischen und offen regimefeindlichen Protagonisten ärmer geworden war.«[150] Daraus folgt:

> »Es gab – nicht infolge mangelnder Perfektion des Regimes, sondern systembedingt – eine unscharf begrenzte Zone zwischen dem eindeutig Erwünschten und dem eindeutig Verbotenen, die […] mit der nötigen Risikobereitschaft auch dazu genutzt werden konnte, die Grenzen der individuellen Möglichkeiten auszuloten.«[151]

Man kann vor diesem Hintergrund nicht ausschließen, dass Martin Stephani manche Entscheidung bei der Werkauswahl als Wagnis erschienen sein mag. Das galt – abgesehen von zeitgenössischen Werken einer gemäßigten Moderne – etwa für die Aufführung von Werken ausländischer Komponisten. So berichtete er in einem Brief an seine Familie vom 6. Juli 1944: »Eine Menge Franzosen war erschienen wegen des Debussy und huldigte spontan ihrem großen impressionistischen Meister, war es doch seit Kriegsbeginn die erste Aufführung eines Debussy'schen Werkes wieder in Berlin.«[152] Dieser Brief wurde dem Spruchgericht Bielefeld am 7. September 1947 von Hermann Ste-

146 Dazu ausführlich: Geiger, Werner Egk; Kater, Komponisten, S. 24–26.
147 von Haken, Werner Egk, S. 92–94.
148 Dahm, Reichskulturkammer, S. 207.
149 Ebd., S. 201.
150 Geiger, Musik, S. 108.
151 Dahm, Reichskulturkammer, S. 220.
152 Auszugsweise Abschrift aus einem Brief Martin Stephanis an seine Eltern, 6.7.1944, BArch. Koblenz, Z 42-IV, Nr. 2887.

phani in auszugsweiser Abschrift zur Verfügung gestellt.[153] In der eben zitierten Briefpassage gehe es, so erläuterten die Eltern Stephani, um ein Konzert in der Berliner Philharmonie, bei dem *L'apres-midi d'un faune* von Claude Debussy (1862–1918) gegeben wurde. Freilich: Ein allzu großes Wagnis war auch die Aufführung dieses Stückes, rückblickend betrachtet, nicht – zwar hatte das Reichspropagandaministerium die Aufführung französischer Bühnen- und Orchesterwerke zu Beginn des Zweiten Weltkriegs untersagt, und dieses Verbot wurde auch nach dem Abschluss des Waffenstillstands mit Frankreich nicht aufgehoben, doch wurde es im weiteren Verlauf des Krieges nicht mehr streng eingehalten.[154] Mit Anordnung vom 10. Juni 1943 präzisierte das Reichspropagandaministerium, dass gegen die Aufführung älterer französischer Musik keine Bedenken bestünden, die Aufführung von Werken jüngerer französischer Komponisten wie Debussy, Berlioz und Ravel aber nach wie vor untersagt sei. Am 3. November 1943 gab Goebbels schließlich die Aufführung aller Werke aus Frankreich frei, sofern »die Aufführungen auf besonders begründete Fälle beschränkt bleiben und einen begrenzten Rahmen (höchstens ein Viertel der vorgesehenen Programmfolge) nicht überschreiten.«[155]

Ob die Aufführung eines Stückes von Debussy das Missfallen der Musikabteilung des Reichsministeriums für Volksaufklärung und Propaganda und ihres Leiters Heinz Drewes (1903–1980)[156] erregte, erscheint zweifelhaft, hatte sich Drewes doch im Jahre 1940 gegenüber dem Amt Rosenberg für eine großzügige Regelung zumindest im Hinblick auf verstorbene französische Komponisten plädiert.[157] Auch an der Aufführung von Werken zeitgenössischer Komponisten – zumindest der von Martin Stephani genannten – dürfte die Musikabteilung des Reichspropagandaministeriums kaum Anstoß genommen haben, betrachtete Drewes doch die »Pflege zeitgenössischer Musik« als »kulturelle Verpflichtung«.[158] Eher schon dürfte Drewes etwas gegen dic Aufführung geistlicher Musik einzuwenden gehabt haben,[159] wie Martin Stephanis Bemerkung zur

153 Hermann Stephani an Staatsanwalt Seidel, Bielefeld, 7.9.1947, BArch. Koblenz, Z 42–IV, Nr. 2887.

154 Michels, Deutsches Institut, S. 154–158. Vgl. Prieberg, Musik, S. 375, zu einem Klavierabend im Berliner Meistersaal am 7. Oktober 1942, bei dem Debussy auf dem Programm stand.

155 Zit. n. Prieberg, Musik, S. 375.

156 Thrun, Führung.

157 Abgedruckt in: Prieberg, Handbuch, S. 1242.

158 So Heinz Drewes in seinem Rechenschaftsbericht bei der kulturpolitischen Kundgebung des Kriegstreffens der deutschen Komponisten auf Schloss Burg und in Remscheid, 28.10.1940, zit. n. Prieberg, Handbuch, S. 1243.

159 Oratorien und Kantaten erforderten, so Drewes 1943, »eine sozusagen librettis-

Missa solemnis Beethovens andeutet. Keinesfalls stand das Sinfonieorchester der Waffen-SS vermeintlichen Bemühungen der Musikabteilung des Reichspropagandaministeriums im Weg, leichte Unterhaltungsmusik in den Vordergrund zu stellen. Denn die Musikabteilung war ihrerseits keine Institution, die sich der Unterhaltungsmusik verpflichtet glaubte, im Gegenteil: Drewes wurde mehrmals von Goebbels gerügt, dass er der »ernsten Musik« zu viel Raum gebe.[160]

Für einen Dissens zwischen der Musikinspektion der Waffen-SS und der Musikabteilung des Reichsministeriums für Volksaufklärung und Propaganda (wenn es ihn denn gegeben hat: Martin Stephanis Behauptung wird durch die allerdings spärlich überlieferten Primärquellen nicht eindeutig bestätigt) dürfte letztlich ein Kompetenzkonflikt ausschlaggebend gewesen sein. Das Sinfonieorchester des Stabsmusikkorps der Waffen-SS war dem Zugriff des Ministeriums entzogen, und das konnte nicht im Sinn von Heinz Drewes sein, dessen Ehrgeiz dahin ging, mit seiner Abteilung sowie den ihr nachgeordneten Reichsstellen die deutsche Orchesterlandschaft zu kontrollieren und Einfluss auf deren Repertoire zu nehmen. Auf einen solchen Kompetenzkonflikt deutet ein Schreiben von Franz Schmidt an Heinz Drewes vom 26. Januar 1944 hin:

> »Dass aus der orchestralen Leistungsfähigkeit des Stabsmusikkorps der Schluss gezogen wird, es könne sich hier nur um ›in Uniform gepresste‹ Angehörige ziviler Kulturorchester handeln, gereicht dem Korps zwar zur Ehre, soweit die fachliche Leistung in Rede steht, entspricht jedoch nicht nur den Tatsachen, sondern verkehrt Sinngebung und Aufgabe dieses soldatisch gebundenen Instruments geradezu in ihr Gegenteil.«[161]

Martin Stephani und Paul Hindemith

Martin Stephani nahm nach 1945 für sich in Anspruch, bereits während seines Studiums an der Hochschule in Berlin »für Paul Hindemith und Neue Musik« eingetreten zu sein – es sei dies ein »bei nazifreundlichen Dozenten missliebig aufgefallener und häufig gerügter ›innerer Widerstand‹«[162] gewesen. Seit 1938, so Martin Stephani in seiner Darlegung »Mein künstlerischer Werdegang« aus dem Jahre 1949, habe er »öffentlich, halböffentlich und in

tische Betreuung«, so etwa die Oratorien Händels, die »durch alttestamentarische Stoffe untragbar geworden sind«. Vortrag von Heinz Drewes, Die Reichsstelle für Musikbearbeitungen, Februar 1943, zit. n. Prieberg, S. 1246.

160 Thrun, Führung, S. 126f., 132; Prieberg, Handbuch, S. 1244.

161 Zit. n. Prieberg, Handbuch, S. 6194; Braun, Epilog, S. 533.

162 Martin Stephani an Gustav Scheck, 6.9.1959, LAV NRW, Abteilung Rheinland, NW Pe, Nr. 7475, Auszug PA, Bd. III.

privaten Zirkeln als Pianist, Geiger, Dirigent und Vortragender – später vor allem als Lehrer für die Fächer Tonsatz, Chor- und Orchesterleitung am ›Konservatorium der Reichshauptstadt‹ – Hindemith, Strawinsky, Gustav Mahler und viele andere«[163] propagiert.

Er konnte dafür auch Zeitzeugen anführen. So bescheinigte ihm Harald Genzmer in einem ›Persilschein‹ vom Juli 1946 eine

> »in der vergangenen Epoche recht ungewöhnliche Civilcourage. Im Gegensatz zu der damals üblichen Einstellung setzte er sich stets nachdrücklichst für das Schaffen Hindemiths, Strawinskys, Mahlers und anderer damals unerwünschter Komponisten ein. Trotzdem er deswegen öfters seitens des Prop.-Ministeriums Schwierigkeiten hatte, machte er aus dieser seiner Überzeugung nie den geringsten Hehl.
> Es ist in keiner Weise übertrieben, wenn man ihn als den Typ eines Künstlers bezeichnet, dem die Sauberhaltung der Kunst tiefste Herzenssache war.«[164]

In diese Richtung geht auch ein Leserbrief in der Zeitschrift *Melos*, den Martin Stephani in seinem Spruchgerichtsverfahren zu seiner Rechtfertigung anführte. Der anonyme Schreiber attestierte ihm, dass er die moderne Musik gefördert habe:

> »Wie war es damals? Harald Genzmer musste uns in jenen Jahren seinen Tonsatzunterricht fast hinter verschlossenen Türen erteilen. Zu jener Zeit (1943/44) hatte der junge Martin Stephani einen Kreis strebsamer Musiker um sich versammelt, mit denen er die verpönten modernen Meister studierte, in Partituren und durch Schallplatten vorführte. Diese Jugend, die es wagte, trotz Verbot ›Cardillac‹[165] und ›Mathis‹ (um nur zwei Beispiele zu nennen) zu hören und zu erarbeiten und die damals bereits Wege zur Wiedergutmachung des begangenen Unrechts suchte, diese Jugend hat heute (wo es allerdings keine Tat mehr bedeutet) wie damals den sehnlichen Wunsch, mitzuhelfen an der Durchsetzung jener Meister, die unbeirrt von der Missgunst ihrer Volks- und Zeitgenossen ihren Künstlerweg gegangen sind, auf dem sie uns, einer kranken, aber nicht hoffnungslosen Jugend, als Vorbilder voranleuchten.«[166]

163 Martin Stephani, Mein künstlerischer Werdegang, o. D. [Dezember 1949], Stadtarchiv Bielefeld, 107,1/Kulturdezernat, Nr. 33.
164 Gutachten Harald Genzmer, Juli 1946, BArch. Koblenz, Z 42–IV, Nr. 2887.
165 Paul Hindemiths Oper *Cardillac* war 1926 uraufgeführt worden.
166 Leserbrief W.R., Regensburg, Schweigt die Jugend »apathisch desinteressiert«?,

In seinem Lebenslauf vom 17. Juni 1948 verweist Martin Stephani gar auf den gescheiterten Versuch einer »Rehabilitierung« Paul Hindemiths:

> »Besonderen Eifer widmete ich der ›Rehabilitierung‹ Hindemith's, dessen ›Sinfonie in Es‹ u. Bratschenkonzert ›Der Schwanendreher‹ (neben anderen ›verbotenen‹ Kompositionen) in meinem Orchester hinter verschlossenen Türen erstmalig in Deutschland erklangen. Dass meinen unzähligen Bemühungen um dieses Problem trotz der für mich damit verbunden gewesenen Gefahren beinahe noch ein sichtbarer Erfolg beschieden gewesen wäre, ist aus meinem z. T. noch vorliegenden Schriftverkehr mit dem Leiter des Schott-Verlages, Dr. Ludwig Strecker, Mainz, zu ersehen, den ich als Hauptzeugen für diese meine Arbeit anführen darf, sowie aus der von mir angelegten umfangreichen Akte des ›Falles Hindemith‹.«[167]

Auch in dieser Hinsicht konnte er sich auf die Aussagen von Zeitzeugen stützen. Gustav Scheck etwa schreibt dazu in seinem ›Persilschein‹ vom August 1946:

> »Er [Martin Stephani] trat später der SS bei, wo er eine rein musikalische Ausbildungs- und Musikinspiziententätigkeit mit dem dauernden Wohnsitz in Berlin ausübte. Er hat sich auch während dieser Zeit idealistisch und ohne Rücksicht auf Missliebigkeiten für das Werk der modernen Komponisten, insbesondere für das von Paul Hindemith eingesetzt. Er hoffte offenbar, an dieser Stelle für die Musik mehr tun zu können, als an anderer Stelle.«[168]

Ein weiterer ›Persilschein‹ aus der Feder von Dr. Ludwig Strecker d. J. (1883–1978),[169] Mitinhaber des Musikverlags B. Schott's Söhne in Mainz, bestätigt die Darstellung Stephanis:

> »Mit Herrn Martin *Stephani* von der Musikinspektion des SS-Führungs-Hauptamtes bin ich im Jahre 1942 zusammen gekommen auf Grund einer Korrespondenz über *Hindemith*. Er hatte sich aus freien Stücken angeboten, sich für Hindemith einzusetzen, mit dem Ziel, das Aufführungsverbot des Propagandaministeriums rückgängig zu machen. Wer die damaligen Verhältnisse kennt, weiß, welcher Mut dazu gehörte, das heiße Eisen an-

in: Melos. Jahrbuch für zeitgenössische Musik, Bd. 14 (1947), S. 424f., Zitat: S. 424 (in der Rubrik »Der junge Melos-Leser schreibt«).

167 Lebenslauf vom 17.6.1948, LAV NRW, Abteilung Rheinland, NW 1049 Ne 30266, Auszug PA, Bd. II–IV. Die von Martin Stephani erwähnte Akte zum ›Fall Hindemith‹ ist leider nicht überliefert.

168 Bescheinigung Prof. Gustav Scheck, 30.8.1946, BArch. Koblenz, Z 42–IV, Nr. 2887.

169 Zur Biographie: Prieberg, Handbuch, S. 7047–7051.

zugreifen. Wenn der Erfolg diesen Bemühungen versagt blieb, so lag dies an den Kriegsverhältnissen, auf die sich das Propagandaministerium berief, um die obstinate Weigerung zu rechtfertigen. Herr Stephani hat, soviel ich weiß, in engerem Kreise Hindemith-Werke aufgeführt und damit eine Gesinnung bewiesen, die im diametralen Gegensatz zu der bornierten Haltung der damaligen Machthaber stand.«[170]

Der Briefwechsel zwischen Martin Stephani und Ludwig Strecker über den ›Fall Hindemith‹ ist nach dem gegenwärtigen Kenntnisstand leider nicht überliefert – wohl aber ein Brief Martin Stephanis an Ludwig Strecker anlässlich des Todes von Gertrud Hindemith im Jahre 1967, in dem auf die Gespräche über den ›Fall Hindemith‹ im Jahre 1942 verwiesen wird: »Es sind nun fast 25 Jahre vergangen, seitdem ich Ihnen in unseliger Zeit gegenübersitzen durfte, um mich mit Ihnen um den damaligen ›Fall‹ Hindemith zu beraten.«[171] Dieser wäre damals »lediglich durch deutsche Dummheit schürzbar und letztlich durch ›Niedriger Hängen‹ aufzulösen«[172] gewesen – eine Bemerkung, deren Sinn dunkel bleibt. Auf dem Hintergrund der tiefen persönlichen Verehrung, die Martin Stephani in der Zeit nach 1945 Paul und Gertrud Hindemith entgegenbrachte,[173] und seiner glühenden Bewunderung des Spätwerks Hindemiths erscheint es umso wahrscheinlicher, dass sich Martin Stephani als Musikreferent im SS-Führungshauptamt hinter dem Kulissen – vielleicht durch eine Initiative bei dem ihm gut bekannten Hans Hinkel – für eine Aufhebung des über die Werke Hindemiths verhängten Aufführungsverbots einsetzte.

Wie ist ein solches Engagement zu bewerten? Trotz des auf Weisung Joseph Goebbels im Oktober 1936 über Paul Hindemith verhängten Aufführungsverbots wurde der Verkauf von Werken Hindemiths nie verboten.[174] Bis 1943 brachte der Verlag B. Schott's Söhne jede neue Komposition Hindemiths auf den deutschen Markt und bewarb sie intensiv – das gilt selbst für die Partitur

170 Bescheinigung Dr. L. Strecker, undatiert, BArch. Koblenz, Z 42–IV, Nr. 2887 (Hervorhebung im Original).

171 Martin Stephani an Ludwig Strecker, 20.3.1967, Strecker-Stiftung: Schott-Verlagsarchiv, HB 33163.

172 Ebd.

173 Vgl. S. 262–267.

174 In einem Brief an seine Eltern vom 11. Mai 1940 gab Martin Stephani an, dass er Noten besitze von »Hindemith, 2-hdg. Kl.-Auszug vom ›Mathis‹ (also von der Oper!), seine letzte Violinsonate (übrigens ein *ganz*, ganz wunderbares Stück u. Meisterwerk aus dem Jahre 39, eben herausgekommen) u. seine ›Unterweisung im Tonsatz‹.« Martin Stephani an Mutter und Vater, 11.5.1940, Universitätsarchiv Marburg, 312/3/19 (Hervorhebung im Original).

der Oper *Mathis der Maler*, die 1939 erschien.[175] Lediglich die allzu provokanten frühen Opern *Nusch-Nuschi* und *Sancta Susanna* verschwanden in »eine[r] Art Selbstzensur« im »Giftschrank«.[176] Auch die Bücher Hindemiths, selbst die *Unterweisung im Tonsatz* (1937/39), wurden nicht verboten, obwohl sie in der Ausstellung »Entartete Musik« angefeindet wurden – in der *Musik*, dem offiziellen Organ des Amtes für Kunstpflege beim Beauftragten des Führers für die gesamte geistige und weltanschauliche Erziehung und Schulung der NSDAP, der Nachfolgeorganisation der NS-Kulturgemeinde Alfred Rosenbergs, wurde die *Unterweisung im Tonsatz* sachlich besprochen.[177] Die Anhänger Hindemiths hatten daher die Hoffnung nicht aufgegeben, Goebbels könnte die Erlaubnis zu einer Aufführung der Oper *Mathis der Maler* an der Berliner Staatsoper im Herbst 1939 geben.[178] Dazu kam es zwar nicht, aber die Dinge blieben weiter in der Schwebe. Hindemith wurde weiterhin als auswärtiges Mitglied der Preußischen Akademie der Künste geführt.[179] In der musikwissenschaftlichen Literatur fanden sich zunehmend positivere Urteile über Hindemiths Musik. So meinte Otto Emil Schumann (1897–1981) in seiner *Geschichte der Deutschen Musik* (1940) feststellen zu können, dass sich in Hindemiths letzten Werken ein Wandel ankündige:

> »Vor allem spürt der bisherige Gegner, wie sich jetzt (in der musikdramatischen Oper ›Mathis der Maler‹) ein wirkliches Verantwortungsbewusstsein durchringt – gegenüber den sittlichen Werten echter Kunst und gegenüber den lebenspendenden Kräften des Volkstums. Bleibt Hindemith auf diesem Wege, dann wird er vielleicht für Deutschland wiedergewonnen werden können.«[180]

Das Aufführungsverbot bestand allerdings nach wie vor und es war riskant, dagegen zu verstoßen.[181] Hinter den Kulissen für eine Aufhebung des Aufführungsverbotes zu werben, stellte hingegen ein kalkulierbares Risiko dar.

175 Reichwein, Musikalienverlage, S. 54; Fetthauer, Musikverlage, S. 274f.
176 Reichwein, Musikalienverlage, S. 55.
177 Maurer Zenck, Boykott, S. 108.
178 Ebd., S. 109; Skelton, Paul Hindemith, S. 166.
179 Maurer Zenck, Boykott, S. 109.
180 Otto Schumann, Geschichte der Deutschen Musik, Leipzig 1940, S. 373, zit. n. Maurer Zenck, Boykott, S. 110. Hans Joachim Moser vertrat in der zweiten Auflage seines *Musiklexikons* (1943) unter Verweis auf *Mathis der Maler* die Auffassung, dass der Vorwurf des »Kulturbolschewismus« gegen Hindemith nicht aufrechtzuerhalten sei.
181 Vgl. Prieberg, Handbuch, S. 3015f. über einen geschlossenen Hindemith-Abend am Brucknerkonservatorium in Linz im Jahre 1943.

Und: Wenn sich Martin Stephani in diesem Sinne für eine »Rehabilitierung« Hindemiths stark machte, so bezog er damit keineswegs Stellung gegen *die* nationalsozialistische Musikpolitik, sondern verortete sich innerhalb des polykratischen Geflechts des nationalsozialistischen Machtapparates.

»Der Schlager ›Trink, trink, Brüderlein trink‹ ist jüdisch.« Eine Schwarze Liste vom Januar 1942

Aus den Briefen an seine Eltern wissen wir, dass Martin Stephani gegen Ende des Jahres 1941 in der Hauptsache mit Schreibtischarbeit befasst war.[182] Am 11. Dezember 1941 schrieb er, er sei »jetzt ganz allein im Referat mit der wirklich unbeschreiblich schwierigen Arbeit«,[183] da Franz Schmidt mit dem Stabsmusikkorps auf einer Konzertreise durch Ostpreußen sei. Kurz darauf teilte er seiner Familie mit, dass er über Weihnachten nicht nach Hause kommen könne. Am 22. Dezember 1941 folgte der Stoßseufzer: »Ihr ahnt nicht, wie sehr sich nach gewissen Ereignissen hier die Arbeit staut; ich muss meine Akten sogar noch für die Nacht mit nachhause nehmen!«[184]

Woran arbeitete Martin Stephani zu dieser Zeit? Trotz umfangreicher Recherchen im Bundesarchiv konnten nur flüchtige Spuren der Tätigkeit der Abteilung II b (8) des SS-Führungshauptamtes entdeckt werden. In der bereits zitierten Verfügung vom 23. August 1941 heißt es zunächst allgemein, dass »alle Musikangelegenheiten der Waffen-SS [...] ausschließlich durch das Kommandoamt der Waffen-SS, Abt. II b bearbeitet«[185] würden. Dann wurde die Verfügung konkreter: »Beschaffungsanträge auf Musikinstrumente«[186] waren

182 Immer wieder betonte er in seinen Briefen, wie viel er zu tun habe. So heißt es in einem Brief an seine Mutter vom 27. Oktober 1941: »Um Schlaf und Nerven keine Sorgen. Ich habe in verschiedener Beziehung große Verantwortung zu tragen; und wer keine Nerven hat, erschöpft sie sich auch nicht.«

183 Martin Stephani an seine Mutter, 11.12.1941, Universitätsarchiv Marburg, 312/3/19.

184 Martin Stephani an seine Eltern, 22.12.1941, Universitätsarchiv Marburg, 312/3/19.

185 Verfügung des SS-Führungshauptamtes (Kommandoamt der Waffen-SS, Abt. II b), 23.8.1941, BArch. Berlin, NS 33/240.

186 Ebd. Mit einer weiteren Verfügung vom 13. Juli 1942 forderte das Kommandoamt der Waffen-SS von den Standortverwaltungen aller Ersatzeinheiten der Waffen-SS eine Nachweisung aller vorhandenen »Holz- und Blechblasinstrumente«, »Streich-, Schlag- und Signalinstrumente«. Zur Begründung wurde angeführt: »Immer wieder wird festgestellt, dass auf Kammern oder sonstigen Lagerräumen Musikinstrumente aufbewahrt und ihrem Verwendungszweck

an diese Abteilung zu richten, Konzertreisen von Musikzügen der Waffen-SS von ihr zu genehmigen, vor solchen Konzertreisen die Programme bei ihr einzureichen. Weiter führte das Kommandoamt der Waffen-SS, Abt. II b, ein Register aller Musikzüge der Waffen-SS und überhaupt aller Musiker in den Reihen der Waffen-SS. »Überzählige Musiker« waren »namentlich unter Angabe der Instrumente« hierher zu melden, »Anforderungen von Musikern«[187] an diese Stelle zu richten. Deutlich erkennbar ist das Bemühen, die Abteilung zu einer Art Clearing-Stelle auszubauen, die für einen effizienten Einsatz der in der Waffen-SS verfügbaren Musiker sorgen sollte. Im Nachgang zur Verfügung vom 23. August 1941 wurde am 18. September 1941 zudem angeordnet, »dass sämtliche Musikangelegenheiten der Waffen-SS betreffende Veröffentlichungen (Anzeigenaufträge, Werbeaufsätze, Marsch- und andere Kompositionen) ausnahmslos der Genehmigung des Kommandoamtes der Waffen-SS (Abt. II b) bedürfen«.[188] Hier wuchs der Abteilung, in der Martin Stephani Dienst tat, fast zwangsläufig eine Zensurfunktion zu.

Am 20. Januar 1942 gab das SS-Führungshauptamt eine Verfügung über »Werke 1.) jüdischer, 2.) unerwünschter, 3.) für die Waffen-SS geeigneter Komponisten«[189] heraus. Gezeichnet war dieses Schriftstück vom Chef des SS-Führungshauptamts, SS-Gruppenführer und Generalleutnant der Waffen-SS Hans Jüttner. Aus dem Briefkopf geht jedoch hervor, dass es aus dem »SS-

dadurch entzogen werden, dass den zuständigen Stellen das Vorhandensein der Instrumente nicht bekannt ist. [...] Da damit zu rechnen ist, dass die Produktion von Musikinstrumenten infolge der allgemeinen Rohstofflage und der mangelnden Arbeitskräfte in Kürze nahezu völlig eingestellt wird, liegt es im eigenen Interesse der Einheiten, jedes vorhandene Musikinstrument (einschl.[ießlich] seiner Zubehörteile) nachzuweisen und somit eine planmäßige Deckung des großen Bedarfs zu ermöglichen.« Verfügung des SS-Führungshauptamtes (Kommandoamt der Waffen-SS, Abt. II b), 13.7.1942, BArch. Berlin, NS 33/240.

187 Verfügung des SS-Führungshauptamtes (Kommandoamt der Waffen-SS, Abt. II b), 23.8.1941, BArch. Berlin, NS 33/240. Eine weitere Verfügung vom 24. Oktober 1941 legte fest, dass »für die Dauer des Krieges [...] verwundete Musiker, die aus dem Lazarett zu ihrer zuständigen Ersatzeinheit entlassen worden sind, nicht zu ihrer Feldeinheit in Marsch gesetzt werden dürfen, sondern dem Kdo. d. W.-SS zur weiteren Verwendung zu melden sind.« Die Feldeinheit konnte diese Musiker in dringenden Fällen bei der Abt. II b anfordern. Verfügung des SS-Führungshauptamtes (Kommandoamt der Waffen-SS, Abt. II b), 24.10.1941, BArch. Berlin, NS 33/240.

188 Verfügung des SS-Führungshauptamtes (Kommandoamt der Waffen-SS, Abt. II b), 18.9.1941, BArch. Berlin, NS 33/240.

189 Verfügung über »Werke 1.) jüdischer, 2.) unerwünschter, 3.) für die Waffen-SS geeigneter Komponisten«, 20.1.1942, BArch. Berlin, NS 33/240. Das vollständige Dokument findet sich im Anhang.

Führungshauptamt, Kommandoamt der Waffen-SS, Abt. II b (8)« stammte – also genau aus der Abteilung Stephanis, der, eigenen Angaben zufolge, in den Wochen zuvor das Musikreferat allein versehen hatte.

Die Verfügung schärfte allen Musikformationen der Waffen-SS ein, dass die Werke »jüdischer« Komponisten »laut Reichskulturkammergesetz«[190] nicht gespielt werden dürften. Es seien daher »vor der Aufstellung eines Musikprogramms die Namen der Komponisten zu überprüfen.«[191] Dazu sollte das amtliche *Lexikon der Juden in der Musik*[192] benutzt werden, das »eine vollständige Liste von nichtarischen Musikern«[193] enthalte. Dieses Schwarzbuch war in der Hauptstelle Musik des Amtes für Kunstpflege innerhalb des Amtes Rosenberg erarbeitet worden. Als Herausgeber fungierte Herbert Gerigk, die Hauptarbeit hatte der Musikwissenschaftler Dr. Theo Stengel (1905–1995) geleistet. Zu den wichtigsten Mitarbeitern des Lexikonprojekts hatte auch Dr. Wolfgang Boetticher gehört, der, wie bereits erwähnt, gleichzeitig mit Martin Stephani zum Musikreferat im SS-Führungshauptamt kam und am Unterreicht des SS-Musikführer-Nachwuchses beteiligt war. Die 380 Seiten starke Erstausgabe des *Lexikons der Juden in der Musik* erschien im September 1940 in einer Auflage von 12.000 Exemplaren. Gerigk und seine Mitarbeiter machten sich sogleich an eine erweiterte Neuausgabe – dabei sollten auch die ›Vierteljuden‹ erfasst werden. 1943 wurde dann die überarbeitete, auf 404 Seiten angewachsene zweite Auflage des *Lexikons der Juden in der Musik* mit 2.000 Exemplaren veröffentlicht.[194]

Die Verfügung über »Werke jüdischer, unerwünschter und für die Waffen-SS geeigneter Komponisten« vom 20. Januar 1942 führte eine Reihe von ›jüdischen‹ Komponisten und ihrer Werke noch einmal ausdrücklich an, obwohl diese bereits im *Lexikon der Juden in der Musik* verzeichnet waren. Die Formulierung des einleitenden Satzes der Verfügung (»Es besteht Anlass zur

190 Ebd.

191 Ebd.

192 Lexikon der Juden in der Musik. Mit einem Titelverzeichnis jüdischer Werke. Zusammengestellt im Auftrag der Reichsleitung der NSDAP, auf Grund behördlicher, parteiamtlich geprüfter Unterlagen, bearbeitet von Dr. Theo Stengel, Referent in der Reichsmusikkammer, in Verbindung mit Dr. habil. Herbert Gerigk, Leiter der Hauptstelle Musik beim Beauftragten des Führers für die Überwachung der gesamten geistigen und weltanschaulichen Schulung und Erziehung der NSDAP, Berlin 1940 (= Veröffentlichungen des Instituts der NSDAP zur Erforschung der Judenfrage Frankfurt a.M., Bd. 2), Bernhard Hahnefeld Verlag. Als Faksimile in: Weissweiler, Ausgemerzt, S. 181–375.

193 Verfügung über »Werke 1.) jüdischer, 2.) unerwünschter, 3.) für die Waffen–SS geeigneter Komponisten«, BArch. Berlin, NS 33/240.

194 Weissweiler, Ausgemerzt, S. 60–165; Sieb, Zugriff, S. 77–78, S. 81.

Feststellung, dass die nachstehend angeführten Komponisten *Juden* sind.«[195]) deutet darauf hin, dass Werke dieser Komponisten von SS-Orchestern zur Aufführung gebracht worden waren. Mit Ausnahme des Violinvirtuosen Fritz Kreisler (1875–1962),[196] dem vorgeworfen wurde, er habe in den 1930er Jahren eigene Kompositionen »unter dem Deckmantel Alter Meister« veröffentlicht, handelte es sich durchweg um Komponisten, die sich leichter Musik – Operetten, Schlager, Filmmusik – verschrieben hatten: Paul Abraham (1892–1960),[197] Heinrich Berté (Bettelheim; 1857–1924),[198] Edmund Eysler (1874–1949),[199] Leo Fall (1873–1925),[200] Curt Goldmann (1870– ?),[201] Werner Richard Heymann

195 Verfügung über »Werke 1.) jüdischer, 2.) unerwünschter, 3.) für die Waffen-SS geeigneter Komponisten«, BArch. Berlin, NS 33/240 (Hervorhebung im Original).

196 Eintrag als ›Halbjude‹ in: Stengel/Gerigk, Lexikon, Sp. 144: »Kreisler gab in der Vorkriegszeit u.a. unter dem Titel ›Klassische Manuskripte‹ folgende Stücke für Violine und Klavier heraus: 1. Couperin: Chanson Louis XIII. und Pavane, [...] 3. Porpora: Menuett, 4. Couperin: La Prècieuse, [...] 8. Boccherini: Allegretto, [...], 15. Couperin: Aubade de Provence, [...]. Bis zum Jahre 1935 konnte Kreisler die Fiktion lediglich der Herausgeberschaft und Bearbeitung der genannten Werke aufrecht erhalten, dann musste er angesichts der inzwischen aufgetauchten Zweifel diese Publikation als Fälschung, nämlich als eigene Komposition, eingestehen. Trotz aller gewundenen Erklärungen K.s bleibt die Tatsache einer bewussten Irreführung der Öffentlichkeit bestehen.« Vgl. Kater, Muse, S. 172, S. 211.

197 Eintrag in: Stengel/Gerigk, Lexikon, Sp. 16.

198 Eintrag in: ebd., Sp. 31f.

199 Eintrag in: ebd., Sp. 65. Vgl. Prieberg, Handbuch, S. 1521: Eysler lebte, aus der Reichsmusikkammer ausgeschlossen, von 1939 bis 1945 in Wien.

200 Eintrag in: Stengel/Gerigk, Lexikon, Sp. 66.

201 Eintrag in: ebd., Sp. 86–88: »Goldmann begann seine Komponisten-Laufbahn mit Synagogengesängen und einem ›Kol nidrei‹, ging jedoch bald zu der einträglicheren Schlagerfabrikation über und versuchte sich in allen europäischen und teilweise auch überseeischen Tonarten, wie seine Pseudonyme erkennen lassen. Während der Kriegsjahre stellte Goldmann nationale Musik her [...] In der Verfallszeit verjazzte er deutsche Volkslieder [...]. In gleicher Weise verschandelte er bekannte Opern-Melodien [...]. Seine damaligen politischen Sympathien brachte er in einem ›Bolschewiken-Tanz‹ mit dem Untertitel ›Moderner Sitztanz‹ zum Ausdruck. Am 30. Januar 1933 wechselte Goldmann dann schnell seine Gesinnung mit einem pompösen ›National-Marsch: Heil Deutschland Heil‹ unter dem Ps.[eudonym] Curt Wehrmann als Komponist und Horst Krafft als Textdichter. Als weitere Werke pseudo-nationalsozialistischer Prägung erschienen von Curt Wehrmann außerdem noch: 1. ›Deutschland ist erwacht‹, 2. ›SA, zum Kampfe stets bereit‹, 3. ›SS, die schwarze Garde‹, 4. ›HJ. marschiert‹, 5. ›Jungvolk in

(1896–1961),[202] Hugo Hirsch (1884–1961),[203] Leon Jessel (1871–1942),[204] Jacques Offenbach (1822–1880),[205] Siegfried Translateur (1875–1944),[206] Emil (Émile) Waldteufel (Levy; 1837–1915)[207] und Max Winterfeld (1879–1942).[208] Mit Paul Abraham,[209] Werner Richard Heymann,[210] Hugo Hirsch,[211] Fritz

Wehr‹, 6. ›Die Arbeit hat uns frei gemacht‹.« Ebd., Sp. 87–88. Vgl. Prieberg, Handbuch, S. 2408f.: Ab 1935 verliert sich Curt Goldmanns Spur.

202 Eintrag in: Stengel/Gerigk, Lexikon, Sp. 111f.: »H. begann mit symphonischen Werken, wechselte dann aber über zum Tonfilmschlager und hatte 1931 bis 1933 in ›Der Kongress tanzt‹, ›Bomben auf Monte Carlo‹ u.a. größten Erfolg. Seine gefälligen Melodien stellte er z.T. skrupellos aus der klassischen Literatur her (›Ach, Du lieber Herr Gerichtsvollzieher‹ aus dem Mittelteil des Trauermarsches der Sonate op. 35. v. Fr. Chopin.)«

203 Eintrag in: ebd., Sp. 112f.: »Revue-, Operetten- und Schlager-Komp. (u.a. ›Wer wird denn weinen, wenn man auseinander geht‹, ›Max-Schmeling-Marsch‹, ›Marsch der deutschen Republik‹)«.

204 Eintrag in: ebd., Sp. 123. Jessel hatte sich noch im April 1933 – vergeblich – um die Aufnahme in den Kampfbund für Deutsche Kultur bemüht. Vgl. Dümling, Heimat.

205 Eintrag in: Stengel/Gerigk, Lexikon, Sp. 207f.: »Offenbachs Musik, die in den meisten Musikgeschichten als ein Musterbeispiel der Verbindung von Frechheit und Grazie bezeichnet wird, hält sich bei allen melodischen und rhythmischen Reizen durchaus an der Oberfläche. In ihrem überwiegend verzerrend-karikaturistischem Charakter ist sie zweifellos eine Keimzelle der sich seither immer stärker bemerkbar machenden zersetzenden Tendenzen in der Operette, die unter den weit weniger begabten geistigen und rassischen Nachkommen Offenbachs während der Verfallszeit ihren größten Tiefstand erreichte. Auch für Offenbachs Kunst, die keinen einheitlichen Stilcharakter hat, trifft Richard Wagners Feststellung zu, dass der jüdische Musiker genau so die verschiedenen Formen und Stilarten aller Meister und Zeiten durcheinander wirft, ›wie in dem jüdischen Jargon mit wunderlicher Ausdruckslosigkeit Worte und Konstruktionen durcheinander geworfen werden.‹«

206 Eintrag als ›Halbjude‹ in: ebd., Sp. 274f.

207 Eintrag in: ebd., Sp. 280–282.

208 Eintrag in: ebd., Sp. 293f.: »Komponierte zahlreiche Operetten und Possen von niedrigem Niveau.« Ebd., Sp. 294.

209 Paul Abraham emigrierte über Frankreich und Kuba in die USA, wo er vergeblich an seine früheren Erfolge (*Die Blume von Hawaii*, *Viktoria und ihr Husar*) anzuknüpfen versuchte. Er verarmte, wurde gemütskrank und verbrachte die Jahre von 1946 bis 1952 in einer Nervenheilanstalt. 1956 kehrte er nach Deutschland zurück. Prieberg, Handbuch, S. 59.

210 Werner Richard Heymann emigrierte 1933 über Paris in die USA und machte in Hollywood als Komponist zahlreicher Filmmusiken Karriere. 1950 kehrte er nach Deutschland zurück. Prieberg, Handbuch, S. 2959f.

211 Hugo Hirsch emigrierte über London nach Paris und überlebte die Besatzungs-

Kreisler[212] und Max Winterfeld[213] finden sich auf dieser Liste fünf Komponisten, die vom nationalsozialistischen Regime ins Exil getrieben worden waren, mit Leon Jessel, der kurz zuvor, am 4. Januar 1942, an den Folgen der Misshandlungen, die er in Polizeihaft erlitten hatte, gestorben war,[214] und Siegfried Translateur, der zwei Jahre später im Ghetto Theresienstadt starb,[215] zwei weitere, die dem Holocaust zum Opfer fielen.

Mit der ausdrücklichen Nennung dieser Komponisten sollte wohl auch auf den vermeintlich verderblichen Einfluss von Operetten, Schlagern und Filmmusik aufmerksam gemacht werden – insbesondere dann, wenn sie Werke der Klassik zitierten. Auf dieser Linie liegt etwa das ausdrückliche Verbot der Werke des Komponisten Heinrich Berté, insbesondere seiner Operette *Das Dreimäderlhaus*. Im *Lexikon der Juden in der Musik* heißt es dazu u.a.:

> »Bekannt wurde B. als ›Schöpfer‹ der Operette ›Das Dreimäderlhaus‹ (1917), die er unter Mithilfe jüdischer Textdichter aus Schubertschen Liedern zusammenstellte. Dieses skrupellose Ausplündern und Verfälschen der Werke und der Gestalt eines der größten deutschen Meister hat in der Folgezeit verheerend auf die allgemeine Kunstmoral und das künstlerische Empfinden des Volkes gewirkt. In einem an den Allgemeinen Deutschen Musikverein gerichteten Brief schrieb Richard Strauß, dass jedes Urheberrecht ein Torso bleiben müsse, solange nicht ein solches Verbrechen mit Zuchthaus geahndet werden würde.«[216]

Über das *Lexikon der Juden in der Musik* noch hinausgehend, warnte die Verfügung: »Der Schlager ›Trink, trink, Brüderlein trink‹ ist jüdisch.«[217]

Auch in anderer Hinsicht war die Verfügung des SS-Führungshauptamtes vom 20. Januar 1942 schärfer gehalten als das *Lexikon der Juden in der Musik*, indem sie verfügte, die Werke des deutsch-baltischen Komponisten Boris Blacher (1903–1975) – der erst in der zweiten Ausgabe des *Lexikons*

zeit in einem Internierungslager. 1950 kehrte er nach Deutschland zurück. Prieberg, Handbuch, S. 3066.

212 Fritz Kreisler hatte seinen Wohnsitz bis 1939 in Berlin, gastierte aber seit 1933 im Ausland. Zur Zeit des Zweiten Weltkriegs emigrierte er in die USA und ließ sich in New York nieder. Prieberg, Handbuch, S. 3955–3958.

213 Max Winterfeld emigrierte 1933 nach Wien, 1938 über Madrid nach Paris, 1939 schließlich nach Buenos Aires. Prieberg, Handbuch, S. 7787f.

214 Prieberg, Handbuch. S. 3411f.; Weissweiler, Ausgemerzt, S. 399.

215 Prieberg, Handbuch, S. 7223f.

216 Stengel/Gerigk, Lexikon, Sp. 31f.

217 Verfügung über »Werke 1.) jüdischer, 2.) unerwünschter, 3.) für die Waffen-SS geeigneter Komponisten«, BArch. Berlin, NS 33/240. Das Lied *Trink, trink, Brüderlein trink* wurde 1927 von Wilhelm Lindemann (1882–1941) komponiert. Über eine jüdische Herkunft dieses Komponisten ist weiter nichts bekannt.

der Juden in der Musik als ›Vierteljude‹ denunziert werden sollte[218] – und des »bekannten Walzerkomponisten« Robert Stolz (1880–1975) – dem kurz zuvor die deutsche Staatsbürgerschaft aberkannt worden war, nachdem er aus dem Exil in den USA scharfe Kritik am nationalsozialistischen Deutschland geübt hatte[219] – seien »in der Waffen-SS [...] bis auf weiteres *unerwünscht*«.[220] Besondere Erwähnung fand in diesem Zusammenhang auch Ernst Urbach (1872–1927):[221]

> »*Unerwünscht* sind ferner die Kompositionen und Bearbeitungen von *Ernst Urbach*, die in überaus kitschiger und würdeloser Weise die Standardwerke der deutschen Musikliteratur entstellen und zum Gegenstande billiger und völlig unzeitgemäßer Salonpotpourris machen.«[222]

Der in der Verfügung vom 20. Januar 1942 zutage tretende Abscheu vor leichter Unterhaltungsmusik, insbesondere dann, wenn sie sich der Werke der klassischen Musikliteratur bedient, lässt die Handschrift Martin Stephanis erahnen. Es ist wohl mit großer Wahrscheinlichkeit anzunehmen, dass er am Zustandekommen dieser Verfügung in der einen oder anderen Form beteiligt war. Auf jeden Fall liegt sie ganz auf der Linie, die er zu dieser Zeit in seiner privaten Korrespondenz zeichnet. Dass die lange Liste der »empfohlenen Werke« mit einer Komposition von Franz Deisenroth, Stephanis Dienstvorgesetztem im Musikkorps des Infanterie-Regiments 57 in den Jahren 1936/37, und dem *Luftwaffenmusik* seines Duzfreundes Harald Genzmer beginnt, könnte ebenfalls auf eine (Mit-)Autorschaft Stephanis hindeuten.[223] Sicher war die

218 In der zweiten Ausgabe des *Lexikons der Juden in der Musik* wird Boris Blacher zu den ›Vierteljuden‹ gerechnet, »die versehentlich des öfteren auch bei Veranstaltungen von Parteigliederungen aufgeführt werden«. Zit. n. Wulf, Musik, S. 428. Zur Biographie Boris Blachers: Prieberg, Handbuch, S. 471–479.

219 Prieberg, Handbuch, S. 6901–6908.

220 Verfügung über »Werke 1.) jüdischer, 2.) unerwünschter, 3.) für die Waffen-SS geeigneter Komponisten«, BArch. Berlin, NS 33/240 (Hervorhebung im Original).

221 Prieberg, Handbuch, S. 7334f.

222 Verfügung über »Werke 1.) jüdischer, 2.) unerwünschter, 3.) für die Waffen-SS geeigneter Komponisten«, BArch. Berlin, NS 33/240 (Hervorhebung im Original).

223 Möglicherweise haben sich der oder die Verfasser der Verfügung über »Werke jüdischer, unerwünschter und für die Waffen-SS geeigneter Komponisten« auch von der Schwarzen Liste beeinflussen lassen, die der Geschäftsführer der Reichskulturkammer, Hans Hinkel, am 1. September 1935 mit der Betreffzeile »Keinesfalls erlaubte musikalische Werke« für den internen Gebrauch herausgegeben hatte. Zu den 108 aufgelisteten Komponisten gehörten auch Paul Abra-

Verfügung über »Werke jüdischer, unerwünschter und für die Waffen-SS geeigneter Komponisten« nur ein Glied in einer langen Kette von Aufführungs- und Berufsverboten, mit denen Musiker jüdischen Glaubens oder jüdischer Herkunft mundtot gemacht, aus dem deutschen Musikleben gedrängt, wirtschaftlich ruiniert, ins gesellschaftliche Abseits oder ins Exil getrieben wurden. Gleichwohl führt die Existenz dieser Verfügung Martin Stephanis nachträgliche Behauptung, er habe sich in seiner Funktion als Musikreferent im SS-Führungshauptamt für die ›Verfolgten‹ und ›Unerwünschten‹, insbesondere auch für jüdische Musiker, eingesetzt, ad absurdum.

Eine weitere Verfügung aus der Abteilung Martin Stephanis vom 11. Mai 1942 lag genau auf der mit der Schwarzen Liste vom 20. Januar 1942 eingeschlagenen Linie, die Waffen-SS von der leichten Muse fernzuhalten. Jetzt ging es um die »außerdienstliche Musiktätigkeit der Musikzüge der Waffen-SS«.[224] Den Kommandeuren wurde eingeschärft, bei der Genehmigung solch außerdienstlichen Musizierens den »strengste[n] Maßstab anzulegen«.[225] Bei der Genehmigung »außerdienstlichen Großspiels« sei »Truppenbetreuungs- und Werbeveranstaltungen von Seiten der Partei, des Staates und der Wehrmacht der Vorrang vor allem anderen außerdienstlichen Spiel zu geben«.[226] Zum »außerdienstlichen Kleinspiel« heißt es sodann:

> »Außerdienstliches Kleinspiel in öffentlichen Lokalen (Gaststätten, Kabaretten und Varietés) ist grundsätzlich *verboten*; die Mitwirkung einzelner oder mehrerer Musiker jedoch bei Kultur-, Werbe- und Veranstaltungen im Rahmen der Truppenbetreuung ist *statthaft* und besonders dann erwünscht, wenn durch die Mitwirkung von Musikkorpsangehörigen die kulturelle Leistungsfähigkeit der durch Einberufungen stark geschwächten Kulturorchester erhalten werden kann. Die Mitwirkung von Musikkorpsangehörigen bei Veranstaltungen der Truppenbetreuung, die ausgesprochen kabarettistischen oder varietéhaften Charakter tragen, ist *unzulässig.*«[227]

ham, Emil Bertè, Edmund Eysler und Hugo Hirsch. Vgl. Geiger, Musik, S. 99f. Hinkel stand – wie noch zu zeigen sein wird – mit Franz Schmidt und Martin Stephani in Verbindung.

224 Verfügung des SS-Führungshauptamtes (Kommandoamt der Waffen-SS, Abt. II b), 11.5.1942, BArch. Berlin, NS 33/240.

225 Ebd.

226 Ebd.

227 Ebd. (Hervorhebungen im Original).

Martin Stephani und der Berliner Staats- und Domchor

Am Totensonntag, dem 23. November 1941, dirigierte Martin Stephani in Vertretung des erkrankten Alfred Sittard (1878–1942) den Berliner Staats- und Domchor bei einer Aufführung des *Deutschen Requiems* von Johannes Brahms im Berliner Dom.[228] Wie es zu dieser Vertretung gekommen war, geht aus den überlieferten Quellen nicht eindeutig hervor – man wird wohl davon ausgehen dürfen, dass Stephanis Lehrer und Förderer Fritz Stein, dem in seiner Eigenschaft als Direktor der Staatlichen Akademischen Hochschule für Musik in Berlin auch die Aufsicht über den Staats- und Domchor oblag, vermittelnd tätig geworden war. In einem Brief an den Bielefelder Kulturdezernenten aus dem Jahr 1949 erwähnte Martin Stephani, dass er das Konzert »von heute auf morgen« habe übernehmen müssen, nachdem Sittard einen Schlaganfall erlitten habe, weil »außer dem dienstlich verhinderten Prof. Stein selbst kein Berliner Dirigent [diese Aufgabe] zu übernehmen sich getraute, da es sich immerhin um die traditionelle Aufführung des Brahms-Requiems handelte.«[229]

In den Briefen Stephanis an seine Eltern ist zum ersten Mal am 27. Oktober 1941 von diesem Konzert die Rede, ohne dass die näheren Umstände erläutert würden: »Aller Wahrscheinlichkeit nach werde ich für den erkrankten Sittard am Totensonntag das Brahms-Requiem im Dom dirigieren«.[230] Kurz darauf, am 5. November, berichtete Stephani: »Meine Requiem-Aufführung ist gesichert! Konzentration und Probenarbeit dafür sind freilich neben Dienst und anderem kaum zu schaffen; es geht wieder einmal nur mit dem Willen – und das ist für *dies* lohnende Ziel gewiss nicht zuviel!«[231] Es war – soweit es die Quellen erkennen lassen – Stephanis erster öffentlicher Auftritt als Dirigent seit dem Ende seines Studiums und sein erster überhaupt in Berlin. Entsprechend stolz zeigte er sich gegenüber seinen Eltern. Der Mutter, die wohl darüber geklagt hatte, dass die bereits ausgehängten Konzertplakate mit dem Namen Alfred Sittards nicht sämtlich mit dem Namen ihres Sohnes überklebt worden waren, schrieb er:

228 Eine Ankündigung des Konzerts mit einem Aufkleber, dass Stephani den erkrankten Sittard ersetzen würde, findet sich im Archiv der Universität der Künste Berlin, 11a/16. – Ich danke Herrn Patrick Holschuh für den Hinweis auf dieses Dokument.

229 Martin Stephani an Paul Jagenburg, 29.9.1949, Stadtarchiv Bielefeld, 107,1/Kulturdezernat, Nr. 33.

230 Martin Stephani an seine Mutter, 27.10.1941, Universitätsarchiv Marburg, 312/3/19.

231 Martin Stephani an seine Mutter, 5.11.1941, Universitätsarchiv Marburg, 312/3/19 (Hervorhebung im Original).

»Die nicht überall überklebten Plakate waren übrigens nicht eine Folge des Berliner ›Namenhungers‹ sondern ganz einfach die der Papierknappheit und der Überlastung der Druckereien; um den Dom herum und unter den Linden prangte mein Name – damit Du beruhigt bist! Im Übrigen bedarf es z. Zt. kaum des Namens, um die Menschen anzulocken: man geht in *alles* von einigem Niveau! Presse bisher noch nicht, dafür ›körbeweise‹ persönliche Urteile!«[232]

Zu dieser Zeit war das Ende der Amtszeit Alfred Sittards bereits in Sicht – zu seinem fortgeschrittenen Alter und seinem sich zunehmend verschlechternden Gesundheitszustand kamen Konflikte mit dem Männerchor sowie gravierende Nachwuchsprobleme beim Knabenchor, die nicht zuletzt auf die harte Haltung der Hitlerjugend zurückzuführen waren, die sich weigerte, die Jungen für die Chorproben vom Dienst freizustellen.[233] Irgendwelche weiterführenden Ambitionen verband Martin Stephani mit seinem Auftritt als Dirigent des Staats- und Domchores indessen nicht – jedenfalls macht er in seiner Korrespondenz mit der Familie keinerlei Andeutung in dieser Richtung.

Ein knappes halbes Jahr später war es so weit: »Vor die Wahl gestellt, durch ein Dienstunfähigkeitsverfahren der Stelle enthoben zu werden oder selbst in den vorgezogenen Ruhestand zu gehen, entschied sich Sittard für letzteres«.[234] Zum 1. April 1942 wollte Alfred Sittard in den Ruhestand treten – und starb an seinem letzten Arbeitstag.

Als Nachfolger brachte Fritz Stein »den sowohl als Komponisten als auch als Chorleiter renommierten« Hugo Distler (1908–1942) ins Gespräch, der seit Oktober 1940 als Nachfolger von Kurt Thomas als Professor für Chorleitung, Tonsatz, Komposition und Orgelspiel an der Hochschule für Musik in Berlin lehrte.[235] Nach anfänglicher Zustimmung zur Machtübernahme war Hugo Distler seit Ende 1933 zunehmend auf Distanz zum Nationalsozialismus gegangen. Insgesamt war und blieb sein Verhältnis zum Staat Hitlers ambivalent. So war er zur Kooperation mit der Hitlerjugend bereit, um den Knabenchor zu erhalten. Dennoch nahmen die Spannungen mit der NS-Jugendorganisation zu – im September 1942 erließ die Hitlerjugend ein generelles Verbot von Befreiungen von der Dienstpflicht zugunsten von Chorproben. Am 14. Oktober 1942 erhielt Distler seinen sechsten Gestellungsbefehl – fünfmal hat-

232 Martin Stephani an seine Mutter, 3.12.1941, Universitätsarchiv Marburg, 312/3/19 (Hervorhebung im Original).
233 Dinglinger (Hg.), 150 Jahre, S. 107–122; Holschuh, Feiern, S. 127f.
234 Holschuh, Feiern, S. 128.
235 Prolingheuer, Hugo Distler.

te er zuvor seine Einberufung zur Wehrmacht abwenden können. Hier dürfte wohl das Motiv für seinen Suizid am 1. November 1942 zu suchen sein. Spätere Darstellungen, Hugo Distler sei von den Nationalsozialisten in den Tod getrieben worden, werden von den Quellen jedenfalls nicht gedeckt.[236] Dennoch nahm Martin Stephani, der Hugo Distler aus seinem Studium an der Hochschule für Musik als Dozenten kannte – Fritz Stein gab an, die beiden seien Freunde gewesen –, im Jahre 1959 für sich in Anspruch, sich seinerzeit vergeblich für Distler eingesetzt zu haben, ohne indessen näher auszuführen, was genau damit gemeint war. Irgendwelche Belege dafür, dass Martin Stephani versucht hätte, eine u. k.-Stellung für Hugo Distler zu erwirken oder sonstwie für Distler bei Partei- oder Staatsbehörden zu intervenieren, liegen nicht vor.[237]

Wie auch immer: Nach dem Tod Hugo Distlers war Martin Stephani als neuer Leiter des Staats- und Domchors im Gespräch. Fritz Stein wandte sich am 22. Dezember 1942 an den Reichserziehungsminister:

> »Die Neubesetzung der Direktorstelle des Staats- und Domchors stößt auf erhebliche Schwierigkeiten, da es angesichts der Unsicherheit der künftigen Entwicklungen nicht leicht ist, unter den zahlreichen Bewerbern den geeigneten Mann auszuwählen, der nicht einseitig an die kirchlichen bzw. kirchenmusikalischen Interessen gebunden ist, sondern auch für die musikalische Leitung des künftigen Berliner musischen Gymnasiums geeignet erscheint.«[238]

Zunächst, so teilte Stein dem Reichserziehungsminister weiter mit, habe er an Dr. Hans Hoffmann (1902–1949) gedacht, der jedoch als Städtischer Musikdirektor in Bielefeld bis zum 1. August 1943 gebunden war[239] und auf Nachfrage keine Zusicherung hatte geben wollen, einer Berufung nach Berlin Folge zu leisten. Daraufhin hatte Stein Bruno Kieth, den Gesangslehrer des Staats- und Domchors, mit der »vorläufigen Weiterführung der Geschäfte«[240] beauf-

236 Prieberg, Handbuch, S. 1186–1196; Kater, Muse, S. 314–316.

237 Allerdings nahm man in der Dienststelle Martin Stephanis, der Abteilung II b des SS-Führungshauptamtes, Anteil am Schicksal Hugo Distlers, wie der Bericht des SS-Sturmmanns Oswald Enterlein vom 7. Januar 1943 belegt. Dinglinger (Hg.), 150 Jahre, S. 135f. (Dok. 93).

238 Fritz Stein an den Reichserziehungsminister, 22.12.1942, abgedruckt in: Dinglinger (Hg.), 150 Jahre, S. 140–142 (Dok. 97), Zitat: S. 140.

239 Hoffmann war 1936 zum Dirigenten des Musikvereins der Stadt Bielefeld berufen worden. Seit 1943 war er in Personalunion auch Städtischer Musikdirektor. Becker, Bielefelder Musikverein, S. 21f.; Bootz, Kultur, S. 28f.

240 Fritz Stein an den Reichserziehungsminister, 22.12.1942, abgedruckt in: Dinglinger (Hg.), 150 Jahre, S. 140–142 (Dok. 97), Zitat: S. 141.

tragt. Doch scheine dieser der »Aufgabe nicht gewachsen zu sein«.[241] Deshalb, so Stein, scheine es ihm »dringend geboten, einen anderen Stellvertreter bis zur Wiederbesetzung der Direktorstelle einzusetzen.«[242] An dieser Stelle brachte Stein nun Martin Stephani ins Spiel, »der als Schüler von Kurt Thomas und als naher Freund Hugo Distlers mit der Arbeit eines Acapella-Chores aufs engste vertraut«[243] sei. Die folgende Briefpassage belegt, dass der Vorschlag Steins mit Martin Stephani abgesprochen war:

> »Stephani würde die Vertretung gern übernehmen, da er in seiner Stellung als Untersturmführer beim SS-Führungshauptamt genügend Zeit hätte, um die Proben des Staats- und Domchores, die ja nur in den Abendstunden stattfinden, zu leiten. Er ist auch überzeugt, dass seine vorgesetzte Stelle ihm die Genehmigung erteilen würde, da das Führungshauptamt besonderen Wert darauf lege, Angehörige der SS in die kulturelle Arbeit einzuschalten. Da die künstlerische Tradition des Staats- und Domchores auf dem Spiele steht und das Schwergewicht seiner Arbeit sich ohne Zweifel auf das Tätigkeitsfeld eines Staatschores verlagern wird, sind wohl kaum – das ist auch die Überzeugung Stephanis – Einwände zu befürchten.«[244]

Abschließend bat Fritz Stein darum, »möglichst umgehend« die Zustimmung des SS-Führungshauptamtes einzuholen, dass Stephani »bis auf weiteres die stellvertretende Leitung des Staats- und Domchores übernimmt.«[245]

Man sieht: Stein rechnete damit, dass sich der Staats- und Domchor in Richtung eines reinen *Staats*chores weiterentwickeln würde – was angesichts des intransigenten Kurses der Hitlerjugend eine realistische Perspektive war. Auf die Dauer sollte der Chor mit einem neu zu schaffenden Musischen Gymnasium in Berlin verbunden werden.[246] Der SS-Mann Martin Stephani schien –

241 Ebd.
242 Ebd.
243 Ebd.
244 Ebd., S. 141f.
245 Ebd., S. 142.
246 Das Musische Gymnasium in Frankfurt/Main, das auf Initiative des Oberregierungsrates und Leiters der Musikabteilung im Reichserziehungsministerium Martin Miederer entstanden war und musikalisch hochbegabte Jungen zum Abitur führen sollte, nahm am 1. September 1939 den Betrieb auf. Die Trägerschaft lag bei der Stadt Frankfurt, die Fachaufsicht beim Reichserziehungsministerium. Die Gesamtleitung wurde Kurt Thomas, dem Lehrer Martin Stephanis an der Hochschule für Musik in Berlin, übertragen. Ein zweites Musisches Gymnasium wurde 1941 in Leipzig gegründet, ein weiteres 1942 in Budapest. Insgesamt waren im Deutschen Reich sechs solcher Musischen Gymnasien geplant. Vgl. Günther, Schulmusikerziehung; Bethke, Kurt Thomas; Heldmann, Musisches

unter diesem doppelten Blickwinkel betrachtet – eine Idealbesetzung zu sein. Er konnte sich also berechtigte Hoffnungen machen, mit der Übernahme des Staats- und Domchors für die Stelle des Musikalischen Leiters eines neu zu schaffenden Musischen Gymnasiums in Berlin gleichsam ›gesetzt‹ zu sein.

Doch traten bald schon Schwierigkeiten auf. Am 11. Januar 1943 trafen sich Martin Stephani, Fritz Stein und der Sachbearbeiter im Reichserziehungsministerium, Ministerialrat Dr. Martin Miederer – mit dem Stephani 1940 in der Affäre um Eta Harich-Schneider zu tun gehabt hatte – zu einer eingehenden Besprechung. Dabei teilte Stephani mit, dass das SS-Führungshauptamt sich damit einverstanden erklärt habe, dass er die kommissarische Leitung des Staats- und Domchors übernahm, »allerdings mit der Einschränkung, dass er nur die Konzerte, nicht aber die liturgisch-gottesdienstlichen Aufführungen dirigiere«.[247] Ein entsprechender Antrag an den Reichsführer-SS sei – so Stephani – »bereits entworfen, aber noch nicht abgegangen.«[248] Miederer stellte sich auf den Standpunkt, dass der Reichsführer-SS »erst mit der Sache befasst werden«[249] könne, wenn sie im Reichserziehungsministerium geklärt sei, worum er sich bemühen wolle.

Wenige Tage später wurde die Angelegenheit dadurch weiter kompliziert, dass das Domkirchenkollegium Widerspruch erhob. In seiner Sitzung am 15. Januar 1943 beharrte es darauf, dass es die eigentliche Aufgabe des Domchores sei, der Domgemeinde im Gottesdienst zu dienen und dabei eine Vorbildfunktion für andere evangelische Gemeinden zu übernehmen. Andere »›kulturelle‹ Leistungen«, seien »auch bei stärkster Würdigung ihrer Bedeutung doch stets Nebenleistungen gewesen.«[250] Eine »Umkehrung dieses Verhältnisses« scheine

Gymnasium. Martin Stephani war eigenen Angaben zufolge von 1942 bis 1945 Mitglied des Vereins der Freunde des Musischen Gymnasiums. Fragebogen des Military Government of Germany, 8.11.1948, LAV NRW, Abteilung Rheinland, NW 1049 Ne 30266, Auszug PA, Bd. II-IV.

247 Fritz Stein an den Reichserziehungsminister, 11.2.1943, Archiv der Universität der Künste Berlin, 3/71. Ich danke Herrn Patrick Holschuh für den Hinweis auf dieses wichtige Dokument. Vgl. auch Braun, Epilog, S. 530–533. – Heldmann, Musisches Gymnasium, S. 425, erwähnt, dass Martin Stephanis Vorgesetzter, SS-Untersturmbannführer Franz Schmidt, am 17. November 1941 das Musische Gymnasium in Frankfurt am Main besucht hatte, um sich Anregungen zum Aufbau der SS-Musikschulen geben zu lassen, »da diese Arbeit im Rahmen des Soldatischen von den gleichen Ideen getragen werden soll«.

248 Fritz Stein an den Reichserziehungsminister, 11.2.1943, Archiv der Universität der Künste Berlin, 3/71.

249 Ebd.

250 Dom-Kirchen-Kollegium (D. Doehring) an Fritz Stein, 21.1.1943, abgedruckt in: Dinglinger (Hg.), 150 Jahre, S. 142 (Dok. 98).

dem Domkirchenkollegium »kirchlich und musikalisch untragbar« und werde »im ganzen evangelischen Deutschland allergrößtes Bedauern hervorrufen«.[251] Deshalb kündigte das Gremium an:

> »Sollte es tatsächlich zu einer Umkehrung dieses Verhältnisses kommen, müssen nach Auffassung des Domkirchenkollegiums Schritte getan werden, um die Pflege der evangelischen musica sacra in einem notfalls vom Staatschor zu lösenden Domchor sicher zu stellen.«[252]

In einem Schreiben an das Reichsministerium für Wissenschaft, Erziehung und Volksbildung vom 11. Februar 1943 skizzierte Fritz Stein vor diesem Hintergrund drei Handlungsoptionen:[253] Erstens könne man die Chordirektorstelle – ohne Rücksicht auf den Plan, den Chor nach dem Krieg in Verbindung mit einem neuen Musischen Gymnasium zu reorganisieren – sofort neu besetzen. Als mögliche Kandidaten benannte Stein Friedrich Brinkmann (Michaelis-Kirchenchor Hamburg), Prof. Hans Chemin-Petit (1902–1981, Hochschule für Musik in Berlin),[254] Gerhard Bremsteller (1905–1977, Domchor Magdeburg)

251 Ebd.

252 Ebd.

253 Fritz Stein an den Reichserziehungsminister, 11.2.1943, Archiv der Universität der Künste Berlin, 3/71.

254 In der »Chronik der Staatlichen Hochschule für Musikerziehung und Kirchenmusik« heißt es unter dem 12. Juli 1944: »Hans Chemin-Petit berichtet über die Wehrmachtseinsätze des Kammerchores der Hochschule im Auftrag der Organisation ›Kraft durch Freude‹ auf Truppenübungsplätzen, in Lazaretten und bei der Waffen-SS.« Zit. n. Fischer-Defoy, Kunst, S 221. Vgl. Prieberg, Handbuch, S. 882f. – Am 24. Dezember 1942 wandte sich der Stadtschulrat von Halle/Saale, Dr. Grahmann, an Fritz Stein, weil er ab Mai 1943 einen neuen künstlerischen Leiter für die hallische Robert-Franz-Singakademie suchte. Stein antwortete am 12. März 1943 und empfahl auch hier Hans Chemin-Petit. Für den Fall, dass dieser nicht zur Verfügung stünde, wies Stein einmal mehr auf Martin Stephani hin: »Wir haben natürlich auch eine Reihe junger Chorleiter, die in den letzten 10 Jahren an unserer Hochschule ausgebildet sind, aber sie stehen ohne Ausnahme im Felde. Auf eine ganz besondere Begabung darunter möchte ich Sie aber doch schon heute aufmerksam machen und zwar auf den jungen Martin Stephani, einen Sohn des bekannten Marburger Universitätsmusikdirektors und Händelforschers Hermann Stephani. Martin Stephani, jetzt etwa 28 Jahre alt, ist also von Jugend auf ganz besonders mit der Kunst Händels vertraut und für seine Tüchtigkeit in künstlerischer, chortechnischer und auch in organisatorischer Beziehung kann ich jede Garantie übernehmen. Stephani ist zur Zeit auch im Wehrdienst und zwar ist hier in Berlin beim Hauptführungsamt der Waffen SS für musikalische Arbeiten eingesetzt (Untersturmführer M. Stephani, Hauptführungsamt der Waffen SS, Abt. II b (8), Berlin-Wilmersdorf, Kaiser-

und Prof. Rudolf Mauersberger (1889–1971, Kreuz-Chor Dresden). Zweitens könne man Martin Stephani ungeachtet des Widerspruchs des Domkirchenkollegiums mit der kommissarischen Leitung des Chores betrauen – freilich würde dies wohl das Ende des Staats- und Domchores in der bisherigen Form bedeuten. Einschränkend fügte Stein hinzu:

> »Ob seine Umwandlung in einen Staats-Chor ohne kirchliche Bindung (Beschäftigung?) im gegenwärtigen Augenblicke möglich ist und nicht etwa zur Zeit wohl unerwünschte Erörterungen in der Öffentlichkeit auslösen würde, zumal da ja die Säkularisierung der anderen noch im Dienste der Kirche tätigen Spitzenchöre (Thomanerchor, Kreuzchor, Regensburger Domspatzen) noch nicht erfolgt ist, vermag ich nicht zu beurteilen.«[255]

Drittens, so Stein, könne »bis zur Klärung der Verhältnisse ein namhafter Berliner Kirchenmusiker mit der vorläufigen Leitung des Staats- und Domchors beauftragt [werden], um wenigstens das bevorstehende 100jährige Jubiläum des Chors reibungslos durchführen zu können.«[256] Für diesen Fall empfahl Fritz Stein den »Leiter des Grunewald-Kirchenchors und Lehrer an beiden Berliner Musikhochschulen«,[257] Prof. Wolfgang Reimann (1887–1971). Dieser würde sich »für eine solche interimistische Übernahme des Amtes zur Verfügung«[258] stellen. Das Ministerium folgte dieser Empfehlung und übertrug Reimann die Leitung des Staats- und Domchors.

Allee 188). Ich halte es nicht für ausgeschlossen, dass ihm seine Dienststelle gestatten würde, von hier aus zunächst das Amt in Halle zu versehen. Jedenfalls hatte er bei Kriegsbeginn noch keine feste Stelle und wäre also nach Kriegsende disponibel.« Der Schriftwechsel findet sich in: Archiv der Universität der Künste Berlin 1/4790.

255 Fritz Stein an den Reichserziehungsminister, 11.2.1943, Archiv der Universität der Künste Berlin, 3/71. Am 15./16. November 1941 hatte die Reichsjugendführung – unter Mitwirkung der Reichspropagandaabteilung der NSDAP und des Reichsministeriums für Volksaufklärung und Propaganda – in der Berliner Philharmonie eine Großveranstaltung unter dem Motto »Deutschlands beste Jugendchöre stellen sich vor« durchgeführt. Beteiligt waren die Regensburger Domspatzen, der Thomanerchor Leipzig, die Wiener Sängerknaben, der Kreuzchor Dresden, die Chöre der Rundfunkspielscharen Wien, München und Berlin, der Mozart-Chor der Berliner Hitlerjugend, der Heinrich-Albert-Chor der Königsberger Hitlerjugend sowie der Chor des Musischen Gymnasiums in Frankfurt/Main. Sieb, Zugriff, S. 179–181, sieht hier die Anfänge einer ›Gleichschaltung‹ der kirchlich geprägten Chöre.

256 Fritz Stein an den Reichserziehungsminister, 11.2.1943, Archiv der Universität der Künste Berlin, 3/71.

257 Ebd.

258 Ebd.

Stein gab in seinem Schreiben auch Ratschläge, wie man mit der SS, die ja schon ihre grundlegende Bereitschaft erklärt hatte, Martin Stephani für den Staats- und Domchor freizustellen, umgehen könne, falls man sich gegen eine sofortige Berufung Stephanis entscheiden sollte. Man könne, so Stein, mitteilen, dass eine Berufung im Augenblick nicht möglich sei, Stephani aber als Leiter des Chores nach dessen Umwandlung in einen Staatschor in Verbindung mit dem noch zu schaffenden Musischen Gymnasium »in Aussicht genommen«[259] sei. Stein schloss mit einer erneuten warmen Empfehlung für Martin Stephani: »Zur Übernahme des Amtes halte ich Herrn Stephani, den besten Schüler von Kurt Thomas und Hugo Distler und den tüchtigsten unter den jüngeren Nachwuchs-Chordirigenten wie keinen zweiten geeignet.«[260]

Die Entscheidung des Reichserziehungsministeriums ließ indessen auf sich warten. In einem Brief an die Familie, datiert »Ende Febr. bis 14.III.43«, machte Martin Stephani seinem Unmut Luft:

> »[...] In der Domchorangelegenheit benimmt sich das ohnehin nicht sehr männliche Kultusministerium feige und kopflos wie nie. Die Zeit verstreicht in Debatten, während ich längst inmitten der Ausführung meines bis ins Letzte ausgearbeiteten Planes stehen könnte! Dort, wo man naturgemäß die meisten Schwierigkeiten hätte erwarten dürfen – bei *uns*! [i. e. SS-Führungshauptamt] – besteht nach wie vor größte Anteilnahme, meine Chefs erkundigen sich fast täglich!«[261]

Diese Briefpassage wurde von den Eltern Martin Stephanis 1947 in beglaubigter Kopie im Spruchgerichtsverfahren gegen ihren Sohn vorgelegt. Sie erläuterten den Text in einer beigefügten Notiz wie folgt:

> »Martin Stephani sollte unter *Bei*behaltung seiner kulturellen Arbeit in der Waffen-SS die Leitung des *Domchores* übernehmen. Der Plan Stephanis war, sich *als SS-Führer in dieser* Stellung den kulturpolitischen Befehlen des *Propaganda*ministeriums zu *entziehen* bzw. ihnen *entgegenarbeiten* zu können.«[262]

259 Ebd.
260 Ebd.
261 Auszugsweise Abschrift aus einem Brief Martin Stephanis an seine Eltern, datiert »Berlin, Ende Febr. bis 14.III.43«, Beilage zu: Hermann Stephani an Staatsanwalt Seidel, Bielefeld, 7.9.1947, BArch. Koblenz, Z 42–IV, Nr. 2887 (Hervorhebung im Original). Die auszugsweisen Abschriften aus den Briefen Stephanis an seine Eltern 1943/44 wurden von der Ortspolizeibehörde Marburg/Lahn am 8. September 1947 beglaubigt.
262 Beilage zu: Hermann Stephani an Staatsanwalt Seidel, Bielefeld, 7.9.1947, BArch. Koblenz, Z 42–IV, Nr. 2887 (Hervorhebungen im Original).

Hier wird die Strategie Martin Stephanis im Entnazifizierungsverfahren deutlich: Er habe die Leitung des Staats- und Domchores angestrebt, um diesen – geschützt durch seine SS-Uniform – dem Zugriff des Reichspropagandaministeriums zu entziehen. Ein Narrativ, dass geflissentlich ausblendet, dass Stephanis Berufung im Zusammenhang mit Plänen zur ›Säkularisierung‹ des Chores stehen sollte – und nicht zuletzt am Widerspruch des Domkirchenkollegiums scheiterte. In seiner Darlegung »Mein künstlerischer Werdegang« vom Dezember 1949 behauptete Martin Stephani schließlich, ihm sei nach dem Tod Hugo Distlers »die kommissarische Leitung des Berliner Staats- und Domchores übertragen [worden], mit dem ich als letzte repräsentative Aufführung dieses Institutes (vor seinem baulichen und personellen Verfall infolge der Kriegsereignisse) am Totensonntag 1942 noch das Brahms-Requiem herausbrachte, das starke Beachtung fand.«[263] Tatsächlich hatte das Konzert, wie oben beschrieben, 1941 – nach dem Tod Alfred Sittards – stattgefunden, es stand mithin nicht in Zusammenhang mit der Regelung der Nachfolge Hugo Distlers.

Worin der groß angelegte, fertig ausgearbeitete Plan bestand, den Martin Stephani mit dem Staats- und Domchor umsetzen wollte, darüber kann man nur Vermutungen anstellen. Aufschlussreich scheint in diesem Zusammenhang aber ein Brief Martin Stephanis an seine Eltern vom 30. September 1941. Hier gibt Martin Stephani eine Einschätzung der musikpolitischen Situation:

> »[…] Um unsere Philharmonischen Konzerte ist geradezu ein Kulturkampf entbrannt; die Seichtigkeit der Berliner Kultur- und Volksbetreuung hat ihren Höhepunkt erreicht und führt sich selbst … ad absurdum; das Volk ist bar jeder seelischen Stütze und soll in der bengalischen Beleuchtung von dick aufgetragenen Parteiphrasen einerseits und moussierenden Revue-Zoten andererseits geblendet werden.
> Es ist die Bildung eines deutschen glaubensmäßig gebundenen Humanitätsbewusstseins auf sittlicher Grundlage nicht nur verabsäumt, sondern ihr geradezu entgegengearbeitet worden in all den Dingen, die dem Volke von je ›Bildnis oder Gleichnis‹ waren und (heute) noch wären; der ohnehin nur

263 Martin Stephani, Mein künstlerischer Werdegang, o. D. [Dezember 1949], Stadtarchiv Bielefeld, 107,1/Kulturdezernat, Nr. 33. Ähnlich im Lebenslauf vom 17. Juni 1948: »Gleichzeitig lief während dieser Tätigkeit eine Berufung als Leiter des ›Berliner Staats- u. Domchors‹ (als Nachfolger Sittard's u. Distler's), nachdem ich mit der Aufführung des ›Deutschen Requiem's‹ von Brahms 1942 [sic!, es muss heißen: 1941] im Berliner Dom einen nachhaltigen Eindruck erzielen konnte.« Lebenslauf vom 17.6.1948, LAV NRW, Abteilung Rheinland, NW 1049 Ne 30266, Auszug PA, Bd. II–IV.

begrifflich fassbaren sog. ›nationalsozialistischen Weltanschauung‹ hätte dieser bewusst anerzogene Glaube an die metaphysische Absolutheit eines solchen deutschen Humanismus ... die blutende Wurzelkraft sein müssen, die in Notzeiten wie jetzt als bildendes Ferment den Volkskörper durchströmt und verpflichtet. Mein Domchor-Plan hätte *allein* der Bildung eines solchen Fermentes weithin sichtbaren Vorschub geleistet. Alles das habe ich gestern in Berlin als heftiger Ankläger mir mal wieder von der Seele geredet, als ich auf einigen gewissen Dienststellen mit einem Griff die Kabale zerriss, mit der man unsere Arbeit an die Kette der Ungefährlichkeit legen will – nur damit die Diskrepanz zwischen ›nationalsozialistischer‹ (?) Verkündigung und Praxis nicht sichtbar werde. Ich bin aber entschlossen, diesmal alle Minen springen zu lassen ... Wozu biologische Reichsgesundheitsgesetze, wenn deren Segen durch ahygienische sittliche Gifte ... in dauerndem seelischen Abbauverfahren entwertet wird?«[264]

Hier wird Martin Stephanis Vorstellung von seiner künstlerischen Sendung deutlich: Leichte Unterhaltungsmusik, um die Bevölkerung in der Kriegszeit bei Laune zu halten, lehnte er ebenso ab wie eine heroisierende Weltanschauungsmusik, die mit falschem Pathos ein »nationalsozialistisches Gefühlserlebnis«[265] evozieren wollte. Diese beiden musikpolitischen Strategien führten nach seiner Überzeugung in die Irre – sie verführten das Volk zur Götzenanbetung, wie Stephani mit seinem Verweis auf das Zweite Gebot andeutet.[266] Es komme vielmehr entscheidend darauf an, dem Volk mit Hilfe der musikalischen Hochkultur den Zugang zum Metaphysischen zu eröffnen – und damit eine wahrhaft nationalsozialistische Weltanschauung zu vermitteln. Diese Gedankengänge knüpften nahtlos an die Darlegungen Stephanis zur Funktion der Kunst im Krieg vom September 1940 an – und sie ließen sich ohne weiteres mit dem ›Kulturwillen‹ der SS verbinden. So hatte die scheinbar unpolitische Haltung Stephanis eine eminent politische Dimension.

264 Auszugsweise Abschrift aus einem Brief Martin Stephanis an seine Eltern, 30.9.1943, Beilage zu: Hermann Stephani an Staatsanwalt Seidel, Bielefeld, 7.9.1947, BArch. Koblenz, Z 42–IV, Nr. 2887 (Auslassungen und Hervorhebung im Original). Mit den »gewissen Dienststellen«, so kommentierten die Eltern Stephanis, seien das Reichspropaganda- und das Reichskultusministerium gemeint gewesen.

265 Danuser, Weltanschauungsmusik, S. 319.

266 »Du sollst dir kein Bildnis noch irgendein Gleichnis machen, weder von dem, was oben im Himmel, noch von dem, was im Wasser unter der Erde ist: Bete sie nicht an und diene ihnen nicht!« 2. Mose 20,4–5.

Diese Deutung wird unterstrichen durch ein Schreiben des Vorgesetzten Stephanis, Franz Schmidt, an Hans Hinkel vom 2. Oktober 1943. Dieser hatte inzwischen eine steile Karriere als Multifunktionär nationalsozialistischer Kulturpolitik hinter sich: 1935 hatte Joseph Goebbels ihn in das Ministerium für Volksaufklärung und Propaganda geholt und zum Geschäftsführer der Reichskulturkammer ernannt. Das ›Sonderreferat Hinkel‹ – seit 1938: Abteilung II A, seit 1940: BeKa (Besondere Kulturaufgaben) – war im Zweiten Weltkrieg für die Truppenbetreuung zuständig, wahrscheinlich bis zum 23. Oktober 1944, als eine Weisung des Propagandaministeriums erging, jede Form der Truppenbetreuung einzustellen. In der ministeriellen Laufbahn rückte Hinkel bis zum Ministerialdirektor auf. Innerhalb der Reichskulturkammer fungierte er seit 1941 als Generalsekretär. Hinzu kamen verschiedene Sondervollmachten: So wurde Hinkel im Februar 1942 zum Leiter des Unterhaltungsprogramms des Groß-Deutschen Rundfunks ernannt. In der SS erreichte er mit der Ernennung zum SS-Gruppenführer im April 1943 den dritthöchsten Rang.[267]

In seinem Schreiben vom 2. Oktober 1943 wandte sich Schmidt an Hinkel in dessen Eigenschaft als SS-Gruppenführer, die Botschaft richtete sich aber erkennbar auch an den für die Truppenbetreuung zuständigen Funktionär im Reichspropagandaministerium:

> »[...] im Bewusstsein der – ich darf, Gruppenführer, sagen: religionsstellvertretenden – sittlichen Formkraft der Musik und der Gefahr, dass sich in das kriegsbedingt wachsende seelische Vakuum breiter Volksschichten mit Eifer die mehr und mehr erstarkende Kirche stürzt – Sie wissen, Gruppenführer, dass in diesem Zusammenhang Stephani zum Beispiel gerade in seiner Eigenschaft als Führer der Waffen-SS auch das Domchorproblem zu einer Befriedung von gar nicht abschätzbarer nationaler Bedeutung bringen wollte – begann ich unmerklich und ohne jede sichtbare Tendenz meine Tätigkeit nach der SS-mäßig erzieherisch formenden Seite zu verlagern und damit die Bindung von zunächst polar entgegengesetzt erscheinenden Wesenheiten zu versuchen: die Kunst im Sinne ihrer charakterlich-sittlichen Formkraft mit nationalsozialistischer Wehrkraft; und zwar Bindung mit allen Konsequenzen im und Ausstrahlung vom Soldatischen«.[268]

267 Alle Angaben nach: Geiger, »Einer unter hunderttausend«, S. 50–53.

268 Schmidt an Gruppenführer [Hans Hinkel], 2.10.1943, zit. nach Prieberg, Handbuch, S. 6193. Eine Kopie dieses Dokuments (z.T. als Faksimile abgedruckt in: Braun, Epilog, S. 530) befindet sich im Prieberg-Archiv. Das Original im Bundesarchiv Berlin ist derzeit nicht auffindbar.

Zwei Punkte sind an dieser Stelle besonders hervorzuheben: Zum einen passte die in dem Zitat zu Tage tretende Vorstellung von der »sittlichen Formkraft der Musik«, die – gleichsam als Ersatz für das als schwächlich betrachtete Christentum der verfassten Kirchen – in der Lage sei, die Kraftquellen des Transzendenten anzuzapfen, diese durch erzieherische Einwirkung auf »breite Volksschichten« zur Formung des »Volkscharakters« nutzbar zu machen und damit letztlich die »Wehrkraft« des nationalsozialistischen Deutschlands zu stärken, genau mit den Gedankengängen zusammen, die Martin Stephani im Brief an seine Eltern vom 30. September 1941 entwickelt hatte. Diese Gedankengänge stellten mithin keineswegs Idiosynkrasien Martin Stephanis dar, sondern spiegelten die gemeinsamen Überzeugungen Schmidts und Stephanis und – so steht zu vermuten – die kollektive Mentalität der Musikabteilung im SS-Führungshauptamt und des SS-Stabsmusikkorps wider. Zum anderen ist bemerkenswert, dass sich Schmidt von Hans Hinkel, dem für die Truppenbetreuung zuständigen Funktionär im Reichspropagandaministerium, Unterstützung für seinen Kurs erhoffte – erkennbar appellierte Schmidt in seinem Schreiben an das Selbstverständnis der SS als einer auch kulturellen Elite.

Wie man einem Brief Martin Stephanis an seinen Bruder Reinhart vom 12. Februar 1944 entnehmen kann, hatte er die Hoffnung auf sein Domchorprojekt zu diesem Zeitpunkt noch nicht aufgegeben, wobei auch er auf die Unterstützung Hinkels setzte:

> »Die Philharmonie ist nun *auch* ein Trümmerhaufen: *so* hätte sie nicht enden dürfen! In der Nacht zum 31./I. brannte sie aus – an diesem Tage hätten wir unser V. großes Philharmonisches Konzert haben sollen [...]! Wahrscheinlich werden die künftigen *großen* Konzerte von Philharmonikern und uns in den Berliner *Dom* (!) verlegt: tolle propagandistische Idee (von Hinkel!) – was? Vielleicht kommen wir von dieser Seite erneut an das *Domchor*-Problem heran.«[269]

269 Martin an Reinhart Stephani, 12.2.1944, Privatbesitz (Hervorhebungen im Original). Dem Brief ist eine gedruckte Ankündigung des V. Sinfoniekonzerts des Stabsmusikkorps des SS-Führungshauptamtes unter der Leitung von Franz Schmidt am 31. Januar 1944 beigefügt. Auf dem Programm standen *Don Juan* von Richard Strauss, die *Orchesterlieder* von Harald Genzmer, die Serenade B-Dur (KV 361) von Mozart, *Aus Böhmens Hain und Flur* von Bedřich Smetana sowie der Hochzeitswalzer aus *Der Schleier der Pierrette* von Ernst von Dohnányi.

Hilfe für verfolgte Musiker? Der Fall Pál Kiss

In seinem Brief an Gustav Scheck vom 6. September 1959 verwies Martin Stephani, wie bereits ausgeführt, auf seinen »inneren Widerstand« in der »unangreifbaren Uniform‹« der SS,

> »dessen sich im damaligen Deutschland fast alle Persönlichkeiten des Musiklebens bedienten, die als Juden, Verfolgte oder beruflich In-Notgeratene Schutz und Hilfe suchten, und dessen Dasein eine große Zahl nach dem Kriege unangefochten wieder diensttuender, teilweise prominenter Orchestermusiker und Künstler überhaupt ihr Leben verdankt. (Mit Ausnahme des jüdischen ungarischen Pianisten Pal Kiss und Hugo Distler's, welchen mit allen Mitteln dem Leben zu erhalten wir leidenschaftlich, aber umsonst versuchten ...)«[270]

Martin Stephani nahm an dieser Stelle – 14 Jahre nach dem Ende des Zweiten Weltkriegs – zum ersten und einzigen Mal für sich in Anspruch, im ›Dritten Reich‹ verfolgten Musikern geholfen und manchen von ihnen sogar das Leben gerettet zu haben. Es sei ausdrücklich hervorgehoben, dass keines der ausführlichen Selbstzeugnisse, die Martin Stephani in den Jahren von 1947 bis 1949 verfasste, einen Hinweis in dieser Richtung enthält, obwohl – wie noch zu zeigen sein wird – ein Beleg oder gar Beweis für eine stille Hilfe für verfolgte Musiker in Martin Stephanis Spruchgerichtsverfahren von entscheidender Bedeutung gewesen wäre. Vor diesem Hintergrund erscheint die 1959 aufgestellte Behauptung von vornherein wenig glaubhaft. Im Falle Hugo Distlers lässt sich, wie bereits erwähnt, kein Beleg dafür finden, dass sich Martin Stephani für eine u. k.-Stellung Distlers eingesetzt hätte. Wie sieht es im Fall von Pál Kiss (1907–1945) aus?[271]

Der ungarische Pianist Pál Kiss, der von 1931 bis 1933 an der Hochschule für Musik in Berlin studiert hatte, machte im nationalsozialistischen Deutschland zunächst eine steile Karriere – der Umstand, dass er zwar katholischer Konfession, aber jüdischer Herkunft war, blieb bis 1942 unentdeckt, die Reichsmusikkammer führte ihn, nachdem er bei seiner Aufnahme falsche Selbstangaben gemacht hatte, als ›arisch‹. Wohl im März 1943 sickerte aus dem Auswärtigen Amt – vermutlich aufgrund einer Denunziation – die Information durch, dass Pál Kiss im Sinne der nationalsozialistischen Klassifika-

270 Martin Stephani an Gustav Scheck, 6.9.1959, LAV NRW, Abteilung Rheinland, NW Pe, Nr. 7475, Auszug PA, Bd. III.

271 Zu seiner Biographie jetzt ausführlich: Riehle, Pál Kiss. Dazu auch: Prieberg, Handbuch, S. 3675–3677.

tion als ›Jude‹ zu betrachten sei. Daraufhin wurde er am 2. Juni 1943 unter dem Vorwurf der ›Rassenschande‹ festgenommen – seit dem März 1943 lebte Pál Kiss mit seiner Verlobten, der Opernsängerin Charlotte an der Heiden (1905–1990) zusammen. Kiss wurde zunächst in dem berüchtigten Polizeigefängnis am Alexanderplatz in Berlin festgehalten, im Dezember 1943 dann in das Arbeitserziehungslager Berlin-Wuhlheide verbracht und – nach einem kurzen Aufenthalt im ehemaligen jüdischen Altersheim in der Hamburger Straße 26 – am 2. September 1944 in das Konzentrations- und Vernichtungslager Auschwitz deportiert. Bei einem der Todesmärsche im Zuge der Auflösung des Lagers Auschwitz wurde Pál Kiss nach dem Zeugnis eines Mithäftlings um den 18./19. Januar 1945 herum bei Pless (polnisch: Pszczyna) erschossen, weil er mit dem Marschtempo nicht mehr mithalten konnte.[272]

Die Tagebuchaufzeichnungen Charlotte an der Heidens vom Juni 1943 bis Juni 1948 sind jüngst von Klaus Riehle ausgewertet und teilweise veröffentlicht worden. Die Bemühungen der Freunde um eine Freilassung von Pál Kiss werden in diesen Aufzeichnungen detailliert beschrieben – von Martin Stephani ist darin nicht die Rede.[273] Hätte es eine Fürsprache aus dem SS-Führungshauptamt gegeben, fände sich im Tagebuch der Verlobten – sofern sie denn davon erfahren hätte – mit Sicherheit ein Hinweis. Martin Stephani könnte vom Schicksal Pál Kiss' durch seinen Freund Harald Genzmer erfahren haben. Genzmer kannte Pál Kiss vom Studium her und war ihm eng verbunden – er hatte seine Sonatine für Klavier Nr. 1 dem Pianisten gewidmet und auch seine 2. Sonate für Klavier, die Pál Kiss in einem seiner letzten Konzerte am 4. November 1942 im Beethovensaal aufführte, hatte der Komponist, wie einem Vermerk auf der Komposition zu entnehmen ist, für den Freund geschrieben.[274] So wäre es zwar denkbar, dass Harald Genzmer seinen Freund Martin Stephani um Hilfe bat, um Pál Kiss frei zu bekommen, es erscheint jedoch äußerst unwahrscheinlich – warum sollte Harald Genzmer einen so wichtigen Entlastungsgrund für seinen Freund Martin Stephani in seinem ›Persilschein‹ vom Juli 1946 verschwiegen haben?[275]

272 Alle Angaben nach Riehle, Pál Kiss, passim.
273 Ebd., S. 45–58.
274 Ebd., S. 173f.
275 Die umgekehrte, von Klaus Riehle in Form einer Frage angedeutete Mutmaßung, Franz Schmidt und Martin Stephani könnten »gar etwas mit der Anzeige [gegen Pál Kiss] zu tun« gehabt haben (ebd., S. 175), muss wiederum als pure Spekulation betrachtet werden, da jeder Beleg in dieser Richtung fehlt. Die Frage, wie Martin Stephani 1959 wissen konnte, dass Pál Kiss tot war (ebd., S. 173; Braun, Epilog, S. 509), beantwortet sich von selbst, da Kiss laut Sterbeurkunde vom 25. November 1954 offiziell für tot erklärt worden war (ebd., S. 125).

»Rein künstlerische Tätigkeit«? Martin Stephanis Vorstellungen zur Rolle der Musik

Nach dem Krieg setzte sich eine Lesart durch, wonach Martin Stephani auf seinem Posten im SS-Führungshauptamt rein künstlerisch tätig gewesen und gerade deswegen – weil der nationalsozialistische Staat für ›Unkultur‹ gestanden habe – mit einer gewissen Zwangsläufigkeit in Konflikt mit dem Regime geraten sei. Fritz Stein etwa schreibt in seinem ›Persilschein‹ vom 5. Januar 1948:

> »Als infolge der Kriegsereignisse der Leibstandartenchor seine Arbeit einstellen musste, wurde Stephani von der Leibstandarte dem SS-Hauptführungsamt [sic] zur Verfügung gestellt, und man betraute ihn hier mit der Organisation und Leitung eines SS-Symphonieorchesters, mit dem Stephani künstlerisch sehr wertvolle Arbeit geleistet hat. [...] Seine Tätigkeit in der SS war eine rein künstlerische, und ich kann aus vielen Gesprächen mit ihm bezeugen, dass dieser leidenschaftlich nur seinen künstlerischen Idealen hingegebene Musiker die NS-Ideologien [sic] aus tiefster Überzeugung ablehnte und glücklich war, sich auf dem neutralen Gebiet der Kunst betätigen zu können.«[276]

Martin Stephani selbst schrieb in einem Lebenslauf, den er während seiner Internierung im Juli 1947 verfasste, dass er

> »[...] bis Kriegsende ausschließlich auf musikalischem Sachgebiet (als Dirigent des großen Sinfonie-Orchesters des SS-F.H.A., als Lehrer für den Musikernachwuchs und als Organisator eigener musikalischer Pläne) arbeitete, ohne dass behauptet werden könnte, dass sich diese Tätigkeit nicht genauso gut an irgendeiner (künstlerischen) Institution irgendeines Landes der Welt hätte durchführen lassen.«[277]

Ein Brief an die Mutter vom 27. Oktober 1941 scheint diese Selbststilisierung Stephanis als eines nur seiner Kunst lebenden Musikers auf den ersten Blick zu bestätigen, beklagte er hier doch wortreich die zunehmende Instrumentalisierung der Musik zu propagandistischen Zwecken, und zwar sowohl von Seiten verschiedener Parteistellen als auch von kirchlichen Kreisen:

276 Erklärung Fritz Stein, 5.1.1948, LAV NRW, Abteilung Rheinland, NW 1049 Ne 30266, PA Bd. II–IV.

277 Lebenslauf Martin Stephani, undatiert [1947], BArch. Koblenz, Z 42–IV, Nr. 2887.

»Ich kann hier nur andeuten, dass die musikalische Desorientierung im Reich wohl noch nie von solchen Ausmaßen war, u. zwar auf allen Gebieten! Krieg entschuldigt bekanntlich *alles*, u. man *könnte* zur Not auch *hier* sagen: anderes ist jetzt wichtiger! Es gibt aber z. Zt. keine Musikveranstaltung von einigem Rang, die nicht von *sämtlichen* öffentlichen und geheimen Sektoren des mehr oder weniger ›geistigen Lebens‹ in wütendem Fanatismus für ihre eigenen, weitgehend politischen Ziele ausgeschlachtet würde, gleich, ob Partei-, Kirchen- oder sonstwie *politisch*! Wir haben es nun endlich geschafft, dass alle Dinge des geistigen Lebens im weitesten Sinne nicht mehr um des geistigen Lebens willen proklamiert, geübt u. durchgesetzt werden, sondern dass sie nichts anderes mehr sind als Reklameschild u. propagandistische Maske für politische Ideologien unfassbarster Konsequenzen!
Jedenfalls ist Musik nicht mehr einfach Musik – abseits stehend u. ohne Belang für die politische u. militärische Situation unserer Zeit – sondern sie ist ein höchst aktuelles u. gefährliches Instrument *aller* Propagandisten aus *allen* geistigen u. politischen Lagern geworden.
Sie hat ihr innerstes Leben verhüllt, ist aber, als propagandistisches Instrument aller gegen alle gehandhabt, dafür in hohem Maße ›*kriegswichtig*‹ geworden! D.h. aber: sie *bindet* – was sie *könnte*! – in diesem entscheidenden Augenblick nicht mehr, sondern sie *spaltet auf*! […] Überall rottet sich die Halbbildung zu Haufen, stellt Götzen auf, zerschlägt Götter, ergeht sich in unduldsamen Erlassen u. schreit auf die Masse ein!
Noch nie waren die Wächter in der Musik so gering an Zahl u. Einfluss u. noch nie bedurfte es ihrer mehr als heute!«[278]

Unter den Bedingungen politischer Instrumentalisierung, so die hier zutage tretende Überzeugung Stephanis, spalte Musik das Volk statt es zu einen. Einmal mehr gebraucht Stephani in diesem Zusammenhang die Metapher von den Götzen und den Göttern. Seine eigene Rolle als Musikreferent im SS-Führungshauptamt interpretiert er als die eines ›Wächters‹, der darauf Acht gibt dass die ›reine Musik‹ ihre Wirkung entfalten, die falschen ›Götzen‹ entlarven, den Zugang zu den alten ›Göttern‹ wieder eröffnen und dem Volk die sittlichen Maßstäbe vermitteln kann, die es in der Kriegszeit besonders dringend braucht. Eine weitere Briefpassage aus dem Jahre 1944 belegt eindrucksvoll, wie sehr Martin Stephani von der Bedeutung seiner künstlerischen Mission durchdrungen war:

278 Martin Stephani an seine Mutter, 27.10.1941, Universitätsarchiv Marburg, 312/3/19 (Hervorhebungen im Original).

»Wenige wissen, wie groß die Zahl derer ist, die ich an empfindlicher Stelle angerührt und aus Lethargie und Stumpfsinn entbunden habe! Wenn nur das *Gefühl* lebendig erhalten wird und geschärft zur Unterscheidung von hell und dunkel, warm und kalt, oben und unten, Gesetz und Anarchie, Sittlichkeit und Unzucht, Mut und Feigheit, Liebe und Hass, Frau und Dirne, Adel und Gemeinheit, Geist und Ungeist, Natur und Unnatur, Seele und Vertiertheit, Zartheit und Dekadenz, dann *kann* einer nicht fehl gehen in seiner Entscheidung.«[279]

Abb. 1: Das Sinfonieorchester der Waffen-SS unter Leitung von Martin Stephani, um 1944 (Bundesarchiv Berlin, R 9361/III, 202641)

279 Auszugsweise Abschrift aus einem Brief Martin Stephanis an seine Eltern, 6.7.1944, BArch. Koblenz, Z 42–IV, Nr. 2887 (Hervorhebungen im Original).

Als »nationalsozialistische Wache« auf dem Posten. Die letzten Kriegsjahre, 1943 bis 1945

Offenbar zweifelte Martin Stephani bis in die letzten Monate des Krieges hinein nicht am Sieg des nationalsozialistischen Deutschlands. An seiner Loyalität gegenüber dem Staat Hitlers und der Waffen-SS ließ er keinen Zweifel aufkommen, wie zwölf Briefe Martin Stephanis an seinen Bruder Reinhart aus den Jahren 1942 bis 1944 belegen.[280]

Diesen Briefen ist zu entnehmen, dass Martin Stephani seit April 1942 versuchte, die Versetzung seines Bruders Reinharts, der als Obergefreiter bei der Luftwaffe diente,[281] zur Waffen-SS zu vermitteln.[282] Ein Jahr später, am 10. April 1943, teilte Martin Stephani seinem Bruder mit:

> »Also ich habe nunmehr Deine Versetzung zur Waffen-SS *beantragt*! Hoffentlich entspricht diese Maßnahme *nach wie vor* Deinem Wunsche –; denn möglicherweise kannst Du Dich von Deinen ›Gewaltvögeln‹ *doch* nicht trennen, auch wenn die zeitweise Verärgerung es Dich wünschen ließ.

280 Diese Briefe befinden sich im Besitz eines Sammlers, der sich im Laufe des Forschungsprojekts bei der Hochschule für Musik in Detmold gemeldet hat. Die Hochschule kaufte daraufhin Kopien dieser Briefe an. Die Quellenkritik lässt keinerlei Zweifel an der Authentizität dieses Materials aufkommen: Erstens weist Martin Stephanis Handschrift einige markante Charakteristika auf, die sich auch in diesen Briefen finden. Zweitens stimmen auch zahlreiche sprachliche Eigenarten mit den Briefen an die Eltern aus dem Jahr 1941 überein. Drittens schließlich enthalten die Briefe an den Bruder viele inhaltliche Details, die sämtlich durch andere Quellen bestätigt werden. Der Stil der Briefe an den Bruder ist deutlich stärker von der ›Landsersprache‹ geprägt als die Briefe an die Eltern.

281 In dem Lebenslauf, den Reinhart Stephani seiner Dissertation anfügte, heißt es zur Zeit des Zweiten Weltkriegs: »Einen Teil meiner Arbeitsdienstpflicht im Sommer 1939 leistete ich als Hornist einer RAD-Kapelle. Die ersten fünf Monate des Krieges 1939–45 diente ich in einem Baubataillon.« 1940 ließ sich Reinhart Stephani in den Fächern Musikwissenschaft, Kunstgeschichte und Philosophie an der Universität Marburg immatrikulieren, wurde aber wenig später zur Luftwaffe eingezogen: »Von 1940 bis zu meiner Verwundung Febr. 1945 nahm ich als Segelflugzeugführer bzw. Fallschirmjäger am Kriege teil.« Nach dem Krieg kehrte er nach Marburg zurück, arbeitete als Privatmusiklehrer und setzte nach der Wiedereröffnung der Philipps–Universität im Wintersemester 1945/46 sein Studium in den Fächern Musikwissenschaft, Kunstgeschichte und Deutsche Literatur fort. 1952 wurde er mit einer Dissertation über *Die deutsche musikalische Jugendbewegung* promoviert. Die biographischen Angaben und Zitate sind dem Lebenslauf entnommen, den Reinhart Stephani seiner Dissertation anfügte.

282 Martin Stephani an Reinhart Stephani, 26.4.1942, Privatbesitz.

> Freilich bist Du als *Spezialist* innerhalb Deiner Truppe schwer loszueisen, und vielleicht *garnicht*! Aber die Sache läuft und ist, wenn sie in Ordnung geht, schwerlich rückgängig zu machen. Deshalb äußere Dich möglichst postwendend, wie die Aktien stehen«.[283]

Doch der Bruder zögerte, so dass Martin Stephani den Versetzungsantrag noch einmal stoppte. Am 12. Juni 1943 schrieb er dazu:

> »Das ist ja entsetzlich mit Deiner Herumkommandiererei! Darauf kannst du Dich verlassen: *eingesetzt* – *wie* spielt keine Rolle! – *wirst* Du bei uns. Ich habe aber zunächst Deinen Versetzungsantrag nochmals gestoppt wegen Deiner inzwischen ergangenen Fragen.
> Füttere Dich *selbst*: Willst Du z.B. als [ein Wort unleserlich] Bratschenlehrer an unsere Schule nach Braunschweig oder als Sachbearbeiter ins SS-Hauptamt-Schulungsamt für Musik und Schulungsangelegenheiten (uns coordiniert!) – oder, was ich Dir als k.v.-Mann am ehesten raten würde, zu unseren *Panzern*: ich könnte Dich auch hier zu prima Vorgesetzten lancieren! Denn ob ich Dich angesichts unseres knappen Etats auf die *Dauer* in unserer Arbeit halten könnte mit Tauglichkeit *k.v.*, ist fraglich! Bitte antworte ausführlich und schnell – denn es ist jetzt mit Luftwaffenabstellungen zur W.-SS gute Zeit. Inzwischen werde ich nochmals zu klären versuchen, ob wir Dich nicht vielleicht *doch* als k.v.-Mann in unserer engeren oder weiteren Arbeitsumgebung halten könnten!«[284]

In diesem Brief eröffnete Martin Stephani seinem Bruder mithin drei Optionen. Eine Möglichkeit wäre, ihn als Bratschenlehrer an die im Juli 1941 eröffnete Musikschule der Waffen-SS zu vermitteln, die der Junkerschule Braunschweig angeschlossen war.[285] Hier erhielten unter der Leitung von Edgar Siedentopf bis 1944 etwa 220 Jungen ihre musikalische Ausbildung. Daneben wurde Unterricht in Deutsch, Mathematik, Erdkunde, Geschichte, Nationalpolitik und »Reichskunde« erteilt – letzteres sollte den Schülern eine »nationalsozialistische Berufshaltung«[286] vermitteln. Das Fachpersonal wurde teilweise vom Musikkorps der Standarte Germania der Waffen-SS, teils vom

283 Martin Stephani an Reinhart Stephani, 10.4.1943, Privatbesitz (Hervorhebungen im Original).
284 Martin Stephani an Reinhart Stephani, 12.6.1943, Privatbesitz (Hervorhebungen im Original).
285 Bunge, Musik, S. 70–74; Harten, Himmlers Lehrer, S. 320f.; Braun, Epilog, S. 550–552.
286 Harten, Himmlers Lehrer, S. 321. Zur Junkerschule Braunschweig vgl. auch Westemeier, Junkerschulgeneration; ders., Himmlers Krieger, S. 52–74.

Staatstheaterorchester Braunschweig abgestellt. Eine weitere Möglichkeit, so deutete Martin Stephani gegenüber seinem Bruder an, sei die Versetzung in die Abteilung Musik (C I.2d) in der Hauptabteilung Kulturelle Arbeit (C I.2) in der Amtsgruppe C des SS-Hauptamtes. Diese Abteilung – die sich wiederum in die Referate Liedpflege und Archiv, Programmüberwachung sowie Vortragswesen und Schrifttum gliederte – wurde geleitet von Albert Kasprick, Organist, Musiklehrer, Kantor und Leiter des Kirchenchores der Marienkirche in Bernau.[287] Interessant ist der Hinweis Martin Stephanis, dass diese Abteilung der Musikabteilung im SS-Führungshauptamt »coordiniert« sei: Zwischen SS-Hauptamt und SS-Führungshauptamt bestand aufgrund der unklaren Kompetenzabgrenzung eine notorische Rivalität.[288] Als dritte Möglichkeit brachte Martin Stephani »unsere Panzer« ins Spiel – was damit genau gemeint war, bleibt unklar. Vielleicht spielte er auf die 10. SS-Panzer-Division Frundsberg an, der er selbst, wie bereits erwähnt, am 1. April 1944 zugeteilt worden war.

Kurz darauf schrieb Martin Stephani einen weiteren Brief an den Bruder. Von der Musikschule der Waffen-SS war nun nicht mehr die Rede, zum SS-Hauptamt wollte er Reinhart nicht mehr vermitteln:

> »Ja: weißt Du, wenn das alles derartig unsicher ist, mit Deiner Zukunft bei der Luftwaffe, dann hast Du doch bei uns *ganz* andere Möglichkeiten – so oder so; u. ich brauche mir keine Vorwürfe zu machen, wenn es gelingen sollte, Dich Deiner geliebten Waffe abspenstig zu machen!
> Ich schrieb Dir bereits, dass Deine Unterbringung bei *uns* auf wachsende Schwierigkeiten stossen wird – ich meine in *meinem* Sachgebiet: wenn wir Leute wie Dich auch dringend brauchen, so weiss doch keiner, wie lange wir auf unserm Sektor überhaupt noch arbeiten können; u. andererseits würde es doch *geraume* Zeit beanspruchen, bis Du Dich in gewisse militärmusikalische *Spezial*dinge eingearbeitet hättest. Für die Trupp.-Betr.-Arbeit jedoch des SS-Hauptamtes, die z.Zt. in sehr bescheidenen Grenzen u. meist unter der Leitung von erheblich unsoldatischen *Fach*führern verläuft – diese traurigen Gestalten kennst Du ja zur Genüge aus Deiner eigenen Truppe! – bist Du mir zu schade!

287 Er hatte 1936 ein Zusatzstudium an der Staatlichen Hochschule für Musikerziehung und Kirchenmusik aufgenommen. Mit seinem Eintritt in das SS-Hauptamt im Jahre 1941 wurde er Mitglied der NSDAP. Innerhalb der SS stieg er erst 1944 zum Untersturmführer auf. Angaben nach: Harten, Himmlers Lehrer, S. 156–157, S. 163–166.

288 Vgl. Rohrkamp, Kämpfer, S. 298–300; Schulte, Hans Jüttner, S. 280–282.

> Deshalb bin ich doch für Panzer oder Sturmgeschütz – denn alles rein-*soldatische*, das ist, bei Gott!, bei uns in Ordnung! Und wie!!!«[289]

Noch am 15. Oktober 1944 ermunterte er den zögernden Bruder, an seinem Versetzungsgesuch festzuhalten, wobei er auch auf das gescheiterte Attentat auf Adolf Hitler am 20. Juli 1944 zu sprechen kam:

> »Warum solltest Du nicht immer noch zu uns kommen können?! Die entscheidende Frage ist, ob Dein Truppenteil Dich loslässt – wir nehmen Dich natürlich jederzeit! Zwar gilt – vor allem nach den Ereignissen vom 20./7. – bei uns mehr denn je der Grundsatz: wer zu uns *will*, bleibe möglichst, wo er ist – als ›nationalsozialistische Wache‹ gleichsam oder ein Stück ›Radium‹, das mit seiner Ausstrahlung in soldatischen Kampfgruppen von zweifelhafter oder doch mindesten nicht 100%iger Kampfentschlossenheit oft entscheidender ist an *seiner* Stelle als bei uns; indessen liegt *Dein* Versetzungswunsch ja tiefer! [...]
> Du musst selbst wissen, ob es für Dich Zweck hat, ein Versetzungsgesuch zu uns auf dem Dienstwege loszulassen: ist Deine Dienststelle einverstanden, schicke mir eine schriftliche Einverständniserklärung, u. ich lasse Dich über unser Amt X. (Amt für Führerausbildung) sofort anfordern. Ist sie's nicht, kann keine Macht der Welt Dich loseisen; denn wir *alle* warten ja [ein Wort unleserlich] darauf, dass die Luftwaffe wieder ***fliegt***, u. zwar *so* fliegt, dass unsere Panzer auf der Erde wieder fahren u. unsere Infanterie wenigstens wieder robben kann, anstatt unter Teppichen erstickt zu werden, deren Legung nur *Ihr* verhindern könnt!«[290]

Dieser Brief kann als eindeutiger Beleg dafür gelten, dass Martin Stephani keinerlei Sympathien für die Attentäter vom 20. Juli 1944 hegte, dass er sich nach wie vor völlig mit dem Regime identifizierte und – obwohl die Wehrmacht bereits an allen Fronten auf dem Rückzug war und das Deutsche Reich infolge der Luftüberlegenheit der Alliierten einem Haus ohne Dach glich – noch immer an einen siegreichen Ausgang des Krieges glaubte.[291]

289 Martin an Reinhart Stephani, undatiert [etwa Juli/August 1943], Privatbesitz (Hervorhebungen im Original).

290 Martin an Reinhart Stephani, 15.10.1944, Privatbesitz (Hervorhebungen und doppelte Hervorhebung im Original). Das Dokument findet sich als Faksimile im Anhang.

291 Der Umstand, dass Feldpostbriefe der Zensur unterlagen, spricht nicht gegen diesen Befund, da die Briefzensurstellen der Wehrmacht angesichts der schieren Masse der Feldpostsendungen allenfalls stichprobenartige Kontrollen vornehmen konnten – was den Briefschreibern durchaus bewusst gewesen sein dürfte.

Mehr noch: Offensichtlich drängte es ihn an die Front. Sein Vorgesetzter Franz Schmidt, mittlerweile zum SS-Hauptsturmführer befördert, war zum 1. Mai 1944 zu einem Fronteinsatz zur 16. SS-Panzergrenadier-Division Reichsführer-SS nach Ungarn abkommandiert worden. Bald schon wurde er mit seiner Einheit nach Italien verlegt. Über seine dortige Tätigkeit gibt ein Schreiben Schmidts an SS-Gruppenführer Hans Hinkel vom 12. Oktober 1944 Auskunft: Schmidt übte zunächst die Funktion eines Kommandeurbegleiters (O 5) aus, vertrat dann vorübergehend den erkrankten Divisions-Adjutanten und wurde schließlich zum 3. Ordonnanzoffizier (O 3) ernannt. Das Musikkorps der Division hatte sich inzwischen aufgelöst. In seiner neuen Funktion arbeitete Schmidt beim Abwehroffizier (I c) und erwarb sich, wie er stolz berichtete, »durch die erfolgreiche Führung eines Stoßtrupps in das Hauptquartier einer militärisch gut geführten und straff organisierten kommunistischen Bandenbrigade (150 Feindtote ohne eigene Verluste) das E.K. [Eiserne Kreuz] II. Klasse«.[292] Die Opferzahl deutet auf das Massaker von Massa in der Toskana vom 16. September 1944 hin, bei dem etwa 150 Insassen eines Gefängnisses erschossen wurden.[293]

Jedenfalls zeichnet sich ab, dass sich die Schreiberinnen und Schreiber von Feldpostbriefen im Verlauf des Krieges immer weniger von den strengen Zensurvorschriften beeindrucken ließen und freimütig ihre Zweifel und ihren Unmut Ausdruck verliehen. Dazu grundlegend: Latzel, Kriegserlebnis. – In einem weiteren Brief an den Bruder Reinhart vom 30. November 1943 ging Martin Stephani auf die verstärkten Luftangriffe auf Berlin ein: Diese seien »natürlich unerfreulich«, doch »umso erfreulicher« seien die sich abzeichnenden »*charakterliche*[n] Härtungen der Berliner«, die einen allmählichen »Reifungsprozess« erkennen ließen. Dass Tränen flössen, sei »kein Gegenbeweis«, denn »diese Tränen lassen einen Bodensatz zurück, wenn sie getrocknet sind, an deren Substanzhaftigkeit noch späte Geschlechter ihre Maßstäbe werden ausrichten dürfen.« Martin an Reinhart Stephani, 30.11.1943, Privatbesitz (Hervorhebung im Original). Seinen Brief an den Bruder Reinhart vom 8. August 1944 hatte Martin Stephani mit den Worten »Auf dass wir beide nie müde werden am großen Werk!« beendet. Martin an Reinhart Stephani, 8.8.1944, Privatbesitz (Hervorhebung im Original).

292 Franz Schmidt an »Gruppenführer« [Hans Hinkel], 12.10.1944. Eine Kopie dieses Briefes entdeckte Klaus Riehle im Prieberg-Archiv im Institut für Musikwissenschaft der Universität Kiel. Laut Aufdruck handelt es sich um ein Dokument aus dem Berlin Document Center. Ein Faksimile dieses Dokuments findet sich in: Riehle, Herbert von Karajan, S. 411f. Leider ist die Provenienz nicht näher angegeben. Das Bundesarchiv Berlin kann das Schreiben keinem Bestand zuordnen. Ebd., S. 418.

293 Carlo Gentile, Soldaten. S. 12. Vgl. Riehle, Herbert von Karajan, S. 416–418. Dazu auch den Presseartikel von Stefano Zurlo, »Brahms e vino bianco«. Ich

Wie Franz Schmidt in seinem Schreiben an Hans Hinkel weiter mitteilte, hielt ihn sein Stellvertreter Martin Stephani »über die Geschehnisse in der Heimat im allgemeinen und um das Stabsmusikkorps im besonderen auf dem Laufenden«.[294] In den Berichten Stephanis sei wiederholt von »Auflösungstendenzen«[295] im Stabsmusikkorps die Rede gewesen. Deshalb seien ihm, so Schmidt weiter, »Bedenken«[296] gekommen, ob er nach dem Ende seines Fronteinsatzes am 15. November 1944 auf seinen Posten beim Stabsmusikkorps zurückkehren sollte.

> »Mit Rücksicht auf den außerordentlichen Führermangel bei der kämpfenden Truppe entschloss ich mich daher zunächst, Stephani zu bitten, sich für mein weiteres Verbleiben an der Front zu verwenden, allerdings unter der Voraussetzung, dass er in Berlin bleibe. Das Stephani jedoch, wie er mir mitteilt, keinesfalls beabsichtigt [sic], sondern im Gegenteil auch auf sein Frontkommando drängt, habe ich um der Erhaltung des Stabskorps willen meinen Entschluss rückgängig gemacht und will die Tätigkeit mit dem Korps wieder aufnehmen.«[297]

Doch löse diese Entscheidung in ihm »zwiespältige Gefühle« aus, er wolle »vermeiden, dass man mir als Soldat dermaleinst den Vorwurf macht, ich sei im entscheidenden Augenblick des Krieges ›nach hause‹ gegangen«.[298] Deshalb bat er Hans Hinkel, er möge die Angelegenheit entscheiden und eine »entspre-

danke Klaus Riehle und Ralph Braun für diesen Artikel und zahlreiche weitere Hinweise.

294 Franz Schmidt an »Gruppenführer« [Hans Hinkel], 12.10.1944. Schon in den Monaten vor der Versetzung Franz Schmidts hatte die Leitung der Abteilung de facto bei Martin Stephani gelegen. An den Bruder Reinhart schrieb er am 12 Februar 1944, er stecke »jetzt sogar 35 km tief in der Arbeit, da Franz Schmidt Gelbsucht hat mit langer folgender Kur!« Martin an Reinhart Stephani, 12.2.1944, Privatbesitz.

295 Franz Schmidt an »Gruppenführer« [Hans Hinkel], 12.10.1944.

296 Ebd.

297 Ebd. Seinem Bruder Reinhart gegenüber hatte Martin Stephani im März 1942 von der Möglichkeit, sich mit Hilfe Sepp Dietrichs an die Front versetzen zu lassen, gesprochen: »Im übrigen stehe ich vorläufig im Lande; kommen sie uns aber wieder mit so ulkigen Befehlen, dass ›jeder, der noch keine Auszeichnung hat, sich eine holen soll‹ (!!!) – was doch wohl heißen soll, dass wir Drückeberger sind! – dann melde ich mich als erster entweder freiwillig zur Erschießung oder ich lasse den Karren im Dreck stecken u. gehe wieder zu Sepp! Dann aber ade! Waffen-SS-Musik!« Martin an Reinhart Stephani, 21.3.1942, Privatbesitz.

298 Franz Schmidt an »Gruppenführer« [Hans Hinkel], 12.10.1944.

chende Stellungnahme beim Chef des SS-Führungshauptamtes«[299] abgeben. Über den weiteren Gang der Dinge liegen keine Informationen vor. Jedenfalls blieb Martin Stephani bis zuletzt auf seinem Posten.

»Zwischen Göttern und Dämonen«. Die SS-Hochzeit im Dezember 1944

Der ungebrochene Glaube Martin Stephanis an den ›Endsieg‹ kommt wohl nirgends deutlicher zum Ausdruck als in der Tatsache, dass er noch am 8. Dezember 1944 einen Antrag auf Übersendung von Vordrucken zu einem Verlobungs- und Heiratsgesuch an das Rasse- und Siedlungshauptamt der SS schickte.[300] Allerdings war es nicht Helga Schon, mit der er 1939 eine inoffizielle Verlobung eingegangen war, die er heiraten wollte. Der letzte Hinweis auf diese Beziehung findet sich in einem Brief Martin Stephanis an seine Mutter vom 5. November 1941, in dem er berichtete, er habe seinen Geburtstag – also den 2. November – zusammen mit Helga Schon verbracht – am Abend besuchten sie gemeinsam eine Aufführung des *Tristan* in der Kroll-Oper unter Leitung von Herbert von Karajan.[301] Zu welchem Zeitpunkt, unter welchen Umständen und aus welchen Gründen die Beziehung scheiterte, bleibt im Dunkeln.[302]

299 Ebd.

300 Antrag an das Rasse- und Siedlungshauptamt der SS auf Übersendung der Vordrucke zu einem Verlobungs- und Heiratsgesuch, 8.12.1944, BArch., R 9361/III, 202641.

301 Martin Stephani an seine Mutter, 5.11.1941, Universitätsarchiv Marburg, 312/3/19. Es sei, fügte er hinzu, die »vollendetste aller ähnlichen Aufführungen dieser Art« gewesen, »die ich jemals hörte«.

302 Helga Schon hatte nach dem Abschluss ihres Studiums offenbar eine steile Karriere als Konzertsolistin begonnen. Am 4. April 1941 berichtete Martin Stephani seiner Mutter, Helga werde »Ende April wahrscheinlich noch einen eigenen Abend im Beethovensaal geben mit der Uraufführung der Genzmer-Sonate, die Harald ihr versprochen hatte u. die nun seit einem Jahr fast mit großer Spannung erwartet wird.« Zudem habe sie für Mai eine dreimonatige Tournee nach Norwegen zugesagt. Ob dieser Umstand die Beziehung belastete, darüber kann freilich nur spekuliert werden. Andererseits erwähnte Stephani in einem Brief an die Eltern vom 28. Mai 1941, Helga sei »ziemlich Herz- u. Nervenkrank u. depressiv«, er sei deshalb tags zuvor in das Haus von Kurd Vogelsang umgezogen, »um Schons zu entlasten.« Martin Stephani an seine Mutter, 4.4.1941 bzw. Martin Stephani an die Eltern, 28.5.1941, Universitätsarchiv Marburg, 312/3/19. In der Nachkriegszeit finden sich nur wenige Belege für die weitere

Martin Stephani beabsichtigte nun, Hanne-Lies de Bahar, geb. Küpper (* 1914), aus Bad Saarow zu heiraten.[303] Sie hatte nach der Schulzeit eine Ausbildung als Schauspielerin begonnen. Am 31. März 1939 heiratete sie vor dem Standesamt in Holborn in England den Musikverleger Cesar Renato Bahar.[304] Dieser war argentinischer Staatsbürger, mit der Heirat erwarb auch Hanne-Lies Bahar die argentinische Staatsbürgerschaft. Das Ehepaar lebte in Berlin-Wilmersdorf – Cesar Bahar gab im Deutschen Reich mit großem Erfolg Schlagerhefte heraus. Die Ehe hielt indes nicht lange. Im Februar 1940 verließ Hanne-Lies Bahar nach einer Fehlgeburt ihren Mann, am 12. September 1940 wurde sie »mitschuldig« geschieden, am 9. Dezember 1943 wurde ihr die Einbürgerungsurkunde ausgehändigt – damit war sie wieder deutsche Staatsbürgerin.[305] Inzwischen hatte sie beschlossen, Opernsängerin zu werden. Seit September 1941 erhielt sie eine Gesangsausbildung bei Kammersänger Laurenz Hofer (1888–1964).[306] Dabei führte sie den Künstlernamen Hanne-Lies de Bahar. Als Hanne-Lies Küpper war sie zu dieser Zeit offenbar als Lehrerin tätig.

Im März 1942 geriet sie in das Blickfeld der Öffentlichkeit, als sie sich mit Hans-Joachim Marseille (1919–1942) verlobte, der als erfolgreichster Jagdflieger auf dem nordafrikanischen Kriegsschauplatz (›Stern von Afrika‹) mit einer seltenen Auszeichnung, dem Ritterkreuz mit Eichenlaub, Schwertern und Brillanten, geehrt wurde.[307] Im August 1942 begleitete Hanne-Lies Küpper ihren Verlobten nach Rom – wo es zu einem Skandal kam, weil Marseille für meh-

künstlerische Tätigkeit Helga Schons. In den 1950er/60er Jahren nahm sie mehrere Schallplatten in dem renommierten Label Archiv Produktion auf.

303 Sie war am 26. Mai 1914 als Tochter des Architekten und Stadtbaumeisters Friedrich Carl Maria Küpper und seiner Ehefrau Friederike Christiana Hubertina, geb. Holzmann, in Köln geboren worden. Nach dem Tod ihres Vaters wurde Hanne-Lies in verschiedenen Internaten erzogen. Nach der Wiederverheiratung der Mutter kam sie in den Haushalt ihres Stiefvaters in Bremerhaven, wo sie die höhere Mädchenschule (Lyzeum) mit der Abschlussprüfung des Einjährigen besuchte. Biographische Angaben – soweit nicht anders angegeben – nach dem Lebenslauf im R.u.S.-Fragebogen, BArch. R 9361/III, 202641.

304 Angaben zur Ehe mit und Scheidung von Cesar Bahar nach: Abschrift des Urteils der Zivilkammer 41b des Landgerichts Berlin v. 12.9.1940 in der Scheidungssache des Musikverlegers Cesar Renato Bahar, Berlin-Wilmersdorf, Wittelsbacherstr. 37 gegen seine Frau, BArch. R 9361/III, 202641.

305 Abschrift der Einbürgerungsurkunde v. 9.12.1943, BArch. R 9361/III, 202641.

306 Fragebogen der Reichstheaterkammer für Anfänger der Kunstgattung: Schauspiel, Oper, Operette, Opernchor, Operettenchor, BArch. R 9361/V, 45629.

307 Lebenslauf im R.u.S.-Fragebogen, BArch. R 9361/III, 202641.

rere Tage verschwand.[308] Am 30. September 1942 kam der berühmte Jagdflieger beim Absturz seiner Maschine ums Leben.

Abb. 2: Martin Stephani, um 1944 (Bundesarchiv Berlin, R 9361/III, 202641)

Hanne-Lies Küpper zog daraufhin in das Haus der Mutter ihres verstorbenen Verlobten in Bad Saarow[309] und setzte ihre Ausbildung zur Opernsängerin fort. Am 29. Juni 1944 legte sie vor der Reichstheaterkammer ihre Abschlussprüfung ab.[310] Schon vorher, am 7. Februar 1944, hatte die Mannheimer Gastspieldirektion bei der Reichstheaterkammer um eine Auftrittsgenehmigung nachgesucht. Zur Begründung wurde angegeben, der bekannte Schlager- und Filmkomponist Gerhard Winkler (1906–1977) – er hatte 1943 den Schlager *Caprifischer* komponiert, der im Nachkriegsdeutschland zum Evergreen werden sollte – habe Hanne-Lies de Bahar »als Interpretin seiner Lieder und Kompositionen aus einer Anzahl junger Sängerinnen«[311] ausgewählt: »Fräulein Bahar muss für uns als spezial Begabung [sic] gelten, da es sehr schwer ist[,] Stimmen zu finden, die die Leichtigkeit innerer Beseeltheit haben, moderen [sic] Lieder sowie Zeitlieder in eine künstlerisch vertretbare Form zu bringen.«[312] Winkler war 1941 zur Luftwaffe

308 Vgl. den umfangreichen Artikel zu Hans-Joachim Marseille in der englischsprachigen Ausgabe von Wikipedia: Hans-Joachim Marseille, in: Wikipedia. Die freie Enzyklopädie, https://en.wikipedia.org/wiki/Hans-Joachim_Marseille (20.9.2018).

309 Lebenslauf im R.u.S.-Fragebogen, BArch. Berlin, R 9361/III, 202641.

310 Aus den Notizen der Prüfer: »Aussehen: günstig, hübsch, rassig«; »Organ: Mezzo ohne rechte Tiefe«; »Technik: aus dem Temperament, technisch nicht bewusst genug«, »Ausdrucksvermögen: Bühnenblut«; »Gesamteindruck: Charactersängerin mit Rasse«. Leistungsnachweis, 29.6.1944, BArch. Berlin, R 9361/V, 45629.

311 Mannheimer Gastspieldirektion an Reichstheaterkammer, 7.2.1944, BArch. Berlin, R 9361/V, 45629.

312 Ebd.

eingezogen und bei der Truppenbetreuung eingesetzt worden und war 1943/44 auf Tournee durch die von der Wehrmacht besetzten Staaten Europas,[313] um Konzerte seiner eigenen Kompositionen »als Sondereinsatz für die fliegenden Verbände«[314] zu geben. Dazu benötige er »unbedingt eine Künstlerin mit der eigenen Begabung, wie sie Fräulein Bahar besitzt«.[315] Wie Martin Stephani zu der sich anbahnenden Karriere seiner Verlobten als Schlagersängerin stand, darüber kann nur spekuliert werden – vielleicht hoffte er, dass ihr Gesang von den »Höhen« Bachs und Bruckners, auf denen er sich in seinem künstlerischen Schaffen bewegte, »einen letzten heimlichen Strahl«[316] abbekommen werde.

Hanne-Lies de Bahar und Martin Stephani hatten sich wohl in Bad Saarow kennengelernt, wohin die Musikinspektion der Waffen-SS im Jahre 1943 verlegt wurde.[317] Als Datum der Verlobung wird im SS-Erbgesundheitsbogen für die Braut der 17. Oktober 1944 angegeben.[318]

In seinem Antrag musste Stephani zwei Bürgen für seine zukünftige Ehefrau benennen – hier gab er seinen Vorgesetzten, SS-Standartenführer und Kommandeur der Stabsabteilung des SS-Führungshauptamtes (Kommandostab der Waffen-SS) Karl Schnägelberger (* 1893),[319] sowie den SS-Hauptsturmführer Wilhelm Gries an.[320] Beide schätzten Hanne-Lies de Bahar, obwohl sie weder

313 Prieberg, Handbuch, S. 7779f.

314 Mannheimer Gastspieldirektion an Reichstheaterkammer, 7.2.1944, BArch. Berlin, R 9361/V, 45629.

315 Ebd.

316 Vgl. S. 150.

317 Bunge, Musik, S. 67.

318 SS-Erbgesundheitsbogen für Hanne Lies de Bahar, 26.11.1944, BArch. Berlin, R 9361/III, 202641.

319 Karl Schnägelberger trat schon 1920 als Mitglied des rechtsextremen Bundes Oberland in Erscheinung, beim Marsch auf die Feldherrnhalle am 9. November 1923 war er als Kompanieführer dabei. 1933 wurde er ›Parteigenosse‹ und stellvertretender Gaufachabteilungsleiter in der Deutschen Arbeitsfront. Seit 1931 war er als Leiter der Niederlassung der Bayerischen Hypotheken- und Wechselbank in Mannheim tätig, 1934 übernahm er die Leitung der Niederlassung in Landshut. 1940 trat er als Freiwilliger der Waffen-SS bei, wo er es bis zum Kommandeur der Stabsabteilung im SS-Führungshauptamt brachte. 1943 wurde er als stellvertretendes Mitglied in den Vorstand der Bayerischen Hypotheken- und Wechselbank gewählt, obwohl er nicht der Wunschkandidat der Partei war. 1945 entlassen, wurde Schnägelberger schließlich im September 1948 vom Spruchgericht Landshut-Stadt als ›Mitläufer‹ eingestuft. Möller, Regionalbanken, S. 102, S. 106–109.

320 Antrag an das Rasse- und Siedlungshauptamt der SS auf Übersendung der Vordrucke zu einem Verlobungs- und Heiratsgesuch, 8.12.1944, BArch. Berlin, R 9361/III, 202641.

der NSDAP noch einer ihrer Gliederungen angehörte,[321] als »weltanschaulich gefestigte Nationalsozialistin«[322] ein. Auf den ärztlichen Untersuchungsbögen des SS-Rasse- und Siedlungshauptamtes wurden sowohl dem Bräutigam als auch der Braut ein »vorwiegend nordischer Rasseanteil« und eine »gute Erbgesundheit« bescheinigt – die Frage: »Ist die Fortpflanzung im bevölkerungspolitischen Sinne wünschenswert?« wurde uneingeschränkt mit Ja beantwortet. So wurde am 21. Dezember 1944 die Heiratsgenehmigung erteilt.

Die Braut, so Stephani gegenüber dem Rasse- und Siedlungshauptamt, sei katholischer Konfession, seine eigene Konfession gab er mit »gottgläubig«[323] an. Eine kirchliche Trauung sei nicht beabsichtigt, vielmehr sei eine »SS-Hochzeitsfeier [...] vorgesehen«.[324]

Um diese Angaben angemessen deuten und werten zu können, muss an dieser Stelle das Verhältnis der SS zu Religion und Christentum kurz skizziert werden. Der Reichsführer-SS Heinrich Himmler sah das »Zeitalter der endgültigen Auseinandersetzung mit dem Christentum«[325] gekommen und betrachtete es als die »Sendung der Schutzstaffel, dem deutschen Volk im nächsten halben Jahrhundert die außerchristlichen arteigenen weltanschaulichen Grundlagen für Lebensführung und Lebensgestaltung zu geben.«[326] Dadurch geriet die SS »selber in den Bannkreis des Religiösen«.[327] Zwar sah sich Himmler genötigt, sich der nationalsozialistischen Kirchenpolitik zu fügen, die nach dem Scheitern der Deutschen Christen im ›Kirchenkampf‹ in den Jahren 1934/35 auf eine Position kirchenpolitischer Neutralität und einer strikten Trennung von Staat und Kirche umgeschwenkt war,[328] doch hatte die aggressive antiklerikale und antichristliche Propaganda bereits Früchte getragen. Obwohl Himmler in verschiedenen

321 Personalfragebogen der Reichstheaterkammer/Fachschaft Bühne, 17.7.1944, BArch. Berlin, R 9361/V, 45629.

322 Fragebogen SS-Hauptsturmführer Wilhelm Gries, 8.12.1944, BArch. Berlin, R 9361/III, 202641. Ähnlich: Fragebogen Karl Schnägelberger, 8.12.1944, BArch. Berlin, R 9361/III, 202641: »weltanschaulich gefestigt«. Schnägelberger kannte die Braut nach eigenen Angaben seit etwa fünf Monaten, Gries seit etwa einem Jahr.

323 Antrag an das Rasse- und Siedlungshauptamt der SS auf Übersendung der Vordrucke zu einem Verlobungs- und Heiratsgesuch, 8.12.1944; R.u.S.-Fragebogen Martin Stephani, BArch. Berlin, R 9361/III, 202641.

324 R.u.S.-Fragebogen Martin Stephani, BArch. Berlin, R 9361/III, 202641.

325 Vorbemerkung zu einem Undatierten Plan der Reichsführung-SS zur Erschließung des germanischen Erbes (1937), abgedruckt in: Ackermann, Himmler, S. 253f., Zitat: S. 253.

326 Ebd.

327 Wegner, Hitlers Politische Soldaten, S. 52.

328 Hein, Elite, S. 242–244.

Befehlen betonte, Religion sei Privatsache, es dürfe in Glaubensdingen kein Druck auf die Angehörigen der SS ausgeübt werden,[329] häuften sich die Kirchenaustritte – manche der Ausgetretenen fanden den Weg zu der neuheidnischen ›Deutschen Glaubensbewegung‹ um den Tübinger Professor für Indologie und Religionswissenschaft Jakob Wilhelm Hauer (1881–1962). Eine Zeitlang protegierte die SS die ›Deutsche Glaubensbewegung‹, bis Hitler 1935 den Reichsführer-SS zurechtwies, er möge sich das »Hirngespinst«[330] einer Religionsneugründung aus dem Kopf schlagen. Danach gab Himmler die Devise aus, dass weitere Beitritte zur ›Deutschen Glaubensbewegung‹ unerwünscht seien.[331] Überhaupt wünsche er nicht, so Himmler in einer Rede vor den SS-Gruppenführern am 18. Februar 1937, »dass der Kirchenaustritt, von kleinen Führern falsch verstanden, ein Sport wird«.[332] Tatsächlich ging die Zahl der Kirchenaustritte in der Folgezeit zurück, gerade im Führerkorps der SS ist in der Kriegszeit eine »Abflachung der Kirchenaustrittsbewegung«[333] festzustellen, der Anteil der Konfessionslosen blieb – auf die gesamte SS bezogen – fortan konstant bei etwa 26 Prozent.[334] Auch wenn nicht völlig ausgeschlossen werden kann, dass seine Vorgesetzten in SS-Führungshauptamt Druck auf Martin Stephani ausgeübt hatten, aus der evangelischen Kirche (der er bis dahin abgehört hatte) auszutreten, so ist doch sehr viel wahrscheinlicher, dass Stephani diesen Schritt von sich aus, aus freiem Willen und aus voller Überzeugung vollzog.

Auf Befehl der Reichsführung-SS hatten SS-Männer, die aus der Kirche ausgetreten waren, seit November 1936 auf die Frage nach ihrer Religionszugehörigkeit die – auf Druck Himmlers amtlich anerkannte – Bezeichnung »gottgläubig« anzugeben, um die Nennung »deutsch-gläubiger Splittergruppen«[335] zu vermeiden. Daraus folgt, dass man aus der Angabe Martin Stephanis, er sei »gottgläubig«, lediglich den Austritt aus der Kirche folgern kann, nicht aber den Übertritt zur ›Deutschen Glaubensbewegung‹ oder einer anderen neuheidnischen Sekte – was in Stephanis Fall auch außerordentlich unwahrscheinlich erscheint.[336]

329 Ebd., S. 244.
330 Zit. n. ebd., S. 246.
331 Ebd., S. 244–246.
332 Zit. n. Wegner, Hitlers Politische Soldaten, S. 250, Anm. 116.
333 Ebd., S. 252.
334 Ebd., S. 251, Diagramm.
335 Zit. n. Hein, Elite, S. 251.
336 Im Fragebogen des Military Government of Germany, 7.12.1947, LAV NRW, Abteilung Rheinland, NW 1049 Ne 30266, Auszug PA, Bd. II–IV, gab Stephani an, weder der Deutschen Glaubensbewegung noch den Deutschen Christen angehört zu haben.

R.u.S.-Fragebogen

(Von Frauen sinngemäß auszufüllen!)

Name und Vorname des SS-Angehörigen, der für sich oder seine Braut oder Ehefrau den Fragebogen einreicht: Stephani, Martin

Dienstgrad: SS-Ostuf. SS-Nr.: 434 516

Sip.-Nr.: —

Name (leserlich schreiben): Stephani, Martin

in SS seit: 4.5.41 Dienstgrad: SS-Obersturmführer SS-Einheit: SS-Führungshauptamt

in SA von 20.4.34 bis 31.10.35, in HJ von 1.4.1934 bis 20.4.34.

Mitglieds-Nr. in Partei: — SS-Nr.: 434 516

geboren am: 2.11.15 zu Eisleben / Prov. Sa. Kreis: —

Land: Deutschland jetzt Alter: 29 Jahre Glaubensbekenntnis: gottgl.

Jetziger Wohnsitz: Berlin-Wilm. Wohnung: Kaiserallee 188, SS-FHA

Beruf und Berufsstellung: Konzertdirigent

Wird öffentliche Unterstützung in Anspruch genommen? —

Liegt Berufswechsel vor? —

Außerberufliche Fertigkeiten und Berechtigungsscheine (z. B. Führerschein, Sportabzeichen, Sportauszeichnung): Reichssportabzeichen in Bronze

Staatsangehörigkeit: Deutsche Volkszugehörigkeit: Deutsche

Ehrenamtliche Tätigkeit: —

		von	bis
Dienst im alten Heer: Truppe	—	—	—
Freikorps	—	—	—
Reichswehr	—	—	—
Schutzpolizei	—	—	—
Neue Wehrmacht	Inf. Rgt. 57 / Inf. Ers. 67	31.10.35 / 1.3.40	30.9.37 / 4.5.41
Waffen-SS	SSHA / SS FHA	4.5.41	auf weiteres

Letzter Dienstgrad: SS-Obersturmführer

Frontkämpfer: — bis — ; verwundet: —

Orden und Ehrenabzeichen einschl. Rettungsmedaille: K.V.K. II. Klasse mit Schwertern

Personenstand (ledig, verwitwet, geschieden — seit wann): ledig

Welcher Konfession ist der Antragsteller? gottgl. die zukünftige Braut (Ehefrau)? Kath.

(Als Konfession wird auch außer dem herkömmlichen jedes andere gottgläubige Bekenntnis angesehen.)

Ist neben der standesamtlichen Trauung eine kirchliche Trauung vorgesehen? ~~Ja~~ — nein. (SS-Hochzeitsfeier ist vorgesehen!)

Hat neben der standesamtlichen Trauung eine kirchliche Trauung stattgefunden? ~~Ja~~ — nein.

Gegebenenfalls nach welcher konfessionellen Form? SS-mäßig

Ist Ehestandsdarlehen beantragt worden? ~~Ja~~ — nein.

Bei welcher Behörde (genaue Anschrift)? —

Wann wurde der Antrag gestellt? —

Wurde das Ehestandsdarlehen bewilligt? Ja — nein.

Soll das Ehestandsdarlehen beantragt werden? ~~Ja~~ — nein.

Bei welcher Behörde (genaue Anschrift)? —

Bestell-Nr.: WH-5120
SS-Vordruckverlag W. F. Mayr, Miesbach (Bayer. Hochland) 19273

Abb. 3: Fragebogen zum Antrag an das Rasse- und Siedlungshauptamt der SS (Heiratsgesuch), 8.12.1944 (Bundesarchiv Berlin, R 9361/III, 202641)

Bemerkenswert ist auch die Ankündigung Stephanis, dass er und seine Verlobte eine »SS-Hochzeit« feiern wollten. Aus der »intuitiven Einsicht Himmlers in die sozialpsychologische Wirkung kultischer Symbole und Handlungen«[337] heraus entwickelte die SS eine eigene Festkultur, die mit ihren »offenkundig christlicher Liturgie entlehnten Stilmitteln«[338] eine »religiöse Grundhaltung«[339] zu kultivieren versuchte, die »wohl am ehesten als vager Pantheismus«[340] beschrieben werden kann, die aber der SS so etwas wie eine »transzendentale Aura«[341] gab. Dazu gehörten – neben Morgenfeiern, Sippenabenden, Sonnwend- und Julfeiern – auch Lebenslauffeste als »Ersatzformen für Taufe, Trauung und christliches Begräbnis«.[342] Die ersten, etwa ab 1935 durchgeführten ›Eheweihen‹ zogen Hohn und Spott der Parteipresse auf sich[343] – Hitler selbst rügte den »kultischen Unfug«.[344] Es erging daraufhin eine mündliche Anordnung der Reichsführung-SS, solche ›Eheweihen‹ hätten künftig nur noch »in kleinstem Kreise, in gedecktem Raume und als private Angelegenheit«[345] stattzufinden. 1939 gab die Reichsführung ihre Zurückhaltung indessen auf und ließ eine Anleitung zur »Gestaltung der Feste im Jahres- und Lebenslauf der SS-Familie«[346] publizieren. Festzuhalten ist allerdings, dass eine ›SS-Hochzeit‹ nur auf Wunsch der Brautleute abgehalten wurde. Martin Stephani und seine Verlobte hatten sich ganz bewusst für ein solches Ritual entschieden – mehr noch: Stephani wollte mit einem sorgfältig inszenierten öffentlichen Ritual ein Vorbild für die künftige Festkultur der SS geben.

Dies geht aus einem Brief Stephanis an Hans Hinkel vom 2. Januar 1945 hervor. Hinkel war seit Juni 1944 Vizepräsident der Reichskulturkammer, im April 1944 hatte er seine Verantwortlichkeiten im Rundfunk abgegeben und stattdessen die Leitung der Filmabteilung im Reichspropagandaministerium und das Amt des Reichsfilmintendanten übernommen.[347] Das Schreiben ist auch ein Beleg dafür, dass Martin Stephani ein enges persönliches Verhältnis zu Hans Hinkel hatte.

337 Wegner, Hitlers Politische Soldaten, S. 52.
338 Ebd.
339 Ebd.
340 Ebd., S. 53.
341 Ebd., S. 54.
342 Hein, Elite, S. 254.
343 Ebd., S. 252.
344 Zit. n. ebd., S. 245.
345 Zit. n. ebd., S. 253.
346 Ebd., S. 254.
347 Geiger, »Einer unter hunderttausend«, S. 50–53.

Dem Schreiben ist zu entnehmen, dass die Heirat am 28. Dezember 1944 in Bad Saarow stattgefunden hatte. Stephani übersandte Hinkel das »Programm der bewusst als öffentliche Feierstunde durchgeführten SS-Trauung«:[348]

»I. Die Trauung [Beginn pünktlich 11.30 Uhr im Theatersaal zu Bad Saarow.]

1.) Ouvertüre aus der Suite in D-Dur ... Joh. Seb. *Bach*
2.) *Sprecher*: Worte aus ›Zwischen Göttern und Dämonen‹ ... Josef Weinheber
3.) ›Sonate pian e forte‹ für Blechbläser ... Giovanni Gabrieli
4.) Feierrede: SS-Standartenführer [Karl] Schnägelberger
5.) Standesamtliche Handlung: Bürgermeister Bores
Währenddessen: Variationen aus dem Streichquartett in C-Dur Josef *Haydn*
6.) Aufnahme der Frau in die SS-Sippengemeinschaft: SS-Obergruppenführer und General der Waffen-SS [Kurt] *Knoblauch*
7.) Chor u. Orchester: ›Wenn alle untreu werden ...‹ ... Satz: SS-Obersturmführer *Stephani*
8.) *Sprecher*: ›Die Sonne tönt nach alter Weise‹ aus ›Faust‹ ... Joh. Wolfg. v. Goethe
9.) Sinfonie Nr. VII in E-Dur, Satz I ... Anton Bruckner
Es spielt: das Stabsmusikkorps des SS-Führungshauptamtes unter Leitung von SS-Untersturmführer [Oswald] Enterlein.
Es singt: der Chor der Musikschule der Waffen-SS.
Es spricht: SS-Oberscharführer [Franz] Klessascheck«[349]

Das Programm hatte offenkundig programmatischen Charakter: Musikalisch eingerahmt wurde die Zeremonie von den beiden »Sonnen« Martin Stephanis, Bach und Bruckner. Mit den beiden Musikstücken zu Beginn und am Ende korrespondierten zwei literarische Texte. Den Auftakt bildete eine Ode aus dem Gedichtzyklus *Zwischen Göttern und Dämonen* des österreichischen Lyrikers Josef Weinheber (1892–1945). Dieser greift in immer neuen Variationen ein Grundmotiv im Denken Martin Stephanis auf: die Entfremdung des Menschen von den alten ›Göttern‹ (als Chiffre für transzendentalen Bezug menschlicher Existenz) und die Anbetung von ›Götzen‹ (Christentum, Aufklärung, Liberalismus, Kapitalismus, Bolschewismus) als kraftlosen Trugbildern

348 Stephani an Hinkel, 2.1.1945, Archiv der Universität der Künste Berlin 1/4790.

349 Feierfolge für die Hochzeit des SS-Obersturmführers Martin Stephani mit Fräulein Hanne-Lies Küpper de Bahar am Donnerstag, den 28. Dezember 1944, Archiv der Universität der Künste Berlin 1/4790 (Hervorhebungen und Einrückungen wie im Original).

des ›Göttlichen‹ – ein Irrweg, den es durch die Kunst zu überwinden galt, der die Kraft zugeschrieben wurde, den Zugang zum ›Göttlichen‹ zu eröffnen. Leider geht aus dem Programm nicht hervor, welche der vierzig Oden während der Hochzeitszeremonie zum Vortrag kam. Besonders deutlich wird der eben umrissene Grundgedanke in der 28. Ode:

»Wir hatten ja im Anfang mit Göttern und
Dämonen viel zu tun. Und es waren da
Noch hohe Menschen: Als ein Durchgang
Mächtiger Gegner und hehrer Streite.

Doch dann verfiel der Raum, und es kam die Zeit.
Da zogen sich die Götter zurück. Wo war
Denn noch für sie zu tun? Die Halle
Starrte verlassen mit Säulentrümmern.

Und was wir an Dämonen uns aufgepflegt,
ward dünn und dürr. Sie trieben kein Reis mehr:
Qual,
sonst nichts. Und hatten einst uns doch den
Göttern, dem Gott, an die Brust getrieben.

Jetzt essen wir das mühsam gesparte Brot
Der Ausgeglichenheit, und wir zahlen es
Mit kleinster Münze. Arme Götter!
Arme Dämonen! Vorbei – Geht schlafen!«[350]

Der »Prolog im Himmel« aus Goethes *Faust* setzt dieser pessimistischen Sichtweise einen positiven Akzent entgegen, wenn Gott der Herr zu Mephistopheles sagt:

350 Weinheber, Zwischen Göttern und Dämonen, S. 48. Weinhebers Verhältnis zum Nationalsozialismus war überaus ambivalent. Die Meinungen über sein Hauptwerk *Zwischen Göttern und Dämonen* (das ursprünglich *Zwischenreich* heißen sollte) gehen auseinander. Für Friedrich Jenaczek stellt der Gedichtzyklus sogar eine implizite Kritik am Nationalsozialismus (und am ›Anschluss‹ Österreichs an das Deutsche Reich) dar. Jenaczek, Josef Weinheber, S. 101–104. Dagegen: Berger, Götter; ders., Josef Weinheber. Übrigens komponierte Paul Hindemith 1958 zwölf *Weinheber-Madrigale* nach Gedichten des österreichischen Lyrikers. Vgl. Kirsch, Paul Hindemiths Weinheber-Madrigale.

»Zieh diesen Geist von seinem Urquell ab,
Und führ ihn, kannst du ihn erfassen,
Auf deinem Wege mit herab,
Und steh beschämt, wenn du bekennen musst:
Ein guter Mensch, in seinem dunklen Drange,
Ist sich des rechten Weges wohl bewusst!«[351]

Auftakt und Ausklang der Zeremonie stellten den Lebensweg des Paares, das hier die Ehe einging, in eine weite Perspektive, die zugleich dem ›Kulturwillen‹ der SS ein Ziel und eine Richtung wies. Solcherart weltanschaulich eingebettet, vollzog sich die eigentliche Zeremonie, bestehend aus der Feierrede, der standesamtlichen Zeremonie und der Aufnahme der Frau in die »SS-Sippengemeinschaft«, die – auch dies äußerst bemerkenswert – vom SS-Obergruppenführer Kurt Knoblauch (1885–1952), seit Juli 1942 Chef des SS-Führungshauptamtes, Amtsgruppe B, vorgenommen wurde. Den Höhe- und Endpunkt der eigentlichen Zeremonie bildete das von Martin Stephani neu gesetzte »SS-Treuelied«.

Das aufwändige Hochzeitszeremoniell wirkt vor dem Hintergrund der sich bereits deutlich abzeichnenden Kriegsniederlage – knapp vier Monate nach dieser Veranstaltung sollte Bad Saarow von der Roten Armee besetzt werden – gespenstisch. Alles deutet darauf hin, dass Martin Stephani und sein Umfeld zu diesem Zeitpunkt in einer Art Blase lebten, deren Bewohner, durchdrungen von ihrer kulturellen Mission, die Zeichen des nahenden Zusammenbruchs nicht wahrzunehmen vermochten. Umso tiefer und härter musste der jähe Absturz aus diesem rauschhaften Erleben ausfallen, der durch die bedingungslose Kapitulation des nationalsozialistischen Deutschlands ausgelöst wurde. Diese Erschütterung dürfte auch zum Scheitern der Ehe zwischen Martin und Hanne-Lies Stephani beigetragen haben. Bei seiner ersten Vernehmung durch den öffentlichen Ankläger beim Spruchgericht Bielefeld am 3. Juli 1947 sagte Martin Stephani aus, er lebe »in Scheidung«.[352] Bei dieser Gelegenheit gab er ferner an, er sei evangelischer Konfession – offenbar war er stillschweigend wieder in die Kirche eingetreten.

351 Johann Wolfgang von Goethe, Faust. Eine Tragödie, Kapitel 3 (»Prolog im Himmel«).

352 Als Adresse von Hannelies [sic] Stephani, geb. de Bahar wird Berlin-Charlottenburg, Niebuhrstr. 78, angegeben. Protokollbogen der ersten Vernehmung durch den öffentlichen Ankläger beim Spruchgericht Bielefeld am 3. Juli 1947, BArch. Koblenz, Z 42–IV, Nr. 2887.

11. ›Vergangenheitsbewältigung‹, 1945 bis 1950

Zwischen den Zeiten. Die Internierung, 1946 bis 1947

Im April 1945 wurde das Stabsmusikkorps der Waffen-SS, das, als die Rote Armee auf Bad Saarow vorrückte, nach Norddeutschland verlegt worden war, bei Lübeck aufgelöst.[1] Martin Stephani kam – wohl am 7. Mai 1945[2] – in Kriegsgefangenschaft. Vermutlich wurde er in der Sperrzone G – in den holsteinischen Landkreisen Eiderstedt, Norder- und Süderdithmarschen zwischen Nordsee, Elbe und Kaiser-Wilhelm-Kanal gelegen – interniert, wo zu dieser Zeit etwa 400.000 Angehörige der Wehrmacht, der Waffen-SS und verbündeter Armeen unter Aufsicht der britischen Besatzungsmacht Quartier bezogen hatten.[3] Am 18. Juni 1945 wurde Stephani dann aufgrund seines Dienstgrades als SS-Obersturmführer in *automatic arrest* genommen.[4] Nach vorübergehender Haft im »SS-Lager Tensbüttel« im Kreis Dithmarschen erfolgte am 6. September 1945 seine Überführung in das Internierungslager Gadeland (Civil Internment Camp No. 1) bei Neumünster in Schleswig-Holstein,[5] wo zu dieser Zeit etwa 10.600 Menschen interniert waren, darunter »ein vergleichsweise hoher Anteil mutmaßlicher Kriegsverbrecher«.[6] Nach der Auflösung dieses Lagers wurde Stephani zusammen mit den anderen verbliebenen Insassen am 3. Oktober 1946[7] in das Internierungslager Eselheide (Civil Internment Camp No. 7) in der Senne bei Stukenbrock verlegt. Zu dieser Zeit hatte das Lager

1 Bunge, Musik, S. 67. In seinem Schreiben an den Kulturdezernenten der Stadt Bielefeld vom 27. Dezember 1949 spricht Stephani von »einem kurzen Fronteinsatz in den letzten Wochen des Krieges«. Martin Stephani an Paul Jagenburg, 27.12.1949, Stadtarchiv Bielefeld, 107,1/Kulturdezernat, Nr. 33.

2 Dieses Datum ist im Kopf eines Briefes von Martin Stephani an den Entnazifizierungsausschuss in Köln vom 12. Dezember 1947 angegeben, LAV NRW, Abteilung Rheinland, NW 1049 Ne 30266, Auszug PA, Bd. II–IV.

3 Pingel/Steensen, Sperrgebiet G.

4 »Automatic arrest« meint die präventive Verhaftung bestimmter Personengruppen ohne Einzelfallprüfung. Zu diesen Gruppen gehörten auch Offiziere der Waffen-SS. Die britische Besatzungsmacht nahm im ersten Jahr etwa 65.000 Personen in *automatic arrest*. Vgl. Wember, Umerziehung, S. 35–37.

5 Lebenslauf, undatiert [Juli 1947], BArch. Koblenz, Z 42–IV, Nr. 2887.

6 Bohn, Schleswig-Holstein, S. 177. Vgl. auch Wember, Umerziehung, S. 55–57.

7 Vgl. aber die Bescheinigung des Governor No. 7 Civil Internment Camp,

Eselheide mehr als 8.000 Insassen, ein Jahr später, im September 1947, waren es noch etwa 4.600, bei der Auflösung im Dezember 1947 nur noch etwa 2.400.[8] Martin Stephani, der schließlich am 28. November 1947 entlassen wurde, gehörte somit zu den letzten, die dieses Lager verlassen durften.

Die britische Militärbehörde verfolgte in den ihr unterstehenden Internierungslagern ein groß angelegtes Programm zur politischen Umerziehung. Vor diesem Hintergrund förderten die Lagerleitungen auch kulturelle Veranstaltungen, die von den Insassen selbst organisiert wurden[9] – und hier fand Martin Stephani ein neues Betätigungsfeld. Schon im Lager Neumünster stellte er in seinem Block ein »Collegium Musicum Vocale«[10] auf, mit dem er Chorwerke einübte, anfangs aus dem Gedächtnis. Nach einigen Wochen konnten Noten beschafft werden, schließlich wurde auch ein Klavier zur Verfügung gestellt.[11] Eigenen Angaben zufolge hatte dieser Chor innerhalb des ersten Jahres seines Bestehens über hundert Auftritte und gestaltete »Festgottesdienste, Freiluft-Singen am Stacheldraht (Frauenblock usw.), Jubiläumsfeiern u. dergl.«:[12]

> »Das alte ›Collegium Musicum Vocale‹ des E-Blocks hatte bis Ende Januar 1946 (also in rund 120 Tagen) über 90 Chöre studiert, d.h. durchschnittlich alle 1 ½ Tage einen neuen Satz, von denen die überwiegende Mehrzahl aus dem Gedächtnis rekapituliert, bzw. überhaupt neu angefertigt werden musste. Es wurde täglich 1 ½ Stunden im Stehen probiert, mit 1200 Menschen im gleichen Raum, jeder Witterung u. jeder plan- oder außerplanmäßigen Störung zum Trotz, und obwohl von Dezember bis April das Kondenswasser aus der Betondecke unaufhörlich Tag und Nacht auf Menschen, Noten und Betten tropfte. Die Chorstärke schwankte zwischen 29 und 23 Mitgliedern. Die Stärke der ›Vereinigten Chöre D und E‹ (nach Fortfall der inneren Stacheldrahtzäune zwischen [den] Blocks) betrug zwischen 60 und 43 Mitgliedern.«[13]

28.11.1947, LAV NRW, Abteilung Rheinland, NW Pe Nr. 7475. Demnach war Stephani seit dem 26. September 1946 im Lager Eselheide.

8 Wember, Umerziehung, S. 75–79, S. 370f., Tab. 1.

9 Ebd., S. 201–208.

10 Vgl. Bernsdorff, Martin Stephani, S. 277. Die Autorin hatte noch Einblick in zwei Kladden aus Familienbesitz, in denen die musikalischen Aktivitäten Martin Stephanis während seiner Internierung minutiös verzeichnet waren, und zitiert an dieser Stelle aus der ersten dieser beiden Kladden. Der Verbleib der Kladden konnte leider nicht geklärt werden.

11 Ebd., S. 276

12 Zit. n. ebd., S. 277.

13 Zit. n. ebd.

Zudem hielt Stephani im Rahmen des Kulturprogramms vor den Internierten eine Vortragsreihe über »Grundlagen abendländischen Musikhörens«.[14] Dabei kam er wiederholt auf die Werke Paul Hindemiths zu sprechen, so etwa in einem Vortrag mit dem Titel »Der Fall Hindemith – eine Richtigstellung«[15] und in einer Einführung in die Oper *Mathis der Maler.* Diese Aktivitäten setzte er im Lager Eselheide fort.

Was das Repertoire angeht, so tauchen neben den alten Meistern auch zeitgenössische Komponisten auf, außer Paul Hindemith etwa Hugo Distler oder Harald Genzmer.[16] In seiner Darlegung »Mein künstlerischer Werdegang« aus dem Jahre 1949 erwähnte Stephani zudem, dass er in seinen Vortragsreihen mehrfach eine eigene Klavierbearbeitung von Igor Strawinskys Konzert in Es-Dur für Kammerorchester *Dumbarton Oaks* (1937/38) zur Aufführung gebracht habe. Mit seinem Chor habe er u. a. »vollständige Aufführungen (nach eigenen Bearbeitungen) der ›Missa‹, der ›IX.‹, des ›150. Psalmes‹ von Bruckner und des Bach'schen ›Weihnachtsoratoriums‹«[17] herausgebracht.

Dieses Intermezzo war für Martin Stephanis weiteren Lebensweg von nicht zu unterschätzender Bedeutung. Vor dem Hintergrund der eingangs entwickelten konzeptionellen Vorüberlegungen könnte man sagen, dass die Internierung im autobiographischen Prozess Stephanis eine Art Zwischenzeit darstellte, in der er sich im gesellschaftlichen Nirgendwo gleichsam neu erfand: Zwar hielt er unbeirrt an seiner Vorstellung fest, dass Musik in ihren reinsten und tiefsten Formen – von Bach über Bruckner bis Hindemith – den Zugang zu einer transzendentalen Sphäre eröffnen, den von ihr berührten Menschen zur Erkenntnis des Schönen, Wahren und Guten verhelfen und sie damit zu einer höheren Ebene der Humanität führen könne. Ungebrochen war auch seine Überzeugung von der eigenen Mission als Hüter und Wahrer jener Meisterwerke, als Führer und Erzieher der Menschen. Jedoch lösten sich diese Vorstellungen jetzt wieder aus der Verbindung mit der nationalsozialistischen Weltanschauung, die

14 Ebd., S. 276.

15 Nach Angaben von Helga Bernsdorff ist dieser Text »nachgewiesen schon im Krieg entstanden«. Stephani habe ihn auch »in Marburg noch vorgetragen«, er sei inzwischen aber »verloren gegangen«. Bernsdorff, Martin Stephani, S. 276.

16 Ebd.

17 Martin Stephani, Mein künstlerischer Werdegang, o. D. [Dezember 1949], Stadtarchiv Bielefeld, 107,1/Kulturdezernat, Nr. 33. Vgl. Bescheinigung des Governor No. 7 Civil Internment Camp, 28.11.1947, LAV NRW, Abteilung Rheinland, NW Pe Nr. 7475. Demnach hatte sich Stephani im Lager Eselheide »sehr für das Musikleben […] eingesetzt. Abgesehen davon, dass er selbst ein vorzüglicher Virtuose ist, hat er – zum großen Nutzen und unter großer Anerkennung der Internierten – viele Orchester- und Chorkonzerte einstudiert und aufgeführt.«

sie zwischen 1940 und 1945 eingegangen waren. Das den göttlichen Willen vollstreckende, unter einem Führer geeinte, einen gerechten, ja heiligen Krieg um die Weltherrschaft führende deutsche Volk war nicht länger der Fluchtpunkt in Martin Stephanis Denken. In den Vordergrund trat jetzt vielmehr die Vorstellung von der Grenzen überschreitenden, versöhnenden und friedensstiftenden Macht der Musik, die damit gleichsam zu einem Medium der Reeducation wurde.

»Entlastet«. Spruchgerichtsverfahren und Entnazifizierung, 1947 bis 1948

Der Eintritt Martin Stephanis in die deutsche Nachkriegsgesellschaft war – wie eingangs dargelegt – an eine inszenierte Prozedur öffentlicher Selbstrechtfertigung gebunden, die Entnazifizierung, in deren Verlauf er seine Lebensgeschichte neu erzählen musste, und zwar so glaubwürdig, dass sie die Tribunale, die über seinen Startplatz in der Gesellschaft zu befinden hatten, überzeugte und schließlich amtlich beglaubigt wurde. Martin Stephani hatte dazu einen zweistufigen Prozess zu durchlaufen. Aufgrund seiner Zugehörigkeit zur Waffen-SS musste er sich nämlich – vor dem eigentlichen Entnazifizierungsverfahren, also der Einstufung in eine der fünf Kategorien ›Hauptbeschuldigte‹, ›Belastete‹, ›Minderbelastete‹, ›Mitläufer‹ und ›Entlastete‹ – vor einem Spruchgericht verantworten.

Die Spruchgerichtsverfahren gehörten – neben den Prozessen vor dem Internationalen Militärgerichtshof in Nürnberg und den im Zusammenhang mit den nationalsozialistischen Staatsverbrechen vor deutschen Gerichten verhandelten Verfahren – zur strafrechtlichen Ebene der von den Besatzungsmächten erzwungenen politischen Säuberung der deutschen Gesellschaft.[18] Um für alle vier Besatzungszonen eine einheitliche Rechtsgrundlage zu schaffen, erließ der Alliierte Kontrollrat am 20. Dezember 1945 das Gesetz Nr. 10, das die Bestrafung von Personen verfügte, die Verbrechen gegen den Frieden, Kriegsverbrechen oder Verbrechen gegen die Menschlichkeit begangen hatten. Ein Delikt neuer Art war das Organisationsverbrechen. Der Internationale Militärgerichtshof in Nürnberg hatte in seinem Urteil vom 1. Oktober 1946 das Führerkorps der NSDAP, die Gestapo, den SD und die SS (mit Ausnahme der Reiter-SS) zu verbrecherischen Organisationen erklärt. Mit Blick auf den Einzelfall hatte das Gericht verfügt, dass ein Mitglied einer dieser Organisationen

18 Krüger, Entnazifiziert, S. 19. Das Folgende nach: ebd., S. 72–76; Wember, Umerziehung, S. 276–292. Dazu auch allgemein: Lange (Hg.), Entnazifizierung.

nur dann bestraft werden sollte, wenn es »Kenntnis von den verbrecherischen Zwecken oder Handlungen seiner Organisation hatte, oder wenn es bei der Begehung solcher Verbrechen persönlich beteiligt war«.[19]

Die britische Militärregierung erließ am 31. Dezember 1946 die Verordnung Nr. 69, mit der sie es der deutschen Justiz zur Aufgabe machte, diesem Personenkreis den Prozess zu machen. Zu diesem Zweck wurden in der britischen Besatzungszone sechs Spruchgerichte mit jeweils zehn bis zwanzig Spruchkammern gebildet, die jeweils aus einem Richter und zwei Schöffen bestanden. Aus praktischen Gründen waren die Spruchgerichte in der Nähe der sechs Internierungslager angesiedelt, in denen insgesamt etwa 27.000 Menschen auf ihr Verfahren warteten.[20] Als Revisionsinstanz wurde zudem der Oberste Spruchgerichtshof in Hamm geschaffen. Die Verfahren vor den Spruchgerichten unterlagen – im Unterschied zu den sich anschließenden Entnazifizierungsverfahren – der Strafprozessordnung, auch war die Öffentlichkeit – im Gegensatz zu den Sitzungen der Entnazifizierungsausschüsse – zu den Verhandlungen der Spruchgerichte zugelassen. Die Beschuldigten hatten Anspruch auf einen Rechtsbeistand, von dem sie sich bereits im Ermittlungsverfahren vertreten lassen konnten, das wiederum vom öffentlichen Ankläger des zuständigen Spruchgerichts geführt wurde. Gemäß der Verordnung Nr. 69 konnten die Spruchgerichte Gefängnisstrafen bis zu zehn Jahren oder Geldstrafen verhängen oder die Einziehung des Vermögens verfügen, wobei die verschiedenen Strafformen miteinander kombiniert werden konnten. Die von den Spruchgerichten verhängten Strafen wurden in das Strafregister eingetragen, so dass die Betroffenen als vorbestraft galten. In zwei Anhängen zur Verordnung Nr. 69 wurden noch einmal die von den Spruchgerichten zu ahndenden Deliktgruppen (Verbrechen gegen den Frieden, Kriegsverbrechen, Verbrechen gegen die Menschlichkeit) und die Organisationen aufgeführt, gegen deren Angehörige die Spruchgerichte ermitteln sollten (das Führerkorps der NSDAP vom Reichsleiter bis hinunter zum Ortsgruppenleiter, die Gestapo, der SD und die SS mit Ausnahme der Reiter-SS). Von einer Verurteilung ausdrücklich ausgenommen wurden alle Personen, die zur Mitgliedschaft gezwungen worden waren oder ihre Mitgliedschaft vor dem 1. September 1939 niedergelegt hatten. Am 1. Juni 1948 verkündete der oberste Befehlshaber der britischen

19 Zit. n. Krüger, Entnazifiziert, S. 73.

20 Das Spruchgericht Bergedorf war für das Lager Neuengamme, das Spruchgericht Bielefeld für das Lager Eselheide, das Spruchgericht Hiddesen bei Detmold für das Lager Staumühle, das Spruchgericht Benefeld-Bomlitz für das Lager Fallingbostel, das Spruchgericht Recklinghausen für das dortige Lager, das Spruchgericht Stade für das Lager Sandbostel zuständig. Ebd., S. 74; Wember Umerziehung, S. 280–282.

Besatzungszone eine weitreichende Amnestie, von der unter anderem auch alle Mitglieder der Waffen-SS profitierten, die als höchsten Rang den eines Unterscharführers (der dem eines Unteroffiziers im Heer entsprach) bekleidet hatten – Martin Stephani konnte aufgrund seines Rangs als Unter- bzw. Obersturmführer (Leutnant bzw. Oberleutnant) von dieser Amnestie nicht profitieren.

Für den Gefangenen im Lager Eselheide war das Spruchgericht Bielefeld zuständig. Der öffentliche Ankläger dieses im Juni 1947 eingerichteten Spruchgerichts, Dr. Seidel, führte am 3. Juli 1947 im Lager die erste Vernehmung Stephanis durch. Dabei sagte Stephani aus, dass seine Versetzung zur Waffen-SS ohne sein Zutun verfügt worden sei. Bis Kriegsende habe er als Musikreferent in Berlin gearbeitet, »nur ausnahmsweise« sei er »auf Dienstreisen in andere Städte«[21] gekommen. Einem »Fronttruppenteil«[22] habe er nicht angehört. Weiter erklärte er: »Ich habe mich auch an verbrecherischen Handlungen nicht beteiligt, habe davon überhaupt bis zu meiner Internierung nichts gewusst.«[23]

Stephani legte dem Spruchgericht Bielefeld – neben dem bereits zitierten Lebenslauf vom Juli 1947 – vier ›Persilscheine‹ vor. Einer davon stammte von Gustav Scheck, mittlerweile Direktor der Hochschule für Musik in Freiburg/Breisgau. Er kannte, wie weiter oben dargestellt, Martin Stephani seit dessen Studienzeit, die beiden standen spätestens ab 1939/40 in näherer Beziehung, als der Kameradschaftsführer des NS-Studentenbundes dem Dozenten in dessen Konflikt mit Eta Harich-Schneider Schützenhilfe leistete.[24] In seinem Zeugnis nahm Scheck Bezug auf diesen Vorgang, indem er Stephani bescheinigte, dass er »in einer strittigen Angelegenheit zwischen einer Hochschulkollegin und mir, in die er hineingezogen worden war, sich absolut korrekt und anständig und neutral verhalten«[25] habe. In der SS habe Stephani eine rein künstlerische Tätigkeit ausgeübt und sich für die modernen Komponisten, insbesondere für Paul Hindemith, eingesetzt.[26]

Was Gustav Scheck an dieser Stelle verschwieg: Auf Vermittlung Martin Stephanis hatte er am 30. September 1942 mit dem SS-Sinfonieorchester konzertiert.[27] Um seinem Zeugnis Gewicht und Glaubwürdigkeit zu geben, stellte sich Scheck (ohne dass dies durch andere Quellen bestätigt werden könnte) als Kommunist und Judenretter dar:

21 Protokoll der Vernehmung Martin Stephanis am 3.7.1947, BArch. Koblenz, Z 42-IV, Nr. 2887.
22 Ebd.
23 Ebd.
24 Vgl. S. 91–99.
25 Bescheinigung Gustav Scheck, 30.8.1946, BArch. Koblenz, Z 42-IV, Nr. 2887.
26 Vgl. S. 167.
27 Vgl. S. 152.

»Ich bemerke, dass ich seit 1932 Mitglied der KPD war und von 1944/45 nachweislich ein jüdisches Ehepaar in meiner Wohnung in Berlin verborgen, vor der Gestapo geschützt und mit Lebensmitteln versehen habe. Damit dürfte genügend bewiesen sein, dass ich nicht als Freund des Nazismus oder gar der SS anzusehen bin.«[28]

Ein zweiter ›Persilschein‹ wurde von Dr. Ludwig Strecker d. J., Mitinhaber und Leiter des Musikverlags B. Schott's Söhne in Mainz, vorgelegt – hierin bestätigte Strecker, wie weiter oben bereits ausgeführt worden ist, dass sich Martin Stephani im Jahre 1942 für das Werk Paul Hindemiths eingesetzt habe.[29] In einem dritten ›Persilschein‹ bescheinigte auch der Komponist und Duzfreund Stephanis, Harald Genzmer, dessen *Symphonische Musik* beim III. Sonderkonzert des SS-Sinfonieorchesters unter Leitung Martin Stephanis am 28. April 1943 zur Aufführung gebracht worden war,[30] Stephani einen couragierten Einsatz für die Modernen.[31]

Diese drei ›Persilscheine‹ legten die Grundlagen für die in der Folgezeit immer weiter ausgearbeitete Darstellung Martin Stephanis, er habe – geschützt durch die SS-Uniform – seine Stellung im SS-Führungshauptamt genutzt, um die Werke unerwünschter Komponisten zur Aufführung zu bringen – was mehr und mehr als Akt des Widerstandes gegen das Regime interpretiert werden sollte. Untermauert wurde diese Sicht durch Auszüge aus Briefen Martin Stephanis an seine Eltern aus den Jahren 1943/44, die dem Spruchgericht vom Vater Hermann Stephani vorgelegt wurden.

Der vierte dem Spruchgericht Bielefeld vorgelegte ›Persilschein‹ stammte aus der Feder von Prof. Dr. Kurd Vogelsang (1901–?), seit 1937 als außerordentlicher Professor für Augenheilkunde an der Friedrich-Wilhelms-Universität zu Berlin. Martin Stephani hatte von 1940 bis 1943 in Vogelsangs Wohnung am Hohenzollerndamm 54 in Berlin-Grunewald gewohnt, deshalb nahm Vogelsang für sich in Anspruch, er könne die »Entwicklung und Betätigung« Stephanis »genau beurteilen«.[32] In Vogelsangs Stellungnahme heißt es:

»Bei seiner idealistischen Haltung und seiner überdurchschnittlichen Einsatzbereitschaft sah St.[ephani] nur die Aufgaben für die Allgemeinheit vor sich und wuchs nach und nach in die Tätigkeit des Musikreferenten

28 Bescheinigung Gustav Scheck, 30.8.1946, BArch. Koblenz, Z 42–IV, Nr. 2887.
29 Vgl. S. 167f.
30 Vgl. S. 153.
31 Vgl. S. 166.
32 Bescheinigung Prof. Dr. Kurd Vogelsang, undatiert [Juli/August 1946], BArch. Koblenz, Z 42–IV, Nr. 2887.

des SS-Führungs-Hauptamtes herein. [...] St.[ephani] hat in seiner Tätigkeit Bedeutendes geleistet und war seinen Untergebenen ein wahrer Führer und Anreger in geistiger und musikalischer Beziehung. Diese Tätigkeit hätte sich ebenso in einem andern Rahmen als dem der Waffen-SS abspielen können. St.[ephani] empfand das Kommando zur SS als Aufgabe und führte diese Aufgabe mit größtem Pflichtgefühl ohne Rücksicht auf seine Gesundheit durch.«[33]

Die Darstellung Stephanis und die von ihm beigebrachten Zeugnisse waren so überzeugend, dass der Ankläger des Spruchgerichts Bielefeld am 18. September 1947 die Einstellung des Verfahrens anregte:

> »Der Internierte fällt nicht unter das Spruchkammerverfahren, weil ihm eine Teilnahme an verbrecherischen Handlungen nicht nachzuweisen und nach seiner Persönlichkeit und seiner nur fachlichen Tätigkeit bei der Waffen-SS nicht anzunehmen ist.«[34]

Der Generalinspekteur beim Zentral-Justizamt für die Britische Zone[35] erklärte sich jedoch am 6. Oktober 1947 mit der vom Ankläger des Spruchgerichts Bielefeld angeregten Einstellung des Verfahrens nicht einverstanden, und zwar unter ausdrücklicher Bezugnahme auf das Zeugnis Kurd Vogelsangs. Aus diesem sei nämlich nicht zu schließen, »dass der Beschuldigte unter einem unwiderstehlichen Zwange zur Waffen-SS gekommen«[36] sei. Es sei vielmehr

33 Ebd.

34 Einstellungsvermerk, 18.7.1947, BArch. Koblenz, Z 42-IV, Nr. 2887. Vgl. Rechtsanwälte Dr. Oswald und Dr. Percy Barber, Hamburg, an Dr. Seidel, 4.11.1947, BArch. Koblenz, Z 42-IV, Nr. 2887. Hieraus geht hervor, dass Dr. Percy Barber am 5. September 1947 in Bielefeld eine Unterredung mit Dr. Seidel gehabt hatte, in der der Staatsanwalt erklärt habe, »dass das Verfahren gegen Stephani bereits eingestellt sei. Die Akte ginge unmittelbar an die englische Dienststelle, und es wäre damit zu rechnen, dass Stephani im Laufe des Monats September 1947 zur Entlassung käme«.

35 Die Stelle eines Generalinspekteurs für die Spruchgerichte war am 17. Februar 1947 mit Zustimmung der britischen Besatzungsmacht von den deutschen Behörden geschaffen worden. Krüger, Entnazifiziert, S. 73f.

36 Der Generalinspekteur des Zentral-Justizamtes für die Britische Zone an den Leiter der Anklagebehörde bei dem Spruchgericht Bielefeld, 6.10.1947, BArch. Koblenz, Z 42-IV, Nr. 2887. Der Generalinspekteur bewies an dieser Stelle ein feines Gespür, denn Vogelsangs Hinweis auf Stephanis Idealismus drückte ganz sublim auch eine gewisse kritische Distanz aus. Vor 1945 scheint es zwischen Kurd Vogelsang und Martin Stephani – bei aller persönlichen Wertschätzung – tatsächlich zu politischen Meinungsverschiedenheiten gekommen zu sein. Dies

anzunehmen, »dass diese Versetzung den Wünschen und Neigungen des Beschuldigten entsprochen«[37] habe. Unter diesen Umständen sei eine »Einstellung des Verfahrens mangels Zugehörigkeit zum Täterkreis nicht möglich.«[38] Dagegen komme möglicherweise »eine Einstellung des Verfahrens mangels Nachweis der Kenntnis von verbrecherischen Handlungen der SS in Frage«.[39] Der Beschuldigte sollte zu diesem Punkt weiter vernommen werden.

Der Leiter der Anklagebehörde beim Spruchgericht in Bielefeld beantragte daraufhin am 28. Oktober 1947 beim Vorsitzenden der Spruchkammer den Erlass eines Strafbescheides mit der Begründung, Martin Stephani müsse »als Freiwilliger der Waffen-SS angesehen werden«.[40] Gleichzeitig unterstellte der Ankläger, dass Stephani »Kenntnis von den SS-Verbrechen«[41] gehabt haben müsse, obwohl er dies bestreite. Dazu der Ankläger:

> »Das unmenschliche Vorgehen gegen die Juden kann ihm [Stephani] aber nicht verborgen geblieben sein. Der Kampf gegen das Judentum, der bald nach dem Umschwung einsetzte, war allgemein bekannt. Der Internierte ist fast während des ganzen Krieges in Berlin gewesen. Dass die Juden dort schon nach außen durch einen Judenstern diskriminiert waren, kann auch der Internierte nicht bestreiten. Auch die Wegschaffung der Juden, die in Berlin noch ziemlich zahlreich waren, kann ihm nicht entgangen sein und ebenso dass damit die nach dem Umbruch begonnene systematische Bekämpfung des Judentums ihre Fortsetzung fand. Es war für Jeden einleuchtend, dass die aus ihrer Heimat entfernten und ihrer Habe

kann man aus einem Brief Stephanis an seine Eltern vom 28. Mai 1941 herauslesen, in dem Stephani schrieb, er sei an diesem Abend »nach langen heftigen Gesprächen mit Kurt [sic] Vogelsang über die Zeit u. ihren Krieg [sic]« erst um 1.30 Uhr nachts zum Schreiben gekommen. Martin Stephani an die Eltern, 28.5.1941, Universitätsarchiv Marburg, 312/3/19.

37 Der Generalinspekteur des Zentral-Justizamtes für die Britische Zone an den Leiter der Anklagebehörde bei dem Spruchgericht Bielefeld, 6.10.1947, BArch. Koblenz, Z 42–IV, Nr. 2887.

38 Ebd.

39 Ebd. Wenig später, im November 1947, kam es zu einem öffentlichen Eklat um das Spruchgericht Bielefeld wegen eines überaus milden Urteils gegen den Bankier, NSDAP-Gauwirtschaftsberater und SS-Brigadeführer Kurt Freiherr von Schröder (1889–1966). In den Bielefelder Betrieben und Behörden kam es zu einem Proteststreik, die Mehrheit des nordrhein-westfälischen Landtags verabschiedete eine Protestnote, das Urteil wurde daraufhin revidiert, der Fall neu verhandelt. Minniger, Bankier Schröder; Wember, Umerziehung, S. 78.

40 Der Leiter der Anklagebehörde bei dem Spruchgericht Bielefeld an den Vorsitzenden der Spruchkammer, 28.10.1947, BArch. Koblenz, Z 42–IV, Nr. 2887.

41 Ebd.

> beraubten Juden einem traurigen Schicksal entgegengingen. Es war auch allgemein bekannt, dass hierbei die SS-Formationen eine besondere Rolle spielten.«[42]

Die Schlussfolgerung war klar: Wenn Martin Stephani der Waffen-SS freiwillig beigetreten war, in Kenntnis der Verfolgung und Vernichtung der Juden und der besonderen Rolle der SS dabei, dann ließ sich darauf schließen, dass er diese Staatsverbrechen billigte.

Gegen den am 17. November 1947 ergangenen Strafbescheid legte Martin Stephani Einspruch ein,[43] obwohl die darin verhängte Geldstrafe in Höhe von 1.500 RM, ersatzweise für je 20 RM ein Tag Gefängnis,[44] durch die Internierung Stephanis als verbüßt galt.[45] Dieser Einspruch ist durchaus bemerkenswert, war Stephani doch – wie einem Brief seines Anwalts Dr. Percy Barber (1908–1983)[46] vom 4. November 1947 zu entnehmen ist – wegen seiner »außergewöhnlichen persönlichen Umstände« an einer »beschleunigte[n] Bearbeitung der Angelegenheit«[47] interessiert. Zur Erläuterung führte der Rechtsanwalt an, Stephani lebe »in Scheidung, und die konsequente Wahrnehmung seiner Interessen im Scheidungsprozess macht es notwendig, dass sein Bielefelder Verfahren möglichst in der einen oder anderen Richtung geklärt wird«.[48] Einen Tag, nachdem er seinen Widerspruch gegen den Strafbescheid eingelegt hatte, am 28. November 1947, wurde Martin Stephani mit der vorläufigen Einstufung in Kategorie IV a aus dem Lager Eselheide entlassen.

An dieser Stelle ist eine kurze Erläuterung des Kategorisierungsverfahrens notwendig.[49] Die britische Militärregierung hatte – nach einigem Hin und

42 Ebd.

43 Martin Stephani an die Geschäftsstelle des Spruchgerichts Bielefeld, 27.11.1947, BArch. Koblenz, Z 42–IV, Nr. 2887. Der Strafbescheid war ihm am 22. November 1947 zugestellt worden. Zustellungsurkunde, BArch. Koblenz, Z 42–IV, Nr. 2887.

44 Strafbescheid des Spruchgerichts Bielefeld, 17.11.1947, BArch. Koblenz, Z 42–IV, Nr. 2887.

45 Der Leiter der Anklagebehörde bei dem Spruchgericht Bielefeld an den Vorsitzenden der Spruchkammer, 28.10.1947, BArch. Koblenz, Z 42–IV, Nr. 2887.

46 Percy Barber war der Sohn von Dr. Oswald Stacpoole Barber (1877–1951), der im nationalsozialistischen Deutschland als ›Vierteljude‹ galt. Percy Barber wurde 1934 als Rechtsanwalt zugelassen und praktizierte in Sozietät mit seinem Vater in Hamburg. Morisse, Ausgrenzung, S. 126.

47 Rechtsanwälte Dr. Oswald und Dr. Percy Barber, Hamburg, an Dr. Seidel, 4.11.1947, BArch. Koblenz, Z 42–IV, Nr. 2887.

48 Ebd.

49 Zum Folgenden: Krüger, Entnazifiziert, S. 43–50.

Her – mit der Verordnung Nr. 79 vom 24. Februar 1947 ein eigenständiges Verfahren zur Einstufung in eine der fünf Kategorien ›Hauptschuldige‹, ›Belastete‹, ›Minderbelastete‹, ›Mitläufer‹ und ›Entlastete‹ geschaffen. Dieses Kategoriensystem war mit dem Gesetz zur Befreiung von Nationalsozialismus und Militarismus vom 5. März 1946 zunächst in der amerikanischen Besatzungszone eingeführt worden, mit der Kontrollratsverordnung Nr. 38 hatten die Besatzungsmächte sich darauf geeinigt, es in allen Besatzungszonen zur Grundlage der Entnazifizierung zu machen. Die in der britischen Zone eingesetzten deutschen Entnazifizierungsausschüsse, deren Aufgabe bis zu diesem Zeitpunkt darin bestanden hatte, Empfehlungen auszusprechen, wer aufgrund seiner braunen Vergangenheit aus seiner beruflichen Stellung entlassen werden und wen man auf seinem Posten belassen sollte, bekamen nun das Recht, nach diesen auch weiterhin durchgeführten Überprüfungsverfahren alle Personen, die nicht in die Kategorien I und II eingereiht wurden (dies blieb den britischen *Review Boards* vorbehalten[50]), in einem eigenen Einreihungsverfahren endgültig in die Kategorien III bis V einzustufen. Zugleich erhielten die Ausschüsse das Recht, mit der Einreihung auch Sanktionen zu verhängen. Martin Stephani war, wie eben erwähnt, bei seiner Entlassung aus der Internierung in Kategorie IV a eingestuft worden – dieses Kürzel stand für ›Mitläufer (Einschränkung der politischen Betätigung)‹. Konkret hieß das lediglich den Ausschluss vom passiven Wahlrecht auf allen politischen Ebenen (das aktive Wahlrecht blieb unangetastet) und das Verbot der aktiven Teilnahme an der Regierung – im Unterschied zu Kategorie IV b (›Bewegungsbeschränkung‹, z. B. Verbot der Ausreise aus der britischen Zone ohne Bewilligung der Militärregierung, besondere Meldeauflagen oder Verbot des Wohnungswechsels ohne Bewilligung) und IV c (›Sperre des Vermögens und der Konten‹) wurden die Freizügigkeit sowie die Verfügung über das eigene Vermögen und der Zugriff auf die eigenen Konten bei einer Einstufung in Kategorie IV a nicht eingeschränkt.[51]

Der Grund für den auf den ersten Blick nicht recht verständlichen Einspruch Stephanis gegen den vom Spruchgericht verhängten Strafbescheid dürfte wahrscheinlich darin zu suchen sein, dass er im anschließenden Entnazifizierungsverfahren unbedingt eine Einstufung in Kategorie V (›unbelastet‹) erreichen wollte, um möglichen Berufsbeschränkungen zu entgehen. Kurz zuvor, am 1. Oktober 1947, hatte nämlich die Verordnung Nr. 110 der britischen Militär-

50 In Nordrhein-Westfalen wurden insgesamt nur neunzig Personen in die Kategorien I und II eingestuft. Ebd., S. 48.

51 Vgl. die Übersicht ebd., S. 46f. Die in Kategorie IV eingereihten Personen unterlagen allerdings alle der polizeilichen Meldepflicht. Ebd., S. 48.

regierung eine Neuerung im Hinblick auf die in Kategorie IV eingestuften Personen eingeführt – die Entnazifizierungsausschüsse konnten gegenüber solchen Personen künftig auch Berufsverbote oder -beschränkungen aussprechen, was bis dahin nur bei Personen möglich gewesen war, die der Kategorie III zugeordnet wurden.[52] Diese Neuregelung führte in der Praxis dazu, dass die Ausschüsse von der Möglichkeit, bei der Einreihung in Kategorie IV zugleich Berufsbeschränkungen auszusprechen, »reichlich Gebrauch«[53] machten, wobei diese häufig, auf den Einzelfall zugeschnitten, Berufsverbote in ganz bestimmten Sektoren beinhalteten.[54]

Da die Entnazifizierungsausschüsse das Recht hatten, die Urteile und Urteilsbegründungen der Spruchgerichte anzufordern, um eine Grundlage für die eigene Entscheidung an der Hand zu haben – eine Möglichkeit, von der die Ausschüsse auch gerne Gebrauch machten, da insbesondere die ausführlichen, von einem Berufsrichter formulierten Urteilsbegründungen für die juristischen Laien in den Ausschüssen sehr hilfreich waren,[55] – musste Stephani damit rechnen, dass der Strafbescheid des Spruchgerichts Bielefeld und dessen Begründung in sein Entnazifizierungsverfahren einfließen würden. Es war zu erwarten, dass der Ausschuss in diesem Fall die vorläufige Einstufung in die Kategorie IV bestätigen würde. Dies wäre, wie eben ausgeführt, bis zum 1. Oktober 1947 nicht so gravierend gewesen. Nun drohte aber die Verhängung eines Berufsverbotes oder einer Berufsbeschränkung.

Interessant ist in diesem Zusammenhang ein Gastbeitrag mit dem Titel »Praktische Entnazifizierung«, der am 4. Oktober 1947 im Magazin *Der Spiegel* veröffentlicht wurde. Der ungenannte Verfasser war, wie den einleitenden Worten zu entnehmen ist, eines der ehrenamtlichen Mitglieder eines Entnazifizierungsausschusses in der britischen Besatzungszone. Er kritisierte das Kate-

52 Ebd., S. 57, 124. Konkret meinte dies den Ausschluss »von bestimmten näher bezeichneten Berufen«, die Weiterbeschäftigung »in herabgesetzter Stellung oder mit beschränkten Beförderungsmöglichkeiten« und die Versetzung in den Ruhestand »mit vollem oder herabgesetztem Ruhegehalt«.

53 Ebd., S. 124f.

54 Die Verordnung Nr. 110 führte zu einer deutlichen Verschiebung in Kategorisierungssystem: »kleinere Aktivisten, Nutznießer und Minderbelastete«, die bis dahin in Kategorie III eingereiht worden waren, fanden sich nun immer häufiger in Kategorie IV wieder, die eigentlichen »Mitläufer« rutschten in die Kategorie V. »Die in Kategorie V eingereihten Personen durchweg als Entlastete zu bezeichnen, ist demnach nicht haltbar. Entlastet im Sinne des Wortes waren doch nur diejenigen, die aktiven oder passiven Widerstand oder ablehnendes Verhalten gezeigt haben.« Ebd., S. 129.

55 Ebd., S. 72f.

gorisierungssystem anhand eines Beispiels, das durchaus an den Fall Martin Stephanis erinnerte:

> »Die Erfahrung [...] hat uns gezeigt, dass die drei den deutschen Ausschüssen zur Verfügung stehenden Kategorien der ›Geringeren Übeltäter‹, der ›Mitläufer‹ und der ›Unbelasteten und Entlasteten‹ zu sehr Schema sind. Nehmen Sie z.B. einen Theaterintendanten, der erst im Dritten Reich durch sein Können und durch die Förderung der Nazis groß geworden ist, Mitglied der Partei, der SS und SA, aber trotzdem ein Mann, der sich auf seine künstlerischen Aufgaben beschränkt hat. Niemand wird in ihm einen ›Geringeren Übeltäter‹ erblicken wollen. Andererseits ist es wünschenswert, dass er sich in der jungen Demokratie nicht sofort wieder als Intendant betätigt. Will man ihm aber eine Tätigkeit in ›leitender Stellung‹ versagen, müsste man ihn in die Kategorie III einstufen, da Kategorie IV keine Berufsbeschränkung vorsieht. Nach seiner politischen Belastung gehört der Mann jedoch in die Kategorie IV der Mitläufer.«[56]

Dieser Artikel erschien drei Tage, nachdem die Verordnung Nr. 110 diese Gerechtigkeitslücke geschlossen hatte, im Druck. Inzwischen war es durchaus möglich, die Einstufung in Kategorie IV mit einer Berufsbeschränkung zu verknüpfen. Man wird wohl annehmen dürfen, dass Percy Barber, der Rechtsanwalt Martin Stephanis, den Artikel kannte, lebte und arbeitete er doch in Hamburg, dem Verlagsort des *Spiegels*. Sobald ihm der Inhalt der Verordnung Nr. 110 und ihrer Anlagen bekannt wurde, müssen ihm die Implikationen für seinen Mandanten klar gewesen sein.

Mit seinem Einspruch versuchte Martin Stephani, seine Deutung des Geschehens durchzusetzen. Dabei ging es ihm um zwei Punkte: Zum einen legte er Wert auf die Feststellung, dass er zwangsweise zur Waffen-SS versetzt worden sei, zum anderen wollte er, dass man seine Aussage anerkannte, er habe keine Kenntnis von den Verbrechen des NS-Regimes gehabt oder habe diese Verbrechen, soweit er Kenntnis von ihnen hatte, abgelehnt. Damit hätte zugleich als erwiesen gegolten, dass er nicht an solchen Verbrechen beteiligt gewesen war.

Stephani hatte sich auf die Sitzung des Spruchgerichts Bielefeld am 7. Juni 1948 gut vorbereitet. Er legte eidesstattliche Erklärungen seines akademischen Lehrers Prof. Dr. Fritz Stein vom 5. Januar 1948, des früheren Rundfunk-Kriegsberichterstatters Günther Boehnert (1903–?) vom 8. Januar 1948 und des ehemaligen Generals der Waffen-SS und Chefs des SS-Führungshauptamtes Hans Jüttner vom 3. Februar 1948 vor.

56 Artikel »Praktische Entnazifizierung«, in: Der Spiegel, 4.10.1947.

Jüttner, der zu dieser Zeit im Lager Neustadt-Steinbel, Kreis Marburg (also in der Nähe des Elternhauses Martin Stephanis), interniert war, bestätigte lediglich, dass Martin Stephani im Jahre 1941 »auf Antrag der Waffen-SS vom Heer zur Waffen-SS überführt worden [sei], um als Spezialist im Musikwesen eingesetzt zu werden«.[57] Stephani habe »auf diese Versetzung keinen Einfluss«[58] gehabt.

Fritz Stein gab – wie an anderer Stelle bereits eingehend dargestellt – eine ausführliche Darstellung der Beurlaubung und schließlichen Abkommandierung Martin Stephanis von der Wehrmacht zur Leibstandarte Adolf Hitler. Diese sei auf Initiative Dietrichs von ganz oben – durch einen ›Führerbefehl‹ – veranlasst worden, ohne Beteiligung und gegen den Willen Stephanis. Dessen eigentliches Ziel, so Stein, sei es gewesen, u. k. gestellt und aus der Wehrmacht entlassen zu werden, um die Stelle des Städtischen Musikdirektors in Olmütz zu übernehmen:

> »Stephani's Eingliederung in die SS erfolgte also zwangsweise und ohne sein Zutun, ja sogar gegen seinen Willen [...]. Ich erinnere mich noch deutlich, wie unglücklich Stephani damals war, dass diese Chance einer ersten, künstlerisch befriedigenden Anstellung auf diese Weise zunichte gemacht wurde. [...] Stephani hat sich also nicht etwa selbst um den Eintritt in die SS bemüht, sondern ist dienstlich hierzu befohlen worden.«

Diese Darstellung wird, wie an anderer Stelle ausführlich dargelegt, durch die Primärquellen im Großen und Ganzen gestützt – lediglich der förmliche ›Führerbefehl‹, den Fritz Stein in seinem Leumundszeugnis erwähnt, erweist sich im Lichte der Primärquellen als Chimäre.[59] Allerdings bezieht sich diese Darstellung lediglich auf Martin Stephanis Abkommandierung von der Wehrmacht zur Leibstandarte Adolf Hitler im Mai 1941, nicht auf seine Versetzung in das SS-Führungshauptamt im Juli 1941, der er sich hätte entziehen können, wenn er den zugesagten Arbeitsurlaub in Olmütz angenommen hätte. Indem Stein diese beiden Vorgänge gleichsam zu einem einzigen Ereignis zusammenzog, blendete er den Wechsel von der Leibstandarte Adolf Hitler zum SS-Führungshauptamt völlig aus.

Weiter bestätigte Fritz Stein seinem Schüler und Freund, dass seine Tätigkeit bei der Waffen-SS eine rein künstlerische gewesen sei, er die nationalsozialistische Ideologie »aus tiefster Überzeugung« abgelehnt habe und glücklich

57 Eidesstattliche Erklärung Hans Jüttner, 3.2.1948, LAV NRW, Abteilung Rheinland, NW 1049 Ne 30266, PA Bd. II–IV.

58 Ebd.

59 Vgl. S. 126.

gewesen sei, sich »auf dem neutralen Gebiet der Kunst betätigen zu können«.[60] Fritz Stein nutzte übrigens die günstige Gelegenheit, sich selbst reinzuwaschen:

> »Ich konnte mich mit Stephani umso eher über unsere Einstellung zum Nationalsozialismus offen aussprechen, als ich der Partei fernstand; auch 1933, ohne ihr anzugehören, zum Direktor der Hochschule berufen wurde, und erst 1940 im Interesse meiner Hochschule, die von verschiedenen Parteigliederungen (wegen unseres Kampfes um die Pflege der geistlichen Musik u.a.) heftig angegriffen wurde, mich zum Eintritt drängen ließ.«[61]

Dass er die Mitgliedschaft in der NSDAP bereits 1933 beantragt und energisch auf eine beschleunigte Bearbeitung seines Antrags trotz der mittlerweile verhängten Aufnahmesperre gedrängt hatte,[62] verschwieg Stein an dieser Stelle wohlweislich, behauptete er doch in seinem eigenen, noch laufenden Entnazifizierungsverfahren, im Jahre 1940 in die Partei »geraten«[63] zu sein.

Günther Boehnert, damals Internierter im CIC No. 57 Staumühle, bestätigte in seiner eidesstattlichen Erklärung, dass Martin Stephani »nicht freiwillig in die Waffen-SS eingetreten«[64] sei. Vielmehr sei er »ungefragt und gegen seinen Willen von der Kriegsmarine, bei der er im Range eines Unteroffiziers stand, zur Waffen-SS befohlen«[65] worden. Auch Boehnert lieferte eine ausführliche, dramatisch zugespitzte Darstellung des Wechsels Stephanis zur Waffen-SS, die in Details von der Darstellung Steins abwich:

> »1940 – nach dem Frankreich-Feldzug – lag die Leibstandarte in Metz. Zu Weihnachten wurde Adolf Hitler erwartet[66] und eine große Veranstaltung vorbereitet, deren künstlerischer Teil mir, einem Kriegsberichter, übertragen wurde; daher rühren auch meine Kenntnisse der Zusammenhänge.
> Der große Chor der Leibstandarte wurde von Prof. Stein von der Hochschule für Musik in Berlin geleitet, der zu diesem Zwecke nach Metz gekommen war. Aus mir nicht bekannten Gründen wurde er plötzlich während der Proben nach Berlin zurückgerufen, und er versprach Sepp Dietrich, an seiner Stelle einen seiner besten ehemaligen Schüler, nämlich Martin Stephani, zu senden.

60 Erklärung Fritz Stein, 5.1.1948, LAV NRW, Abteilung Rheinland, NW 1049 Ne 30266, PA Bd. II–IV. Vgl. S. 192.
61 Ebd. In runden Klammern: Ergänzung.
62 Custodis, Bürokratie, S. 223.
63 Zit. n. ebd., S. 225.
64 Eidesstattliche Erklärung Günther Boehnert, 8.1.1948, LAV NRW, Abteilung Rheinland, NW 1049 Ne 30266, PA Bd. II–IV.
65 Ebd.
66 Hitler besuchte die Leibstandarte am 26. Dezember 1940 in Metz. Vgl. v. Below, Hitlers Adjutant, S. 254; Westemeier, Himmlers Krieger, S. 172f.

Martin Stephani kam in der Uniform eines Unteroffiziers der Kriegsmarine. Er bot schon rein äußerlich nicht das bei der Leibstandarte gewohnte Bild eines Soldaten, so dass wir alle glaubten, dass sein Stand dem Chor gegenüber ein sehr schwerer sein würde.
Sein musikalisches Können war jedoch so eminent, dass er sich vom ersten Augenblick an bei den Soldaten der Standarte durchsetzte. Dies imponierte Sepp Dietrich derartig, dass er Martin Stephani unter allen Umständen ganz für musikalische Zwecke der SS haben wollte. Sepp Dietrich hat dies persönlich mir gegenüber mehrfach geäußert.
Als ich seinem Adjutanten [Max] Wünsche [1914–1995] gegenüber Bedenken äußerte, ob dies so einfach ginge, ob Stephani überhaupt wolle, und ob die Marine ihn hergeben würde, sagte mir Wünsche: ›Meinen Sie denn, dass er überhaupt gefragt wird? Der Gruppenführer trägt das Weihnachten dem Führer vor, und der befiehlt.‹
Nach Weihnachten sagte mir Wünsche, dass es genau so gekommen sei, und dass Hitler Stephanis Versetzung zur Waffen-SS befohlen habe.«[67]

Der Ankläger verzichtete angesichts dieser Erklärungen auf weitere Anträge zur Beweisaufnahme und plädierte von sich aus auf Freispruch.[68] Das Spruchgericht übernahm in seiner Urteilsbegründung die Lesart Martin Stephanis:

> »Diese Versetzung [zur Waffen-SS im Mai 1941] geschah auf besonderen Befehl von Adolf Hitler, auf Wunsch von Sepp Dietrich, nachdem die Widerstände, die im OKW bestanden haben, durch den besonderen Befehl Hitlers gebrochen waren.«[69]

Diese Feststellungen beruhten, so das Gericht, »auf den eigenen glaubhaften Angaben des Angeklagten«,[70] seinem bei den Akten befindlichen Soldbuch sowie von Martin Stephani in der Verhandlung überreichten eidesstattlichen Erklärungen Steins, Boehnerts und Jüttners. Das Spruchgericht folgte mithin der von Martin Stephani und seinen Gewährsleuten angebotenen und eingeforderten Deutung:

67 Eidesstattliche Erklärung Günther Boehnert, 8.1.1948, LAV NRW, Abteilung Rheinland, NW 1049 Ne 30266, PA Bd. II–IV.
68 Protokoll des Spruchgerichtsverfahrens gegen Martin Stephani vor dem Spruchgericht Bielefeld, 7.6.1948, BArch. Koblenz, Z 42–IV, Nr. 2887.
69 Urteil des Spruchgerichts Bielefeld, 7.6.1948, BArch. Koblenz, Z 42–IV, Nr. 2887.
70 Ebd.

»Hiernach steht fest, dass der Angeklagte in solcher Weise vom Staat zur Mitgliedschaft in der Waffen-SS gezwungen worden ist, dass ihm keine andere Wahl blieb, als Mitglied zu werden und zu bleiben.«[71]

Stephani vermochte auch in dem zweiten ihm wichtigen Punkt im Spruchkammerverfahren in Bielefeld seine Deutung durchzusetzen. Da er glaubhaft machen konnte, dass er die Judenverfolgung abgelehnt habe, wurde die Frage, ob und inwieweit er davon gewusst habe, irrelevant. Martin Stephani hatte eine Leumundszeugin aufbieten können, die diese Sicht der Dinge nachdrücklich bestätigte: Die als ›Halbjüdin‹ im ›Dritten Reich‹ verfolgte Vera Berning, geb. Loewy, schrieb in ihrem ›Persilschein‹ vom 9. Februar 1948:

»Herr Martin Stephani, den ich im Jahre 1943 als Musiker kennen lernte, überzeugte mich trotz seiner Uniform im Gespräch sehr bald von seiner selbstverständlichen positiven Einstellung zu sämtlichen Religionen und Rassen. Seine weit über alle Grenzen jedes nationalen herausführende Liebe und Verehrung zur Musik veranlasste ihn damals zu einer Denkschrift zu Gunsten des bekanntlich von den Nationalsozialisten abgelehnten Komponisten Paul Hindemith, deren weltanschauliche Lauterkeit mich davon überzeugte, dass ich ihm als Halbjüdin auch meinerseits die Sorgen, Nöte und das Gehetztwerden, die für meinen Mann und mich eine schwere seelische Belastung waren, anvertrauen konnte.
Ich darf und muss Herrn Stephani das Zeugnis aussprechen, dass er mit stets gleich bleibender Treue zu meinem Hause gestanden hat und von sich aus viel dazu beitrug, uns die schweren letzten Kriegsjahre, in ihrer für rassisch Verfolgte besonders starken seelischen Hetze und Not, erträglich zu machen.«[72]

Die Spruchkammer des Spruchgerichts Bielefeld urteilte dementsprechend in seiner Sitzung am 7. Juni 1948:

»Der Angeklagte selbst hat irgendwelche verbrecherischen Handlungen nicht begangen. Er stand auch den Ausschreitungen[73] im Sinne des Art. 6 des Statuts des IMT [International Military Tribunal], soweit er von ihnen Kenntnis hatte, vollkommen ablehnend gegenüber. Es bedurfte daher keines Eingehens auf die Frage, wie weit etwa die Kenntnis des Angeklag-

71 Ebd.
72 Erklärung Vera Berning, 9.2.1948, LAV NRW, Abteilung Rheinland, NW 1049 Ne 30266, Auszug PA, Bd. II–IV.
73 Verbrechen gegen den Frieden, Kriegsverbrechen, Verbrechen gegen die Menschlichkeit.

ten von verbrecherischen Handlungen der SS und von dem Einsatz dieser Organisation zu verbrecherischen Handlungen reichte. Vielmehr war der Angeklagte freizusprechen«.[74]

Mit der Durchsetzung dieser Deutung gerieten kritische Fragen aus dem Blick: Welche Haltung hatte Martin Stephani in der ›Judenfrage‹ eingenommen? Aus der privaten Korrespondenz wissen wir, dass er sich im Juni 1941 emphatisch zur Judenpolitik Adolf Hitlers bekannte.[75] Was wusste Martin Stephani von der Judenvernichtung? Seine Dienststelle in der Kaiserallee 188 in Berlin-Wilmersdorf war eine der zentralen Schaltstellen des Vernichtungskriegs im Osten.[76] Welchen Beitrag leistete Martin Stephani zur Verfolgung jüdischer Musiker? Hier sei auf die Verfügung über Werke jüdischer, unerwünschter und für die Waffen-SS geeigneter Komponisten vom 20. Januar 1942 verwiesen, an der Martin Stephani vermutlich maßgeblichen Anteil gehabt hatte.[77]

Ausdrücklich hervorgehoben sei an dieser Stelle noch einmal die Tatsache, dass Martin Stephani in seinem Spruchgerichtsverfahren nicht für sich geltend machte, verfolgten Musikern konkrete Hilfe geleistet zu haben – diese Behauptung stellte er erst im Jahre 1959 auf, als seine Berufung zum Direktor der Nordwestdeutschen Musikakademie in Frage stand.

Wie ist das Urteil des Spruchgerichts Bielefeld vom 7. Juni 1948 einzuordnen? Von den 23.847 Fällen, die von den Spruchgerichten in der britischen Besatzungszone bis zum 31. Dezember 1948 entschieden wurden, entfielen 11.864 auf Angehörige der SS bzw. Waffen-SS. Davon endeten 8.859 Fälle (74,7 %) mit einer Verurteilung, 1.878 (15,8 %) mit einem Freispruch, weitere 1.127 mit der Einstellung des Verfahrens.[78] Der Freispruch Martin Stephanis ist mithin, auch vor dem Hintergrund seines Einsatzes im SS-Führungshauptamt, durchaus bemerkenswert.

Das anschließende Entnazifizierungsverfahren, das in Köln stattfand, wo Martin Stephani seit seiner Entlassung aus der Internierung wohnte,[79] war nunmehr reine Formsache. Zusätzlich zu den ›Persilscheinen‹, die er bereits mit seinem Antrag auf Entnazifizierung vom 12. Dezember 1947 eingereicht

74 Urteil des Spruchgerichts Bielefeld, 7.6.1948, BArch. Koblenz, Z 42-IV, Nr. 2887.

75 Vgl. S. 130f.

76 Vgl. Flechtmann, SS-Führungshauptamt, S. 188–190.

77 Vgl. S. 170–177.

78 Krüger, Entnazifiziert, S. 76. Etwas abweichende Zahlen bei Wember, Umerziehung, S. 318, S. 330 (auf der Grundlage einer Statistik vom 31. Oktober 1949).

79 Als Adresse wird angegeben: Haydnstr. 17, Köln-Lindenthal (bei Kaminski).

hatte,[80] schickte Stephani dem Entnazifizierungsausschuss Köln am 17. Juni 1948 einen ausführlichen Lebenslauf, aus dem in den vorangegangenen Kapiteln bereits häufiger zitiert worden ist. Zugleich bat er »sehr höflich, prüfen zu wollen, ob meinem Denazifizierungsantrag vom 12.12.47 nunmehr stattgegeben werden kann, da das Ergebnis für den Abschluss von Engagements-Verträgen in meiner Eigenschaft als Konzertdirigent entscheidend ist«.[81]

Interessant ist, dass Stephani in diesem Lebenslauf eine ganze Reihe von Leumundszeugen benannte, die seine Aussagen bestätigen könnten. Darunter befanden sich – neben Friedel Berning, dem Direktor der Sarotti-Werke in Berlin,[82] und seiner Frau Vera Loewy-Berning, Harald Genzmer, Gustav Scheck, Fritz Stein, Ludwig Strecker, Kurd Vogelsang – auch einige Namen, die hier zum ersten Mal auftauchen: Sergiu Celibidache (1912–1996), Chefdirigent der Berliner Philharmoniker,[83] und Ljubomir Romansky (1912–1989), Musikalischer Leiter in Wiesbaden und Chefdirigent des NWDR-Sinfonieorchesters, mit denen zusammen Stephani von 1937 bis 1939 die gleichen Meisterklassen an der Berliner Hochschule für Musik besucht hatte, Prof. Walter Gmeindl vom Mozarteum in Salzburg und Prof. Kurt Thomas von der neu gegründeten Nordwestdeutschen Musikakademie Detmold, die akademischen Lehrer Martin Stephanis an der Hochschule für Musik in Berlin, ferner Prof. Hermann Abendroth (1883–1956), Generalmusikdirektor in Weimar, Prof. Hermann Hirschfelder, ebenfalls von der Musikakademie in Detmold,[84] sowie Dr. Herbert Hübner (1903–1989),[85] Leiter der Abteilung Musik beim

80 Martin Stephani an den Denazifizierungsausschuss Köln, 12.12.1947, LAV NRW, Abteilung Rheinland, NW 1049 Ne 30266, Auszug PA, Bd. II–IV.

81 Martin Stephani an den Denazifizierungsausschuss Köln, 17.6.1948, LAV NRW, Abteilung Rheinland, NW 1049 Ne 30266, Auszug PA, Bd. II–IV.

82 Das SS-Sinfonieorchester hatte mindestens ein Fabrikkonzert in der Firma Sarotti gegeben. Vgl. S. 151, Anm. 78.

83 Die Berufung auf Sergiu Celibidache war von großem strategischem Nutzen, nicht nur wegen der herausragenden beruflichen Stellung Celibidaches als Amtierender Dirigent der Berliner Philharmoniker (in der Nachfolge des politisch belasteten Wilhelm Furtwängler), sondern auch wegen dessen ausländischer Staatsangehörigkeit. Martin Stephani folgte hier seinem Lehrer Fritz Stein, der sich in seinem Entnazifizierungsverfahren ebenfalls der Verbindung zu Celibidache bediente. Custodis, Nachkriegsperspektiven, S. 231, S. 234–236.

84 Bratschist, von 1939 bis 1951 Mitglied des Strub-Quartetts, von 1945 bis 1948 erster Solobratschist der Berliner Philharmonie, von 1948 bis 1951 Professor an der Nordwestdeutschen Musikakademie.

85 Versehentlich als Dr. Hans Huebner bezeichnet.

NWDR in Hamburg. Hier zeichnen sich weit gespannte »Netzwerke der Entnazifizierung«[86] ab.

Erwartungsgemäß endete das Entnazifizierungsverfahren mit der Einstufung Martin Stephanis in die Kategorie V (›unbelastet‹). Der Entnazifizierungs-Hauptausschuss Köln begründete seine Entscheidung am 22. Juni 1948 kurz und bündig:

> »St. [Stephani] war nicht Pg. [Parteigenosse]. 1941 wurde er zur Waffen-SS eingezogen, als Musiker und wurde dort als Musikreferent Obersturmführer. Es kann als erwiesen angesehen werden, dass St. [Stephani] keine Nazigesinnung hatte, noch weniger Handlungen in diesem Sinne begangen hat.«[87]

Vergleicht man das Bild, das Martin Stephani im Rahmen der Entnazifizierung von sich zeichnete und das mit der Einstufung als ›Entlasteter‹ vom Entnazifizierungsausschuss gleichsam amtlich anerkannt wurde, mit dem Bild, das sich aus den Schriftquellen ergibt, die aus dem Zeitraum von 1933 bis 1945 erhalten sind, so erkennt man eine Vielzahl von Auslassungen, Verkürzungen, Verzerrungen und Umdeutungen. Wie war es möglich, dass diese kräftigen Retuschen im Entnazifizierungsverfahren nicht auffielen? Hier ist mit Michael Custodis und Friedrich Geiger auf eine Reihe von Faktoren hinzuweisen:

Erstens ist festzustellen, dass offenbar alle am Verfahren Beteiligten – der Beschuldigte, seine Leumundszeugen ebenso wie der Ankläger, der Richter und die Laien, die als Schöffen in der Spruchkammer und als Beisitzer im Entnazifizierungsausschuss saßen – von der unausgesprochenen Vorannahme ausgingen, dass Politik und Musik zwei völlig getrennte Sphären bilden. Dieses überaus wirkmächtige »›Zwei-Welten-Modell‹, bei dem eine metaphysische, religiös überhöhte Sphäre der Musik von der Sphäre der realen Welt streng geschieden wurde«,[88] blendete aus, dass Musik und Politik im ›Dritten Reich‹ – wie in jedem anderen gesellschaftlichen Kontext – »Ressourcen füreinander«[89] darstellten. Das nationalsozialistische Regime brauchte Musik – und zwar alle Formen der Musik: Schlager und Tanzmusik ebenso wie Fanfaren und Marschmusik oder Oper und Sinfoniekonzert –, um seine »Herrschaft

86 Custodis/Geiger, Netzwerke.

87 Entnazifizierungs-Hauptausschuss Köln, Urteilsbegründung, 22.6.1948, LAV NRW, Abteilung Rheinland, NW 1049 Ne 30266, Auszug PA, Bd. II–IV.

88 Custodis/Geiger, Netzwerke, S. 14.

89 Diese aus der Wissenschaftsgeschichte entlehnte Gedankenfigur wurde eingeführt von Mitchell G. Ash (Ash, Wissenschaft). Sie lässt sich mit Gewinn auch auf den Bereich der Kultur übertragen.

zu legitimieren, zu stützen und zu verbrämen«.[90] Die Musik wiederum profitierte von der Politik, »die ihre Rahmenbedingungen gestaltete und sie erheblich zu fördern versprach.«[91] Dieses wechselseitige Abhängigkeitsverhältnis wurde indessen überwölbt von einem Habitus »gegenseitige[r] Verachtung«.[92] Aus der dadurch genährten Fiktion der Autonomie der Kunst gewann »das stereotype Entlastungsargument, man habe doch ›nur Musik gemacht‹, seine Durchschlagskraft«.[93] Der Fall Martin Stephanis bestätigt einmal mehr, dass an diesem Punkt nicht weiter nachgefragt wurde. Seine ›rein künstlerische Tätigkeit‹ galt gleichsam per se als unpolitisch. Indem er alle Aspekte seiner Tätigkeit als Musikreferent im SS-Führungshauptamt, die über das Musizieren mit dem Stabsmusikkorps der Waffen-SS und die Ausbildung von SS-Musikmeistern hinausging, sorgfältig ausblendete, gelang es ihm, von sich selbst das Bild eines gleichsam in einer Parallelwelt nur seiner Kunst lebenden Künstlers zu zeichnen.

Zweitens ist, wie an anderer Stelle bereits ausgeführt,[94] hervorzuheben, dass es für alle Beteiligten eine ausgemachte Sache war, dass der Nationalsozialismus jede Form moderner Musik angelehnt hatte – was, wie am Beispiel Werner Egks gezeigt werden konnte, nicht der Fall war. Indem er glaubhaft belegen konnte, dass er sich im ›Dritten Reich‹ für das Werk Paul Hindemiths eingesetzt hatte, zeichnete Martin Stephani von sich das Bild eines Künstlers, der unbeirrt seinen künstlerischen Idealen folgte und gerade dadurch in einen Gegensatz zum nationalsozialistischen Regime geraten war. Tatsächlich gab es, wie wir gesehen haben, im polykratischen Geflecht nationalsozialistischer Musikpolitik unterschiedliche Auffassungen gerade zum ›Fall Hindemith‹. Stephanis Einsatz für Hindemith als oppositionelles Verhalten gegen das Regime zu deuten, verzeichnet das Bild, das sich aus den Primärquellen ergibt, entsprach aber einem tiefsitzenden Vorurteil, das in der Nachkriegszeit kultiviert wurde, auch um einen Teil des musikalischen Schaffens zwischen 1933 und 1945 in die neue Zeit hinüberzuretten.

Drittens ist zu berücksichtigen, dass der Musikbetrieb ein von außen her schwer zu durchschauendes, eng miteinander verflochtenes System bildete, das von weit gespannten Netzwerken durchzogen war und – allen künstlerischen Gegensätzen, allen Konkurrenzen, Konflikten und Kabalen zum Trotz – einen gewissen Korpsgeist herausgebildet hatte. Dies führte nach 1945 zu einer Art

90 Custodis/Geiger, Netzwerke, S. 14.
91 Ebd.
92 Ebd.
93 Ebd.
94 Ebd., S. 15. Vgl. S. 163.

»Schweigekartell«[95] und zur Entstehung von Netzwerken, innerhalb derer es zu überraschenden Bündnissen kommen konnte, wenn es darum ging, sich gegenseitig ›Persilscheine‹ auszustellen.

Viertens ist ein Phänomen zu nennen, das ganz allgemein auf die Entnazifizierungspraxis unter deutscher Federführung zutrifft: die Tendenz zur Entgrenzung des Widerstandsbegriffs. Zwar bemühten sich die Entnazifizierungsausschüsse, »einen inflationären Gebrauch dieser Verfahrenskategorie zu vermeiden«,[96] im Laufe der Zeit wurden jedoch immer mehr Formen resistenten Verhaltens als »aktiver Widerstand« gedeutet, bis dieser Begriff am Ende fast mit dem von der Gestapo geprägten Begriff der »Volksopposition« zusammenfiel.[97] Davon profitierte auch Martin Stephani. Um sicher in die Kategorie V eingereiht zu werden, musste man entweder zum Personenkreis der ›Unbelasteten‹ gehören, d. h. zu denen, die im ›Dritten Reich‹ weder der NSDAP noch einer ihrer Gliederungen oder angeschlossenen Verbände angehört hatten, oder zum denen, »die trotz politischer Belastungen den Nachweis des aktiven Widerstandes führen konnten.«[98] Martin Stephanis Strategie im Verfahren der politischen Säuberung zielte einerseits darauf ab, seine Zugehörigkeit zur SS als Zwangsmitgliedschaft darzustellen, andererseits ein »allgemein ablehnendes Verhalten«[99] – durch seinen Einsatz für die modernen Komponisten, insbesondere sein Engagement für Paul Hindemith, seine Auseinandersetzungen mit dem Reichspropagandaministerium, den gesellschaftlichen Verkehr mit einer ›Halbjüdin‹ u.a. – glaubhaft zu machen. Letztlich ging diese Strategie auf: Auch wenn in der knappen Begründung des Beschlusses des Kölner Entnazifizierungsausschusses das Wort ›Widerstand‹ nicht auftaucht, geht doch aus dem Gesamtzusammenhang hervor, dass man Stephani widerständiges Handeln zubilligte.

Als Werkzeug der politischen Säuberung war die Entnazifizierung wenig geeignet – der Fall Martin Stephanis bestätigt einmal mehr diese weithin

95 Custodis/Geiger, Netzwerke, S. 15.

96 Krüger, Entnazifiziert, S. 80.

97 Ebd., S. 79.

98 Ebd., S. 131. Ferner wurden in Kategorie V alle Jugendlichen eingereiht, d.h. Personen, die nach dem 1. Januar 1919 geboren worden waren, dann alle Heimkehrer aus Kriegsgefangenschaft, sofern nicht »erhebliche Belastungen« vorlagen, schließlich »periodisch überprüfte Personen«, die in Kategorie IV ohne Beschränkungen eingereiht worden waren – sie wurden am 18. Dezember 1949 automatisch in Kategorie V überführt. Insgesamt wurden in Nordrhein-Westfalen bis zum Abschluss der Entnazifizierungsverfahren 624.568 Menschen in Kategorie V eingestuft. Ebd., S. 129.

99 Ebd., S. 131.

geteilte Einschätzung.[100] Thomas Schlemmer hat demgegenüber die provokante Frage gestellt, ob man die Entnazifizierung nicht in gewisser Weise auch als einen »gelungenen Fehlschlag«[101] interpretieren könne: Gemeint ist, dass durch die Prozedur der Entnazifizierung ein Prozess »gesellschaftlicher Gewissenserforschung« in Gang gesetzt wurde, der zu einer »dauerhaften Diskreditierung«[102] des untergegangenen nationalsozialistischen Staates führte und damit die Grundlagen der jungen Demokratie in der Bundesrepublik Deutschland festigte. Auf die individuelle Ebene heruntergebrochen: Der Fall Martin Stephanis verdeutlicht, wie ein Beschuldigter im Zuge der Entnazifizierung seine eigene Lebensgeschichte dergestalt umschrieb, dass sie sich nahtlos in die veränderten politischen Rahmenbedingungen einfügte. Die damit verbundene Neukonstruktion der eigenen Identität kann als eine notwendige, wenn auch nicht hinreichende Voraussetzung für eine gelingende Integration in die neue politische Ordnung aufgefasst werden, auch wenn sie eine offene selbstkritische Auseinandersetzung mit der eigenen Vergangenheit im ›Dritten Reich‹ erschwerte oder gar unmöglich machte.

»Unermüdlicher Vorkämpfer für neue Musik«. Beruflicher Neuanfang in Marburg, 1948 bis 1952

Mit einer solcherart gereinigten Biographie konnte sich Martin Stephani daran machen, im Nachkriegsdeutschland wieder beruflich Fuß zu fassen. Die Grundlagen für seine weitere Karriere legte er, indem er im Herbst 1948 die Marburger Kantorei, bestehend aus Solistengruppe, Chor und Kammerorchester, begründete. Der Kantorei eingegliedert war ein Studio für Neue Musik – diese beiden »Musizierkreise«[103] waren nahezu deckungsgleich, so dass es gerechtfertigt erscheint, von einem einzigen Ensemble zu sprechen, das unter wechselnden Namen auftrat. Das Entstehen dieses Ensembles war das Ergebnis einer enormen Energieleistung: Zwischen Köln und Marburg pendelnd – mit dem Zug, denn Martin Stephani lernte das Autofahren bis an sein Lebens-

100 Vgl. z.B. Henke, Trennung; Vollnhals, Entnazifizierung; Frei, Hitlers Eliten.
101 Schlemmer, Fehlschlag,.
102 Ebd., S. 27.
103 So werden sie in einem Porträt Martin Stephanis genannt, das Ende 1950/ Anfang 1951 in einer Marburger Zeitung erschien. Zeitungsausschnitt ohne Herkunftsvermerk, Privatbesitz Ekkehard Kaemmerling. Ich danke Herrn Ekkehard Kaemmerling für die Überlassung umfangreicher Unterlagen aus dem Nachlass seiner Mutter Heide Trebst-Kaemmerling.

ende nicht[104] –, musste er die Programme der verschiedenen von ihm initiierten Konzertreihen erarbeiten, seine musikwissenschaftlichen Einführungen vorbereiten, Solisten gewinnen, mit dem Chor und dem Kammerorchester proben, finanzielle Mittel einwerben und die Organisation der Konzerte bewältigen.[105] Unterstützung fand er in der Familie: Die Chorproben fanden im Elternhaus am Rotenberg 10 statt, die Brüder Otfried und Reinhart wirkten bei manchen Konzerten als Solisten mit, die Schwester Sunhilt sang im Chor.

Er habe – so vermerkt Martin Stephani in seinem Text *Mein künstlerischer Werdegang*, den er im Dezember 1949 verfasste, nicht ohne Stolz – mit der Marburger Kantorei innerhalb eines Jahres »in über 30 Veranstaltungen Musik aller Stilepochen, vorzugsweise der Moderne, unter lebhafter Zustimmung von Presse und Publikum in- und außerhalb Marburgs zur Aufführung«[106] gebracht. An dieser Stelle erfährt man zudem, dass Stephani zu dieser Zeit in seiner Heimatstadt auch wieder unterrichtete: »Meine während des ganzen Krieges ununterbrochene Lehrtätigkeit am ehem. ›Konservatorium der Reichshauptstadt‹ für die Fächer Tonsatz, Chor- und Orchesterleitung hat am ›Marburger Konservatorium‹ (dem nach Marburg infolge Kriegseinwirkung übergesiedelten namhaften ehem. ›Siewert'schen Konservatorium‹, Wuppertal) ihre vorläufige Fortsetzung gefunden.«[107] Um seinen Lebensunterhalt zu verdienen, übernahm Stephani schließlich auch noch zahlreiche »Verpflichtungen als Konzertbegleiter (vorwiegend anspruchsvoller zeitgenössischer Kammermusikwerke)«.[108]

Was das Programm angeht, so führte es die Linie weiter aus, die Martin Stephani in den Jahren von 1945 bis 1947 mit seiner musikalischen Arbeit in den Internierungslagern eingeschlagen hatte. Die Marburger Kantorei brachte – neben den Werken alter Meister von Bach bis Mozart – vor allem Werke zeitgenössischer Komponisten zur Aufführung. So standen von 1948 bis 1950 Kompositionen von Seth Bingham, Boris Blacher, Benjamin Britten, Adolf

104 Bernsdorff, Martin Stephani, S. 253.

105 Eine Reihe von Konzerten führte Stephani in der Eingangshalle und im Brunnenhof des Staatsarchivs in Marburg durch.

106 Martin Stephani, Mein künstlerischer Werdegang, o. D. [Dezember 1949], Stadtarchiv Bielefeld, 107,1/Kulturdezernat, Nr. 33.

107 Ebd.

108 Ebd. In dem Personalbogen, der bei der Einstellung Martin Stephanis an der Nordwestdeutschen Musikakademie im Jahre 1957 angelegt wurde, heißt es unter der Rubrik »Beruflicher Werdegang«: »Daneben [neben der Tätigkeit mit der Marburger Kantorei] Tätigkeit als Gastdirigent versch. Orchester sowie Konzertbegleiter (Klavier) auf Tourneen u. am Rundfunk. (frei-beruflich)«. LAV NRW, Abteilung Rheinland, NW Pe, Nr. 7475, Auszug PA, Bd. III.

Abb. 4: Martin Stephani, 1948 (Privatbesitz Dr. Sunhilt Rieckhoff, Marburg)

Brunner, Wolfgang Fortner, Harald Genzmer, Kurt Hessenberg, Paul Hindemith, Karl Marx, Philipp Mohler, Ernst Pepping, Hans Pfitzner, Igor Strawinsky und Kurt Thomas auf dem Programm.[109] »Gerade hier wurde im Musikleben Marburgs eine klaffende Lücke ausgefüllt.«[110] Spätestens mit der Aufführung von Frank Martins *Zaubertrank* am 11./12. November 1950, die allenthalben glänzende Kritiken erhielt, hatte Martin Stephani seinen Ruf als »unermüdliche[r] Vorkämpfer für neue Musik«[111] gefestigt. Die »besondere Musiziergesinnung« des Ensembles sei, so urteilten die Kritiker, »stärkstens an den Leiter der Kantorei, Martin Stephani, gebunden und empfängt in der Planung, der Probenarbeit und in der Interpretation von seiner künstlerischen Persönlichkeit stets von neuem mitreißende Impulse.«[112] Der Musikkritiker der Marburger Presse, Dr. Freund, sprach von Stephani »als der eigentlichen Seele der Marburger Kantorei«.[113]

109 Vgl. Bernsdorff, Martin Stephani, S. 241–256.

110 So heißt es in einem Porträt Martin Stephanis, das Ende 1950/Anfang 1951 in einer Marburger Zeitung erschien. Zeitungsausschnitt ohne Herkunftsvermerk im Privatbesitz Ekkehard Kaemmerling.

111 So der Musikkritiker Dr. Freund in der Marburger Presse. Undatierter Zeitungsausschnitt, Privatbesitz Ekkehard Kaemmerling. Dort findet sich auch der Konzertzettel. Danach stammte die deutsche Übersetzung vom Komponisten, der wiederum die Übersetzung von Rudolf G. Binding benutzt hatte, einem Dichter, der für Martin Stephani von großer Bedeutung war. Vgl. S. 111f.

112 So heißt es in einem Porträt Martin Stephanis, das Ende 1950/Anfang 1951 in einer Marburger Zeitung erschien. Zeitungsausschnitt ohne Herkunftsvermerk im Privatbesitz Ekkehard Kaemmerling.

113 Dr. Freund, Geistliches Konzert der Marburger Kantorei. Aufführung des Weihnachtsoratoriums von Genzmer, Zeitungsausschnitt ohne Herkunftsvermerk, Privatbesitz Ekkehard Kaemmerling.

Am 25. März 1950 veranstaltete die Marburger Kantorei – unterstützt von Solisten der Marburger Philharmonie – eine »Stunde der Kirchenmusik« unter dem Titel »Besinnung«, bei der Mozarts *Requiem* (1791) zusammen mit Igor Strawinskys Messe (1948) gespielt wurde. Im Vorfeld veröffentlichte Martin Stephani einen Artikel in der Marburger Presse, um das Publikum auf diese ungewöhnliche Zusammenstellung vorzubereiten und insbesondere den Zugang zu Strawinskys neuem Werk zu erleichtern, das – so Stephani – von »bestürzender Prägungsstärke«, einer »fast unvorstellbaren archaischen Strenge und Verhaltenheit« sowie einer »Haltung sakraler Askese«[114] gekennzeichnet sei. Der letzte Satz dieses Artikels weist auf die von Martin Stephani mit der Marburger Kantorei verfolgte Programmatik hin:

> »Wachzurütteln aus eingebildeten Sicherheiten und angemaßter Sicherheitsverkündigung: das ist das Anliegen dieses Programms und – vielleicht – die einzige moralische Rechtfertigung überhaupt für jede Art von öffentlicher Kunstübung im Zeitalter der Atomisierung aller Dinge.«[115]

Martin Stephani selbst maß in diesem Zusammenhang dem »Hindemith-Zyklus«, den er mit der Marburger Kantorei von 1948 bis 1950 veranstaltete, besondere Bedeutung zu: Dieser begann mit dem Liederzyklus *Die junge Magd* (1922), Paul Hindemiths Vertonung von sechs Gedichten des im Ersten Weltkrieg gefallenen Georg Trakl (1887–1914), im Oktober 1948. Es folgte der Liederzyklus *Das Marienleben* (in der Neufassung von 1948) nach dem gleichnamigen Gedichtzyklus von Rainer Maria Rilke (1875–1926) im April und Juli 1949. Höhe- und Endpunkt bildete die Aufführung von *Ein Requiem denen, die wir lieben* (›Flieder-Requiem‹) im Juli 1950. Paul Hindemith hatte unter dem Eindruck des Todes von Präsident Franklin D. Roosevelt (1882–1945) im April 1945 – und vor dem Hintergrund des in seine entscheidende Phase eintretenden Zweiten Weltkriegs – den Plan zu einem Requiem entwickelt und diesem einen Text von Walt Whitman (1819–1892) zugrunde gelegt, den dieser zum Tod von Abraham Lincoln (1809–1865) verfasst hatte. Die Uraufführung fand am 5. Mai 1946 in New York statt.[116] Es war ein durchaus ehrgeiziges Unterfangen, das Stück im provinziellen Marburg aufzuführen.

Am 10. Mai 1952 brachte Martin Stephani Hindemiths Requiem erneut zur

114 M. St. [Martin Stephani], Stravinsky-Messe (1948) und Mozart-Requiem, in: Marburger Presse, 23.5.1950, Privatbesitz Ekkehard Kaemmerling. Auch abgedruckt in: Bernstorff, Martin Stephani, S. 249f.

115 Ebd.

116 Skelton, Paul Hindemith, S. 219f.

Aufführung, nun schon als Dirigent des Orchesters der Wuppertaler Konzertgesellschaft. Es sei dies, wie er selber meinte, sein bis dahin bestes Konzert in Wuppertal gewesen.[117] Umso empfindlicher reagierte er auf die Kritik einer jungen Freundin, Heide Trebst-Kaemmerling (1927–2005), die nicht nur an der Aufführung etwas auszusetzen gefunden, sondern wohl auch aus christlicher Perspektive Kritik an Hindemiths Requiem geäußert hatte. In einem tief emotionalen Brief verwahrte sich Stephani gegen »›christliche Intoleranz‹«[118] und verteidigte das Werk Hindemiths. Diese Briefpassage ist insofern von besonderem Interesse, als hier Stephanis Vorstellung von der transzendentalen Dimension der Musik in ihrer neuen Wendung – Musik als Möglichkeit der Berührung mit dem Göttlichen im Augenblick tiefster Gottverlassenheit – besonders deutlich zum Ausdruck kommt:

> »In welchen traurigen Formen sich ›amtliches‹ Christentum heute präsentiert, solltest Du in Mbg. [Marburg] ja wohl hinreichend studiert haben![119] Und wenn Euch allen der Mann ›Jesus von Nazareth‹, des ›*Menschen* Sohn‹, nicht endlich wichtiger ist als die *mensch*gemachten Dogmen des *kirchlichen* (*nicht* gleich *christlichen* oder gar *göttlichen*!) Glaubens, den ich für eine verdammenswürdige, infantile u. neurotische Anmaßung halte, dann wird es bald kein Christentum auf Erden mehr geben, das z.Zt. ohnedies nicht mehr als eine Fiktion ist! Die Ehrfurcht vor dem *schöpferischen* im Menschen, das *allein* ihn zu Gottes Ebenbild macht, gebietet die Ehrfurcht vor *allen* echten religiösen Äußerungen – vor denen des Buddhismus etwa nicht anders als vor denen der Kunst. Umsomehr dann, wenn die letztere, wie hier, sich gar nicht *unterfängt* und gar nicht *prätentiert* [sic], für oder gegen Christus zu sein, weder im Text noch in der Musik – gleichzeitig aber mit der Persönlichkeit Hi's [Hindemiths] als *dezidiertem* Christen u. Schöpfers des ›christlichsten‹ Musikwerks der Gegenwart, seinem ›Mathis‹, völlig unverdächtig ist, das Christentum in die Schranken zu fordern! Und es ist auch nirgends selbst der *Buchstabe* verletzt, weil der Titel: ›Requiem‹ lautet, das nichts anderes heißt als: ›Ruhegesang‹ – diesmal aber

117 Martin Stephani an Heide Trebst-Kaemmerling, 12.5.1952, Privatbesitz Ekkehard Kaemmerling.

118 Ebd.

119 Heide Trebst-Kaemmerling hatte Germanistik, Geschichte und Kunstgeschichte an der Universität Marburg studiert, die angestrebte Promotion indessen aus familiären Gründen abgebrochen und eine Lehre als Buchhändlerin begonnen. Vgl. Nachruf auf Heide Trebst-Kaemmerling, in: BuchMarkt. Das Ideenmagazin für den Buchhandel, http://www.buchmarkt.de/content/19469-gestorben.htm (20.9.2018).

für die *Lebenden*! Es *geht* nicht um die *Toten* heute mehr, Heidi – *die* sind in Gottes oder sonst wessen Hand, sondern um ›das Heer, das lebend zurückblieb‹! Jene leiden nicht mehr, aber *diese* ... Es leiden Weiber, Mütter, Kinder, Kameraden – alle leiden! [...] Der Mann von Nazareth *weiß* das; denn auch *er* hat wie ein Tier am Kreuz geschrieen u., außer bei Johannes, seinen Vater *nicht* wieder erkannt, bevor er verschied. Und *diese* Minute der Verlassenheit, der furchtbaren Ausgeliefertheit an den sinnlosen Schmerz – *das* ist die Stelle, wo Hindemith spricht: nicht über, nicht neben, sondern unterhalb von Christus; und da zu reden u. gehört zu werden, ist das schwerste, wie mir scheint.«[120]

Dazu passt, was der Musikreferent im Marburger Amerikahaus Siegfried Greis – wie man annehmen darf, unter dem Einfluss der Einführung Martin Stephanis – über die Erstaufführung des Oratoriums *Dein Reich komme* von Johannes Driessler (1921–1998) schrieb, die Martin Stephani mit der Mar-

120 Martin Stephani an Heide Trebst-Kaemmerling, 12.5.1952, Privatbesitz Ekkehard Kaemmerling (Hervorhebungen im Original). Hindemiths Requiem behielt auch in den folgenden Jahren für Martin Stephani eine ganz besondere Bedeutung. So führte er es am 15. Mai 1960 mit dem Chor des Bielefelder Musikvereins, dessen Leitung er kurz zuvor übernommen hatte, in der Bielefelder Oetkerhalle auf, am 26.–28. Mai 1960 nochmals bei den Festlichen Chormusiktagen in Lübeck, am Totensonntag, dem 20. November 1960, schließlich in Wuppertal – für seinen todkranken Vater, der am 3. Dezember 1960 verstarb, wie er an Paul und Gertrud Hindemith schrieb. Martin Stephani an Paul und Gertrud Hindemith, 7.12.1960, Hindemith Institut Frankfurt. In Bielefeld brachte Stephani am 28. Februar 1970 Hindemiths *Das Unaufhörliche*, am 6. Mai 1972 noch einmal das Requiem zur Aufführung.
Von annähernd großer persönlicher Bedeutung für Martin Stephani scheinen in späteren Jahren *In terra pax* (1977 in Bielefeld aufgeführt) von Frank Martin und das *War Requiem* von Benjamin Britten (1966 und 1979 in Bielefeld bzw. Detmold aufgeführt) gewesen zu sein. Über die beiden Aufführungen im Jahre 1979 schrieb Stephani an Heide Trebst-Kaemmerling: »Die Erschütterung in Bielefeld und Detmold – vor dem zeitgeschichtlichen Hintergrund jenes anderen ›Alten‹ im Iran [Ajatollah Ruhollah Chomeini (1902–1989)], der dort noch immer bekanntlich sein Schlachtmesser wetzt [Hinweis auf die Besetzung der amerikanischen Botschaft in Teheran im November 1979] – ist bis heute kaum abgeklungen.« Martin Stephani an Heide Trebst-Kaemmerling, 16.12.1979, Privatbesitz Ekkehard Kaemmerling. Dazu auch das Programmheft der Bielefelder Aufführung sowie die Übersicht über die Konzerte des Musikvereins unter der Leitung von Martin Stephani 1959–1982, in einer Broschüre des Musikvereins Bielefeld [1983], Privatbesitz Ekkehard Kaemmerling.

burger Kantorei am 13. Januar 1952 in der Pfarrkirche seiner Heimatstadt zu Gehör brachte. In dem Werk, so Greis, werde

> »der ganze nur denkbare Raum um Mensch und Gott durchschritten: von der Verzweiflung, dass Gott schweigt, über die Erkenntnis der Schuld, bis zu dem ›Ich glaube, Herr, hilf meinem Unglauben‹. Es ist der Weg, der *mögliche* Weg der Menschheit von Anbeginn. Es ist der Weg, der *mögliche* Weg des einzelnen, gerade unserer Tage, der hellsichtig durch die ausgebrochenen und die schleichenden Katastrophen die Mitte des Herzfriedens ersehnt. In jener Kompression, die allein das Kunstwerk – und der Glaube! – erreicht, wird hier das Gesicht der Zeit dokumentiert, werden alle Fragen unserer Existenz aufgerissen: realistisch bis zur Atemnot in den Stationen der Gottferne; ekstatisch-visionär in den himmlischen Bezirken des Glaubens, der Hoffnung, der Liebe.«[121]

Zu diesem Zeitpunkt hatte Martin Stephani seine Stelle als Dirigent der Wuppertaler Konzertgesellschaft bereits angetreten – »welch eine Lücke im Marburger Musikleben seit seiner Berufung nach Wuppertal!«[122] beklagte der Kritiker. Der Komponist des Oratoriums, Johannes Driessler, war seit 1946 Dozent an der Nordwestdeutschen Musikakademie in Detmold, und die Marburger Kantorei wurde bei diesem Konzert nicht nur vom Kammermusikkreis Paul Gümmer, sondern auch von Mitgliedern der Nordwestdeutschen Musikakademie in Detmold unterstützt.[123] Hier zeichnet sich bereits die weitere Karriere Martin Stephanis ab, die ihn über Wuppertal nach Detmold führen sollte. Eine bittere Erfahrung lag indessen bereits hinter ihm: seine gescheiterte Bewerbung als Städtischer Musikdirektor in Bielefeld – das erste und einzige Mal, dass seine Vergangenheit seine beruflichen Pläne durchkreuzte.

121 Siegfried Greis, Oratorium um Mensch und Gott. Erstaufführung von Drießlers *Dein Reich komme* unter Martin Stephani, Zeitungsausschnitt ohne Herkunftsvermerk [Oberhessische Presse, 17.1.1952], Privatbesitz Ekkehard Kaemmerling (Hervorhebungen im Original). Auch zitiert in Bernsdorff, Martin Stephani, S. 259.

122 Martin Stephani leitete die Marburger Kantorei/das Studio für neue Musik noch bis 1955 weiter.

123 Dies geht aus einer Ankündigung des Konzerts hervor, die sich im Privatbesitz Ekkehard Kaemmerling befindet.

»Makel der Verstrickung«. Die gescheiterte Bewerbung in Bielefeld, 1949/1950

Am 8. August 1949 stellte sich Martin Stephani persönlich bei Paul Jagenburg (1889–1975), dem Kulturdezernenten der Stadt Bielefeld, vor, um sich als Vertretung für den erkrankten Städtischen Musikdirektor, Prof. Hans Hoffmann, zu empfehlen. Stephanis Ansprechpartner war »eine der schillerndsten Figuren der frühen Nachkriegszeit«[124] in Ostwestfalen: Paul Jagenburg, Sohn eines Bielefelder Wäschefabrikanten, war im ›Dritten Reich‹ als Kommunist verfolgt worden. Nach dem Reichstagsbrand wurde er vorübergehend in ›Schutzhaft‹ genommen, 1941 in das KZ Buchenwald verschleppt, wo er bis zur Befreiung des Lagers im April 1945 ausharren musste. Nach dem Krieg gehörte der Kaufmann und Privatgelehrte der Fraktion der KPD im Bielefelder Stadtrat an. Nach längerem Tauziehen wurde Jagenburg im Juli 1946 zum Kulturdezernenten der Stadt Bielefeld ernannt und am 1. September 1946 in sein Amt eingewiesen.[125]

Wider Erwarten erholte sich Hans Hoffmann nicht, er starb überraschend am 26. August 1949.[126] Stephani wartete einen Monat – und erlegte sich damit eine, wie er fand, »angemessene Zurückhaltung auf, da der Verstorbene meinem Vater sowohl als mir von künstlerischen und menschlichen Begegnungen her nahe stand«[127] –, ehe er sich am 29. September 1949 um die

124 Löning, Neuanfang, S. 33, Anm. 23.

125 Zugleich war Jagenburg Leiter der Stadtbibliothek. Er bekleidete diese Ämter, bis er 1955 in den Ruhestand ging. Zum Jahreswechsel 1946/47 wechselte er aus Protest gegen die Anerkennung der polnischen Westgrenze durch die KPD zur SPD, in deren Reihen er allerdings nicht mehr als aktiver Politiker hervortrat. Vgl. Vogelsang, Geschichte, Bd. III, S. 203, S. 360f., S. 585 (Anm. 12), S. 612f. (Anm. 48); Bootz, Kultur, S. 22–24; Löning, Neuanfang, S. 33; Röll, Sozialdemokraten, S. 218 (Anm. 523); Pingel, Häftlinge, S. 269 (Interview mit Paul Jagenburg).

126 Bootz, Kultur, S. 31–34, S. 126–128. – Die Vorgänge der Berufung des neuen Städtischen Musikdirektors und Dirigenten des Musikvereins der Stadt Bielefeld in den Jahren 1949/50 sind bisher nicht im Detail dargestellt worden. Vgl. Becker, Musikverein, S. 22f.; Vogelsang, Geschichte, S. 501. Die bislang ausführlichste Darstellung findet sich bei Bootz, Kultur, S. 128–132, allerdings ohne Erwähnung Martin Stephanis. Interessant ist der Hinweis bei Bootz (S. 128f.), dass es hinter den Kulissen Widerstand gegen den Konzertmeister der Bielefelder Oper, Carl Schmidt-Belden, gegeben hatte, der die Leitung des Städtischen Orchesters vertretungsweise übernommen hatte und sich Chancen auf eine Nachfolge Hoffmanns machte. Daraufhin drohte der Schriftsteller Carl Dittrich, er werde die braune Vergangenheit Schmidt-Beldens an die Öffentlichkeit bringen.

127 Martin Stephani an Paul Jagenburg, 29.9.1949, Stadtarchiv Bielefeld, 107,1/Kulturdezernat, Nr. 33.

Nachfolge Hoffmanns bewarb. Er traue sich, so Stephani durchaus selbstbewusst, das Dirigat eines beliebigen Chor- oder Orchesterwerks »mit nur einer Verständigungsprobe«[128] zu und verwies in diesem Zusammenhang auf die kurzfristige Übernahme der Aufführung des Deutschen Requiems am Totensonntag 1941. Stephani schlug nun vor, das noch von Hans Hoffmann mit dem Städtischen Orchester vorbereitete Konzert am Totensonntag 1949 zu übernehmen, um sich der Bielefelder Musikszene vorzustellen. Er verwies auf die bei seinem persönlichen Treffen mit Jagenburg überreichten Bewerbungsunterlagen und bot an, weitere Unterlagen bereitzustellen, vor allem auch »hinsichtlich der in der Verbotszeit von mir (teilweise erstmalig) aufgeführten Werke damals unerwünschter Autoren«.[129] In diesem Zusammenhang erwähnte er auch noch einmal sein Engagement für eine Rehabilitation Paul Hindemiths und den sich darauf beziehenden ›Persilschein‹ Ludwig Streckers d. J. Abschließend listete Stephani eine lange Reihe von Leumundszeugen auf, allen voran Sergiu Celibidache[130] und Ljubomir Romansky, ferner Hermann Abendroth, Generalmusikdirektor in Weimar, Gustav Scheck und Harald Genzmer von der Freiburger Hochschule für Musik, Prof. Walter Gmeindl, Mozarteum Salzburg, Prof. Kurt Thomas, Nordwestdeutsche Musikakademie Detmold, Prof. Fritz Stein, den Sänger Paul Gümmer (1895–1974), Hannover,[131] Karl Vötterle (1903–1975), den Inhaber des Bärenreiter-Verlags in Kassel,[132] Prof. Dr. Kurd Vogelsang und Direktor Friedel Berning von den Sarotti-Werken in Berlin.

Ein fast gleich lautendes Schreiben richtete Martin Stephani an den Vorsitzenden des Bielefelder Musikvereins, den Frauenarzt Dr. Theodor Bleek,[133]

128 Ebd.

129 Ebd.

130 In einem späteren Schreiben Stephanis an Jagenburg wird erwähnt, dass Celibidache »unaufgefordert« angeboten habe, ein Empfehlungsschreiben an die Stadt Bielefeld zu richten. Martin Stephani an Paul Jagenburg, 27.12.1949, Stadtarchiv Bielefeld, 107,1/Kulturdezernat, Nr. 33. Ein solches Schreiben liegt aber nicht vor.

131 Böttcher, Lexikon, S. 140.

132 Karl Vötterle (1903–1975) auf der Wesite des Bärenreiter Verlags, https://www.baerenreiter.com/verlag/baerenreiter-lexikon/karl-voetterle/ (20.9.2018).

133 Martin Stephani an Theodor Bleek, 29.9.1949, Stadtarchiv Bielefeld, 107,1/Kulturdezernat, Nr. 33. Der Deutsch-Argentinier Theodor Bleek, »ein Förderer moderner Komponisten«, der nach einem Bericht des SD »zum Kreis übelster Kulturbolschewisten« gehörte, der »die nationalsozialistischen Kunstbestrebungen sabotierte«, wurde im ›Dritten Reich‹ als Kulturreferent der Stadt abgesetzt und musste den Vorsitz des Musikvereins abgeben. Hurwitz, Robert Havemann, S. 237. Dazu auch Vogelsang, Geschichte, S. 198, S. 284.

um sich als Dirigent des von diesem Verein getragenen Chores zu bewerben – Hans Hoffmann hatte diese Funktion in Personalunion mit dem Amt des Städtischen Musikdirektors ausgeübt. Fritz Stein hatte sich bereits vor Martin Stephanis offizieller Bewerbung an Theodor Bleek gewandt, daran erinnert, dass er es gewesen sei, der seinerzeit Hans Hoffmann nach Bielefeld empfohlen hatte, und nunmehr seinen Schüler Stephani als Hoffmanns Nachfolger ins Spiel gebracht. Dabei kam Stein auch auf dessen Vergangenheit zu sprechen:

> »Für die menschlichen Qualitäten Stephanis kann ich mich in jeder Beziehung voll verbürgen. Wahrscheinlich wird von Seiten der lieben Volksgenossen gegen eine evt. Kandidatur Stephanis Sturm gelaufen werden, weil er im Kriege einige Jahre das SS-Symphonieorchester in Berlin geleitet hat – übrigens mit ganz ausgezeichnetem Erfolg; um nur eines zu nennen: seine Bruckner-Aufführungen in der Philharmonie[134] erregten Aufsehen bei Publikum und Kritik. Stephani war nie Parteigenosse und seine Berufung zur Bildung und Leitung jenes SS-Symphonieorchesters hatte *ich* selbst veranlasst. Da mir sehr daran lag, unseren begabten Kapellmeisternachwuchs nicht an der Front zu verlieren, habe ich seinerzeit, um einen geeigneten Mann gefragt, Stephani dorthin empfohlen. Er ist ja auch bei seiner Rehabilitierungsverhandlung völlig freigesprochen worden, politische Gründe gegen eine Berufung können also nicht geltend gemacht werden.«[135]

Hier präsentiert Fritz Stein eine neue Version der Geschehnisse im Mai/Juni 1941 – danach war er es, der Franz Schmidt auf Martin Stephani, der in Lichterfelde als infanteristischer Ausbilder gestrandet war, aufmerksam machte und damit dessen Versetzung in das SS-Führungshauptamt in die Wege leitete. Wahrscheinlich jedoch handelt es sich um eine Verdichtung und Verkürzung des Narrativs und Stein bezog sich auf seine Rolle bei der Abstellung Stephanis zur Leibstandarte Adolf Hitler im November 1940. Zu seiner eigenen Situation äußerte sich Stein in einem handschriftlichen Zusatz, wobei er sich einmal mehr gekonnt als Opfer der Zeitläufte in Szene setzte:

134 Hier könnte das IV. Sonderkonzert des Sinfonieorchesters der Waffen-SS am 27. Mai 1943 gemeint, bei der Bruckners 5. Sinfonie gegeben wurde – dieses Konzert wurde aber von Franz Schmidt dirigiert. Vgl. S. 153. Prof. Alexander Wagner erinnert sich allerdings, dass er während des Krieges ein Konzert des Sinfonieorchesters der Waffen-SS unter Leitung Martin Stephanis in der Philharmonie besuchte, bei dem Bruckners 8. Sinfonie gespielt wurde. Interview mit Prof. Alexander und Liebgard Wagner, 13.5.2016.

135 Fritz Stein an Theodor Bleek, 9.9.1949, Stadtarchiv Bielefeld, 270,009/Musikverein, Nr. 55.

»Von mir persönlich ist zu berichten, dass ich noch 1940 im Interesse meiner schwer bekämpften Hochschule – weil wir unentwegt die Kirchenmusik pflegten, die nichtarischen Schüler bis zum Schluss hielten u. a. – in die Partei geschleust wurde u. 1945 zurücktreten musste. Den Zusammenbruch habe ich *hier* [in Berlin] erlebt, u. die folgenden Berliner Notjahre waren bitter! Aber ich konnte durchhalten, und nach einer gründlichen Recreatio in England kann ich mich – inzwischen völlig ›entlastet‹ – nun wenigstens wieder meiner wissenschaftlichen Arbeit widmen. Sehr hoffe ich, dass auch Sie [Bleek] die apokalyptische Zeitenwende glimpflich überstanden haben und nicht, wie ich, alles Besitzes – Haus, Habe u. Vermögen – verlustig gingen.«[136]

Kurt Thomas hatte sich ebenfalls schon vor Stephanis offizieller Bewerbung beim Bielefelder Musikverein gemeldet und eine Empfehlung abgegeben: Stephani sei »ein hervorragender und gründlichst durchgeschulter Musiker, Chorerzieher und Dirigent« und besitze »die Gabe, Menschen zu begeistern und hinzureißen zur Arbeit an der Kunst«.[137] Außerdem verfüge er über eine »ausgesprochene organisatorische Fähigkeit«, eine »nie erlahmende Arbeitskraft und Intensität«.[138] Abschließend gab Thomas seiner Überzeugung Ausdruck, dass im Falle einer Berufung Stephanis »die freundschaftlich-nachbarlichen Beziehungen zwischen Bielefeld und Detmold um ein erhebliches Stück gefördert werden könnten«.[139]

Am 20. Oktober 1949 meldete sich Philipp Mohler (1908–1982), Professor für Komposition und Dirigieren an der Staatlichen Hochschule für Musik in Stuttgart, beim Bielefelder Kulturdezernenten. Er habe bei der Uraufführung seiner Serenade *Nachtmusikanten*, die der Verlag Schott an Martin Stephani vergeben habe, diesen als »einen Dirigenten von seltenen Qualitäten« kennengelernt, der »in den Proben mit größter Hingabe am Werk« sei, die Musiker

136 Ebd. Stein war soeben, wie er eingangs seines Schreibens mitteilte, von einem siebenmonatigen Aufenthalt bei seiner Tochter in London nach Deutschland zurückgekehrt.

137 Kurt Thomas an Theodor Bleek, 19.9.1949, Stadtarchiv Bielefeld, 107,1/Kulturdezernat, Nr. 33.

138 Ebd.

139 Ebd. In einer Aktennotiz vom 12. Dezember 1949 (Stadtarchiv Bielefeld, 270,009/Musikverein, Nr. 55), in der Informationen zu den einzelnen Bewerbern niedergelegt wurden, heißt es zu Stephani: »Martin Stephani, Marburg/Lahn, Rothenberg 10, geb. ?, Vater Universitätsprofessor in Marburg, Ausbildung als Sänger, Geiger und Pianist. Leiter der Marburger Kantorei, sehr empfohlen von Professor Stein und Thomas«.

»zu fesseln« vermöge und »das Letzte und Beste mit ihnen zu erreichen«[140] verstünde. »Spielend beherrscht er die Partitur, spürt darin die feinsten klanglichen Regungen auf und erreicht so eine überaus beglückende Wiedergabe.«[141] Am 16. November 1949 wandte sich schließlich auch Harald Genzmer nach Bielefeld und empfahl, Martin Stephani – neben Theodor Egel (1915–1993), dem Gründer des Freiburger Bachchores, einem früheren Kommilitonen Stephanis an der Hochschule für Musik in Berlin – in die engere Wahl zu ziehen.[142]

Am 4. Oktober 1949 erhielt Martin Stephani Bescheid, dass die Stelle zunächst ausgeschrieben werden solle, eine Entscheidung so bald also nicht zu erwarten sei.[143] Diese Ausschreibung erfolgte Ende Januar 1950 – bis dahin waren über hundert Bewerbungen eingegangen, während der eigentlichen Ausschreibungsfrist gingen nur noch vereinzelte Meldungen ein.[144] Im Dezember 1949 hatte der Kulturausschuss der Stadt Bielefeld einen »kleinen Ausschuss«[145] gebildet, der die Bewerbungen sichten und – in Abstimmung mit dem Bielefelder Musikverein – Gastkonzerte vergeben sollte. Insgesamt sieben Bewerber wurden aufgefordert, Sinfoniekonzerte mit dem Städtischen Orchester oder Konzerte des Musikvereins zu dirigieren. Vier weitere wurden zu Proben des Orchesters bzw. des Musikvereins eingeladen[146] – darunter auch Martin Stephani. Er war im November 1949 vom Musikverein gebeten worden, kurzfristig eine Aufführung des *Weihnachtsoratoriums* von Johann Sebastian Bach am 18. Dezember zu übernehmen, da der vorgesehene Gastdi-

140 Philipp Mohler an Paul Jagenburg, 20.10.1949, Stadtarchiv Bielefeld, 107,1/Kulturdezernat, Nr. 33.

141 Ebd.

142 »Stephani hat Orchester und Chorerfahrung und ist außerdem mal ein guter Pianist, der, ohne Virtuose großen Stiles zu sein, kammermusikalische Erfahrungen als Begleiter hat. Stilistisch ist er in keiner Weise einseitig und versteht es, bei seinen Mitarbeitern sich durchzusetzen. Er ist sowohl ein Chorerzieher wie ein Orchesterleiter von wirklichen Qualitäten und sollte in die *engste Wahl* gezogen werden.« Harald Genzmer an ? (»Sehr verehrte gnädige Frau«), 16.11. [1949], Stadtarchiv Bielefeld, 270,009/Musikverein, Nr. 55 (Hervorhebung im Original).

143 Paul Jagenburg an Martin Stephani, 4.10.1949, Stadtarchiv Bielefeld, 107,1/Kulturdezernat, Nr. 33.

144 Anlage zum Bericht des Kulturausschusses betr. Städt. Musikdirektor, o. D. [März 1950], Stadtarchiv Bielefeld, 270,009/Musikverein, Nr. 55. Man habe sich, hieß es hier, zu einer Ausschreibung entschlossen, »um spätere Vorwürfe zu vermeiden«.

145 Ebd.

146 Ebd.

rigent, Prof. Michael Schneider (1909–1994), Dozent an der Musikhochschule München, seine Zusage zurückgezogen hatte. Da Schneider dann aber doch zur Verfügung stand, nahm der Musikverein seine Anfrage zurück und bat Stephani stattdessen, eine Probe zum *Weihnachtsoratorium* am 6. Dezember 1949 zu übernehmen. Jagenburg erklärte sich bereit, zu veranlassen, dass an diesem Tage auch das städtische Orchester für ein Probedirigieren zur Verfügung stand.[147] Obwohl er Bedenken hatte, erklärte sich Stephani mit dem Verfahren einverstanden.[148] Am Vormittag des 6. Dezember probte er eine Stunde lang mit dem Städtischen Orchester im großen Saal der Oetker-Halle.[149] Am Abend folgte die Probe mit dem Chor des Bielefelder Musikvereins. Kulturdezernent Paul Jagenburg, der beiden Proben beiwohnte, hielt seine Eindrücke tags darauf in einem Aktenvermerk fest:

> »Des Vormittags wurde Herrn Stephani aufgegeben, die Zauberflöte und Teile aus der V. Symphonie von Beethoven mit dem Orchester zu üben. Herr Stephani beherrschte die Partitur, obwohl ihm nicht bekannt war, dass er diese Stücke dirigieren sollte. Er verstand es sehr schnell, die Themen plastisch herauszuarbeiten und die verschiedenen Instrumentengruppen in der Klangstärke gegeneinander abzugrenzen. Inwieweit es ihm auch gelingen würde, dem hiesigen Orchester einen sinnlichen Wohlklang zu entlocken, konnte in der Probe nicht festgestellt werden. – Er dirigiert sehr exakt und straff, verwendet allerdings sehr ausgedehnt seine Arme (ähnlich wie Celibidache).
>
> Mit dem Musikverein übte er des Abends. Er ist in der Lage, die verschiedenen Stimmen vorzusingen und man konnte sofort feststellen, dass er in der Leitung eines solchen Chores erfahren ist. Er verfügt auch über die

147 Vorstand des Musikvereins an Martin Stephani, 26.11.1949, Stadtarchiv Bielefeld, 270,009/Musikverein, Nr. 55.

148 Martin Stephani an Theodor Huber, Vorstand des Bielefelder Musikvereins, 28.11.1949, Stadtarchiv Bielefeld, 270,009/Musikverein, Nr. 55. Stephani fand es misslich, dass der Chor womöglich widersprüchliche musikalische Anweisungen von drei Dirigenten – dem »Einstudierenden«, dem »Probedirigierenden« und dem »Ausführenden« – entgegennehmen sollte. Der Musikverein äußerte Verständnis, wiederholte aber seine Bitte und machte Stephani Hoffnung, dass er doch noch zu einem »Gastkonzert« eingeladen werden könnte. Musikverein an Martin Stephani, 30.11.1949, Stadtarchiv Bielefeld, 270,009/Musikverein, Nr. 55.

149 Paul Jagenburg an die Mitglieder des Kulturausschusses, 2.12.1949, Stadtarchiv Bielefeld, 107,1/Kulturdezernat, Nr. 33.

> Kraft und das Temperament, einen solchen Laienchor mitzureißen. Es geht unbedingt von ihm eine gewisse suggestive Kraft aus.«[150]

Karl Grebe fasste seitens des Musikvereins Bielefeld seine Eindrücke von der Chorprobe in einem pointierten Kommentar zusammen:

> »Herkunft aus bester geistiger Atmosphäre und Tradition, weiter Horizont, umfassende Bildung.
> Als Musiker markanter Vertreter der neuen Generation, Fanatiker sachlicher Werktreue, unsentimental. Feind von Tradition im Sinn von Schlamperei oder bloßen Angewohnheiten. Intellektuell und aktivistisch, vielleicht nicht ganz frei von den Gefahren solcher Tugenden: Intellektuell – gelegentlich die einfache Lösung nicht sehen könnend, aktivistisch – vielleicht bis zur unliebenswürdigen Tyranney [sic]. Mit dem Orchesm. [Orchestermeister] werden Reibereien unvermeidlich sein, die aber bei höher gestellten Zielen nötig und für beide Teile heilsam sein können.«[151]

Alles in allem, so Grebe, bedeute eine Berufung Stephanis für Bielefeld eine Chance. Das sah auch der Kulturdezernent so. Abschließend deutete Jagenburg in seinem Aktenvermerk jedoch an, dass es unter den aktiven Musikern politische Vorbehalte gegen Stephani gab:

> »Orchestermitglieder äußerten sich über die Probe sehr zurückhaltend. Vielleicht ist dieses darauf zurückzuführen, weil den Herren bekannt war, dass Herr Stephani das SS-Sinfonieorchester geleitet hätte.«[152]

Wohl um sich in diesem Punkt Klarheit zu verschaffen, erbat sich Jagenburg von Stephani einen »ausführlichen Lebenslauf«.[153] Stephani schickte darauf-

150 Aktenvermerk Paul Jagenburg, 7.12.1949, Stadtarchiv Bielefeld, 107,1/Kulturdezernat, Nr. 33.

151 Karl Grebe an Paul Jagenburg, 9.12.1949, Stadtarchiv Bielefeld, 107,1/Kulturdezernat, Nr. 33.

152 Aktenvermerk Paul Jagenburg, 7.12.1949, Stadtarchiv Bielefeld, 107,1/Kulturdezernat, Nr. 33.

153 Paul Jagenburg an Martin Stephani, 7.12.1949, Stadtarchiv Bielefeld, 107,1/Kulturdezernat, Nr. 33. Zugleich fragte Jagenburg an, ob Stephani das »absolute Gehör« habe – was dieser in seinem Antwortschreiben bejahte: »meine eigenen Chorproben pflege ich im allgemeinen ohne Instrument und Stimmgabel abzuhalten, da die temperierte Stimmung dem Chorklang einen für diesen wenig vorteilhaften Zwang aufbürdet – es sei denn, der Chor habe sich absichtlich im Hinblick auf die Intonierung an begleitende Instrumente zu gewöhnen.« Martin Stephani an Paul Jagenburg, 13.12.1949, Stadtarchiv Bielefeld, 107,1/Kulturdezernat, Nr. 33.

hin die Darlegung »Mein künstlerischer Werdegang«, eine nochmals erweiterte Fassung des ausführlichen Lebenslaufs, den er im Jahr zuvor im Entnazifizierungsverfahren vorgelegt hatte. Er sei, so hob Stephani an dieser Stelle nochmals hervor, weder ›Parteigenosse‹ gewesen noch habe er sich »jemals um Parteizugehörigkeit oder eine politische Tätigkeit bemüht«.[154] Er sei lediglich »als Soldat [...] im Kriege auf Befehl des OKW von der Waffen-SS zur Bearbeitung ausschließlich musikalischer Belange (und stets nur in Berlin) herangezogen worden, ohne zuvor oder danach mit der Allgemeinen SS das mindeste zu tun gehabt zu haben«.[155] Die Erwähnung des Stabsmusikkorps der Waffen-SS vermied Stephani geflissentlich – er sei »Dirigent eines großen (uniformierten) Sinfonieorchesters«[156] gewesen. Die »Behauptung des schärfsten geistigen und künstlerischen Gegensatzes« sei im Entnazifizierungsverfahren gewürdigt worden, was seine Einstufung als »entlastet«[157] zur Folge gehabt habe. Schließlich wies Stephani noch darauf hin, dass »amerikanische Dienststellen in kultureller Hinsicht eng mit mir zusammen arbeiten«.[158]

Paul Jagenburg erkannte indes sofort die Schwachstellen in Stephanis Darlegungen. Umgehend fragte er nach, »welches große uniformierte Sinfonieorchester«[159] Stephani während des Krieges denn geleitet habe und wieso er – obwohl kein ›Parteigenosse‹ – erst im Juni 1948 vom Kölner Entnazifizierungsausschuss für entlastet erklärt worden sei. Jagenburg bat um eine offene Antwort. Er verfolge, so versicherte er Stephani, nur den Zweck, »irgendwelchen Unklarheiten von vornherein zu begegnen und auch irgendwelche Gerüchte über Ihre Tätigkeit klarzustellen«.[160]

Stephani sah sich daraufhin zu einer weiteren umfangreichen Stellungnahme veranlasst. Ausführlich ging er darin zunächst auf das Sinfonieorchester des Stabsmusikkorps der Waffen-SS ein:

> »Idee und Stamm des von mir von 1941–45 geleiteten Symphonieorchesters wurden innerhalb der im Kriege vom damlg. [damaligen] OKW eingerichteten ›Singleiterlehrgänge‹, zu deren Lehrpersonal ich gehörte, ins Leben gerufen, um einmal gegen den der Truppe aufgezwungenen KDF-Kitsch

154 Martin Stephani, Mein künstlerischer Werdegang, o. D. [Dezember 1949], Stadtarchiv Bielefeld, 107,1/Kulturdezernat, Nr. 33. (Hervorhebung im Original)
155 Ebd.
156 Ebd.
157 Ebd.
158 Ebd.
159 Paul Jagenburg an Martin Stephani, Stadtarchiv Bielefeld, 107,1/Kulturdezernat, Nr. 33.
160 Ebd.

angehen, zum andern, um begabten Musikern oder verdienten Orchestermusikern aus den Berliner Kulturorchestern eine sinnvollere Verwendung zukommen lassen zu können, als es in der Regel (im Etappendienst zumal) der Fall war. Da ich – nachweislich gegen meinen Willen und unter Verlust meiner unmittelbar bevorstehenden U.K.-Stellung als Städtischer Musikdirektor nach Olmütz [...] – im Mai 1941 zur Waffen-SS versetzt wurde und gleichzeitig die Musikarbeit im OKW weitgehend zum Erliegen kam, holte sich die oberste Waffen-SS-Führung nach und nach einen großen Teil der in anderen Wehrmachtsverbänden dienenden Musiker, zusammen mit dem ehem. OKW-Stammorchester, in ihre Musikkorps (in denen ein grauenhafter musikalischer Tiefstand herrschte) und befahl die sofortige Weiterführung, bzw. Neuaufstellung des ehem. OKW-Orchesters unter dem Titel ›Stabsmusikkorps der Waffen-SS‹ mit dem ständigen Sitz in Berlin. Die Uniformen änderten sich – nicht indessen der Geist, der den von mir geleiteten Musikern (zum großen Teil aus den besten deutschen und österreichischen Kulturorchestern stammend, in denen sie fast ausnahmslos ihre ehem. Stellung heute wieder einnehmen) mitgegeben war und ohne den ich meine ständigen künstlerischen Attacken *für* die ›Unerwünschten‹ und *gegen* das unselige ›Propagandaministerium‹ niemals hätte reiten können.«[161]

Es ist leicht zu erkennen, dass Stephani versuchte, das Stabsmusikkorps der Waffen-SS in eine verkappte Wehrmachtseinheit umzudeuten. Das »Glück«, dieses Orchester »nach eigenen Plänen erziehen und leiten zu dürfen« – wobei er »*ohne* Uniform unfehlbar im KZ gelandet wäre«, wie ihm »ein Referent des Propagandaministeriums wutschnaubend versicherte!« –, habe er am Ende des Krieges mit dem »Unglück« bezahlen müssen, als Angehöriger einer der von den Alliierten als verbrecherisch eingestuften Organisationen der »automatischen Internierung«[162] anheimzufallen.

Nach »doppelter Entlastung (durch Spruchkammer und Spruchgericht)«[163] habe er nicht damit gerechnet, sich noch einmal rechtfertigen zu müssen (deshalb habe er auch keine Kopien der einschlägigen Dokumente mehr griffbereit). Er hoffe, so Stephani, dass die »summarische Erwähnung« seiner Tätigkeit bei der Waffen-SS den Kulturdezernenten nicht »befremdet« habe – mit

161 Martin Stephani an Paul Jagenburg, 27.12.1949, Stadtarchiv Bielefeld, 107,1/ Kulturdezernat, Nr. 33. (Hervorhebungen im Original).

162 Ebd. (Hervorhebung im Original).

163 Ebd.

der Vorlage seiner »Entlastungsurkunde«,[164] so habe er geglaubt, sei es genug. Stephani versicherte, er trage schwer an den Folgen des »Makels«, den die Zugehörigkeit zur Waffen-SS in den Augen »der ganzen Welt«[165] darstelle. Das »gehasste Wort, welches die Organisation bezeichnet«, sei »nicht identisch mit dem, auf welchem es seit 1941 gegen seinen Willen lastet.«[166] Stephani beendete sein Schreiben mit einem emphatischen Appell, mit dem er sich vollends zum Opfer stilisierte:

> »Ich fühle mich durchaus zur Mitbuße verpflichtet auch an dem, was ich persönlich nicht verbrochen habe; und von dem, was ich während der Internierung in diesem Sinne als Buße zu leisten und aufzufassen hatte, soll hier auch keinerlei Rede sein. Trotzdem wäre es hart, wenn ich, wie es manchmal den Anschein hat, bis an mein Lebensende erfahren müsste, dass es keine Möglichkeit gibt, sich von dem Makel einer Verstrickung zu befreien, der nur der Soldat, nicht aber der Mensch gehorcht hat.«[167]

Paul Jagenburg – der zu der Zeit, in der Martin Stephani mit dem Stabsmusikkorps der Waffen-SS konzertierte, als Häftling im KZ Buchenwald eingesessen hatte – scheint dieser Argumentation durchaus gefolgt zu sein. An ihm scheint es jedenfalls nicht gelegen zu haben, dass man in Bielefeld zögerte, Stephanis Bewerbung näher zu treten. In einer handschriftlichen Notiz für Oberbürgermeister Arthur Ladebeck (1891–1963) hielt Jagenburg am 23. Januar 1950 fest:

> »An dieser Bewerbung ist der Musikverein interessiert. Auch ich würde ihn für geeignet halten vor den meisten anderen. Der kleine Ausschuss konnte sich aber bis jetzt wegen der Leitung des SS Orchesters nicht entschließen, ihm ein Orchesterkonzert zu übertragen.«[168]

Diesem »kleinen Ausschuss« gehörten – neben dem Kulturdezernenten – die Ratsherren Carl Schreck, Wilhelm Heiner und Paul Herzogenrath, dazu das Ratsmitglied Dr. Gisela Stalmann sowie als Vertreter des Orchesters Herr Schwenking an. Carl Schreck (1873–1956) war der »Nestor«[169] der Sozialde-

164 Ebd.
165 Ebd.
166 Ebd.
167 Ebd.
168 Aktenvermerk Paul Jagenburg, Stadtarchiv Bielefeld, 107,1 / Kulturdezernat, Nr. 33.
169 Jochen Rath, 13. Oktober 1946: Erste freie Kommunalwahlen in Bielefeld seit 1932 auf der Website der Stadt Bielefeld, https://www.bielefeld.de/de/biju/stadtar/rc/rar/01102011.html (20.9.2018).

mokratie im östlichen Westfalen, Parteisekretär schon vor dem Ersten Weltkrieg, Mitglied der Weimarer Nationalversammlung und Abgeordneter des Deutschen Reichstags von Juni 1920 bis Mai 1933, von der ersten bis in die achte Wahlperiode der Weimarer Republik. Er gehörte zu den 94 Reichstagsabgeordneten, die im März 1933 den Mut aufbrachten, gegen das von der Regierung Hitler eingebrachte Ermächtigungsgesetz zu stimmen, wurde daraufhin verhaftet, misshandelt und gezwungen, sein Mandat niederzulegen.[170] Der Bildhauer, Maler und Grafiker Wilhelm Heiner (1902–1965), der 1923/24 an der Akademie der Bildenden Künste in Berlin studiert hatte, weigerte sich im ›Dritten Reich‹, der Reichskunstkammer beizutreten, und wurde daraufhin von öffentlichen Aufträgen ausgeschlossen. Die Teilnahme an Ausstellungen wurde ihm erschwert, seine Bewerbung als Bühnenbildner am Bielefelder Stadttheater scheiterte, seine Entwürfe für ein Denkmal für die Gefallenen des Ersten Weltkriegs wurden abgelehnt. Heiner geriet in eine tiefe Krise, zog sich weitgehend aus dem Kunstbetrieb zurück und gründete ein Grafikdesignstudio in Bielefeld. Von 1942 bis 1945 diente er als Dolmetscher in der Wehrmacht und fand bei seiner Rückkehr sein Atelier zerstört vor, ein großer Teil seines Frühwerks war vernichtet. Nach Kriegsende begann er wieder als freischaffender Künstler zu arbeiten. Seine erste Einzelausstellung fand im Januar 1946 in Bielefeld statt – sie wurde von dem befreundeten Buchhändler Paul Herzogenrath kuratiert, der ebenfalls im »kleinen Ausschuss« vertreten war, der über die Neubesetzung der Stelle des Städtischen Musikdirektors zu beraten hatte.[171] Man kann vermuten, dass der Widerstand gegen eine Einladung an Martin Stephani vor allem von diesen drei Mitgliedern, vielleicht auch vom Vertreter des Orchesters, ausging.

Martin Stephani hatte in Bielefeld aber auch Fürsprecher.[172] So meldete sich am 12. Februar 1950 der Bielefelder Geigenbaumeister Heinz Nord bei Paul Jagenburg, um eine Lanze für Stephani zu brechen. Man habe dessen

170 Osterroth, Karl Schreck; Vogelsang, Geschichte, passim; Löning, Neuanfang, S, 31, Anm. 15.

171 Biographie, in: Wilhelm Heiner, http://www.wilhelm-heiner.com/de/biografie (20.9.2018).

172 In den Akten des Kulturdezernats der Stadt Bielefeld findet sich auch die auszugsweise Abschrift eines Empfehlungsschreibens für Stephani vom 27. Januar 1950. Der Verfasser dieses Schreibens ist leider nicht genannt. Er zitiert wiederum aus dem Brief einer in Marburg lebenden Freundin seiner Frau, einer ausgebildeten Pianistin, die von der »unerhörten Disziplin« und »großer Intensität« Stephanis berichtete. »So einen Chorklang nach 1 ½ Jahren Arbeit z. T. mit Dilettanten, durch Studentenbeteiligung häufig wechselnder Zusammensetzung können Sie lange suchen«. Stadtarchiv Bielefeld, 107,1/Kulturdezernat, Nr. 33.

Bewerbung bislang nicht genügend Beachtung geschenkt. Nord kannte Stephani offenbar persönlich[173] – und zwar, wie man dem Brief entnehmen kann, schon aus der Zeit vor 1945:

> »Ich kenne St.[ephani] aus der Praxis, er galt bei allen Musikern in Berlin, im Rundfunk usw. als die kommende Persönlichkeit des deutschen Musiklebens, ich nenne nur Karajan,[174] Celibidache und verweise darauf, was Prof. Thomas, Prof. [Wilhelm] Maler [Direktor der Nordwestdeutschen Musikakademie Detmold], Prof. [Kurt] Redel [1918–2013, seit 1946 Professor für Flöte an der Nordwestdeutschen Musikakademie Detmold], Prof. Stein usw. über St.[ephani] sagen.«[175]

Weiter zitierte Heinz Nord aus einem an ihn gerichteten Brief des Geigers Werner Heutling (1921–2006) vom 10. Januar 1950, in dem dieser – nach der Aufführung der Sonate C-Dur BWV 1005 von Johann Sebastian Bach innerhalb eines Konzerts mit der Marburger Kantorei – Stephani als »eine ganz seltene Begabung« bezeichnete, einen »von denen, die die Zukunft des Musiklebens bestimmen werden, eine Musikerpersönlichkeit mit genialen Anlagen.«[176] Nord kam auch auf die politischen Aspekte zu sprechen. Er wies – unter Hinweis auf Stephanis Einsatz für die neue Musik im ›Dritten Reich‹ – auf dessen »politische Unbelastetheit«[177] hin und trat vehement dafür ein, Stephani eine Chance zu geben:

> »Celibidache und Romanski [sic], die aus derselben Dirigentenklasse kommen, lagen als Ausländer in den letzten Jahren unvergleichlich günstiger und muss man jetzt, wenn wirklich nicht politisch belastet, einmal einem Deutschen wieder Gelegenheit geben, hineinzukommen.«[178]

173 So heißt es in dem Schreiben: »Persönlich mit seinen Verhältnissen sehr vertraut, gestatte ich mir folgende Hinweise. Stephanis kurzes Probedirigieren stand unter einem unglücklichen Stern. Er kam vom Krankenlager mit Lungenentzündung und hatte auf dem Podium noch hohes Fieber. Dass er nicht davon sprach, dürfte vielleicht für ihn sprechen.« Heinz Nord an Paul Jagenburg, 12.2.1950, Stadtarchiv Bielefeld, 107,1/Kulturdezernat, Nr. 33. – In einem Telegramm Stephanis an den Musikverein vom 3. Dezember 1949 (Stadtarchiv Bielefeld, 270,009/Musikverein, Nr. 55) hieß es, er werde bei seinem bevorstehenden Aufenthalt in Bielefeld privat wohnen – womöglich bei Heinz Nord?

174 Vgl. S. 153f., Anm. 95.

175 Ebd.

176 Ebd.

177 Ebd.

178 Ebd.

Paul Jagenburg antwortete postwendend. »Mein persönliches Urteil über Herrn Stephani deckt sich weitgehend mit dem Ihrigen«,[179] versicherte er Heinz Nord. Stephani sei einer von zwei Kandidaten, an denen er »am meisten interessiert«[180] sei. Eine Entscheidung des zuständigen Ausschusses, Stephani zu einem Probekonzert einzuladen, stehe aber noch aus – dass es politische Gründe waren, die den Ausschuss zögern ließen, ließ der Kulturdezernent unerwähnt.

Mit dem anderen interessanten Kandidaten meinte Jagenburg zweifellos Ljubomir Romansky.[181] Bei den Beratungen im »kleinen Ausschuss« zeichneten sich im Januar 1950 zunächst zwei Favoriten ab: Wilhelm Brückner-Rüggeberg (1906–1985), damals Dozent an der Hochschule für Musik und Theater Hamburg, und eben Ljubomir Romansky – beide dirigierten auf Einladung der Stadt Bielefeld je eine Oper und ein Sinfoniekonzert. Danach stand fest, dass Brückner-Rüggeberg als Städtischer Musikdirektor nicht in Frage kam. Der Kulturausschuss und vor allem das Städtische Orchester sprachen sich einstimmig für Romansky aus. Da diesem mittlerweile auch ein Angebot der Stadt Gelsenkirchen vorlag, drängte die Zeit. Die Berufung Romanskys scheiterte letztlich an der Hinhaltetaktik des Musikvereins und seines Vorsitzenden Theodor Bleek, die Romansky nicht als Dirigenten des Chores des Musikvereins haben wollten[182] und sich dagegen verwahrten, von der Stadt »unter Druck gesetzt«[183] zu werden. Der Verein präferierte zu diesem Zeitpunkt Theodor Egel,[184] der aber wiederum als Städtischer Musikdirektor nicht

179 Paul Jagenburg an Heinz Nord, 14.2.1950, Stadtarchiv Bielefeld, 107,1/Kulturdezernat, Nr. 33.

180 Ebd.

181 Das Folgende nach: Anlage zum Bericht des Kulturausschusses betr. Städt. Musikdirektor, o. D. [März 1950], Stadtarchiv Bielefeld; Bericht des Vorstandes an die Mitgliederversammlung des Musikvereins am 28. März 1950, Stadtarchiv Bielefeld, 270,009/Musikverein, Nr. 55.

182 Bei den Probekonzerten, die Romansky in Bielefeld gegeben hatte, war der Vorstand des Musikvereins zu der Ansicht gekommen, dass die Werke Bachs und Mozarts, die für den Verein von »zentraler Bedeutung« waren, Romansky »nicht am nächsten« lagen. »Ferner ist die natürliche Verbundenheit mit der aus der deutschen Sprache gewachsenen Vokalmusik eine wesentliche Voraussetzung für einen Chorerzieher, der den Musikverein zu Leistungen führen wolle, die der bisherigen Bedeutung des Vereins entsprechen.« Bericht des Vorstandes an die Mitgliederversammlung des Musikvereins am 28. März 1950, Stadtarchiv Bielefeld, 270,009/Musikverein, Nr. 55. Vgl. Bootz, Kultur, S. 130f.

183 So Theodor Bleek in der entscheidenden Sitzung des Kulturausschusses am 7. März 1950. Anlage zum Bericht des Kulturausschusses betr. Städt. Musikdirektor, o. D. [März 1950], Stadtarchiv Bielefeld, 270,009/Musikverein, Nr. 55.

184 Er leitete »als hervorragender Bachinterpret« auf Einladung des Musikvereins am 25. März 1950 die Aufführung der *Matthäus-Passion*. Bericht des Vorstan-

in Betracht kam. Weil die Stadt an einer gemeinsamen Lösung mit dem Musikverein festhielt, dieser sich aber nicht festlegen mochte, ehe Romansky ein Probekonzert mit dem Chor gegeben hatte, konnte die Stadt Bielefeld Romansky kein verbindliches Angebot machen – er sagte daraufhin in Gelsenkirchen zu, wo er bis zum Chefdirigenten des Theaters an der Ruhr und zum Generalmusikdirektor aufsteigen sollte. Im März 1950 stand man in Bielefeld mit dem Berufungsverfahren wieder ganz am Anfang – aus Verärgerung über die obstruktive Haltung des Musikvereins trat Oberbürgermeister Arthur Ladebeck daraufhin aus dessen Vorstand aus.

In den folgenden Monaten kristallisierte sich ein neuer Favorit der Stadt Bielefeld heraus: Generalmusikdirektor Bernhard Conz (1906–1999) aus Heidelberg, der Dirigent des Pfalzorchesters. Da dieser in Heidelberg vor einer Vertragsverlängerung stand, wurde die Zeit wieder einmal knapp. Auf Drängen der Stadt Bielefeld berief der Musikverein am 1. Juli 1950 eine außerordentliche Mitgliederversammlung ein. Der Chor des Musikvereins war jedoch von der Arbeit mit Conz enttäuscht, und so lehnte die Mitgliederversammlung seine Berufung zum musikalischen Leiter mit großer Mehrheit ab. Bei dieser Gelegenheit fand eine geheime »Befragung des Chores« statt, bei der die verschiedenen Gastdirigenten »mit einer Reihenfolgeziffer versehen werden mussten«.[185] Dieses Stimmungsbild ergab, dass Martin Stephani – nach Ljubomir Romansky – die zweitbesten Werte erhalten hatte. Beim Chor des Musikvereins hatte Stephani bei der Probe am 6. Dezember 1949 offenkundig einen nachhaltigen Eindruck hinterlassen.

Nachdem die Besetzung der Stellen des Städtischen Musikdirektors und des Dirigenten des Musikvereins in Personalunion zum zweiten Mal gescheitert war, beschloss die Stadt Bielefeld, »die weitere Erörterung der Dirigentenfrage« bis zum Abschluss der Etatberatungen im Dezember 1950 zu verschieben.[186]

des an die Mitgliederversammlung des Musikvereins am 28. März 1950, Stadtarchiv Bielefeld, 270,009/Musikverein, Nr. 55. Zur gleichen Zeit gab Martin Stephani, wie bereits erwähnt, mit der Marburger Kantorei Mozarts Requiem und Strawinskys Messe. Vergeblich hatte Stephani den Bielefelder Musikverein eingeladen, einen Vertreter nach Marburg zu schicken, um diesem Konzert beizuwohnen. Martin Stephani an Theodor Huber, 15.3.1950, Stadtarchiv Bielefeld, 270,009/Musikverein, Nr. 55.

185 Niederschrift über die außerordentliche Mitgliederversammlung des Musikvereins der Stadt Bielefeld e.V. am 1. Juli 1950, Stadtarchiv Bielefeld, 270,009/ Musikverein, Nr. 55.

186 Bericht über die außerordentliche Generalversammlung des Musikvereins der Stadt Bielefeld e.V. am 21. November 1950, Stadtarchiv Bielefeld, 270,009/ Musikverein, Nr. 55.

Dementsprechend schrieb Paul Jagenburg am 31. Juli 1950 nach Marburg, dass die Entscheidung über die Besetzung der Stelle des Städtischen Musikdirektors noch nicht gefallen sei – »es ist noch alles in der Schwebe«[187] – und dass mit einem Bescheid erst im November/Dezember 1950 zu rechnen sei. Daraufhin fragte Stephani nach, ob die Aufrechterhaltung seiner Bewerbung »lediglich eine Formalität«[188] sei oder ob seine Berufung ernsthaft in Betracht gezogen würde. Er entschuldigte seine »direkte Frage« damit, dass »verschiedene inoffizielle Mitteilungen« zu ihm gelangt seien, »nach denen an meiner Kandidatur weder seitens der Stadt noch auch des Musikvereins mehr Interesse besteht.«[189] Sollte dies der Fall sein, möge man ihn von der Bewerberliste streichen. Stephani betonte, er sei immer noch »interessiert« – trotz »gewisser anderer Verpflichtungen«,[190] die einzugehen er im Begriff sei.

Jagenburg beeilte sich zu versichern, dass Stephani durchaus noch im Rennen sei. Mit der im Juli getroffenen Entscheidung, die Verhandlungen über die Wiederbesetzung der Stelle eines Städtischen Musikdirektors bis Dezember auszusetzen, habe man beschlossen, denjenigen Bewerbern, die überhaupt nicht in Frage kämen, schon einmal eine Absage zu schicken. Stephani gehöre nach wie vor zur »engeren Wahl«.[191] Zugleich jedoch machte Jagenburg darauf aufmerksam, »dass die ganzen Verhältnisse hier sehr schwierig und sehr unsicher« seien – deshalb empfahl er Stephani, sich nicht in seinen »anderen Möglichkeiten beeinträchtigen zu lassen«.[192] Jagenburg schloss mit einer persönlichen Bemerkung. Er habe Stephanis »Programmgestaltung« in Marburg »mit Interesse beobachtet« und mache keinen Hehl daraus, dass ihm Stephanis »Eintreten für moderne Musik sympathisch« sei – eine »derartige Auffrischung«[193] täte auch dem Bielefelder Musikverein gut.

Stephani hatte sich auch an den Kaufmann und Ratsherrn Dr. Theodor Huber, Mitglied im Vorstand des Bielefelder Musikvereins gewandt, um sich zu erkundigen, was es mit dem Schreiben des Kulturdezernenten auf sich habe.[194] Huber wies in seinem Antwortschreiben auf die Befragung des Cho-

187 Paul Jagenburg an Martin Stephani, 31.7.1950, Stadtarchiv Bielefeld, 107,1/Kulturdezernat, Nr. 33.
188 Martin Stephani an Paul Jagenburg, 7.8.1950, Stadtarchiv Bielefeld, 107,1/Kulturdezernat, Nr. 33.
189 Ebd.
190 Ebd.
191 Paul Jagenburg an Martin Stephani, 9.8.1950, Stadtarchiv Bielefeld, 107,1/Kulturdezernat, Nr. 33.
192 Ebd.
193 Ebd.
194 Martin Stephani an Theodor Huber, 7.8.1950, Stadtarchiv Bielefeld, 270,009/Musikverein, Nr. 55.

res am 1. Juli 1950 hin. Dabei habe sich – wie Huber nicht ganz zutreffend ausführte – gezeigt, »dass Sie noch zum weiteren Kreise der Bewerber auch in unserem Sinne gehören, dass Sie aber unter den bevorzugtesten Bewerbern nicht aufgeführt wurden«.[195] Auch Huber betonte, dass »die Dinge [...] immer noch offen seien«. Im Hinblick »auf diese ungewissen Aussichten« könne der Musikverein es nicht verantworten, Stephani zu raten, »um der Bielefelder Möglichkeit willen irgendetwas anderes nicht abzuschließen«.[196]

Letztlich kam Stephani in Bielefeld nicht zum Zuge, weil sich durch die Berufung Michael Schneiders auf die Professur für Orgel an der Nordwestdeutschen Musikakademie in Detmold eine neue Konstellation ergab – im Vorfeld der Berufung hatte sich die Akademie mit der Frage an den Vorstand des Bielefelder Musikvereins gewandt, ob dieser Schneider nicht zu seinem Dirigenten wählen könne, um diesem ein »erweitertes Tätigkeitsfeld«[197] zu geben. Die Stadt Bielefeld lehnte es indes ab, Schneider zum Städtischen Musikdirektor zu ernennen. So entschloss sich der Musikverein zu einem Alleingang. Am 21. November 1950 wählte eine außerordentliche Mitgliederversammlung Michael Schneider mit überwältigender Mehrheit zum neuen Dirigenten des Musikvereins.[198] Die Personalunion mit der Stelle des Städtischen Musikdirektors war damit hinfällig. Die Stadt entschied sich für Bernhard Conz.[199]

Am 8. Dezember 1950 schickte Jagenburg eine Absage nach Marburg. Darin schilderte der Kulturdezernent die neue Lage: Nachdem der Musikverein – unabhängig von der Stadt – Schneider zu seinem neuen musikalischen Leiter berufen habe, entfalle für den künftigen Städtischen Musikdirektor »das Aufgabengebiet der Chorleitung«, werde er »stärker zum Dirigieren von Opern herangezogen«.[200] Damit, so Jagenburg, dürfte auch Stephanis Interesse an der Position nachgelassen haben. Abschließend versicherte Jagenburg, er nehme persönlich Anteil an Stephanis künstlerischem Wirken – und zugleich enthüllte er ein Detail, das erklärt, woher seine Sympathien für Stephani rührten:

195 Theodor Huber an Martin Stephani, 15.8.1950, Stadtarchiv Bielefeld, 270,009/Musikverein, Nr. 55.

196 Ebd.

197 Bericht über die außerordentliche Generalversammlung des Musikvereins der Stadt Bielefeld e.V. am 21. November 1950, Stadtarchiv Bielefeld, 270,009/Musikverein, Nr. 55.

198 Zu seinem Wirken: Becker, Musikverein, S. 23–26; Bootz, Kultur, S. 142f.

199 Er bekleidete dieses Amt bis 1974. Vgl. Bootz, Kultur, S. 132–134.; Vogelsang, Geschichte, S. 501f.

200 Paul Jagenburg an Martin Stephani, 8.12.1950, Stadtarchiv Bielefeld, 107,1/Kulturdezernat, Nr. 33.

»ich bin auch laufend durch meine Tochter, welche mit großer Freude in Ihrem Chor mitsingt, darüber unterrichtet, wie Sie dort auch neuere Chorwerke, wie zuletzt den ›Zaubertrank‹ von Frank Martin, aufführen.«[201]

201 Ebd.

12. Auf der Karriereleiter, 1951 bis 1959

Von Marburg nach Detmold, 1951 bis 1957

Zu dem Zeitpunkt, als seine Bewerbung als Städtischer Musikdirektor in Bielefeld endgültig scheiterte, stand Martin Stephani wohl schon in Verbindung mit der Konzertgesellschaft Wuppertal, die im Jahre 1932 aus dem Zusammenschluss des Elberfelder Gesangvereins und des Städtischen Singvereins Barmen hervorgegangen war.[1] Die Chöre der Konzertgesellschaft Wuppertal waren bis dahin vom Generalmusikdirektor der Stadt Wuppertal, Hans Weisbach (1885–1961), geleitet worden.[2] Wohl, um den Generalmusikdirektor zu entlasten, berieten der Vorstand und der Arbeitsausschuss der Konzertgesellschaft im Frühjahr 1951 über die Anstellung eines eigenen Chordirektors für die Chöre der Gesellschaft. Der Vorstand der Konzertgesellschaft sprach sich – mit Ausnahme des Vorstandsmitglieds Dierichs, eines Vertreters des Barmer Singvereins – dafür aus, Martin Stephani zu engagieren, ehe er ein anderes Angebot annehme.[3] Daraufhin wählte der Arbeitsausschuss in seiner Sitzung am 7. Juni 1951 Stephani einstimmig zum Chordirektor. Dierichs trug diese Entscheidung mit, »wobei er die geäußerten Bedenken nach wie vor aufrechterhalten müsse, da Herr Stephani bisher nur moderne Werke in Wuppertal einstudiert habe.«[4] Hier wird deutlich, dass Stephani bereits mit den Chören der Konzertgesellschaft Wuppertal gearbeitet hatte – aktuell probte er mit dem Elberfelder Gesangverein Frank Martins *Golgotha*. Deutlich wird auch, dass

1 Vgl. Auszug aus einem Rundfunkvortrag, gehalten von Martin Stephani anlässlich der Originalübertragung eines Wuppertaler Abonnementskonzertes durch den NWDR-Köln am 30. Dezember 1953, in: Broschüre der Konzertgesellschaft Wuppertal, undatiert [1955], S. 14–17.

2 Hans Weisbach hatte von 1933 bis 1939 die Leitung des Rundfunk-Sinfonieorchesters Leipzig innegehabt, von 1939 bis August 1944 stand er an der Spitze der Wiener Symphoniker. 1937 war Weisbach Mitglied der NSDAP geworden. Nach dem Durchlaufen des Entnazifizierungsverfahrens wurde er 1947 als Generalmusikdirektor nach Wuppertal berufen.

3 Protokoll der Vorstandssitzung der Konzertgesellschaft Wuppertal, 17.5.1951, Stadtarchiv Wuppertal, NDS 274–106. Ich danke Herrn Thorsten Dette für die Angaben aus dieser Akte.

4 Protokoll der Sitzung des Arbeitsausschusses der Konzertgesellschaft Wuppertal, 7.6.1951, Stadtarchiv Wuppertal, NDS 274–106.

die einzige kritische Stimme Anstoß an Stephanis Engagement für moderne Komponisten nahm. Seine Biographie spielte bei der Entscheidung – soweit die Protokolle es erkennen lassen – keine Rolle. Der Vorstand der Konzertgesellschaft folgte in seiner Sitzung am 18. Juni 1951 dem einstimmigen Beschluss des Arbeitsausschusses.[5] Im Vorstandsprotokoll heißt es, Stephani habe bei den Proben begeisterten Anklang gefunden, der Vorstand sei von der *Golgotha*-Aufführung angetan gewesen und habe einen positiven persönlichen Eindruck von Martin Stephani gewonnen. Dessen Anstellung als Chordirektor der Konzertgesellschaft Wuppertal erfolgte zum 1. Juli 1951,[6] das Monatsgehalt belief sich auf 500 DM. Der Vertrag wurde zunächst auf zwei Jahre abgeschlossen, mit der Option auf Verlängerung um jeweils ein Jahr, wenn er nicht fristgerecht gekündigt wurde.

Damit hatte sich Martin Stephani ein einigermaßen sicheres berufliches Standbein geschaffen. Bis 1963 war er als Dirigent der Konzertgesellschaft Wuppertal tätig, vom 1. April 1955 an zudem als Leiter des Bergischen Landeskonservatoriums in Wuppertal und Haan. Bei keiner dieser beiden Berufungen stand ihm – soweit es die Quellen erkennen lassen – seine Vergangenheit im Weg. Gerüchte, er sei in Wuppertal ›hinausgeworfen‹ worden, stimmen nachweislich nicht.[7] Trotz des beruflichen Wiedereinstiegs war Martin Stephani – wie seine private Korrespondenz belegt – in einer gedrückten Grundstimmung. Die durch die Kriegs- und Nachkriegszeit zunichte gemachten Lebenschancen lasteten auf ihm. So klagte er in einem Brief aus dem Jahre 1953: »Und die verlorenen Jahre meines Lebens hole ich nie wieder ein im

5 Protokoll der Vorstandssitzung der Konzertgesellschaft Wuppertal, 18.6.1951, Stadtarchiv Wuppertal, NDS 274–106.

6 Der Arbeitsausschuss hatte in seiner Sitzung am 7. Juni 1951 den 1. Juli als Anstellungstermin genannt, im Protokoll der Vorstandssitzung vom 18. Juni 1951 ist vom 1. Juni die Rede. In den Personalakten Martin Stephanis in der Nordwestdeutschen Musikakademie in Detmold wird mal das eine, mal das andere Datum genannt.

7 Am 17. Oktober 1959 schickte Martin Stephani – nach mündlicher Absprache – eine schriftliche Selbstverpflichtung an Kultusminister Werner Schütz, »dass nach Beendigung der Konzert-Saison 1959/60 mein bis Juli 1962 datierter Vertrag mit der Stadt Wuppertal zum vorzeitigen Auslauf gebracht und die Anzahl der von mir zu dirigierenden Wuppertaler Konzerte unter entsprechenden Bedingungen auf ein Maß reduziert werden muss, welches die üblichen Repräsentanz-Verpflichtungen konzertierender deutscher Hochschul-Direktoren nicht übersteigt«. Martin Stephani an Kultusminister Werner Schütz, 17.10.1959, LAV NRW, Abteilung Rheinland, NW Pe, Nr. 7475, Auszug PA, Bd. III. Letztendlich führte Stephani die Stelle des Wuppertaler Generalmusikdirektors bis 1963 fort.

Sinne wirklicher Erfüllung, die unerreichbar vor und hinter mir zugleich liegt wie ein Traum.«[8]

Zum 1. April 1957 wurde Martin Stephani dann als Dozent im Angestelltenverhältnis für das Fach Dirigieren an die Nordwestdeutsche Musikakademie in Detmold berufen. Diese Stelle war mit der Leitung des Frankfurter Cäcilienvereins verbunden. Stephani trat damit die Nachfolge von Kurt Thomas an, der seit 1947 als Professor für Chorerziehung und Dirigieren an der Nordwestdeutschen Musikakademie tätig gewesen war und nun als Thomaskantor nach Leipzig wechselte. Thomas hatte, wie bereits erwähnt, von 1934 bis 1939 als Professor für Chorleitung an der Hochschule für Musik in Berlin gewirkt und war dort Stephanis Lehrer gewesen. Von 1939 bis 1945 hatte er dann das Amt des Direktors des Musischen Gymnasiums in Frankfurt am Main bekleidet. Man darf vermuten, dass Stephani, der – wie weiter oben ausführlich dargelegt – seit 1942 die Leitung des Berliner Staats- und Domchors in Verbindung mit dem Direktorenposten eines neu zu gründenden Musischen Gymnasiums in der Reichshauptstadt anstrebte, auch weiterhin in Kontakt zu Thomas stand. Jedenfalls hatte Stephani ihn im Zuge seines Entnazifizierungsverfahrens als möglichen Leumundszeugen benannt. Thomas wiederum war im Juni 1947 als »Mitläufer« eingestuft worden, wobei – so der zuständige Entnazifizierungsausschuss – »sein Fall auf der Grenze zwischen der Gruppe der Mitläufer und Entlasteten liegt«.[9] Auch bei seiner Bewerbung als Städtischer Musikdirektor in Bielefeld hatte Stephani seinen akademischen Lehrer Thomas als Referenz angeführt, und Thomas hatte seinen Schüler Stephani schon vor dessen Bewerbung in Bielefeld beim dortigen Musikverein empfohlen. Es dürfte mithin Kurt Thomas gewesen sein, der Martin Stephani als seinen Nachfolger an der Nordwestdeutschen Musikakademie in Detmold lanciert hatte. Stephani unterhielt darüber hinaus aber auch Verbindungen zu anderen Detmolder Dozenten, so etwa – wie

8 Martin Stephani an Heide Trebst-Kaemmerling, 15.3.1953, Privatbesitz Ekkehard Kaemmerling.

9 Zit. n. Heldmann, Musisches Gymnasium, S. 295. Kurt Thomas war der NSDAP am 1. Februar 1940 beigetreten. Zuvor hatte er sich bereits in verschiedenen NS-Organisationen engagiert: 1933 bis 1934 war er Jungzugführer in der Hitlerjugend, von Oktober 1933 an Singemeister im Jungvolk. Seit 1936 gehörte er der NSV an, seit 1937 dem NS-Altherrenbund. Gegenüber dem preußischen Minister für Wissenschaft, Kunst und Volksbildung betonte Fritz Stein am 28. Juni 1934, Kurt Thomas stehe, obwohl kein ›Parteigenosse‹, »durchaus auf dem Boden des nationalsozialistischen Staates«. Zit. n. Goltz, Musikstudium, S. 203. Zur Mitgliedschaft in der NSDAP und ihren Gliederungen: ebd., S. 402f.

bereits erwähnt – zu Johannes Driessler, Werner Heutling, Hermann Hirschfelder und Kurt Redel.[10]

Auch der Gründungsdirektor der Nordwestdeutschen Musikakademie, Wilhelm Maler (1902–1976), scheint Martin Stephani gefördert zu haben.[11] Maler hatte in seinem eigenen Entnazifizierungsverfahren den Umstand, dass seine Kompositionen in der Ausstellung »Entartete Musik« im Jahre 1938 versehentlich an den Pranger gestellt worden waren, dazu genutzt, »seine angeblich prinzipielle Gegnerschaft zum Nationalsozialismus zu belegen.«[12] Tatsächlich war er nach der öffentlichen Attacke rasch offiziell rehabilitiert worden. 1937 war er in die NSDAP eingetreten, 1943 wurde er Mitglied im NS-Dozentenbund. Auch arbeitete er mit der Reichsführung der Hitlerjugend zusammen. Insgesamt entsteht allerdings der Eindruck, »dass Maler seine Anpassung an das Regime sehr überlegt dosiert hat und dass er weniger aus Überzeugung denn aus Opportunismus gehandelt hat«.[13] Malers Entnazifizierung verlief indessen nicht ganz so reibungslos, wie er es sich erhofft hatte, doch wurde er schließlich Anfang 1948 als ›entlastet‹ eingestuft, nachdem er bereits zum 1. März 1946 offiziell vom Land Lippe mit dem Aufbau der Musikakademie in Detmold beauftragt worden war.[14]

Kurz darauf, am 5. Mai 1946, beklagte Maler in einem Schreiben an Oberschulrat Dr. Walter Kühn (1889–1976), den Schul- und Kulturreferenten der lippischen Landesregierung, die »Intransigenz«[15] der britischen Militärbehörde bei der Entnazifizierung. Für die anstehenden Verfahren hatte er bereits am 3. Februar 1946 die Devise ausgegeben: »Das Entscheidende ist,

10 Zum Lehrerkollegium der neu gegründeten Nordwestdeutschen Musikakademie vgl. Müller-Dombois, Gründung, S. 12–18. Prof. Alexander Wagner erinnert sich, Martin Stephani schon im Jahre 1947 – es muss unmittelbar nach dessen Entlassung aus der Internierung gewesen sein – beim Schlangestehen um Konzertkarten in Detmold zufällig getroffen zu haben. Als er Stephani angesprochen habe, sei dieser »wie versteinert« gewesen, die Begegnung sei ihm sichtlich unangenehm gewesen. Interview mit Prof. Alexander und Liebgard Wagner, 13.5.2016.

11 Die Gründungsgeschichte behandelt ausführlich: Müller-Dombois, Gründung. Die notwendigen Ergänzungen in Hinblick auf die Entnazifizierung liefert: Riesenberger, Nordwestdeutsche Musikakademie.

12 Riesenberger, Nordwestdeutsche Musikakademie, S. 9.

13 Ebd., S. 11.

14 Müller-Dombois, Gründung, S. 12.

15 Wilhelm Maler an Dr. Walter Kühn, 4.5.1946, zit. n. Riesenberger, Nordwestdeutsche Musikakademie, S. 14.

dass wir alle als Spezialisten fungieren.«[16] Für die Zukunft mahnte er zur »Geschlossenheit«[17] des Dozentenkollegiums:

> »Es darf unter keinen Umständen passieren, dass wir – in Detmold einmal durchgeschleust – aufgrund von Denunziationen etc. nachträglich gekippt werden. Die Einheit des Kollegiums ist so entscheidend, dass das Herausbrechen des einen oder andern das Ganze leiden lässt.«[18]

Wenig später war es erstmals nötig, Geschlossenheit zu demonstrieren, als die Hochschule für Musik in Köln, die von Anfang an in scharfer Konkurrenz zu der Detmolder Neugründung stand, in einer Stellungnahme zur Satzung der Nordwestdeutschen Musikakademie den pauschalen Vorwurf erhob, die Detmolder Dozenten seien durch die Mitgliedschaft in der NSDAP belastet – ein Vorwurf, den Wilhelm Maler mit dem Hinweis auf die durchlaufenen Entnazifizierungsverfahren kühl zurückwies.[19]

Man kann wohl davon ausgehen, dass an der Nordwestdeutschen Musikakademie auch noch in den 1950er Jahren – dem »Jahrzehnt der Stille« (Hermann Lübbe) – eine Atmosphäre herrschte, die keine allzu bohrenden Fragen nach der Vergangenheit der Dozenten zuließ, und so verlief auch Martin Stephanis Anstellung im Jahre 1957 problemlos.

»Die Harmonie der Welt«. Martin Stephani und Paul Hindemith, 1954 bis 1960

Martin Stephanis Leben kam nun in ruhigeres Fahrwasser. Am 12. Juli 1958 heiratete er in zweiter Ehe Margret Pistor (1930–1992). Eine Vermählungsanzeige schickte er auch an Paul und Gertrud Hindemith, wobei er in der Nachricht, die er auf der Rückseite niederschrieb, die eigene Heirat als die »unwichtigste aller Meldungen«[20] hintanstellte. Ein »noch immer und nachhaltig verstörter Martin Stephani«[21] wollte auf diesem Wege vielmehr in einer anderen Sache Bericht erstatten:

16 Wilhelm Maler an Dr. Walter Kühn, 3.2.1946, zit. n. ebd.
17 Zit. n. ebd.
18 Zit. n. ebd.
19 Ebd., S. 19f.
20 Martin Stephani an Paul und Gertrud Hindemith, undatiert [9.–21.8.1958], Hindemith Institut Frankfurt.
21 Ebd.

»Von den versprochenen Mitteilungen, *ob* und *was* sich in Detmold nach dem großen ›Reinfall des deutschen Musik-Dunkels‹ verändert habe, vermag ich noch nicht zusammen-hängend [sic] zu berichten; aber es *hat* sich bereits ...! Das allen deutlich bewusst zu machen, *was* sich hat und noch haben *wird*, weil haben *muss*, – dazu wird ein Vortrag von mir zu Beginn des Wintersemesters über ›Paul Hindemith und die Maßstäbe‹ mit Unruhe erwartet ...«.[22]

Was war hier gemeint? Paul Hindemith, »der widerwillige Emigrant 1938, der widerwillige Remigrant nach 1945«, hatte ein »gebrochenes Verhältnis zu Deutschland«.[23] Obwohl seine Kompositionen – insbesondere jene, die nach 1932 entstanden waren – jetzt in Deutschland gespielt wurden, auch die Oper *Mathis der Maler* im Dezember 1946 in Stuttgart ihre deutsche Erstaufführung erlebte und viele deutsche Bewunderer sich um Hindemith bemühten, blieb dieser zutiefst argwöhnisch: »Ich werde ständig von alten Freunden belästigt, von solchen, die es werden wollen, und solchen, die behaupten, dass sie es mal waren, und ich habe für keinen von ihnen etwas übrig, bin überarbeitet und nicht scharf darauf, ständig von anderen für dumm verkauft zu werden«,[24] klagte Hindemith gegenüber Ludwig Strecker. Bis zu seiner Übersiedlung in die Schweiz im Jahre 1953 reiste Hindemith nur dreimal nach Deutschland und mied den Kontakt dorthin.[25]

Vor diesem Hintergrund ist es einigermaßen überraschend, dass Paul und vor allem Gertrud Hindemith Vertrauen zu Martin Stephani fassten, der sich schon durch seine Bemühungen um eine Rehabilitierung Hindemiths im ›Dritten Reich‹, dann mit Vorträgen zum Werk Hindemiths in den Internierungslagern Neumünster und Eselheide sowie der Aufführung der Kompositionen Hindemiths mit dem Studio für neue Musik in Marburg und mit der Wuppertaler Konzertgesellschaft als getreuer Paladin des Komponisten erwiesen hatte. Spätestens von 1954 an stand Stephani in losem Briefverkehr mit dem Ehepaar Hindemith. Es gelang ihm, Paul Hindemith zum Niederrheinischen Musikfest nach Wuppertal zu holen, wo der Komponist am 4. Juni 1955 die Uraufführung der Kantate *Ite, angeli veloces* nach Texten von Paul Claudel

22 Ebd. (Hervorhebung im Original). Das Ehepaar Hindemith schenkte den frisch Vermählten ein blau-weißes Kissen, für das sich Martin Stephani überschwänglich bedankte. Martin Stephani an Paul und Gertrud Hindemith, 28.9.1958, Hindemith Institut Frankfurt.

23 Kater, Komponisten, S. 74.

24 Zit. n. ebd., S. 73.

25 Ebd., S. 73f.; Skelton, Paul Hindemith, S. 220–223, 231–245.

(1868–1955) dirigierte.[26] Am Silvesterabend 1955 schrieb Stephani Hindemith einen emphatischen Brief, um zum Ausdruck zu bringen, »wie tief mich das Glück der persönlichen Begegnung mit Ihnen bewegt …«. Das »Hindemith-Jahr« – der Komponist feierte 1955 seinen sechzigsten Geburtstag – sei »das Bedeutendste seines bisherigen Lebens«[27] gewesen, beteuerte Stephani. Die Briefe Martin Stephanis aus dieser Zeit spiegeln die tiefe Ergebenheit gegenüber Paul Hindemith und die Sorge um dessen Wohlergehen. So heißt es in einem Brief an das Ehepaar Hindemith vom 6. August 1956:

> »Ich muss gestehen, dass mir ein Stein vom Herzen fiel, als die Zeitungen von Ihrer nicht nur (selbstverständlich!) erfolgreichen, sondern vor allem von Ihrer gesunden Rückkehr aus Japan berichteten; denn was die europäischen Zeitungen über gewisse kernphysikalische Versuche gerade in den Ozeanen zu sagen wussten, welche mittel- und unmittelbar dieses zum Neuen Menetekel der Menschheit gewordene Land umströmen, – das war für die ›Daheimgebliebenen‹ sorgenvoll genug …«.[28]

Wohl auf Betreiben Martin Stephanis wurde der Neubau des Wuppertaler Opernhauses am 14. Oktober 1956 mit einer Aufführung der Oper *Mathis der Maler* feierlich eröffnet. In einem Brief an Gertrud Hindemith vom 13. Januar 1957, in dem er über die Wuppertaler Inszenierung berichtete,[29] er-

26 Martin Stephani an Paul Hindemith, 14.9.1954; Martin Stephani an Paul Hindemith, 6.12.1954; Martin Stephani an Gertrud Hindemith, 22.1.1955; Martin Stephani an Gertrud Hindemith, 29.1.1955, Hindemith Institut Frankfurt. Aus diesen Briefen geht hervor, dass ursprünglich an eine konzertante Aufführung von *Mathis der Maler* gedacht war, dann an die Aufführung des Gesamtwerks *An die Hoffnung* nach Texten von Claudel (in das die bereits vorliegende Kantate eingehen sollte), dann an eine »Kopplung« des Requiems und der neuen Kantate. In seinem Brief vom 6. Dezember 1954 räumte Stephani zudem freimütig ein, dass er – nach Erfahrungen mit dem Marburger Chor – eigenmächtig Eingriffe in die deutsche Übersetzung des Textes von Claudel vorgenommen habe, wie auch schon im Requiem, »dessen Aufführungsschicksal in Deutschland nach meiner Erfahrung mit gewissen originaltext-bedingten Missverständnissen zusammenzuhängen scheint, die einer vordergründig eingestellten öffentlichen Musikbetriebsamkeit den Zugang zu der unvergleichlichen poetischen und musikalischen Kraft des Werkes verhängen«.

27 Martin Stephani an Paul Hindemith, 31.12.1955, Hindemith Institut Frankfurt.

28 Martin Stephani an Paul und Gertrud Hindemith, 6.8.1956, Hindemith Institut Frankfurt. Hier erwähnt Stephani auch, dass Hindemith in Hiroshima einen Kranz niederlegte. Zur Japanreise Hindemiths vgl. auch Skelton, Paul Hindemith, S. 273

29 »Dass man überhaupt unser neu-erbautes Opernhaus *nur* glaubte, mit dem ›*Mathis*‹ eröffnen zu dürfen, – (obschon gewisse ›Volksbühnenvertreter‹ lieber

wähnte Stephani auch, dass er die Dozentenstelle an der Nordwestdeutschen Musikakademie in Detmold und die Leitung des Frankfurter Cäcilien-Vereins übernehmen werde. Einerseits bedeute dies eine steigende Arbeitsbelastung, andererseits eröffne es

> »die Möglichkeit, alle hüben wie drüben vernachlässigten ›*angeli*‹ *Paul Hindemith's* zu den ›Völkern‹ Westfalens und Hessens zu entsenden, die bezüglich *dieser* noch immer in ›schreckensvoller Winterumnachtung‹ leben; und *das* lohnt *allein* schon den Versuch!«[30]

Zugleich zeigte sich Martin Stephani höchst erfreut über den Auftrag Paul Hindemiths, zur Uraufführung der Oper *Die Harmonie der Welt* am Prinzregententheater in München am 11. August 1957 eine »Vorbesprechung«[31] zu schreiben, die im Programmheft zum Abdruck kommen sollte. Stephani machte sich mit Feuereifer an die Arbeit. Das Ergebnis war der Text »Hindemiths Apotheose der Gesetzmäßigkeit als Wagnis des Glaubens an ›Die Harmonie der Welt‹«,[32] in dem er Hindemiths Oper über das Leben des Astronomen Johannes Kepler (1571–1630) begeistert feierte. Umso entsetzter zeigte sich Stephani von der Generalprobe in München. Er sei, so berichtete er Hindemith in einem hoch emotionalen Brief, zutiefst »verärgert« gewesen »über die Haltung gewisser Leute vom Fach und von der Presse«, mit denen er sich »bereits während der Generalprobe in den Wandelgängen hier und dort recht erregt auseinandergesetzt hatte«.[33] Stephani beklagte die »Schlamperei der Regie«, die »einfach unpräzise und provinziell« gewesen sei, »und die es weitgehend auf dem Gewissen hat, wenn selbst Kritiker von Format die Absicht des Komponisten nicht zu durchschauen vermochten«.[34] Weiter echauffierte sich Stephani, dass die Programmhefte mit seinem einführenden Text zur Generalprobe noch nicht ausgelegen hätten, obwohl er den Text am 15. Juli

›frisch gewagnert‹ hätten, um von vornherein gleich ›halb zu gewinnen‹!) – mag Ihnen ein *gewisses* Zeichen für die innere Keimkraft der Wuppertaler Begegnung mit Ihnen sein!« Über die Wuppertaler Inszenierung müsse er, so Stephani, »fast ein bisschen schwärmen«. Insbesondere das Bühnenbild, das »gewaltige Foto-Montagen« des Isenheimer Altars verwendete, hatte es ihm angetan. Martin Stephani an Gertrud Hindemith, 13.1.1957, Hindemith Institut Frankfurt (Hervorhebungen im Original).

30 Ebd. (Hervorhebungen im Original).

31 Martin Stephani an Paul Hindemith,, 19.5.1957, Hindemith Institut Frankfurt.

32 Die gedruckte Fassung dieses Textes findet sich im Privatbesitz Ekkehard Kaemmerling.

33 Martin Stephani an Gertrud Hindemith, 23.8.1957, Hindemith Institut Frankfurt. Das vollständige Dokument findet sich im Anhang.

34 Ebd.

bereits vorgelegt habe. Schließlich kritisierte Stephani, dass die Oper in einer gekürzten Fassung gespielt wurde, und beschwor Hindemith, solche Kürzungen künftig nicht mehr zuzulassen. Stephani verfasste eine scharfe Rezension für die Oberhessische Presse[35] und kündigte an, er werde künftig in Vorträgen für das seiner Meinung nach verkannte Werk werben.[36] In dem Brief an Ludwig Strecker, den Stephani anlässlich des Todes von Gertrud Hindemith am 20. März 1967 schrieb, beklagte er den zweiten ›Fall Hindemith‹ – gemeint ist die, wie Stephani es empfand, dem Alterswerk des bewunderten Komponisten verweigerte Anerkennung der Fachwelt –, an dem sich Paul und Gertrud Hindemith »zu Tode gelitten«[37] hätten.

Was Martin Stephani noch mehr niederdrückte: Das Ehepaar Hindemith hatte ihn, wie man einem seiner Briefe entnehmen kann, zweimal in Detmold besucht, zuletzt im Sommer 1957. Bei dieser Gelegenheit hatte sich Gertrud Hindemith wohl abfällig über »die mangelnde Ausbildungskapazität des Instrumental-Musikers an deutschen Hochschulen – insbesondere der Detmolder«[38] geäußert, verbunden mit der entmutigenden Bemerkung, daran werde sich wohl auch nichts ändern. Hierauf bezogen sich die kryptischen Bemerkungen Stephanis auf der Vermählungsanzeige vom August 1958. Es habe, so berichtete er dann am 1. Januar 1960, »das Paul Hindemith in Detmold bereitete Exempel über Detmold hinaus allgemeine Bestürzung hervorgerufen [...], die ich nach Kräften schüren half«.[39] Stephani, kurz zuvor zum Direktor der Nordwestdeutschen Musikakademie ernannt, versicherte, er werde das seine zu einer »Grundsatzreform« beitragen und hoffe, sich in »nicht zu

35 Vgl. auch Martin Stephani, »Die Harmonie der Welt«. Hindemiths Apotheose der Gesetzmäßigkeit, in: Geist und Leben. Blätter für Wissenschaft, Kunst und Kultur, Zeitungsausschnitt ohne Datumsvermerk, Privatbesitz Ekkehard Kaemmerling. Hier werden die Fehler der »peinlich provinziell verfahrenden Regie« öffentlich angegriffen.

36 Als erstes brachte Stephani seinen Text »Hindemiths Apotheose der Gesetzmäßigkeit als Wagnis des Glaubens an ›Die Harmonie der Welt‹« zur Wintersemester-Eröffnungsfeier am Bergischen Landeskonservatorium Wuppertal und Haan am 5. September 1957 zum Vortrag. Programmheft im Privatbesitz Ekkehard Kaemmerling. Zur »lauwarmen Aufnahme« der Oper vgl. auch Skelton, Paul Hindemith, S. 274–276.

37 Martin Stephani an Ludwig Strecker d. J., 20.3.1967, Strecker-Stiftung: Schott-Verlagsarchiv, HB 33163.

38 Martin Stephani an Gertrud Hindemith, 1.1.1960, Hindemith Institut Frankfurt.

39 Ebd.

ferner Zeit erlauben« zu dürfen, die Hindemiths »zu einem dritten Detmolder Besuch unter entsprechend positiveren Auspizien einzuladen ...«.[40]

Die Vergangenheit als »quantité négligeable«. Martin Stephanis Berufung zum Direktor der Nordwestdeutschen Musikakademie Detmold, 1959

Das Jahr 1959 sollte für Martin Stephani den endgültigen beruflichen Durchbruch bringen. Zunächst wurde er zum Generalmusikdirektor der Stadt Wuppertal berufen. Dann wurde die Stelle des Direktors der Nordwestdeutschen Musikakademie frei, da Wilhelm Maler zum Direktor der Musikhochschule in Hamburg berufen worden war. Am 1. Mai 1959 berichtete die *Lippische Rundschau*, dass im Kuratorium und in der Versammlung des Lehrkörpers der Musikakademie drei Kandidaten für die Nachfolge Malers gehandelt würden: Prof. Dr. Werner Korte (1906–1982), Direktor des Musikwissenschaftlichen Seminars der Universität Münster, »der in musikwissenschaftlichen Kreisen einen ausgezeichneten Ruf genießt«, Prof. Martin Stephani, »der unlängst in Wuppertal zum Generalmusikdirektor gewählt wurde«, und Prof. Dr. Michael Schneider, »der in künstlerischer Hinsicht den bekanntesten Namen haben dürfte und auch verwaltungsmäßig aufs beste eingeführt ist, versieht er doch bereits seit über vier Jahren die Geschäfte des stellvertretenden Direktors der Nordwestdeutschen Musik-Akademie«.[41] Die endgültige Berufung, so teilte die Zeitung abschließend mit, liege in der Hand des Kultusministers von Nordrhein-Westfalen, Werner Schütz (1900–1975).

Zu dieser Zeit wurden hinter den Kulissen bereits eifrig Fäden gesponnen. Die besten Chancen schien zunächst Michael Schneider zu haben. Er war, wie bereits erwähnt, 1951 zum Professor für Orgel und Leiter der Abteilung für evangelische Kirchenmusik an der Nordwestdeutschen Musikakademie in Detmold (und in der Folge auch – gegen die Bewerbung Martin Stephanis – zum Dirigenten des Bielefelder Musikvereins) berufen worden. Von 1953 bis 1957 fungierte Schneider als stellvertretender Direktor der Akademie. Allerdings war er kurz zuvor einem Ruf an die Hochschule für Musik in Berlin gefolgt – zum Leidwesen der evangelischen Kirchen in Lippe, in Westfalen

40 Ebd.

41 Artikel »Korte – Stephani – Schneider. Wer wird Direktor der Detmolder Musik-Akademie?«, in: Lippische Rundschau, 1.5.1959, Zeitungsausschnitt im Landeskirchlichen Archiv Detmold, 0201, 514–2, Musikakademie Detmold.

und im Rheinland. Vor diesem Hintergrund versuchte die Lippische Landeskirche, Einfluss auf die Berufung des neuen Direktors der Nordwestdeutschen Musikakademie zugunsten Schneiders zu nehmen. Am 23. April 1959 wandte sich zunächst der Direktor des Evangelischen Seminars für Kirchliche Dienste, Pastor Benjamin Locher (1909–1987), an den Landessuperintendenten der Lippischen Landeskirche, Pastor Udo Smidt (1900–1978), und legte ihm nahe, sich für Schneider einzusetzen – dieser sei »ein international bekannter Orgelspieler [...] ein Kirchenmusiker von hohen Graden, aber zugleich ein Musikwissenschaftler von Rang und Pädagoge mit weitem Horizont«.[42] Auch sei er »durchaus in der Lage, auch die anderen Disziplinen der Musikakademie zu ordnen, zu führen und ein großes Institut zu prägen«.[43] Locher gab der Befürchtung Ausdruck, die katholische Kirche und insbesondere das Erzbischöfliche Vikariat in Köln könnten ihren großen Einfluss gegen Schneider geltend machen, weil dieser – ebenso wie der Leiter der Kölner Musikhochschule – evangelisch sei. Eine paritätische Besetzung der Direktorenposten der beiden Musikhochschulen in Nordrhein-Westfalen sei aber nicht sinnvoll, zum einen wegen der konfessionellen Verhältnisse in Lippe und Westfalen, zum anderen, weil die Detmolder Akademie – im Unterschied zur Kölner Musikhochschule – lediglich eine Abteilung für evangelische Kirchenmusik vorhalte. Die Lippische Landeskirche sei daher »wohlberaten, wenn sie gerade in der konfessionellen Argumentation sich nicht zurückdrängen lässt.«[44] Die Rheinische Landeskirche habe bereits ein Votum für Schneider abgegeben.

Landesuperintendent Udo Smidt reagierte umgehend und richtete am 2. Mai 1959 ein Schreiben an Kultusminister Werner Schütz, in dem er – auch im Namen des Präses der Evangelischen Kirche von Westfalen – eine Lanze für Schneider brach, mit dem man »die denkbar besten Erfahrungen gesammelt« habe: Dessen dezidiert »positive Haltung« zur evangelischen Kirche »ließ die Hoffnung hegen, dass den Schülern der Abteilung für Evangelische Kirchenmusik nicht nur die Technik des Orgelspiels und das erforderliche Fachwissen übermittelt werden würde, sondern diese auch in ausgeprägt evangelischem Geiste unterwiesen werden würden«.[45] Smidt sandte sein Schreiben – wie auch das Schreiben Lochers vom 23. April 1959 – in Abschrift auch an den Regierungspräsidenten des Regierungsbezirks Det-

42 Pastor Benjamin Locher an Landessuperintendent Udo Smidt, 23.4.1959, Landeskirchliches Archiv Detmold, 0201, 514–2, Musikakademie Detmold.

43 Ebd.

44 Ebd.

45 Landessuperintendent Udo Smidt an Kultusminister Werner Schütz, 2.5.1959, Landeskirchliches Archiv Detmold,0201, 514–2, Musikakademie Detmold.

mold, Dr. Gustav Galle (1899–1992), sowie an Dr. Erich Stuckel (1903–1962), Stadtrat in Detmold und Mitglied der CDU-Fraktion im nordrhein-westfälischen Landtag.[46]

Die Initiative der Lippischen Landeskirche zielte einzig und allein darauf ab, die Bewerbung Michael Schneiders zu unterstützen (und eine mögliche Einflussnahme auf die Ernennung von Seiten der katholischen Kirche zu durchkreuzen) – sie richtete sich, wohlgemerkt, nicht gegen die Person Martin Stephanis und schon gar nicht gegen dessen Vergangenheit. Tatsächlich spielte diese Perspektive bei der Parteinahme der Kirche gar keine Rolle, was im Falle von Udo Smidt schon etwas verwundert: Als die Nationalsozialisten an die Macht kamen, war er Reichswart des Bundes Deutscher Bibelkreise. 1934 widersetzte er sich der Eingliederung der Schülerbibelkreise in die Hitlerjugend und erklärte stattdessen deren Auflösung.[47]

Regierungspräsident Gustav Galle antwortete dem Landessuperintendenten am 11. Mai 1959: Ein abschließendes Urteil habe er sich noch nicht gebildet. Es sei

> »auf jeden Fall nicht ganz einfach, für dieses Amt die geeignete Persönlichkeit zu finden. Vom menschlichen und charakterlichen Standpunkt aus schätze ich Ihren Kandidaten Professor Schneider außerordentlich. Er ist gewiss auch ein Künstler von hohen Graden. Professor Schneider war bis vor kurzem auch mein Kandidat. Die einzigen schwachen Bedenken, die ich in Bezug auf seine Fähigkeit, sich in dem schwierigen Kollegium der Akademie-Dozenten auch durchsetzen und Spannungen innerhalb des Lehrkörpers beseitigen zu können, sind allerdings in letzter Zeit durch Unterredungen mit Persönlichkeiten, die die Verhältnisse an der Akademie kennen, verstärkt worden.«[48]

46 Der CDU-Politiker Erich Stuckel war langjähriger Geschäftsführer des Landesvereins für Innere Mission und Evangelisches Hilfswerk in Lippe. Eine weitere Abschrift ging an Dr. Martin Weiss (* 1908), Mitglied im Vorstand Evangelische Familienfürsorge – Lebensversicherung auf Gegenseitigkeit. Von 1947 bis 1955 war Weiss als Referent im Zentralbüro des Hilfswerks der EKD tätig gewesen. Die Abschriften finden sich ebenfalls in: Landeskirchliches Archiv Detmold, 0201, 514–2, Musikakademie Detmold.

47 Er kehrte in den Gemeindedienst zurück und schloss sich der Bekennenden Kirche an. Zur Auflösung der Schülerbibelkreise demnächst auch: Schmuhl, Verteidigung.

48 Regierungspräsident Gustav Galle an Landessuperintendent Udo Smidt, 11.5.1959, Landeskirchliches Archiv Detmold, 0201, 514–2, Musikakademie Detmold.

Er werde, so fügte Galle hinzu, in den nächsten Tagen auf Bitten des Kultusministers ein Gespräch mit Stephani führen, der – wie man an dieser Stelle erfährt – »bei der Abstimmung im Lehrerkollegium die meisten Stimmen erhalten hatte«,[49] um »diesen etwas näher kennenzulernen und einen Eindruck von ihm zu gewinnen«.[50]

Am 15. Mai 1959 führte der Regierungspräsident, wie angekündigt, ein kurzes Gespräch mit Martin Stephani, zu dem er auch den bei der Bezirksregierung beschäftigten Obermedizinalrat Dr. Adolf-Günther Lange in dessen Eigenschaft als Vorsitzender des Fördervereins für die Nordwestdeutsche Musikakademie hinzuzog. Noch am selben Tag schickte Galle dem Kultusminister einen schriftlichen Bericht. Bei dem etwa halbstündigen Gespräch, so Galle, habe er »einen Eindruck bekommen von der geistigen Regsamkeit des Gesprächspartners, von seinen Interessen und von der Konzeption, die er in Bezug auf seine künftige Aufgabe hat«.[51] Dieser Eindruck sei »durchaus positiv«[52] gewesen. Was die »tiefere Wesensart« angehe – Eigenschaften wie »Beständigkeit, Zuverlässigkeit, zum Worte stehen«[53] –, so sei es schwierig, sich nach einem kurzen Gespräch ein Bild zu machen. Schneider könne er, so der Regierungspräsident, diese Eigenschaften nach langjähriger Zusammenarbeit »rückhaltlos attestieren«.[54] Jedoch:

> »Zu diesen Eigenschaften müsste der Leiter einer Musik-Hochschule aber auch Organisationstalent, Zielstrebigkeit und die Fähigkeit[,] sich durchzusetzen, haben. Auf der anderen Seite müsste er es verstehen, ein gewiss nicht immer einfach zu nehmendes Kollegium von Mitarbeitern richtig zu

49 Es gab aber offenbar auch Widerstand gegen Martin Stephani im Dozentenkollegium. Prof. Alexander Wagner erinnert sich, dass Wilhelm Keller (1920–2008), der seit 1950 als Dozent für Musiktheorie an der Nordwestdeutschen Musikakademie tätig war, verschiedene Kollegen angesprochen und Stimmung gegen den »SS-Lümmel« gemacht habe. Interview mit Prof. Alexander und Liebgard Wagner, 13.5.2016. Keller kehrte 1962 in seine österreichische Heimat zurück und baute ein eigenes, an das Orff-Institut in Salzburg angegliedertes Forschungsinstitut für Musikalische Sozial- und Heilpädagogik auf. Vgl. Wilhelm Keller auf der Website des Fidula-Verlags, https://www.fidula.de/author/wilhelm-keller.html (20.9.2018).

50 Regierungspräsident Gustav Galle an Landessuperintendent Udo Smidt, 11.5.1959, Landeskirchliches Archiv Detmold, 0201, 514–2, Musikakademie Detmold.

51 Regierungspräsident Gustav Galle an Kultusminister Werner Schütz, 15.5.1959 (Entwurf), LAV NRW, Abteilung Ostwestfalen-Lippe, D 1, Nr. 25927.

52 Ebd.

53 Ebd.

54 Ebd.

behandeln; Spannungen zu lösen, auszugleichen, mit einem Wort, echter Mittelpunkt und Autorität im besten Sinne des Wortes zu sein.«[55]

Solche Führungsqualitäten seien bei Martin Stephani »ausgeprägter vorhanden« als bei seinen beiden Mitkonkurrenten, deshalb sprach sich der Regierungspräsident »bei Abwägung aller Umstände« dafür aus, Stephani den »Vorzug [zu] geben«.[56] Bei diesem Urteil lasse er sich, so betonte Galle, »in keiner Weise davon leiten [...], dass Lehrerkollegium und Senat sich mit Mehrheit für Professor Stephani [...] entschieden haben«.[57] Dr. Lange, so merkte der Regierungspräsident abschließend an, teile seine Beurteilung.[58]

Vierzehn Tage später, am 29. Mai 1959, meldete sich der Regierungspräsident überraschend noch einmal beim Kultusminister. Er habe sich in seinem Schreiben vom 15. Mai 1959 für Martin Stephani ausgesprochen, obwohl er wisse, dass »Professor Schneider als Künstler im In- und Ausland einen ganz anderen Ruf hat und viel bekannter ist als Professor Stephani«.[59] Er habe aber Bedenken gegen eine Berufung Schneiders gehabt, weil er »fürchtete, dass dieser charakterlich und menschlich hervorragende Mann der nüchternen Verwaltungsarbeit des Leiters einer solchen Akademie nicht gewachsen sei.«[60] Diese Bedenken habe er immer noch.

Es sei aber dadurch eine neue Situation entstanden, dass Dr. Erich Stuckel am 27. Mai 1959 mit einem »Professor der Musikwissenschaften« im Dienstzimmer des Regierungspräsidenten vorgesprochen habe. Die Ausführungen dieser »Persönlichkeit«, die nicht genannt werden wolle, hätten ihn »doch sehr beeindruckt«, so Gustav Galle, umso mehr, als der Mann »mit der Akademie nichts zu tun und auch kein unmittelbares Interesse an der Besetzung«[61] habe. Der Regierungspräsident bat den Kultusminister, er möge den geheimnisvollen Herrn in der Mittagspause der Landtagssitzung am 1. Juni 1959 »kurz anhören«[62] – Erich Stuckel werde mit ihm beim Minister vorsprechen.

55 Ebd.
56 Ebd.
57 Ebd.
58 Martin Stephani habe im Gespräch mit ihm, so Gustav Galle am Ende seines Schreibens, darauf hingewiesen, dass es gut wäre, wenn die Entscheidung rasch fiele, da es für ihn nicht einfach sei, »sich aus seinem jetzigen Vertragsverhältnis als Generalmusikdirektor von der Stadt Bochum [sic!] zu lösen.« Ebd.
59 Regierungspräsident Gustav Galle an Kultusminister Werner Schütz, 29.5.1959 (Entwurf), LAV NRW, Abteilung Ostwestfalen-Lippe, D 1, Nr. 25927.
60 Ebd.
61 Ebd.
62 Ebd.

Im weiteren Verlauf seines Schreibens räumte Galle selbstkritisch ein, er habe bei seinen bisherigen Überlegungen einen Punkt »nicht genügend bedacht«: »Das wichtigste bei einer derartigen Besetzung ist doch wohl, dass eine Persönlichkeit an die Spitze gestellt wird, die einen untadeligen Ruf hat und darüber hinaus als Künstler hohes Ansehen genießt«.[63] Davon hänge entscheidend ab, ob Studierende, gerade aus dem Ausland, den Weg an die Musikakademie fänden. Beides – einen herausragenden Künstler, der zugleich Zeit und Neigung habe, sich um Verwaltungsangelegenheiten zu kümmern – werde man wohl nicht bekommen können. Stelle man einen großen Künstler und Lehrer an die Spitze der Akademie, könne man, damit die Verwaltung nicht zu kurz komme, einen tüchtigen Verwaltungsleiter einstellen und dafür sorgen, dass der stellvertretende Direktor seinem Vorgesetzten einen großen Teil der Verwaltungsarbeit abnehme.

Abschließend bat Gustav Galle, der Minister möge ihn nicht der »Wankelmütigkeit«[64] bezichtigen – aber de facto hatte der Regierungspräsident seine Empfehlung für Martin Stephani zurückgenommen und stattdessen nun doch Michael Schneider in Vorschlag gebracht, auch wenn er dies nicht offen aussprach. Die Gründe für diesen Meinungswechsel deutete er in seinem Schreiben lediglich an. Der Hinweis auf die Notwendigkeit, dass der Direktor der Nordwestdeutschen Musikakademie einen »untadeligen Ruf« haben müsse, deutet darauf hin, dass der ominöse Besucher ihn über Martin Stephanis Vergangenheit im ›Dritten Reich‹ aufgeklärt hatte – nun fürchtete der Regierungspräsident, das Ansehen der Akademie könnte Schaden nehmen, falls dies in der Öffentlichkeit bekannt würde. Was die Identität des Gewährsmanns angeht, so bleibt diese letztlich unklar. Vielleicht handelte es sich um Gustav Scheck, der sich zu dieser Zeit – wie gleich noch zu zeigen sein wird – bei verschiedenen Gelegenheiten mehr oder weniger offen gegen eine Berufung Stephanis aussprach. Freilich war Scheck kein Professor für Musikwissenschaft.

Gerüchte über das Sperrfeuer aus Freiburg scheinen damals an die Öffentlichkeit durchgesickert zu sein. Darauf deutet zumindest ein Schreiben von Gustav Werk († 1986), Teilhaber der Pfefferschen Buchhandlung und der bedeutendste private Konzertagent in Bielefeld,[65] an Kultusminister Werner Schütz vom 29. Juli 1959 hin. Dieses Schreiben, so versicherte Werk, sei »aus Sorge diktiert, weil ich aus Erfahrung weiß, dass ein Künstler, der großes Ansehen genießt, und zugleich große Aufgaben hat, durch böswollende Kräfte

63 Ebd.
64 Ebd.
65 Bootz, Kultur, S. 34–36, S. 136--139.

zu Fall gebracht werden kann«.[66] Martin Stephani, der in Bielefeld wie auch in Wuppertal in hohem Ansehen stehe, drohe dieses Schicksal:

> »Ich befürchte sehr, dass zufolge seiner politischen Vergangenheit ihm nur Schaden erwachsen kann, wenn er eine direktorale Stellung annimmt. Ich bin sicher, dass er von Stellen, die ihm nicht wohlwollen oder gar eifersüchtig sind, Übles erfahren wird, sobald er über die Aufgaben eines Lehrers bzw. Musikers hinaus wirksam wird.«[67]

Gustav Werks Schreiben wurde mit dem Vermerk »Kein Vorgang« zu den Akten gelegt. Ob die Unterredung zwischen Werner Schütz und dem geheimnisvollen Gewährsmann am 1. Juni 1959 tatsächlich stattfand, muss auf dem gegenwärtigen Kenntnisstand offen bleiben. Klar ist, dass die Angelegenheit auf Referentenebene weiter behandelt wurde.

Das Ergebnis war, dass Martin Stephani am 1. Oktober 1959 zum kommissarischen Direktor der Nordwestdeutschen Musikakademie in Detmold berufen wurde. Wie die Regierungsdirektorin Dr. Marie-Therese Schmücker, Referentin für Musik, Theater und Film im Kultusministerium des Landes Nordrhein-Westfalen, in einem Aktenvermerk vom 7. Oktober 1959 schrieb, sei ihr, als Stephani als möglicher Nachfolger Wilhelm Malers gehandelt wurde, »aus Fachkreisen zugetragen« worden, »dass Stephani durch seine Tätigkeit im 3. Reich belastet sei und dass u. U. Schwierigkeiten entstehen würden, wenn dieses so wichtige Amt mit einer solchen Persönlichkeit besetzt werden würde.«[68] Frau Schmücker, die Stephani für den »bestgeeignete[n] Mann« hielt, habe, wie sie weiter schreibt, »es für das beste [gehalten], mit Herrn Stephani auf Referentenebene die Angelegenheit offen zu besprechen.«[69] Stephani habe dies begrüßt und »freiwillig alle einschlägigen Papiere«[70] vorgelegt. Eine »genaue Prüfung« habe ergeben, dass Stephani »in keiner Weise belastet«[71] sei. Dieses Ergebnis hatte sie dem zuständigen Abteilungsleiter mündlich zur Kenntnis gegeben. Dementsprechend befürwortete die Regierungsdirektorin dringend die definitive Berufung Stephanis.

Regierungsdirektor Richter schloss sich diesem Votum an. Dieser hatte

66 Gustav Werk an Kultusminister Werner Schütz, 29.7.1959, LAV NRW, Abteilung Rheinland, NW Pe, Nr. 7475, Auszug PA, Bd. III.
67 Ebd.
68 Aktenvermerk Schmücker/Richter, 7.10.1959, LAV NRW, Abteilung Rheinland, NW Pe, Nr. 7475, Auszug PA, Bd. III.
69 Ebd.
70 Ebd.
71 Ebd.

ebenfalls Einsicht in die von Stephani vorgelegten Unterlagen genommen und festgestellt,

> »dass sich daraus keine politisch belasteten [sic] Tatsachen ergaben. Insbesondere ergaben sich keine Anhaltspunkte dafür, die Angaben Stephanis, er sei lediglich nominell Angehöriger der Waffen-SS gewesen und habe sich dort nur als Orchester- und Chorleiter betätigt, in Zweifel zu ziehen. Die Angelegenheit wurde seiner Zeit mit dem Herrn Abteilungsleiter besprochen, der die Auffassung vertrat, dass der Fall heute nicht mehr amtlich aufgegriffen werden könnte, zumal keine politisch oder gar kriminell belastenden Verdachtsumstände vorlagen.
> Die inzwischen wieder aufgetretenen Schwierigkeiten (Brief Prof. Scheck – Freiburg v. 27.9.1959) sind m.E. kein Anlass, die Berufung Stephanis als Direktor der Musikakademie auch nur einen Tag zurückzustellen.«[72]

Diese Stellungnahme wurde – mit einem zustimmenden Votum des zuständigen Abteilungsleiters – Kultusminister Werner Schütz zur Kenntnisnahme vorgelegt. Vorsichtshalber holte das Kultusministerium auch noch Erkundigungen in Wuppertal ein:

> »Aus Anlass von Besprechungen, die ich gestern und heute mit Herrn Beigeordneten Dr. Hackenberg, der früher in Wuppertal war, und Herrn Beigeordneten Göke – Wuppertal – hatte, habe ich beide Herren über die Betätigung Stephanis im Dritten Reich als Orchester- und Chorleiter befragt. Beide Herren versicherten mir, dass sie die seinerzeitige Betätigung Stephanis in keiner Weise als belastend ansehen und dass auch von politischen Gremien in Wuppertal aus dieser Tatsache keinerlei Belastung hergeleitet worden sei. Stephani ist bei Kenntnis dieser Vorgänge einstimmig von den politischen Gremien in Wuppertal zum Generalmusikdirektor vertraglich bestellt worden. Beigeordneter Göke insbesondere betonte, dass die Betätigung Stephanis im Dritten Reich nicht nur auf Grund seiner Entlastung in der Entnazifizierung geprüft worden sei.«[73]

Der Hinweis in dem Aktenvermerk Richters auf ein Schreiben Gustav Schecks vom 27. September 1959 verweist auf den Hintergrund des Vorgangs. Scheck hatte sich, wie aus diesem Schreiben hervorgeht, persönlich an den scheidenden Direktor der Nordwestdeutschen Musikakademie, Wilhelm Maler, wie

72 Ebd.
73 Aktenvermerk v. 9.10.1959, LAV NRW, Abteilung Rheinland, NW Pe, Nr. 7475, Auszug PA, Bd. III. Die Unterschrift ist unleserlich – es handelte sich um den zuständigen Abteilungsleiter.

auch an Helmut Winschermann (*1920), Professor für Oboe an der Akademie, gewandt und Bedenken »politischer Natur«[74] gegen die Berufung Martin Stephanis geltend gemacht. Dies war schließlich bis zu Stephani durchgedrungen, und dieser hatte sich genötigt gesehen, Scheck am 6. September 1959 in einem langen Brief zur Rede zu stellen. Im Tonfall tiefer Entrüstung erinnerte Stephani daran, dass Scheck sich im Jahre 1942 auf seine Bitte hin bereiterklärt hatte, als Solist mit dem Sinfonieorchester der Waffen-SS aufzutreten, dass er ihm 1948 ein Leumundszeugnis für den Entnazifizierungsausschuss ausgestellt und ihm schließlich noch im Jahre 1953 einen Lehrstuhl für Chorleitung an der Freiburger Musikhochschule angeboten hatte. Er wäre deshalb, so Stephani, nie auf den Gedanken gekommen, dass ausgerechnet Gustav Scheck Anstoß an seiner Vergangenheit nehmen würde – obwohl er »seit 1947 [...] das Denunziantentum neidisch-böswilliger ›Kollegen‹ mehrfach bis zur bitteren Neige habe auskosten müssen, sobald mir irgendein beruflicher Erfolg oder eine neue Position beschieden war«.[75] Er bekenne sich zwar zur »Kollektivschuld der Deutschen«,[76] verwies aber mit Nachdruck auf den Ausgang seines Entnazifizierungsverfahrens.

Sodann ging Stephani ausführlich auf alle heiklen Punkte in seiner Biographie von 1933 bis 1945 ein. Diese Darstellung ist insofern von besonderer Bedeutung, als sie die ›Lebensgeschichte‹ Martin Stephanis, wie sie sich in den Jahren von 1945 bis 1948 herausgeformt hatte, noch einmal in nuce zusammenfasst und in einem wichtigen Punkt – dem ›teilnehmenden Widerstand‹ – noch weiter zuspitzt. In den vorangegangenen Kapiteln ist bereits mehrfach ausführlich aus diesem Schlüsseldokument zitiert worden,[77] an dieser Stelle seien deshalb nur die wesentlichen Argumente noch einmal kurz zusammengefasst: Stephani hob hervor, dass er niemals Mitglied der NSDAP oder der Allgemeinen SS gewesen war. Er gab an, dass er als Gymnasiast der Hitlerjugend bzw. dem NSKK nur beigetreten sei, um nicht vom Abitur ausgeschlossen zu werden. Die Mitgliedschaft im NS-Studentenbund während des Studiums sei Pflicht gewesen. Im Zweiten Weltkrieg sei er ohne seinen Willen und ohne sein Zutun von seinem infanteristischen Kommando bei der Marine zum OKW versetzt worden, um ›Singleiter‹-Lehrgänge abzuhalten. Die Abkommandierung zur Leibstandarte

74 Gustav Scheck an Martin Stephani, 27.9.1959, LAV NRW, Abteilung Rheinland, NW Pe, Nr. 7475, Auszug PA, Bd. III. Das Dokument findet sich als Faksimile im Anhang.

75 Martin Stephani an Gustav Scheck, 6.9.1959, LAV NRW, Abteilung Rheinland, NW Pe, Nr. 7475, Auszug PA, Bd. III. Das vollständige Dokument findet sich im Anhang.

76 Ebd.

77 Vgl. S. 39, S. 88, S. 114, S. 125, S.134, S. 157, S. 190.

Adolf Hitler sei von deren Kommandeur Sepp Dietrich, »der von einer Art ›Donkosaken-Chor‹ in seinem Stabe träumte«,[78] auf dem Weg eines ›Führerbefehls‹ erzwungen worden. Zufällig habe sein früherer Kommilitone Franz Schmidt ihn in der Kaserne in Lichterfelde entdeckt und in sein Referat im SS-Führungshauptamt versetzen lassen. Diese Abteilung habe sich im Laufe des Krieges zu einem »Hort des mit unserer s. Zt. ›unangreifbaren Uniform‹ getarnten inneren Widerstandes auf musikalischem Gebiet«[79] entwickelt, wo man nicht nur – zum Unmut des Propagandaministeriums – unerwünschte und verbotene Komponisten aufgeführt, sondern auch »Persönlichkeiten des Musiklebens [...], die als Juden, Verfolgte oder In-Notgeratene Schutz und Hilfe suchten«,[80] aufgenommen habe. Schließlich verwies Stephani darauf, dass sein vermeintlich hoher SS-Rang tatsächlich nur dem eines Oberleutnants beim Heer entsprach. Dies sei seine ganze »›politische Vergangenheit‹«, von der er gedacht habe, Gustav Scheck betrachte sie als »›quantité négligeable‹«.[81]

Gustav Scheck antwortete am 27. September 1959 – und auch dieser Brief lässt das Bemühen erkennen, der eigenen Lebensgeschichte Geltung zu verschaffen. Scheck sah sich genötigt, die Motive darzulegen, die ihn seinerzeit bewogen hätten, mit dem Sinfonieorchester der Waffen-SS aufzutreten. Er habe in der Hochschule für Musik wegen seines Kontakts zu »Linkskreisen« auf der »schwarzen Liste«[82] gestanden, sei von verschiedener Seite denunziert worden und habe unter der Beobachtung der Gestapo gestanden. Er habe es abgelehnt, bei Propagandaminister Joseph Goebbels ein »Hauskonzert« zu geben, und sich »jeder Art von NS-Schulung«[83] entzogen. Die Situation sei umso prekärer gewesen, als sich in der Wohnung, in der er gelebt habe, auch ein jüdisches Ehepaar verborgen hätte.[84] Nur aus »Furcht«[85] habe er sich bereiterklärt, mit dem Sinfonieorchester der Waffen-SS zu konzertieren – Ste-

78 Martin Stephani an Gustav Scheck, 6.9.1959, LAV NRW, Abteilung Rheinland, NW Pe, Nr. 7475, Auszug PA, Bd. III.

79 Ebd.

80 Ebd.

81 Ebd.

82 Gustav Scheck an Martin Stephani, 27.9.1959, LAV NRW, Abteilung Rheinland, NW Pe, Nr. 7475, Auszug PA, Bd. III.

83 Ebd.

84 An diesem Punkt ergibt sich – im Vergleich mit dem von Scheck ausgestellten Leumundszeugnis vom 30. August 1946 – eine Unstimmigkeit, denn dort heißt es, Scheck habe 1944/45 (also zwei Jahre nach seinem Konzert mit dem Sinfonieorchester der Waffen-SS) ein jüdisches Ehepaar in seiner Wohnung versteckt. Vgl. S. 217f.

85 Gustav Scheck an Martin Stephani, 27.9.1959, LAV NRW, Abteilung Rheinland, NW Pe, Nr. 7475, Auszug PA, Bd. III.

phani müsse ihm dies angemerkt haben, meinte Scheck unter Hinweis auf die Bemerkung Stephanis »Denken Sie bitte nicht, Herr Professor, die SS bestände aus lauter ›Schlagetot's‹.«[86]

Gustav Scheck hielt Martin Stephani zugute, dass er bei Ausbruch des Zweiten Weltkriegs noch ein junger Mann gewesen sei und dass er schlechte Vorbilder gehabt habe (hier spielte Scheck auf Stephanis akademischen Lehrer und väterlichen Freund Fritz Stein an), er warf ihm aber vor, aus persönlichem Ehrgeiz seine Karriere unter der Protektion der SS vorangetrieben zu haben. Persönlich, so Scheck, habe er ihm nichts nachzutragen – was Stephani daraus ersehen könne, »dass ich Ihnen half, aus dem Konzentrationslager [sic] herauszukommen, und dass ich Sie als Bewerber um die Dirigenten-Professur unserem Senat vorschlug.«[87] Am Ende seines Briefes brachte Scheck seine Bedenken gegen eine Berufung Stephanis zum Direktor der Nordwestdeutschen Musikakademie noch einmal auf den Punkt:

> »Es ist Ihr Pech, lieber Herr Stephani, dass Sie der SS in die Fänge geraten sind. Ich halte es für falsch [...], einen wenn auch persönlich nicht mit Schuld beladenen und überdies tüchtigen, guten Musiker, der leidergottes [sic] im Dritten Reich so exponiert war, als Leiter einer Musikhochschule zu berufen. An ein Institut, an dem Ausländer, vielleicht auch solche aus Israel, studieren sollen und wollen. Ich gönne Ihnen eine Lehrstellung, einen guten Dirigentenposten, bester Herr Stephani, Ihr eigenes Gefühl aber müsste Ihnen sagen, dass Sie einen Ruf als Direktor einer Musikhochschule nicht annehmen sollten, auch wenn zehn Spruchkammern und Gerichte Sie formell freigesprochen hätten.«[88]

Martin Stephani erhielt diesen Brief am 29. September 1959 und schickte ihn noch am selben Tag, versehen mit eigenen, mit Rotstift vermerkten Kommentaren und Korrekturen, zusammen mit einer Abschrift seines eigenen Briefes an Gustav Scheck vom 6. September 1959 »vereinbarungsgemäß« an die Privatadresse der Regierungsdirektorin Dr. Marie-Therese Schmücker. Das Begleitschreiben Stephanis war hoch emotional: Es sei wohl klar,

> »dass die Stellungnahme von Herrn Prof. Scheck im *sachlichen* Bereich *gegenstandslos* ist, nicht wahr? Umsoweniger ist sie es freilich in *psychologischer* Hinsicht und im Hinblick auf mögliche Folgen für das *Ansehen der Akademie.* (Ich würde z.B., weil meine ›politische‹ Tätigkeit sich s.Zt. in Berlin abspielte, eine etwaige Berufung als Direktor der *Berliner*

86 Ebd.
87 Ebd.
88 Ebd.

> Hochschule, von der in gewissen Kreisen einmal die Rede war, in der heutigen politischen Lage Berlin's von *mir* aus ablehnen müssen, da die ostzonale Regierung mit an Sicherheit grenzender Wahrscheinlichkeit aus einem *gegenteiligen* Verhalten meinerseits politisches Kapital schlüge.)
> Was das untadelige Ansehen der Detmolder Akademie betrifft, so bin ich nach der – an Deutlichkeit nichts zu wünschen übrig lassenden – Stellungnahme Scheck's *eigentlich* moralisch *verpflichtet*, dem Herrn Minister noch vor der beabsichtigten ›offiziellen‹ Amtseinführung mein entsprechend begründetes *Rücktrittsgesuch* einzureichen. Denn wie die Sache auch ausgeht – semper aliquid haeret.«[89]

Stephani wies an dieser Stelle einen Weg, wie beide Seiten ohne Gesichtsverlust aus der Situation herauskommen könnten: Die Stadt Wuppertal möge einer vorzeitigen Auflösung des Anstellungsvertrages als Generalmusikdirektor nicht zustimmen, so dass Stephani mit Hinweis auf die Doppelbelastung beantragen könne, nur »kommissarisch« zum Direktor der Musikakademie berufen zu werden, bis ein endgültiger Nachfolger gefunden wäre.

Wie oben ausgeführt, bedurfte es eines solchen Kunstgriffs nicht: Die Verantwortlichen im Ministerium sahen kein Hindernis für eine definitive Berufung Stephanis zum Direktor der Nordwestdeutschen Musikakademie in Detmold. Stephanis Schreiben an Schmücker vom 29. September 1959, die Kopie des Schreibens Stephanis an Scheck vom 6. September 1959 und das kommentierte Schreiben Schecks an Stephani vom 27. September 1959 wurden in der Personalakte Stephanis abgeheftet.[90] Damit war Stephanis autobiographische Komposition gleichsam amtlich geworden.

Etwa ein Jahr früher war Martin Stephani – als Nachfolger Michael Schneiders – zum Chorleiter und Dirigenten des Bielefelder Musikvereins berufen worden.[91] Kurz vor der Wahl am 9. Juli 1958 hatte der Vorsitzende des Bie-

89 Martin Stephani an Dr. Marie-Therese Schmücker, 29.9.1959, LAV NRW, Abteilung Rheinland, NW Pe, Nr. 7475, Auszug PA, Bd. III (Hervorhebungen im Original).

90 Stephani übergab außerdem eine Kopie seines Schreibens an Scheck vom 6. September 1959 dem Rektorat der Nordwestdeutschen Musikakademie, wo es in einen ›Giftschrank‹ wanderte. Mündliche Auskunft von Herrn Prof. Müller-Dombois. Dieser gab die Kopie dann an Helga Bernstorff weiter, die das Dokument wiederum in ihrem Aufsatz zum Abdruck brachte.

91 Für Unruhe sorgte jetzt nur noch die sich abzeichnende Dreifachbelastung Stephanis als Generalmusikdirektor in Wuppertal, Professor in Detmold und Dirigent des Bielefelder Konzertvereins. Martin Stephani an Theodor Huber, 10.1.1959; Theodor Huber an Martin Stephani, 19.1.1959; Martin Stephani an

lefelder Musikvereins, Dr. Theodor Huber, für die Mitgliederversammlung und die Presse »einige Daten, etwas über Ihren Lebenslauf und Ihre musikalische Tätigkeit« erbeten: »Ihre früheren Bewerbungsunterlagen befinden sich irgendwo tief im Städtischen Archiv.«[92] Stephani schickte daraufhin einen »Kurz-Lebenslauf in Stichworten«, in dem es zur kritischen Zeit des Nationalsozialismus heißt:

> »Nach Beendigung zweijähriger Militärdienstpflicht 1937 Aufnahme in die Klassen Chorleitung (Kurt Thomas) und Orch.Leitung (Walther Gmeindl) der staatl.akadem. Hochsch. f. Musik zu Berlin. Persönl. Assistent von GMD Prof. Dr. Fritz Stein ab 1938. Leiter des Hochsch.Kammerorch. Mit diesem Konzertreisen u.a. nach Italien (März 1939). Seitdem zahlreiche Kammer-, Symphonie- und Chorkonzerte bis 1944 vornehmlich in Berlin unter starker Bevorzugung zeitgenössischer (und damals unerwünschter) Komponisten als Dirigent und Kammermusikspieler; gleichzeitig Soldat von 1940 bis 1945.«[93]

Diese Version wurde prompt von allen Bielefelder Tageszeitungen, unabhängig von ihrer politischen Ausrichtung, übernommen.[94] Damit war die Lesart der Lebensgeschichte Martin Stephanis festgelegt, die fortan der Öffentlichkeit präsentiert wurde: Alle heiklen Punkte – der Wechsel von der Wehrmacht zur Waffen-SS, die Zugehörigkeit zur Leibstandarte Adolf Hitler, die Tätigkeit als Musikreferent im SS-Führungshauptamt und im Stabsmusikkorps der Waffen-SS – waren daraus sorgfältig getilgt.

Theodor Huber, 12.7.1959, Stadtarchiv Bielefeld, 270,009/Musikverein, Nr. 36. Einstweilen gab Stephani nur die Leitung des Frankfurter Cäcilien-Vereins ab.

92 Dr. Theodor Huber an Martin Stephani, 3.7.1958, Stadtarchiv Bielefeld, 270,009/Musikverein, Nr. 56.

93 Stadtarchiv Bielefeld, 270,009/Musikverein, Nr. 56.

94 Vgl. z.B. Artikel »Musikverein verpflichtet neuen Leiter. Martin Stephani tritt im April nächsten Jahres die Nachfolge von Prof. Michael Schneider an«, in: Freie Presse, 12.7.1958: »Die Jahre zwischen 1939 und 1944 sahen Martin Stephani, obwohl er von 1940 bis 1945 als Soldat eingezogen wurde, bei vielen Berliner Musikveranstaltungen entweder am Dirigentenpult oder als Instrumentalisten.« Stadtarchiv Bielefeld, 270,009/Musikverein, Nr. 362.

13. Vollendung, Tod und Verklärung, 1959 bis 1983

Die Einführung Martin Stephanis in das Amt des Direktors der Nordwestdeutschen Musikakademie Detmold durch den nordrhein-westfälischen Kultusminister Werner Schütz geschah im Rahmen eines Festakts am 24. Oktober 1959. Das Typoskript der Rede, die Stephani bei dieser Gelegenheit hielt, ist erhalten geblieben.[1] Nachdem er in einer launigen Einleitung Parallelen zwischen der Detmolder Akademie mit der Akadēmeia Platons vor den Toren Athens gezogen hatte, kam Stephani, auch wenn er versicherte, kein eigenes Programm entwerfen zu wollen, auf sein Verständnis von der Funktion der Kunst und der Kunsthochschule zu sprechen. Kritisch setzte er sich mit der – erstmals 1923 erschienenen, unmittelbar nach dem Ende des Zweiten Weltkriegs in überarbeiteter Fassung wieder veröffentlichten – Schrift des Psychiaters und Philosophen Karl Jaspers (1883–1969) über *Die Idee der Universität* auseinander. Was Jaspers als den Kern der Wissenschaftlichkeit definiere – »Sachlichkeit, Hingabe an den Gegenstand, besonnenes Abwägen, Aufsuchen der entgegengesetzten Möglichkeiten, Selbstkritik« –, greife zu kurz, da es an dem »uns heute für den Gesamtbereich alles Akademischen so entscheidend wichtig dünkenden Gedanken einer – wie auch immer gearteten – religio, einer Rückbindung an etwas im ethischen Bereich Maßstäbliches und also darüber hinaus Verantwortliches«[2] vorbeigehe.

An der Nordwestdeutschen Musikakademie sei dieser Gedanke lebendig. An Wilhelm Maler gewandt, lobte Stephani, »dass das universelle Format Ihrer geistigen Führungs-, Ordnungs- und Anstoßkraft die inneren und äußeren

1 Typoskript Martin Stephanis, 1959, Privatbesitz Ekkehard Kaemmerling. Der Text hat keine Überschrift und keinen Vermerk. Dass es sich um Stephanis Antrittsrede handelt, ist aber eindeutig. Einzelne Passagen des Textes werden in der Presseberichterstattung zitiert. Vgl. Artikel »Neuprägung des musikalischen Erbes. Kultusminister Schütz führte Prof. Stephani als Direktor der Nordwestdeutschen Musikakademie ein«, 26.10.1959, ohne Herkunftsvermerk [Lippische Landeszeitung?], Privatbesitz Ekkehard Kaemmerling; Artikel »Minister Schütz: ›Kraft zum rechten Weg!‹ Feierliche Amtseinführung des neuen Direktors Prof. Stephani. Warme Worte für Prof. Maler«, in: Lippische Rundschau, 26.10.1959, Stadtarchiv Bielefeld, 270,009/Musikverein, Nr. 32.

2 Ebd.

Kammern dieses großen Hauses bis in den letzten Winkel beherrschte und sie mit seiner ethischen Maßstäblichkeit gleichzeitig durchdrang«.[3] Stephani versprach, dieses »Maler'sche Erbe zu hegen und zu mehren«.[4]

Der Mensch der Gegenwart sei auf sich selbst zurückgeworfen, einsam und unbehaust – diesen Grundgedanken spielte Stephani in seinem Vortrag in immer neuen Variationen durch:

> »[Der Musikwissenschaftler] Hans Heinz Stuckenschmidt [1901–1988] teilt uns im letzten Hefte des ›Melos‹ eine bemerkenswerte Ansicht Werner Heisenberg's [1901–1976] mit, ›dass nämlich zum ersten Male im Laufe der Geschichte der Mensch auf dieser Erde nur noch sich selbst gegenüberstehe, dass er keinen Partner noch Gegner mehr finde, und dass wir in unserer Zeit in einer vom Menschen so völlig verwandelten Welt leben, dass wir überall und immer wieder auf die vom Menschen hervorgerufenen Strukturen stoßen, dass wir uns also gewissermaßen immer nur selbst begegnen.‹[5] Ist das wirklich unsere ausweglose Lage? Gibt es nichts Verbindlich-Maßstäbliches mehr außer uns? Und hat Albert von Reck recht, wenn er sagt: [...] Zum ersten Male gibt es so viel Stile wie Persönlichkeiten. Und zum ersten Male hat die Musik durch eine gewaltige Synthese das Publikum verwirrt. Es ist wahrscheinlich, dass in dem Augenblick, wo der Geist zu den letzten Verwandlungen vorstößt, der äußerste Grad von Vereinsamung des Individuums erreicht sein wird ...‹?«

Dagegen führte Martin Stephani am Ende seiner Rede Friedrich Schiller ins Feld. Er zitierte zunächst Thomas Manns Festrede *Versuch über Schiller* zum 150. Todestag des Dichters:

> »Ohne dass die Menschheit als ganzes sich auf sich selbst, auf ihre Ehre, das Geheimnis ihrer Würde besinnt, ist sie nicht moralisch nur, nein, physisch verloren. Schiller, der Herr seiner Krankheit, könnte unserer kranken Zeit zum Seelenarzt werden, wenn sie sich recht auf ihn besänne.«[6]

Stephani beendete seine Rede schließlich mit Friedrich Schillers Gedicht »An die Astronomen«:

3 Ebd.
4 Ebd.
5 Stephani bezieht sich hier auf Stuckenschmidt, Kulturepoche, S. 286. Stuckenschmidt zitiert hier – ohne dies genau nachzuweisen – Heisenberg, Naturbild, S. 17f.
6 Typoskript Martin Stephanis, 1959, Privatbesitz Ekkehard Kaemmerling. Das Zitat stammt aus: Mann, Versuch, S. 949, S. 946.

»Schwatzet mir nicht so viel von Nebelflicken und Sonnen –
Ist euch die Welt nur groß, weil sie zu zählen euch aufgibt? Zwar ist euer Gegenstand der Erhabenste im Raum – –
Doch, Freunde: im Raum wohnt das Erhabene nicht!«[7]

Mit der Beschwörung des Erhabenen, das jenseits von Zeit und Raum angesiedelt sei und nicht mit den Mitteln der Wissenschaft, sondern nur im Medium der Kunst erfahren werden könne, schließt sich in gewisser Weise der Kreis, war doch Martin Stephanis Vater seinerzeit angetreten, das Erhabene in der Musik gedanklich zu fassen und war es doch Martin Stephanis eigenes Bestreben seit seiner Jugendzeit gewesen, durch die Musik den Zugang zu einer höheren Sphäre zu eröffnen und daraus gültige Maßstäbe für das menschliche Sein abzuleiten – früher vor dem Hintergrund der Vorstellung einer göttlichen Mission des deutschen Volkes in einer Welt von Feinden und eines daraus abgeleiteten gerechten Krieges, nunmehr auf der Folie einer vom Krieg zerrissenen Welt, der Drohung der Atombombe, der Unbehaustheit des Menschen in einer entzauberten Welt und des »unaufhaltsam fortschreitenden Prozess[es] der Dehumanisierung auf allen Lebensgebieten«.[8]

Der Festakt am 24. Oktober 1959 war der eigentliche Anfang der Nachkriegskarriere Martin Stephanis, die nicht mehr Gegenstand dieser Studie sein soll. Seine Amtszeit als Direktor der Nordwestdeutschen Musikakademie, seit 1972: der Staatlichen Hochschule für Musik Westfalen-Lippe, war geprägt

»vom inneren und äußeren Ausbau der zweitgrößten Musikhochschule der Bundesrepublik. Bauliche Erweiterungen, der konsequente Ausbau wissenschaftlicher Fächer, die organisatorische und konzeptionelle Eingliederung der ehemals städtischen Konservatorien Münster und Dortmund in die nun so genannte Hochschule [für Musik] Westfalen-Lippe, schließlich zwei zukunftsweisende Kooperationsverträge mit der benachbarten Universität/Gesamthochschule Paderborn auf dem Gebiet der Musikwissenschaft und der Lehramtsstudiengänge gehören zu den wichtigsten Marksteinen einer Epoche, deren Innenseite ganz von der Persönlichkeit Stephanis geprägt worden ist«.[9]

7 Der Wortlaut entspricht nicht ganz dem Original. Vgl. Berghahn, Schillers Gedichte, S. 311f.

8 Typoskript Martin Stephanis, 1959, Privatbesitz Ekkehard Kaemmerling.

9 Karl Heinrich Ehrenforth, Martin Stephani zum Gedenken, in: Musik und Bildung, H. 7/8, Juli/August 1983, Zeitungsausschnitt im Privatbesitz Ekkehard Kaemmerling. Die bedeutendste der umfangreichen Baumaßnahmen in der Amtszeit Martin Stephanis war der Neubau des Aula-Gebäudes im Jahre 1968. Vgl. Martin Stephani, Ansprache des Hochschuldirektors GMD Prof. Stephani

In den Reden zu seiner Verabschiedung im Jahre 1982 und in den Nachrufen, die anlässlich seines Todes im Jahre 1983 erschienen, werden Stephanis Organisationstalent, seine kluge Personalpolitik, seine behutsame Menschenführung, vor allem aber seine Begabung als Musikpädagoge und seine Ausstrahlung als Dirigent hervorgehoben. Mitunter findet auch seine Rolle als Kulturpolitiker Erwähnung:

> »Die Eröffnungen der Wintersemester mit seinen Rechenschaftsberichten und allgemeinen Ausführungen zur kulturpolitischen Lage im allgemeinen und ihren Auswirkungen auf die Arbeit und das Leben der Hochschule beeindruckten nicht nur durch sein enormes Allgemeinwissen und die Geschliffenheit seiner Diktion, sondern auch durch den Mut, mit dem er – unangefochten durch die Anwesenheit dafür zuständiger politischer Kräfte – Missstände und Fehlentwicklungen unmissverständlich anprangerte und die Rechte einer wahren Musikkultur und einer ihr dienenden Hochschularbeit einforderte.«[10]

Im Allgemeinen aber hielt sich Martin Stephani nach dem Zweiten Weltkrieg politisch bedeckt. Ein Zeitzeuge aus Detmold meint, sich erinnern zu können, Stephani im Umfeld von Treffen der Detmolder Hilfsgemeinschaft auf Gegenseitigkeit der ehemaligen Angehörigen der Waffen-SS e.V. (HIAG) gesehen zu haben. Dieser Zeitzeuge gibt aber auch an, dass Stephani auf der (allerdings unvollständigen) Mitgliedsliste der Detmolder HIAG-Gruppe nicht verzeichnet sei.[11] In den Publikationen der HIAG[12] taucht er ebenso wenig auf wie in den Akten dieser Organisation.[13] Es ist auch anzunehmen, dass Stephani, der

anlässlich der Einweihung des Neuen Aula-Gebäudes am 3.5.1968, in: Mitteilungsblatt der Gesellschaft der Freunde und Förderer der Nordwestdeutschen Musikakademie Detmold [1968/69], S. 2–7, Privatbesitz Ekkehard Kaemmerling.

10 Hans Gresser, Mit Prof. Stephani verliert das ganze Land einen seiner profiliertesten Männer, in: Lippische Rundschau, 11.6.1983, Zeitungsausschnitt im Privatbesitz Ekkehard Kaemmerling.

11 Dieser Zeitzeuge wandte sich nach den ersten Presseveröffentlichungen zur ›Causa Stephani‹ an die *Lippische Landeszeitung*. Er möchte anonym bleiben. Schreiben Barbara Luetgebrune/Lippische Landeszeitung, an den Verf., 18.1.2017.

12 Zur Ortsgruppe Detmold der HIAG vgl. z.B. Sommerfest der HIAG Detmold, in: Wiking-Ruf. Mitteilungsblatt der europäischen Soldaten der ehemaligen Waffen-SS für Vermissten-Such- und Hilfsdienst, Nr. 24, Oktober 1953, S. 19; Paul Falke, HIAG-Detmold baut ein Haus, in: Der Freiwillige. Kameradschaftsblatt der Hilfsgemeinschaften der ehemaligen Waffen-SS 2 (1957), H. 5, S. 13.

13 Freundliche Auskunft von Dr. Karsten Wilke.

sich in Detmold in den Kreisen des Rotary Clubs bewegte,[14] den Kontakt zur HIAG mied – über seine Vergangenheit im ›Dritten Reich‹ sprach er nur in seltenen Ausnahmefällen.[15] Ob Martin Stephani nach dem Zweiten Weltkrieg Kontakt zu seinem ehemaligen Kommilitonen und früheren Vorgesetzten im SS-Führungshauptamt, Franz Schmidt, hatte, der nach 1945 in der Bundesrepublik unter dem Namen Franz Schmidt-Norden als Schlagerproduzent eine steile Karriere machte,[16] muss offen bleiben. Entsprechende Spekulationen, dass sich Stephani, Schmidt-Norden und Herbert von Karajan nach 1945 wiederholt getroffen haben könnten, dass Stephani seinen früheren Vorgesetzten Schmidt nach dem Ende des Zweiten Weltkriegs sogar »›gedeckt‹«[17] haben könnte, lassen sich auf dem derzeitigen Kenntnisstand weder bestätigen noch widerlegen.

Wenn es bei öffentlichen Anlässen um die Zeit des Nationalsozialismus ging, gab sich Martin Stephani nachdenklich, einsichtig und verantwortungsbewusst und bekannte sich zur deutschen ›Kollektivschuld‹. So etwa im Jahre 1963, als an der Detmolder Hochschule ein Konzert mit den Werken ›jüdischer‹ Komponisten stattfinden sollte. Bei der Zusammenstellung der Konzertfolge, so Stephani in einer längeren Ansprache vor dem Beginn der Veranstaltung, habe es manche »Überraschungen« und »Bestürzungen«[18] gegeben. Dem Kollegium sei klar geworden, dass die Frage, wer ein Jude sei, nicht so einfach

14 Interview mit Prof. Alexander und Liebgard Wagner, 13.5.2016. Vgl. »In Memoriam Martin Stephani«, in: Der Rotarier, H. 7, Juli 1983, S. 513. Hier ist die Rede von »20jähriger rotarischer Freundschaft«. Der Rotary-Club Detmold schaltete eine eigene Traueranzeige. Privatbesitz Ekkehard Kaemmerling

15 Prof. Alexander Wagner und seine Frau erinnern sich, dass Stephani – damals bereits Direktor der Akademie – ein einziges Mal, bei einem Zwischenhalt auf der Rückreise von einem gemeinsam gestalteten Konzert in Saarbrücken, unvermittelt auf seine Zeit bei der Waffen-SS, seine Beziehung zu Sepp Dietrich und seine Erlebnisse bei der Gefangennahme zu sprechen kam. Weiter berichtet Prof. Wagner, dass Stephani während seines Direktorats die Trauerrede für einen Hausmeister der Musikakademie hielt, der der SS angehört hatte und aus der Kirche ausgetreten war. Diese Ansprache, in der viel von Kameradschaft die Rede gewesen sei, habe ihn, so Prof. Wagner, peinlich berührt. Interview mit Prof. Alexander und Liebgard Wagner, 13.5.2016.

16 Die Identität wurde von der Familie gegenüber dem Verfasser bestätigt. Vgl. Riehle, Herbert von Karajan, S. 421–425

17 Ebd., S. 407f., S. 425, Zitat: S. 407.

18 Martin Stephani: Einführung zum Konzert [1963]. Digital Music Archive des cemfi (Detmold University of Music / OWL University of Applied Science), Archiv-Nr. 6427 (unter dem irreführenden Titel »Stephani's Rede zum 50-jährigen Todestag Mahlers«). Transkription durch den Verfasser..

beantwortet werden könne.[19] Es hätten ihn Mitteilungen erreicht, dass dieser oder jener Komponist nicht wünsche, als Jude zu gelten, da er Christ jüdischer Herkunft sei. Hier wurde ein Problem deutlich, das sich der Erinnerungskultur bis heute stellt: Indem man der ›jüdischen‹ Opfer des Nationalsozialismus gedenkt, übernimmt man allzu leicht die rassenantisemitischen Kategorisierungen des Nationalsozialismus. Martin Stephani erläuterte dies dem in der Hochschule für Musik versammelten Publikum in sehr einfühlsamer Weise – wobei man sich die Frage stellen kann, ob er hier insgeheim eine Art von Wiedergutmachung versuchte:

> »Meine Damen und Herren, ist es nicht schlimm, dass ich bei einer gewissenhaften Redaktion dieser immer neu ins Schwanken geratenen und daher etwas konturlos heute vor Ihnen liegenden Vortragsfolge eigentlich genötigt gewesen wäre, mich derselben unseligen Kartei zu bedienen, die einst nicht zum Ruhme jüdischer Komponisten, sondern zu ihrem Verderben ersonnen worden war? Und wissen wir nicht zudem, dass keineswegs der Nachweis der christlichen Taufe, sondern allein der Nachweis der nichtjüdischen Abstammung vor diesem Verderben zu retten vermochte? Wer kann uns also heute sagen [...], wer wirklich Jude ist und welcher menschlichen Verhaltensweise es bedarf, um einen Juden, von dem wir begründet glauben, dass er Jude sei, von dem wir sogar wissen, dass er als Jude jedenfalls verfolgt worden ist, der aber ausdrücklich nicht Jude zu sein wünscht, nicht zum zweiten Male wehe tun, gerade in dem Augenblick, da wir unter diesem Zeichen expressis verbis ihn zu ehren uns anschicken? Ist es dann nicht wiederum ein Judenstern, den wir ihm selbstherrlich anhaften? Auch wenn wir nachträglich und mit Scham zwar diesmal auszeichnen und nichts als auszeichnen wollen? Dürfen wir das? Sind wir nicht rückfällig vermessen unter lediglich vertauschter Vorzeichnung? Darum, meine Damen und Herren, habe ich [...] ein schweres Herz, denn wir fühlen doch alle, [...] dass hier Fragen über Fragen in uns hineinstürzen, die uns weit über diese Tage der Besinnung hinaus, in denen niemand glauben darf, sein christliches oder deutsches Soll erfüllen zu können, heimsuchen sollten? Um meinerseits verhindern zu helfen, dass aus guter Absicht diesmal Unrecht entstehe, habe ich unser Programm genannt ›Werke jüdischer und *verfolgter* Komponisten‹. Damit maße ich mir nicht an, fragwürdige,

19 In zwei Fällen, so Stephani, sei er davon ausgegangen, dass die Komponisten Juden waren, weil er gewusst habe, dass sie im ›Dritten Reich‹ als Juden verfolgt wurden. Er habe sich jedoch vom Musikwissenschaftler seiner Hochschule belehren lassen, dass diese Komponisten wegen ihrer ›jüdischen‹ Ehepartner verfolgt worden waren. Ebd.

> mir nicht zustehende und [...] auch gar nicht mögliche Kategorisierungen vorzunehmen, sondern, und *dessen* seien Sie gewiss, *stellvertretend* für die unzähligen Gejagten, Vertriebenen und Ermordeten lediglich eine kleine musikalische Ehrentafel aller Verfolgten zu präsentieren, seien sie welcher menschlichen Herkunft auch immer.«[20]

Nur noch ein einziges Mal war die Vergangenheit Martin Stephanis ein Thema – wenn auch hinter den Kulissen. 1968 kam aus dem Düsseldorfer Kultusministerium die Anregung, Stephani zur Verleihung des Verdienstordens der Bundesrepublik Deutschland vorzuschlagen. Das nordrhein-westfälische Innenministerium hatte zunächst keine Bedenken. Eine neue Lage entstand jedoch, als Oberregierungsrat Albrecht Kusserow (1909–1991) von der Bezirksregierung Detmold telefonisch darauf hinwies, »dass seines Wissens Prof. Stephani Mitglied der SS gewesen sei«.[21]

Dieser Vorgang ist insofern von besonderem Interesse, als Kusserow selbst eine braune Vergangenheit hatte: Er war bereits im Dezember 1929 in die NSDAP eingetreten, im Januar 1930 in die SS, wo er es bis zum Hauptsturmführer schaffte. Im ›Dritten Reich‹ machte er Karriere im Verwaltungsdienst, im Januar 1943 wurde ihm die kommissarische Leitung des Landratsamtes in Minden übertragen, ehe er im August 1943 zur Wehrmacht eingezogen wurde. Seit 1955 war Kusserow bei der Detmolder Bezirksregierung angestellt und stieg bis zum Regierungsdirektor auf.[22] Hier war eindeutig keine braune Seilschaft am Werk.

Das nordrhein-westfälische Innenministerium zog auf den Hinweis aus Detmold hin Erkundigungen beim Landesamt für Verfassungsschutz und beim Berlin Document Center ein, aus dessen Unterlagen man schließlich erfuhr, dass Stephani zuletzt den Dienstrang eines SS-Obersturmführers bekleidet hatte. In dem Aktenvermerk, in dem dieser Befund niedergelegt wurde, heißt es weiter:

> »Nach der bisherigen Erfahrung lehnt der Bundespräsident [Heinrich Lübke (1894–1972)] ab, Personen auszuzeichnen, die in national-sozialistischen Organisationen tätig gewesen sind, die in der Öffentlichkeit besondere Beachtung gefunden haben und dort bedeutende Ämter oder hohe Dienstränge innehatten.«[23]

20 Ebd. (Hervorhebungen: besonders betonte Worte).
21 Aktenvermerk, 29.10.1968, LAV NRW, Abteilung Rheinland, NW 0, Nr. 9162.
22 Lilla, Verwaltungsbeamte, S. 203f.
23 Aktenvermerk, 29.10.1968, LAV NRW, Abteilung Rheinland, NW 0, Nr. 9162.

Daraufhin ordnete die Staatskanzlei in Düsseldorf an, die Ordensangelegenheit nicht weiter zu verfolgen.

Bis 1982 bekleidete Martin Stephani das Amt des Direktors der Staatlichen Hochschule für Musik Westfalen-Lippe. Von 1959 bis 1983 fungierte er zudem als Dirigent des Bielefelder Musikvereins – wofür ihm im Jahre 1980 der Kulturpreis der Stadt Bielefeld verliehen wurde.[24] Von 1970 bis 1982 war er überdies als Leiter des Landesjugendorchesters Nordrhein-Westfalen tätig.[25] Am 18. Mai 1982 wurde er – damals bereits tödlich an Krebs erkrankt[26] – aus dem Hochschulamt verabschiedet.[27] Martin Stephani starb nach schwe-

24 Der Entscheidungsprozess lässt sich im Einzelnen nicht nachverfolgen. Wie es scheint, war das Zusammentreffen dreier Gedenktage – »160 Jahre Musikverein, 65. Geburtstag Martin Stephanis, 50 Jahre Oetkerhalle« – ausschlaggebend. Artikel »Verdienstvolles Wirken wurde mit dem Kulturpreis honoriert. Professor Martin Stephani gestern geehrt – 21 Jahre Zusammenarbeit«, In: Westfalen-Blatt, 20.12.1980. Zeitungsausschnitt im Stadtarchiv Bielefeld, 270,009/Musikverein, Nr. 36. Dazu auch die Nachrufe in den Bielefelder Zeitungen: »Schöpferischer Musiker mit Grundsätzen. Zum Tode von Martin Stephani«, in: Neue Westfälische / Bielefelder Tageblatt, 11.6.1983; »Vor Neuem nicht zurückgewichen. Professor Stephani widmete sich schon früh dem wesentlichen Musikschaffen unseres Jahrhunderts«, in: Westfalen-Blatt, 14.6.1983; »Diener der Tradition – und auch unserer Zeit. Musikverein gedachte Prof. Martin Stephanis«, in: Neue Westfälische, 24.6.1983; »Am Ende der ›Ära Stephani‹. Musikverein zog eine Bilanz der Jahre seit 1959«, in: Westfalen-Blatt, 24.6.1983; »Im gemeinsamen Gedenken an Martin Stephani. Der Musikverein ehrte seinen im Juni verstorbenen Dirigenten mit einem Konzert in der Oetkerhalle«, in: Neue Westfälische, 18.11.1983. Ferner: Hartmut Dietrich, In memoriam Martin Stephani, Prospekt des Musikvereins Bielefeld [1983]; Referat [von Hartmut Dietrich] auf der Mitgliederversammlung des Musikvereins der Stadt Bielefeld, Mittwoch, den 22.6.1983. Alle diese Artikel und Skripte finden sich im Privatbesitz Ekkehard Kaemmerling.

25 Martin Stephani, Orchestermusiker aus Liebe zur Musik?, in: 10 Jahre Landesjugendorchester Nordrhein-Westfalen 1969–1979, o.O. .J., S. 23f. Privatbesitz Ekkehard Kaemmerling

26 Martin Stephani an Heide Trebst-Kaemmerling, 3.12.1983, Privatbesitz Ekkehard Kaemmerling.

27 Artikel »Schade, dass es nicht mehr Stephanis gibt ...! Festveranstaltung mit treffenden Reden in der Akademie – Würdige Verabschiedung des Direktors«, in: Lippische Landeszeitung, 19.5.1982; Artikel »Zum Abschied Ovationen für Martin Stephani. Nachfolger Friedrich-Wilhelm Schnurr gestern bei Festveranstaltung von Minister Schwier eingeführt«, in: Lippische Rundschau, 19.5.1982; Artikel »Prof. Stephani in Ruhestand verabschiedet. ›Ohne Sie wäre diese Hochschule nicht so‹«, in: Neue Westfälische, 19.5.1982; Artikel »Nachlese zu Stephani-Verabschiedung. Künstlerischer Elan und geduldige Arbeit«, in: Lippische

rer Krankheit am 9. Juni 1983.[28] Der Kulturausschuss der Stadt Detmold hatte am 25. April 1983 einstimmig beschlossen, Martin Stephani für den Kulturpreis des Landesverbandes Lippe vorzuschlagen – eine Ehrung, die ihm posthum verliehen wurde.[29]

In den Zeugnissen der Zeitgenossen zeichnet sich ein stimmiges Psychogramm Martin Stephanis ab: Er wird als ein im Grunde seines Wesens eher spröder, scheuer und verschlossener Mensch charakterisiert, der meist ein wenig distanziert gewirkt habe, aber auch zu entwaffnender Liebenswürdigkeit und zartem Einfühlungsvermögen fähig gewesen sei, ein Mann der leisen Töne, der in wohlgesetzten, fein »ziselierten Worten« sprach, mitunter mit einem »Hauch von Ironie«,[30] in den Proben von großer Konzentration und Präsenz, lebhaft und witzig, Chor und Orchester mitreißend. Manchen Zeitgenossen erschien er als »ein religiös tief geprägter Humanist. Wer Ohren hatte, der konnte schon lange vor dem Ausbruch der tödlichen Krankheit erspüren, dass dieser Mann künstlerisch, pädagogisch und politisch dachte und handelte sub specie aeternitatis.«[31] Pastor Heiko von Houwald (1935–1999), ein enger Vertrauter, der den Trauergottesdienst für Martin Stephani in der Kirche zu

Landeszeitung, 22.5.1982; Heinrich Creuzburg, Festakt zur Verabschiedung von Martin Stephani, in: Blickpunkt Detmold, 27.5.1982. Hier erfährt man, dass Stephanis Abschiedsrede von dem Gedicht »Unter den Sternen« von Conrad Ferdinand Meyer (1825–1898) ausging und Bezug auf den polnischen Kulturphilosophen Leszek Kołakowski (1927–2009) nahm. Die Zeitungsausschnitte finden sich im Stadtarchiv Bielefeld, 270,009/Musikverein, Nr. 36.

28 Eine umfangreiche Sammlung aller Traueranzeigen und Nachrufe findet sich im Privatbesitz Ekkehard Kaemmerling. Lediglich der Nachruf von Erich Christian Schröder, Zum Tode von Martin Stephani, in: Neue Musikzeitung, August/September 1983, S. 47, geht andeutungsweise auf die Zeit des Nationalsozialismus ein. Nach der Schilderung der Familienverhältnisse schreibt Schröder: »Aber erst die schlimmen Erfahrungen mit der Epoche des Ungeistes und deren schmerzliche Reflexion fügten alle Voraussetzungen in eine gültige Form zusammen: Martin Stephani wurde ein Musikerzieher eigener Klasse.«

29 Artikel »Kulturpreis 1983 ›posthum‹ für Professor Stephani. Einstimmiger Beschluss des Detmolder Kulturausschusses«, in: Lippische Landes-Zeitung, 22.6.1983, Privatbesitz Ekkehard Kaemmerling. Dazu auch: Musikverein der Stadt Bielefeld an Landesverband Lippe, 5.2.1983, Stadtarchiv Bielefeld, 270,009/Musikverein, Nr. 56.

30 So der Präsident des Deutschen Musikrates sowie der Hochschule für Musik und Theater in Hannover, Prof. Dr. Richard Jakoby (1929–2017), zur Verabschiedung Stephanis am 18. Mai 1982, zit. n. »Stephani-Psychogramm«, in: Lippische Landes-Zeitung, 17.6.1983, Zeitungsausschnitt im Privatbesitz Ekkehard Kaemmerling.

31 Karl Heinrich Ehrenforth, Martin Stephani zum Gedenken, in: Musik und Bil-

Heiligenkirchen, einem Ortsteil von Detmold, am 14. Juni 1983 hielt, schilderte den Verstorbenen in seiner Predigt ebenfalls als einen »Menschen von tiefem Glauben, der von sich bekannte, dass er sein Leben lang in dem Wissen gelebt habe, geführt worden zu sein.«[32] Stephani sei »wissend in den Tod gegangen« und habe sich bewusst »auf sein Sterben vorbereitet«, dabei sei er »innere Wege gegangen«, »die uns weit voraus sind, und die darum manchmal schwer mitzugehen waren«.[33] Interessant ist der Hinweis von Houwalds, Martin Stephani habe »sehr gerungen um eine richtige Formulierung auf der Todesanzeige«.[34] Am Ende entschied er sich für einen Bibelvers, der das Leitmotiv seines Lebens – die Zerrissenheit des Menschen zwischen Göttern und Dämonen – aufnimmt: »Lasst uns ablegen die Werke der Finsternis und anlegen die Waffen des Lichtes.« (Römer 13,12)[35]

dung, H. 7/8, Juli/August 1983, Zeitungsausschnitt im Privatbesitz Ekkehard Kaemmerling.

32 Predigt, gehalten im Trauergottesdienst für Professor Martin Stephani am 14.06.1983 in der Kirche in Heiligenkirchen über Römer 8,37–39, Privatbesitz Ekkehard Kaemmerling. Vgl. Artikel »Abschied von Professor Stephani in Ehrfurcht. Riesige Trauergemeinde in der evangelischen Kirche zu Heiligenkirchen«, in: Lippische Landeszeitung, 15.6.1983; Artikel »›Ein Mann von unendlicher Güte‹. Große Trauergemeinde nahm Abschied von dem verdienten Musik-Direktor«, in: Lippische Rundschau, 15.6.1983; Artikel »Trauerfeier für Martin Stephani«, in: Blickpunkt Detmold, 23.6.1983.

33 Predigt, gehalten im Trauergottesdienst für Professor Martin Stephani am 14.06.1983 in der Kirche in Heiligenkirchen über Römer 8,37–39, Privatbesitz Ekkehard Kaemmerling. Stephani selbst erwähnt diese Vorbereitungen in einem Brief: »*Du* musst Dich doch nicht entschuldigen, dass Du meine Krankheit erwähnst: Alle wissen darum – auch der Geistliche, den ich gebeten habe, mir zum gegebenen Zeitpunkt den Trauer-Gottesdienst auszurichten – , denn es hieße Gott versuchen, mein Schicksal, das nur ER durch Gnadengewährung hinauszögern kann, vor Ihm, vor Menschen und vor mir selbst verleugnen zu wollen.« Martin Stephani an Heide Trebst-Kaemmerling, 3.12.1983, Privatbesitz Ekkehard Kaemmerling (Hervorhebung im Original).

34 Predigt, gehalten im Trauergottesdienst für Professor Martin Stephani am 14.06.1983 in der Kirche in Heiligenkirchen über Römer 8,37–39, Privatbesitz Ekkehard Kaemmerling.

35 Der Vers steht über der Traueranzeige der Familie Stephani. Privatbesitz Ekkehard Kaemmerling.

Zusammenfassung

Martin Stephani, geboren am 2. November 1915, wuchs in Marburg auf, wo sein Vater, Dr. Hermann Stephani, als Universitätsmusikdirektor und Dozent für Musikwissenschaft an der Philipps-Universität arbeitete. Schon als Kind erhielt Martin Stephani eine umfassende musikalische Ausbildung. In den überlieferten Ego-Dokumenten zeichnet er von sich das Bild eines musikalischen Wunderkindes, das mehrere Instrumente virtuos beherrschte, schon früh ein musikwissenschaftliches Interesse, das Talent zum Komponieren und die Berufung zum Dirigenten erkennen ließ. Als Gymnasiast am Marburger Reformrealgymnasium nahm er Sprach- und Schauspielunterricht und wirkte 1929/30 als Schauspieler an den Marburger Festspielen mit, im Dezember 1934 spielte er eine der Hauptrollen in einer Inszenierung der *Braut von Messina* an seiner Schule. Während die Mehrzahl seiner Mitschüler am der Adolf-Hitler-Schule – wie sie seit April 1933 hieß – schon bald nach der Machtübernahme in die Hitlerjugend eintrat, zögerte Martin Stephani, sich der nationalsozialistischen Jugendorganisation anzuschließen. Erst gegen Ende des Schuljahrs 1933/34 trat er in die Fliegergruppe seiner Schule ein, die zu dieser Zeit von der Hitlerjugend übernommen wurde. Kurz darauf wechselte er in das Nationalsozialistische Kraftfahrkorps in Marburg, in dessen Kapelle er Klarinette spielte. Martin Stephanis spätere Darstellung, er habe sich zum Eintritt in die Hitlerjugend gezwungen gesehen, weil er fürchtete, dass er ansonsten nicht zum Abitur zugelassen würde, wird durch die Primärquellen gedeckt. Tatsächlich gab es einen Numerus clausus, wobei die Zulassung zum Studium nicht nur von den schulischen Leistungen, sondern auch von der Mitgliedschaft in einer Gliederung der NSDAP abhängig gemacht wurde. »Von jeher unpolitisch« – so charakterisierte Martin Stephani sich selbst im Rückblick – tat er der Forderung nach einem politischen Engagement im neuen Deutschland mit dem geringstmöglichen Aufwand Genüge.

Der Grund für diese Zurückhaltung ist wohl im Elternhaus zu suchen, das im Milieu des deutschnationalen protestantischen Bildungsbürgertum angesiedelt war – auch der Vater, Hermann Stephani, stellte erst nach der Aufhebung der vorübergehenden Mitgliedersperre im Jahre 1937 einen Antrag auf Mitgliedschaft in die NSDAP, obwohl er die nationalsozialistische ›Machtergreifung‹ in mehreren Liedkompositionen enthusiastisch gefeiert hatte. Trotz weitgehender politischer Übereinstimmung mit der neuen ›Regierung der nationalen Konzentration‹ scheint es im Hause Stephani doch auf Vorbehalte gegeben zu haben, die sich gegen die plebejische Attitüde der nationalsozialistischen Massenbewegung, ihre antiklerikale, ja antichristliche Propaganda, der Druck auf die ›konservative Opposition‹, die ›Gleichschaltung‹ aller Bereiche des gesellschaftlichen Lebens, Inkompetenz, Korruption und Vetternwirtschaft der Parteibonzen und die Forderung nach einer ›zweiten Revolution‹ richteten. Als Blaupause für das politische Denken im Hause Stephani kann die Marburger Rede des Vizekanzlers Franz von Papen am 17. Juni 1934 gelten, die aus der Perspektive der ›konservativen Revolution‹ Kritik an den Auswüchsen der nationalsozialistischen ›Machtergreifung‹ formulierte. Insbesondere die Forderung Papens, den neuen Staat auf eine religiöse Grundlage zu stellen, dürfte den jungen Martin Stephani angesprochen haben. Er besuchte schon als Primaner, verstärkt dann nach dem Abitur im Sommersemester 1935, als Gasthörer Vorlesungen, Seminare und Übungen in den Fächern Musikwissenschaft, Kunstgeschichte, Religionswissenschaft und Psychologie an der Universität Marburg. Die spärlichen Angaben über diese Studien weisen darauf hin, dass der junge Stephani in Anknüpfung an die Dissertation seines Vaters an der Frage der Musik als Medium zur Wahrnehmung des ›Göttlichen‹ interessiert war.

Nach der Ableistung seines zweijährigen Militärdienstes studierte Martin Stephani von 1937 bis 1940 an der Hochschule für Musik in Berlin, die in einem lang gestreckten Prozess, der bereits gegen Ende der Weimarer Republik begonnen hatte und mit dem Ausscheiden Paul Hindemiths im Jahre 1937 zum Abschluss kam, ›gleichgeschaltet‹ worden war. Martin Stephani entwickelte sich schon bald zu einem Musterstudenten, er wurde persönlicher Assistent des Direktors Fritz Stein, der ihn nach Kräften förderte, und übernahm die Rolle eines Kameradschaftsführers im Nationalsozialistischen Deutschen Studentenbund. Während Stephani sein Engagement in dieser Organisation nach dem Zweiten Weltkrieg als »Pflichtmitgliedschaft« kennzeichnete, wird man davon ausgehen können, dass sein Beitritt, mehr noch die Übernahme der Funktion eines Kameradschaftsführers, freiwillig erfolgte. Vermutlich entsprach Stephani damit einem Wunsch seines Mentors Fritz Stein, dem er auch in den Auseinandersetzungen um die Leiterin der Cembaloklasse an der Hochschule für Musik, Eta Harich-Schneider, beisprang, indem er im Januar 1940 eine schriftliche Stellungnahme abgab, die Harich-Schneider schwer belastete. Es hat den Anschein, dass Martin Stephani während seines Studiums – wohl auch unter dem Eindruck der Bilder sudetendeutscher Flüchtlinge, denen er auf einer Konzertreise im Jahre 1938 begegnete – seine Einstellung zum Nationalsozialismus allmählich änderte. Mit der Teilnahme an einer Konzertreise des Kammerorchesters der Hochschule für Musik nach Italien im März 1939 habe er, so Stephani im Jahre 1944, seine »Eignung als Nachwuchsdirigent von betont politischer Haltung herausgestellt.»

Im September 1940, mittlerweile wieder Soldat in der Wehrmacht, legte Martin Stephani in seiner privaten Korrespondenz ein emphatisches Bekenntnis zum Krieg und den Kriegszielen des nationalsozialistischen Deutschlands ab. Der Musik wies er in seiner Weltanschauung insofern eine politische Funktion zu, als sie die Tiefendimension des gegenwärtigen Weltgeschehens erschließen helfen sollte.

Im Juli 1940 erhielt Martin Stephani, der zu dieser Zeit als infanteristischer Ausbilder zu einer Marineeinheit auf der Insel Wangerooge abkommandiert war, einen Ruf auf den Posten des Musikdirektors der Stadt Olmütz im Protektorat Böhmen und Mähren. Er konnte diese Stelle jedoch nicht antreten, weil seine Unabkömmlichkeitsstellung nicht gelang – die Wehrmacht gab ihn nicht frei. Stattdessen wurde er zum Oberkommando der Wehrmacht abkommandiert, von wo aus er als Singleiter zu verschiedenen Truppenteilen entsandt wurde. Der erste Einsatz auf diesem Posten führte ihn im November 1940 zur Leibstandarte SS Adolf Hitler nach Metz. Während Martin Stephani nach 1945 immer wieder betonte, dass dies »rein zufällig« geschehen sei, lassen die Quellen darauf schließen, dass es auf Betreiben von Fritz Stein geschah, der dem Kommandeur der Leibstandarte Adolf Hitler, Sepp Dietrich, freundschaftlich verbunden war und den Auftrag hatte, einen Chor der Leibstandarte aufzubauen. Stein ließ sich im November/Dezember 1940 von Stephani vertreten, auch um diesen eine Zeitlang vor einem möglichen Fronteinsatz zu bewahren. Stephani bewährte sich bei diesem Einsatz: Am 26. Dezember 1940 trat er mit dem von ihm aufgebauten Chor der Leibstandarte vor Adolf Hitler persönlich auf und sorgte damit, wie er seinen Eltern berichtete, für »Furore«. Die Folge war, dass Sepp Dietrich die dauerhafte Versetzung Martin Stephanis zur Leibstandarte Adolf Hitler beantragte. In den ersten Monaten des Jahres 1941 entstand eine verworrene Situation: Die Abkommandierung zum Oberkommando der Wehrmacht endete am 30. März 1941, es war völlig unklar, ob Stephani zum Heer, zur Marine oder zur Leibstandarte abkommandiert oder doch für den Posten in Olmütz freigegeben würde. Martin Stephani selbst hatte auf die Entwicklung so gut wie keinen Einfluss. Wie die private Korrespondenz aus dieser Zeit belegt, hatte die Beurlaubung auf die Stelle eines Städtischen Musikdirektors in Olmütz für ihn zunächst oberste Priorität, doch reizten ihn auch die Karrierechancen bei einem Wechsel in die Waffen-SS. Nach monatelangem Tauziehen wurde Stephani schließlich »auf eigenen Wunsch« – wie er seinen Eltern schrieb – zum Ersatzbataillon der Leibstandarte in der Kaserne in Berlin-Lichterfelde abkommandiert, wo er zu seiner Enttäuschung wieder als infanteristischer Ausbilder eingesetzt wurde. Die Möglichkeit eines Wechsels in das Musikreferat im SS-Führungshauptamt am 8. Juli 1941 war ihm daher willkommen, er verzichtete auf den schließlich doch noch möglich gewordenen Arbeitsurlaub in Olmütz und entschied sich für eine weitere Karriere in der Waffen-SS. Der Wechsel war durch einen ehemaligen Kommilitonen, Franz Schmidt, ermöglicht worden, der mit dem Aufbau eines Stabsmusikkorps der Waffen-SS beauftragt war. Anders als die Versetzung zur Leibstandarte geschah der Wechsel in das SS-Führungshauptamt aus eigener Initiative – Martin Stephani war davon überzeugt, dass er auf diesem Posten entscheidend dazu beitragen könnte, die Wehrkraft der deutschen Streitkräfte und den Durchhaltewillen des deutschen Volkes zu steigern. Ein privater Brief aus dieser Zeit belegt, dass sich Martin Stephani mit dem Weltanschauungskrieg gegen die Sowjetunion – und auch mit der Judenpolitik des nationalsozialistischen Regimes – völlig identifizierte.

In seiner neuen Funktion arbeitete Stephani am Aufbau des Sinfonieorchesters der Waffen-SS mit, auch wenn seine spätere Darstellung, dieses Orchester sei seine ureigenste Schöpfung gewesen, nachweislich unrichtig ist – die Leitung des Sinfonieorchesters der Waffen-SS lag bei Franz Schmidt, erst nach dessen Versetzung an die Front im Jahre 1944 wurde Stephani erster Dirigent. Stephani erteilte zudem im Rahmen von Lehrgängen zur Ausbildung von Musikmeistern der Waffen-SS Unterricht am Konservatorium der Reichshauptstadt Berlin. Als Sachbearbeiter im SS-Führungshauptamt schließlich wirkte er am Aufbau eines eigenen Musikwesens in der Waffen-SS mit. Stephanis spätere Darstellung und Deutung, er sei im SS-Führungshauptamt »rein künstlerisch« tätig gewesen, ist im Lichte der Quellen nicht aufrechtzuerhalten. Mit dem eigenen Sinfonieorchester untermauerte die SS ihren Anspruch, nicht nur eine rassische, soziale, politische und militärische, sondern auch eine kulturelle Elite zu sein. Nach dem Krieg nahm Martin Stephani für sich in Anspruch, an der Werkauswahl zu den Konzerten des Sinfonieorchesters der Waffen-SS maßgeblich beteiligt gewesen zu sein, was vor dem Hintergrund der überlieferten Programme durchaus plausibel erscheint. Seine Behauptung jedoch, er habe unter dem Schutz der SS-Uniform die Musik verbotener oder unerwünschter Komponisten zur Aufführung gebracht, erweist sich bei näherer Betrachtung als nicht haltbar. Stephanis Parteinahme für zeitgenössische Künstler, auch für solche, die mit anderen Machtträgern innerhalb des nationalsozialistischen Regimes Probleme hatten – namentlich sein Einsatz für Paul Hindemith – ist kein Beleg für eine grundlegend systemkritische Haltung, sondern Ausweis der Widersprüche und Spannungen innerhalb des polykratischen Herrschaftssystems des Nationalsozialismus. Stephanis nachträgliche Behauptung, er habe sich für verfolgte Musiker wie Pal Kiss und Hugo Distler eingesetzt, wird durch die Primärquellen nicht gestützt. Dagegen scheint es sehr wahrscheinlich, dass er am Erlass einer Verfügung des SS-Führungshauptamtes zu »Werken jüdischer, unerwünschter und empfohlener Komponisten« im Januar 1942 maßgeblich mitgewirkt hat – damit hätte Stephani dazu beigetragen, Musiker jüdischen Glaubens oder jüdischer Herkunft aus der Gesellschaft auszugrenzen. Pläne, Martin Stephani nach dem Tod Hugo Distlers mit der Leitung des Berliner Staats- und Domchors zu betrauen, zielten – anders, als nach dem Krieg behauptet wurde – nicht darauf ab, den Chor vor dem Zugriff des Reichspropagandaministeriums zu schützen, sondern sollten im Gegenteil der Säkularisierung des Staats- und Domchors und dessen Anbindung an ein zu gründendes Musisches Gymnasium in Berlin Vorschub leisten. Stephanis Tätigkeit hatte erklärtermaßen eine politische Dimension. Zwar beklagte er in seiner privaten Korrespondenz die Instrumentalisierung der Musik zu propagandistischen Zwecken durch Teile der Partei und des Staatsapparates, insbesondere durch das Reichspropagandaministerium, sein eigenes musikalisches Wirken war jedoch mit dem Anspruch verbunden, dem Publikum einen Zugang zu einer – wie er meinte – wahrhaft nationalsozialistischen Weltanschauung zu ermöglichen. Seine eigene Rolle sah Stephani dabei als die eines Wächters, der durch die Pflege der höchsten Formen der Musik dem Volk die Kraftquellen des Metaphysischen erschließt, ›falsche Götzen‹ entlarvt, den Weg zu den ›alten Göttern‹ weist und damit die sittlichen Maßstäbe vermittelt, die es brauchte, um den Krieg siegreich zu bestehen.

Bis in die Endphase des Zweiten Weltkriegs gab sich Martin Stephani siegessicher. Die erhalten gebliebenen Briefe aus dieser Zeit – etwa die Bemerkungen zum gescheiterten Attentat vom 20. Juli 1944 – belegen ebenso wie seine in öffentlichem Rahmen nach SS-Ritus geschlossene Ehe am 28. Dezember 1944, dass seine Loyalität zum Staat Hitlers bis zuletzt ungebrochen blieb.

Nach dem Zusammenbruch des nationalsozialistischen Deutschlands musste Martin Stephani seine Lebensgeschichte umschreiben. Das begann bereits während seiner Internierung in den Jahren von 1945 bis 1947: Im Rahmen des Kulturprogramms in den Internierungslagern gründete er Chöre, übte mit ihnen zahlreiche Chorwerke ein, veranstaltete Konzerte in den Lagern und hielt dort auch musikwissenschaftliche Vorträge. Ungebrochen war seine Überzeugung von der eigenen Mission als Hüter und Wahrer der Musik, als Führer und Erzieher der Menschen – in den Vordergrund trat jetzt aber die Vorstellung von der Grenzen überschreitenden, versöhnenden und friedensstiftenden Macht der Musik.

Der Eintritt Martin Stephanis in die deutsche Nachkriegsgesellschaft war an eine öffentlich inszenierte Prozedur zur Selbsterklärung und Selbstrechtfertigung gebunden, die Entnazifizierung, in deren Verlauf er seine Lebensgeschichte neu erzählen musste, und zwar so glaubwürdig, dass er am Ende die Tribunale, die über seinen Startplatz in der Gesellschaft zu entscheiden hatte, überzeugte. Aufgrund seiner Zugehörigkeit zur Waffen-SS hatte Stephani einen zweistufigen Prozess zu durchlaufen: Zunächst musste er sich einem Spruchgerichtsverfahren stellen, um festzustellen, ob er persönlich an den Staatsverbrechen des nationalsozialistischen Deutschlands eine Mitschuld trug, anschließend legte ein Entnazifizierungsausschuss fest, in welche Kategorie er eingeordnet wurde, ob er als Hauptbeschuldigter, Belasteter, Minderbelasteter, Mitläufer oder Entlasteter gelten sollte. Wollte Martin Stephani seine Karriere als Musiker ohne Berufsbeschränkung oder -verbot fortsetzen, musste er unbedingt eine Einstufung als Entlasteter erreichen. Dazu war es notwendig, Spruchgericht und Entnazifizierungsausschuss davon zu überzeugen, dass er zwangsweise zur Waffen-SS versetzt worden war, in seiner Funktion als Musikreferent im SS-Führungshauptamt die Staatsverbrechen des nationalsozialistischen Deutschlands grundsätzlich abgelehnt und auf seinem Arbeitsgebiet teilnehmenden Widerstand geleistet hatte. Vergleicht man das Bild, das Martin Stephani im Rahmen der Entnazifizierung von sich zeichnete und das mit seiner Einstufung als Entlasteter im Juni 1948 gleichsam amtlich anerkannt wurde, mit dem Bild, das sich aus den Primärquellen ergibt, so erkennt man eine Vielzahl von Auslassungen, Verkürzungen, Verzerrungen und Umdeutungen. So wurde der Wechsel Martin Stephanis zur Waffen-SS auf einen ›Führerbefehl‹ zurückgeführt, den es nie gegeben hat. Um die »rein künstlerische« Tätigkeit Stephanis im SS-Führungshauptamt glaubhaft zu machen, wurde er zum Leiter des Stabsmusikkorps der Waffen-SS erklärt (und sein Vorgesetzter Franz Schmidt bewusst verschwiegen). Spannungen und Reibungen innerhalb des nationalsozialistischen Machtapparates wurden zu Indizien eines »inneren Widerstandes« uminterpretiert.

Das Narrativ, das sich im Entnazifizierungsverfahren herausformte, bildete die Grundlage für die Nachkriegskarriere Martin Stephanis. Stand ihm bei seiner Bewerbung als Städtischer Musikdirektor in Bielefeld 1949/50 seine braune Vergangenheit noch im Wege, so vollzog sich die Berufung zum Dirigenten der Konzertgesellschaft Wuppertal im Jahre 1951 ebenso problemlos wie seine Anstellung als Dozent an der Nordwestdeutschen Musikakademie in Detmold im Jahre 1957. Zwar versuchte Gustav Scheck im Vorfeld der Berufung eines neuen Direktors der Detmolder Musikakademie im Jahre 1959, seinen Einfluss gegen die Kandidatur Martin Stephanis geltend zu machen, doch entschied sich das nordrhein-westfälische Kultusministerium für Stephani. Danach war dessen Vergangenheit kaum noch ein Thema – nur der Vorschlag zur Verleihung des Verdienstordens der Bundesrepublik Deutschland an Martin Stephani wurde im Jahre 1968 unter Hinweis auf dessen Rolle in der Waffen-SS zu den Akten gelegt. Von 1959 bis 1982 amtierte Stephani als Direktor der Nordwestdeutschen Musikakademie/Hochschule für Musik in Detmold. Er starb hoch geehrt am 9. Juni 1983.

Die Lebensgeschichte eines Menschen ist – wie eingangs dargelegt – stets als ein Konstrukt aufzufassen. Im Falle Martin Stephanis könnte man auch metaphorisch von einer Komposition sprechen, die im Jahre 1945 vollkommen umgeschrieben werden musste. Das Grundthema und manche Motive – das Ringen des Menschen um einen sittlichen Maßstab »zwischen Göttern und Dämonen« – zogen sich zwar durch, der Ton jedoch schlug von Dur zu Moll um, das Tempo verlangsamte sich von einem Allegro zu einem Largo, bei der Orchestrierung traten die Blasinstrumente hinter den Streichinstrumenten zurück, das Stück geriet immer mehr zu einem Requiem. In beiden Kompositionen ging es um das Heilige – die Musik sollte den Zugang zur Sphäre des Metaphysischen eröffnen. Die politische Dimension der Musik in ihrem jeweiligen gesellschaftlichen Kontext geriet dabei aus dem Blick.

Literatur

Die hier angegebenen Titel sind in den Fußnoten lediglich als Kurztitel nachgewiesen (in der Regel Autorname und erstes Substantiv des Titels).

Absolon, Rudolf, Wehrgesetz und Wehrdienst 1935–1945. Das Personalwesen in der Wehrmacht, Boppard 1960.
Ackermann, Josef, Heinrich Himmler als Ideologe, Göttingen u. a. 1970.
Aitken, Leslie, Massacre on the Road to Dunkirk. Wormhout 1940, London 1976.
Andreas, Knut, Zwischen Musik und Politik. Der Komponist Paul Graener (1872–1944), Berlin 2008.
Ash, Mitchell G., Wissenschaft und Politik als Ressourcen füreinander, in: Rüdiger vom Bruch / Brigitte Kaderas (Hg.), Wissenschaften und Wissenschaftspolitik. Bestandsaufnahmen zu Formationen, Brüchen und Kontinuitäten im Deutschland des 20. Jahrhunderts, Stuttgart 2002, S. 32–49 .
Becker, Heinrich, Der Bielefelder Musikverein von Lamping bis Stephani, Sonderdruck aus dem 64. Jahresbericht des Historischen Vereins für die Grafschaft Ravensberg, Bielefeld 1966.
Below, Nicolaus von, Als Hitlers Adjutant 1937–45, Mainz 1980.
Berger, Albert, Götter, Dämonen und Irdische. Josef Weinhebers dichterische Metaphysik, in: Klaus Amann / Albert Berger (Hg.), Österreichische Literatur der dreißiger Jahre. Ideologische Verhältnisse, institutionelle Voraussetzungen, Fallstudien, 2. Aufl., Wien / Köln 1990, S. 277–290.
Berger, Albert, Josef Weinheber (1892–1945). Leben und Werk – Leben im Werk, Salzburg 1999.
Berghahn, Klaus L. (Hg.), Schillers Gedichte, Königstein 1980.
Bernsdorff, Helga, Martin Stephani und seine Marburger Kantorei, in: Benno Hafeneger / Wolfram Schäfer (Hg.), Marburg in den Nachkriegsjahren 3: Entwicklungen in Politik, Kultur und Architektur, Marburg 2006, S. 237–278.
Bethke, Neithard, Kurt Thomas. Studien zu Leben und Werk, Kassel 1989.
Binding, Rudolf G., Gedichte. Reitvorschrift für eine Geliebte, Frankfurt am Main 1927.
Bohn, Robert, »Schleswig-Holstein stellt fest, dass es in Deutschland nie einen Nationalsozialismus gegeben hat.« Zum mustergültigen Scheitern der Entnazifizierung im ehemaligen Mustergau, in: Demokratische Geschichte. Jahrbuch für Schleswig-Holstein 17 (2003), S. 173–186.
Bootz, Andreas, Kultur in Bielefeld 1945–1960, Bielefeld 1993.
Bordin, Oliver, Hermann-Walther Freys wissenschaftspolitische Bedeutung – eine Skizze, in: Michael Custodis (Hg.), Hermann-Walther Frey: Ministerialrat, Wis-

senschaftler, Netzwerker. NS-Hochschulpolitik und die Folgen, Münster 2014, S. 91–144.
Böttcher, Dirk, Hannoversches biographisches Lexikon. Von den Anfängen bis in die Gegenwart, Hannover 2002.
Brand, Walther, Die Oberrealschule und das Realgymnasium von 1906–1946. Beiträge zu ihrer Geschichte, o. O. 1946 (Typoskript).
Braun, Ralph, Epilog, in: Klaus Riehle, Herbert von Karajan. Neueste Forschungsergebnisse zu seiner NS-Vergangenheit und der Fall Ute Heuser, Wien 2017, S. 441–579.
Braunmüller, Robert, Aktiv im kulturellen Wiederaufbau. Werner Egks verschwiegene Werke nach 1933, in: Jürgen Schläder (Hg.), Werner Egk. Eine Debatte zwischen Ästhetik und Politik, München 2008, S. 33–69.
Bunge, Fritz, Musik in der Waffen-SS. Die Geschichte der SS-Musikkorps, Dresden 2006 [1975].
Burde, Wolfgang, Neue Musik im Dritten Reich, in: Hochschule der Künste Berlin (Hg.), Kunst – Hochschule – Faschismus, Berlin 1984, S. 49–59.
Busch, Sabine, Hans Pfitzner und der Nationalsozialismus, Stuttgart / Weimar 2001.
Clark, Christopher, Josef »Sepp« Dietrich. Landsknecht im Dienste Hitlers, in: Ronald Smelser / Enrico Syring (Hg.), Die SS: Elite unter dem Totenkopf. 30 Lebensläufe, Paderborn u. a. 2000, S. 119–133.
Cremer, Jan / Horst Przytulla, Exil Türkei. Deutschsprachige Emigranten in der Türkei 1933–1945, 2. Aufl., München 1991.
Custodis, Michael / Friedrich Geiger, Netzwerke der Entnazifizierung. Kontinuitäten im deutschen Musikleben am Beispiel von Werner Egk, Hilde und Heinrich Strobel, Münster u. a. 2013.
Custodis, Michael, Bürokratie versus Ideologie? Nachkriegsperspektiven zur Reichsmusikkammer am Beispiel von Fritz Stein, in: Albrecht Riethmüller / Michael Custodis (Hg.), Die Reichsmusikkammer. Kunst im Bann der Nazi-Diktatur, Köln u. a. 2015, S. 221–238.
Dahm, Volker, Die Reichskulturkammer und die Kulturpolitik im Dritten Reich, in: Stephanie Becker / Christoph Studt (Hg.), »Und sie werden nicht mehr frei sein ihr ganzes Leben«. Funktion und Stellenwert der NSDAP, ihrer Gliederungen und angeschlossenen Verbände im »Dritten Reich«, Berlin 2012, S. 193–221.
Danuser, Hermann, Weltanschauungsmusik, Schliengen 2009.
Dettmering, Erhart, Was alle lesen konnten ... Das Jahr 1933 in der Marburger Lokalpresse, Marburg 2001.
Dinglinger, Wolfgang (Hg.), 150 Jahre Staats- und Domchor Berlin (Königlicher Hof- und Domchor) 1843–1993, Berlin 1993.
Domann, Andreas, »Führer aller schaffenden Musiker«. Paul Graener als nationalsozialistischer Kunstpolitiker, in: Albrecht Riethmüller / Michael Custodis (Hg.), Die Reichsmusikkammer. Kunst im Bann der Nazi-Diktatur, Köln u. a. 2015, S. 69–85.
Drüner, Ulrich / Georg Günther, Musik und »Drittes Reich«. Fallbeispiele 1910 bis 1960 zu Herkunft, Höhepunkt und Nachwirkungen des Nationalsozialismus in der Musik, Wien u. a. 2012.

Dümling, Albrecht (Hg.), Das verdächtige Saxophon. »Entartete Musik« im NS-Staat. Dokumentation und Kommentar, 5. Aufl., o. O. [Düsseldorf] 2015.
Dümling, Albrecht, Von Weltoffenheit zur Idee der NS-Volksgemeinschaft. Werner Egk, Carl Orff und das Festspiel *Olympische Jugend*, in: Jürgen Schläder (Hg.), Werner Egk. Eine Debatte zwischen Ästhetik und Politik, München 2008, S. 5–32.
Dümling, Albrecht, »Gefährlichste Zerstörer unseres rassemäßigen Instinkts«. NS-Polemik gegen die Atonalität, in: Ders. (Hg.), Das verdächtige Saxophon. »Entartete Musik« im NS-Staat. Dokumentation und Kommentar, 5. Aufl., o. O. [Düsseldorf] 2015, S. 81–95.
Dümling, Albrecht, Auf dem Weg zur »Volksgemeinschaft«. Die Gleichschaltung der Berliner Musikhochschule ab 1933, in: Horst Weber (Hg.), Musik in der Emigration 1933–1945. Symposium Essen, 10. bis 13. Juni 1992, Stuttgart / Weimar 1994, S. 69–107.
Dümling, Albrecht, Die verweigerte Heimat. Léon Jessel, der Komponist des »Schwarzwaldmädel«, Düsseldorf 1992.
Fetthauer, Sophie, Musikverlage im »Dritten Reich« und im Exil, 2. Aufl., Hamburg 2007.
Fischer-Defoy, Christine, Kunst Macht Politik. Die Nazifizierung der Kunst- und Musikhochschulen in Berlin, 2. Aufl., Berlin 1996.
Fischer-Defoy, Christine, Zur Auseinandersetzung mit der Neuen Musik an der Berliner Musikhochschule, in: Albrecht Dümling (Hg.), Das verdächtige Saxophon. »Entartete Musik« im NS-Staat. Dokumentation und Kommentar, 5. Aufl., o. O. [Düsseldorf] 2015, S. 97–105.
Fischer, Hans, Völkerkunde in Hamburg 1933–1945, in: Eckart Krause / Ludwig Huber / Holger Fischer (Hg.), Hochschulalltag im »Dritten Reich«. Die Hamburger Universität 1933–1945, Teil II: Philosophische Fakultät, Rechts- und Staatswissenschaftliche Fakultät, Berlin / Hamburg 1991, S. 589–606.
Flechtmann, Frank, Das SS-Führungshauptamt in der Kaiserallee 188, in: Arbeitskreis Geschichte Wilmersdorf (Hg.), Wilmersdorf. Ansichten, Berlin 2003, S. 171–207.
Frei, Norbert, Hitlers Eliten nach 1945 – eine Bilanz, in: Ders. u. a., Karrieren im Zwielicht. Hitlers Eliten nach 1945, Frankfurt am Main / New York 2001, S. 303–344.
Gailus, Manfred, 1933 als protestantisches Erlebnis: emphatische Selbsttransformation und Spaltung, in: Geschichte und Gesellschaft 29 (2003), S. 481–511.
Gebhart, Patricia, Der Fall Theodor Haering. Geschichte eines Tübinger Ehrenbürgers. Vom Umgang mit der NS-Vergangenheit in Tübingen, Tübingen 2008.
Geiger, Friedrich, »Einer unter Hunderttausend«. Hans Hinkel und die NS-Kulturbürokratie, in: Matthias Herrmann / Hanns-Werner Heister (Hg.), Dresden und die avancierte Musik im 20. Jahrhundert, Teil II: 1933–1966, Laaber 2002, S. 47–61.
Geiger, Friedrich, Musik in zwei Diktaturen. Verfolgung von Komponisten unter Hitler und Stalin, Kassel u. a. 2004.
Geiger, Friedrich, Werner Egk als Leiter der Fachschaft Komponisten in der Reichsmusikkammer, in: Albrecht Riethmüller / Michael Custodis (Hg.), Die Reichsmusikkammer. Kunst im Bann der Nazi-Diktatur, Köln u. a. 2015, S. 87–100.
Gerabek, Werner E., Der Marburger Rassenhygieniker und Bakteriologe Prof. Dr. med. Wilhelm Pfannenstiel, in: Klaus-Peter Friedrich (Hg.), Von der Ausgrenzung

zur Deportation in Marburg und im Landkreis Marburg-Biedenkopf. Neue Beiträge zur Verfolgung und Ermordung von Juden und Sinti im Nationalsozialismus. Ein Gedenkbuch, Marburg 2017, S. 417–424.

Goebbels, Joseph, Die Tagebücher, im Auftrag des Instituts für Zeitgeschichte und mit Unterstützung des Staatlichen Archivdienstes Russlands hg. v. Elke Fröhlich, Teil I: Aufzeichnungen 1923–1941, Bd. 6: August 1938 – Juni 1941, München 1998.

Goltz, Maren, Musikstudium in der Diktatur. Das Landeskonservatorium der Musik / die Staatliche Hochschule für Musik Leipzig in der Zeit des Nationalsozialismus 1933–1945, Stuttgart 2013.

Grossert, Sarah / Rebekka Sandmeier, »Ein musikalisches Gedicht« und »Heldenlied«, in: Dominik Höink / Jürgen Heidrich (Hg.), Gewalt – Bedrohung – Krieg. Georg Friedrich Händels »Judas Maccabaeus«. Interdisziplinäre Studien, Göttingen 2010, S. 149–200.

Gruner, Ulrike, Musikleben in der Provinz 1933–45. Beispiel: Marburg. Eine Studie der Musikberichterstattung in der Lokalpresse, Marburg 1990.

Grüttner, Michael, Studenten im Dritten Reich, Paderborn 1995.

Günther, Ulrich, Die Schulmusikerziehung von der Kestenberg-Reform bis zum Ende des Dritten Reiches, Neuwied am Rhein 1967.

Hahn, Alois, Identität und Selbstthematisierung, in: ders. / Volker Kapp (Hg.), Selbstthematisierung und Selbstzeugnis: Bekenntnis und Geständnis, Frankfurt am Main 1987, S. 9–24.

Hailey, Christopher, Franz Schreker, 1878–1934. A Cultural Biography, Cambridge 1993.

Haken, Boris von, Der »Reichsdramaturg«. Rainer Schlösser und die Musiktheater-Politik in der NS-Zeit, Hamburg 2007.

Haken, Boris von, Werner Egk in Paris. Musiktheater im Kontext der Besatzungspolitik, in: Jürgen Schläder (Hg.), Werner Egk. Eine Debatte zwischen Ästhetik und Politik, München 2008, S. 70–102.

Halter, Helmut, Die »Regensburger Domspatzen« 1924–1945, in: Winfried Becker / Werner Chrobak (Hg.), Staat, Kultur, Politik. Beiträge zum 65. Geburtstag von Dieter Albrecht, Kallmünz/Opf. 1992, S. 371–388.

Hambrock, Matthias, Dialektik der »verfolgenden Unschuld«. Überlegungen zu Mentalität und Funktion der SS, in: Jan Erik Schulte (Hg.), Die SS, Himmler und die Wewelsburg, Paderborn u. a. 2009, S. 79–101.

Hammerschmidt, Peter, Die Wohlfahrtsverbände im NS-Staat. Die NSV und die konfessionellen Verbände Caritas und Innere Mission im Gefüge der Wohlfahrtspflege des Nationalsozialismus, Opladen 1999.

Hantke, Manfred, Der Philosoph als »Mitläufer« – Theodor Haering: »Es kam ein Führer! Der Führer kam!«, in: Benigna Schönhagen (Hg.), Nationalsozialismus in Tübingen. Vorbei und vergessen. Katalog der Ausstellung, Tübingen 1992, S. 179–185.

Harich-Schneider, Eta, Charaktere und Katastrophen. Augenzeugenberichte einer reisenden Musikerin, Berlin u. a. 1978.

Harich-Schneider, Eta, Die Kunst des Cembalo-Spiels, nach den vorhandenen Quellen dargestellt und erläutert, Kassel 1939 / 2. Aufl. 1979.

Harten, Hans-Christian, Himmlers Lehrer. Die Weltanschauliche Schulung in der SS, 1933–1945, Paderborn 2014.

Hasselhorn, Benjamin, Johannes Haller. Eine politische Gelehrtenbiographie, Göttingen 2015.

Haymatloz – Exil in der Türkei 1933–1945. Eine Ausstellung des Vereins Aktives Museum und des Goethe-Institutes in der Akademie der Künste, Berlin 2000.

Heilmann, Christa M. / Gabi Neumann, Das Lektorat für Sprechkunde, Vortragskunst und Theaterkunde, in: Kai Köhler / Burghard Dedner / Waltraud Strickhausen (Hg.), Germanistik und Kunstwissenschaften im »Dritten Reich«. Marburger Entwicklungen 1920–1950, München 2005, S. 213–229.

Hein, Bastian, Die SS. Geschichte und Verbrechen, München 2015.

Hein, Bastian, Elite für Volk und Führer? Die Allgemeine SS und ihre Mitglieder 1925–1945, München 2012.

Heisenberg, Werner, Das Naturbild der heutigen Physik, Hamburg 1955.

Heldmann, Werner, Musisches Gymnasium Frankfurt am Main 1939–1945. Eine Schule im Spannungsfeld von pädagogischer Verantwortung, künstlerischer Freiheit und politischer Doktrin, Frankfurt am Main u. a. 2004.

Heller, Berndt / Friedrich Reininghaus, Hindemiths heikle Jahre, in: Neue Zeitschrift für Musik 5 (1984), S. 4–10.

Henke, Klaus-Dietmar, Die Trennung vom Nationalsozialismus. Selbstzerstörung, politische Säuberung, »Entnazifizierung«, Strafverfolgung, in: Ders. / Hans Woller (Hg.), Politische Säuberung in Europa. Die Abrechnung mit Faschismus und Kollaboration nach dem Zweiten Weltkrieg, München 1991, S. 21–83.

Henze-Döhring, Sabine, »... nur die Worte gibt der Dichter, Musik und Tanz müssen hinzukommen, sie zu beleben ...«. Wilhelm Tell und die Musik, in: Helen Geyer / Wolfgang Osthoff (Hg.), Schiller und die Musik, Köln u. a. 2007, S. 83–95.

Henze-Döhring, Sabine, »Er lebte nur seiner Musik ...«. Hermann Stephani als Gründer des Marburger Musikwissenschaftlichen Seminars und Collegium musicum, in: Kai Köhler / Burghard Dedner / Waltraud Strickhausen (Hg.), Germanistik und Kunstwissenschaften im »Dritten Reich«. Marburger Entwicklungen 1920–1950, München 2005, S. 83–95.

Heussner, Horst, Stephani, Hermann, in: Die Musik in Geschichte und Gegenwart. Allgemeine Enzyklopädie der Musik, hg. v. Friedrich Blume, Bd. 12, Kassel u. a. 1965, Sp. 1265–1267.

Hochstetter, Dorothee, »Nur eine Art ADAC«? – Das Nationalsozialistische Kraftfahrkorps (NSKK), in: Stephanie Becker / Christoph Studt (Hg.), »Und sie werden nicht mehr frei sein ihr ganzes Leben«. Funktion und Stellenwert der NSDAP, ihrer Gliederungen und angeschlossenen Verbände im »Dritten Reich«, Berlin 2012, S. 141–158.

Hochstetter, Dorothee, Motorisierung und »Volksgemeinschaft«. Das Nationalsozialistische Kraftfahrkorps (NSKK) 1931–1945, München 2004.

Höink, Dominik / Jürgen Heidrich (Hg.), Gewalt – Bedrohung – Krieg. Georg Friedrich Händels »Judas Maccabaeus«. Interdisziplinäre Studien, Göttingen 2010.

Höppner, Wolfgang, Germanisten auf Reisen. Die Vorträge und Reiseberichte von Franz Koch als Beitrag zur auswärtigen Kultur- und Wissenschaftspolitik der deutschen NS-Diktatur in Europa, in: Trans. Internet-Zeitschrift für Kulturwissenschaften Nr. 2. November 1997, http://www.inst.at/trans/2Nr/hoeppner.htm (20.9.2018).

Holschuh, Patrick, »... daß wir doch hoffentlich bald wieder zu offiziellen Feiern herangeholt werden«. Die Zeit des Nationalsozialismus, in: Kai-Uwe Jirka / Dietmar Schenk (Hg.), Berliner Jungs singen – seit 550 Jahren. Von den fünf Singeknaben in der *Dhumkerke* zum Staats- und Domchor Berlin 1465–2015, Beeskow 2015, S. 115–133.

Hurwitz, Harold, Robert Havemann. Eine persönlich-politische Biographie, Teil 1: Die Anfänge, Berlin 2012.

Jaensch, Erich Rudolf u. a., Über den Aufbau der Wahrnehmungswelt und die Grundlagen der menschlichen Erkenntnis, Teil II: Über die Grundlagen der menschlichen Erkenntnis, Leipzig 1931.

Jaensch, Erich Rudolf, Das Wahrheitsproblem bei der völkischen Neugestaltung von Wissenschaft und Erziehung, Langensalza 1939.

Jaensch, Erich Rudolf, Der Gegentypus. Psychologisch-anthropologische Grundlagen deutscher Kulturphilosophie, ausgehend von dem, was wir überwinden wollen, Leipzig 1938.

Jaensch, Erich Rudolf, Der Hühnerhof als Forschungs- und Aufklärungsmittel in menschlichen Rassenfragen, Berlin 1939.

Jenaczek, Friedrich, Josef Weinheber 1892–1945. Ausstellung veranstaltet von der Josef Weinheber-Gesellschaft in der Österreichischen Nationalbibliothek, 7. Dezember 1995 – 31. Jänner 1996, Kirchstetten 1995.

John, Eckhard, Musikbolschewismus. Die Politisierung der Musik in Deutschland 1918–1938, Stuttgart / Weimar 1994.

Kater, Michael H., Die missbrauchte Muse. Musiker im Dritten Reich, München / Zürich 1997.

Kater, Michael H., Komponisten im Nationalsozialismus. Acht Porträts, Berlin 2004.

Kirsch, Winfried, Paul Hindemiths Weinheber-Madrigale (1958), in: Hindemith-Jahrbuch 7 (1978), S. 104–120.

Klee, Ernst, Das Kulturlexikon zum Dritten Reich. Wer war was vor und nach 1945, Frankfurt am Main 2007.

Klee, Ernst, Das Personenlexikon zum Dritten Reich. Wer war was vor und nach 1945, 2. Aufl., Frankfurt am Main 2005.

Klein, Thomas (Hg.), Die Lageberichte der Geheimen Staatspolizei über die Provinz Hessen-Nassau 1933–1936, 2 Bde., Köln / Wien 1986.

Köhler, Kai / Burghard Dedner / Waltraud Strickhausen (Hg.), Germanistik und Kunstwissenschaften im »Dritten Reich«. Marburger Entwicklungen 1920–1950, München 2005.

Koselleck, Reinhart, »Erfahrungsraum« und »Erwartungshorizont« – zwei historische Kategorien, in: ders., Vergangene Zukunft. Zur Sematik geschichtlicher Zeiten, Frankfurt am Main 1979, S. 349–375.

Koshar, Rudy, Social Life, Local Politics, and Nazism, Chapel Hill 1986.

Kraatz, Martin, Otto, Karl Louis Rudolph (später Rudolf), in: Neue Deutsche Biographie, Bd. 19, Berlin 1999, S. 709–711.

Krannhals-Russell, Juga, Sieg des Lebens. Kriegsgedichte. Sonderdruck für den Luftwaffenführungsstab Ic/VIII, Stuttgart o. J.

Kraus, Karl, Dritte Walpurgisnacht, ND Frankfurt am Main 1989.

Krüger, Wolfgang, Entnazifiziert! Zur Praxis der politischen Säuberung in Nordrhein-Westfalen, Wuppertal 1982.

Krusenstjern, Benigna von, Was sind Selbstzeugnisse? Begriffskritische und quellenkundliche Überlegungen anhand von Beispielen aus dem 17. Jahrhundert, in: Historische Anthropologie. Kultur, Gesellschaft, Alltag 2 (1994), S. 462–471.

Kubaczek, Martin, »Meide alles, mache Musik und lerne Japanisch«: Eta Harich-Schneiders Jahre im Tokioter Exil, in: Thomas Pekar (Hg.), Flucht und Rettung. Exil im japanischen Herrschaftsbereich (1933–1945), Berlin 2011, S. 268–281.

Lange, Irmgard (Hg.), Entnazifizierung in Nordrhein-Westfalen. Richtlinien, Anweisungen, Organisation, Siegburg 1976.

Latzel, Klaus, Vom Kriegserlebnis zur Kriegserfahrung. Theoretische und methodische Überlegungen zur erfahrungsgeschichtlichen Untersuchung von Feldpostbriefen, in: Militärgeschichtliche Mitteilungen 56 (1997), S. 1–30.

Lauster, Jörg / Peter Schüz / Roderich Barth / Christian Danz, Vorwort, in: dies. (Hg.), Rudolf Otto. Theologie – Religionsphilosophie – Religionsgeschichte, Berlin / Boston 2014, S. XI–XV.

Lilla, Joachim, Leitende Verwaltungsbeamte und Funktionsträger in Westfalen und Lippe (1918–1945/46). Biographisches Handbuch, Münster 2004.

Löning, Martin, Neuanfang der Alten: Politiker und Parteien in Bielefeld nach 1945, in: Ravensberger Blätter 1995/2, S. 25–42.

Maas, Utz, Jacobsohn, Hermann, in: Utz Maas, Verfolgung und Auswanderung deutschsprachiger Sprachforscher 1933–1945, http://zflprojekte.de/sprachforscher-im-exil/index.php/catalog/j/271-jacobsohn-hermann (20.09.2018).

Maier-Metz, Harald, Entlassungsgrund: Pazifismus. Albrecht Götze, der Fall Gumbel und die Marburger Universität 1930–1946, Münster / New York 2015.

Maier-Metz, Harald, Hermann Jacobsohn – sein Leben, in: Die Philipps-Universität Marburg im Nationalsozialismus. Veranstaltungen der Universität zum 50. Jahrestag des Kriegsendes 8. Mai 1995, Marburg 1996, S. 161–167.

Mann, Rosemarie (geb. Elmsheuser), Entstehen und Entwicklung der NSDAP in Marburg bis 1933, in: Hessisches Jahrbuch für Landesgeschichte 22 (1972), S. 254–342.

Mann, Thomas, Versuch über Schiller. Zum 150. Todestag des Dichters – seinem Andenken in Liebe gewidmet, in: ders., Reden und Aufsätze, Bd. 1, Frankfurt am Main 1960, S. 870–951.

Martin-Luther-Schule 1838–1988, hg. v. Werner Bauch, Karin vom Brocke, Brigitte Kettner u. Helmut Krause, Marburg 1988.

Maurer Zenck, Claudia, Emanuel Feuermann, in: dies. / Peter Petersen / Sophie Fetthauer (Hg.), Lexikon verfolgter Musiker und Musikerinnen in der NS-Zeit, Hamburg 2014, https://www.lexm.uni-hamburg.de/object/lexm_lexmperson_00003436.

Maurer Zenck, Claudia, Zwischen Boykott und Anpassung an den Charakter der Zeit. Über die Schwierigkeiten eines deutschen Komponisten mit dem Dritten Reich, in: Hindemith-Jahrbuch 9 (1980), S. 65–129.

Michels, Eckard, Das Deutsche Institut in Paris 1940–1944. Ein Beitrag zu den

deutsch-französischen Kulturbeziehungen und zur auswärtigen Kulturpolitik des Deutschen Reiches, Stuttgart 1993.
Minniger, Monika, Bankier Schröder finanziert Spruchgericht. Zur Geschichte einer lange vergessenen Institution, in: Ravensberger Blätter 1995/2, S. 43–55.
Moll, Martin (Hg.), »Führer-Erlasse« 1939–1945. Edition sämtlicher überlieferter, nicht im Reichsgesetzblatt abgedruckter, von Hitler während des Zweiten Weltkrieges schriftlich erteilter Direktiven aus den Bereichen Staat, Partei, Wirtschaft, Besatzungspolitik und Militärverwaltung, Stuttgart 1997.
Möller, Horst, Regionalbanken im Dritten Reich. Bayerische Hypotheken- und Wechselbank, Bayerische Vereinsbank, Vereinsbank in Hamburg, Bayerische Staatsbank 1933–1945, Berlin / Boston 2015.
Morisse, Heiko, Ausgrenzung und Verfolgung der Hamburger jüdischen Juristen im Nationalsozialismus, Göttingen 2013.
Moser, Hans Joachim, Musiklexikon, 2. Aufl., Berlin 1943.
Müller-Dombois, Richard, Die Gründung der Nordwestdeutschen Musikakademie Detmold, Detmold 1977.
Nagel, Anne Christine (Hg.), Die Philipps-Universität im Nationalsozialismus. Dokumente zu ihrer Geschichte, Stuttgart 2000.
Nagel, Anne Christine, Hitlers Bildungsreformer. Das Reichsministerium für Wissenschaft, Erziehung und Volksbildung 1934–1945, Frankfurt am Main 2012.
Nickel, Gunther / Susanne Schaal, Die Dokumente zu einem gescheiterten Opernplan von Paul Hindemith und Ernst Penzoldt, in: Hindemith-Jahrbuch (28) 1999, S. 88–253.
Okrassa, Nina, Peter Raabe. Dirigent, Musikschriftsteller und Präsident der Reichsmusikkammer (1872–1945), Köln u. a. 2004.
Osborne, Richard, Herbert von Karajan. Leben und Werk, Wien 2002.
Osterroth, Franz, Karl Schreck, in: Biographisches Lexikon des Sozialismus, Bd. 1: Verstorbene Persönlichkeiten, Hannover 1960, S. 270.
Otto, Rudolf, Das Gefühl des Überweltlichen (Sensus Numinis), 5./6. Aufl., München 1932.
Otto, Rudolf, Das Heilige. Über das Irrationale in der Idee des Göttlichen und sein Verhältnis zum Rationalen. Neuausgabe mit einem Nachwort von Hans Joas, München 2014.
Otto, Rudolf, Zur Erneuerung und Ausgestaltung des Gottesdienstes, Gießen 1925.
Pingel, Falk, Häftlinge unter SS-Herrschaft, Hamburg 1978.
Pingel, Fiete / Thomas Steensen, Sperrgebiet G – Internierungslager für 400.000 deutsche Soldaten, in: Stephan Richter (Hg.), Das Kriegsende. Schleswig-Holstein 1945, Flensburg 2005, S. 28.
Poothast, Jan Björn, Das jüdische Zentralmuseum der SS in Prag. Gegnerforschung und Völkermord im Nationalsozialismus, Frankfurt am Main / New York 2002.
Potter, Pamela M., Die deutscheste der Künste. Musikwissenschaft und Gesellschaft von der Weimarer Republik bis zum Ende des Dritten Reichs, Stuttgart 2000.
Prieberg, Fred K., Handbuch Deutsche Musiker 1933–1945, Kiel 2004 (CD-ROM-Lexikon).

Prieberg, Fred K., Kraftprobe. Wilhelm Furtwängler im Dritten Reich, Wiesbaden 1986.

Prieberg, Fred K., Musik im NS-Staat, Köln 2000.

Reichwein, Kerstin, Deutsche Musikalienverlage während des Nationalsozialismus, in: Archiv für Geschichte des Buchwesens 61 (2007), S. 1–78.

Riehle, Klaus, Herbert von Karajan. Neueste Forschungsergebnisse zu seiner NS-Vergangenheit und der Fall Ute Heuser, Wien 2017.

Riehle, Klaus, Pál Kiss. Gefangener Nr. 193 273. Auschwitz, Pianist, Wien 2017.

Riesenberger, Dieter, Von der Nordwestdeutschen Musikakademie Detmold zur Musikhochschule 1945–1955, in: Paderborner historische Mitteilungen 23 (2010), S. 5–40.

Riethmüller, Albrecht / Michael Custodis (Hg.), Die Reichsmusikkammer. Kunst im Bann der Nazi-Diktatur, Köln u. a. 2015.

Rohrkamp, René, »Weltanschaulich gefestigte Kämpfer«. Die Soldaten der Waffen-SS 1933–1945. Organisation – Personal – Sozialstruktur, Paderborn u. a. 2010.

Röll, Wolfgang, Sozialdemokraten im Konzentrationslager Buchenwald 1937–1945, Göttingen 2000.

Roters, Katja, Bearbeitungen von Händel-Oratorien im Dritten Reich, Halle/Saale 1999.

Rutz, Andreas, Ego-Dokument oder Ich-Konstruktion? Selbstzeugnisse als Quellen zur Erforschung des frühneuzeitlichen Menschen, in: zeitenblicke 1 (2002), Nr. 2 (20.12.2002), http://www.zeitenblicke.de/2002/02/rutz/index.html (20.9.2018).

Sandmeier, Rebekka, »Großdeutsches Dankgebet« und »völkerumfassendes Oratorium«. Händels Judas Maccabäus in Deutschland zwischen 1933 und 1945, in: Dominik Höink / Jürgen Heidrich (Hg.), Gewalt – Bedrohung – Krieg. Georg Friedrich Händels »Judas Maccabaeus«. Interdisziplinäre Studien, Göttingen 2010, S. 201–214.

Schaal-Gotthardt, Susanne, »Die Geflügelzucht«. Hindemiths Blick auf die Reichsmusikkammer, in: Albrecht Riethmüller / Michael Custodis (Hg.), Die Reichsmusikkammer. Kunst im Bann der Nazi-Diktatur, Köln u. a. 2015, S. 163–179.

Schenk, Dietmar, Die Hochschule für Musik zu Berlin. Preußens Konservatorium zwischen romantischem Klassizismus und Neuer Musik, 1869–1932/33, Stuttgart 2004.

Schlemmer, Thomas, Ein gelungener Fehlschlag? Die Geschichte der Entnazifizierung nach 1945, in: Martin Löhnig, Zwischenzeit. Rechtsgeschichte der Besatzungsjahre, Regensburg 2011, S. 9–33.

Schleusener, Jan Thomas, Entnazifizierung und Rehabilitierung. Vergangenheitsaufarbeitung im Fall Egk, in: Jürgen Schläder (Hg.), Werner Egk. Eine Debatte zwischen Ästhetik und Politik, München 2008, S. 103–118.

Schmitt, Hanno, Am Ende stand das Wort »Umsonst«. Nationalsozialismus an Marburger Schulen, in: Kirche und Schule im nationalsozialistischen Marburg, Marburg 1985, S. 165–245.

Schmuhl, Hans-Walter, »... dass Verteidigung des evangelischen Glaubens gegen falsche Lehre *nicht Kirchenpolitik* ist.« Der Wittekindshof, die Familie Brünger und der »Kirchenkampf«, in: Jahrbuch für Westfälische Kirchengeschichte 2018.

Schmuhl, Hans-Walter, Das unbehauste Selbst. Der moderne Mensch und sein Verhältnis zu Gott und der Welt, in: Annette Kurschus / Vicco von Bülow (Hg.), Die Entdeckung des Individuums? Wie die Reformation die Moderne geprägt hat, Bielefeld 2017, S. 73–88.

Schnabel, Artur, Aus Dir wird nie ein Pianist, Hofheim 1991.

Schneider, Frank, »... nach langer Irrfahrt kehrst Du dennoch heim ...«. Werner Egks Peer Gynt. Ein musikalischer Fall zur Dialektik der Anpassung, in: Beiträge zur Musikwissenschaft 28 (1986), S. 10–17.

Schneider, Ulrich, Widerstand und Verfolgung an der Marburger Universität 1933–1945, in: Dieter Kramer / Christina Vanja (Hg.), Universität und demokratische Bewegung. Ein Lesebuch zur 450-Jahrfeier der Philipps-Universität Marburg, Marburg 1977, S. 219–256.

Schulte, Jan Erik, Hans Jüttner. Der Mann im Hintergrund der Waffen-SS, in: Ronald Smelser / Enrico Syring (Hg.), Die SS: Elite unter dem Totenkopf. 30 Lebensläufe, Paderborn u. a. 2000, S. 276–288.

Schulte, Jan Erik, Zwangsarbeit und Vernichtung. Das Wirtschaftsimperium der SS, Paderborn 2011.

Schulze, Theodor, Autobiographie und Lebensgeschichte, in: Dieter Baacke / Theodor Schulze (Hg.), Aus Geschichten lernen. Zur Einübung pädagogischen Verstehens, München 1979, S. 51–98.

Schulze, Winfried, Ego-Dokumente. Annäherungen an den Menschen in der Geschichte? Vorüberlegungen für die Tagung »Ego-Dokumente«, in: ders. (Hg.), Ego-Dokumente. Annäherung an den Menschen in der Geschichte, Berlin 1996, S. 11–30, http://www.historicum.net/fileadmin/sxw/Lehren_Lernen/Schulze/Ego-Dokumente.pdf (20.9.2018).

Schumann, Otto, Geschichte der Deutschen Musik, Leipzig 1940.

Schütz, Alfred / Thomas Luckmann, Strukturen der Lebenswelt, Frankfurt am Main 1979.

Schwalb, Michael, Hans Pfitzner. Komponist zwischen Vision und Abgrund, Regensburg 2016.

Seier, Hellmut, Marburg in der Weimarer Republik 1918–1933, in: Erhart Dettmering / Rudolf Grenz (Hg.), Marburger Geschichte. Rückblick auf die Stadtgeschichte in Einzelbeiträgen, Marburg 1980, S. 559–592.

Shirakawa, Sam A., The Devil's Master. The Controversial Life and Career of Wilhelm Furtwängler, New York u. a. 1992.

Sieb, Rainer, Der Zugriff der NSDAP auf die Musik. Zum Aufbau von Organisationsstrukturen für die Musikarbeit in den Gliederungen der Partei, phil. Diss. Osnabrück 2007.

Siedenhans, Michael / Olaf Eimer, Das Internierungslager Eselsheide und das Sozialwerk Stukenbrock, in: Volker Pieper / Michael Siedenhans, Die Vergessenen von Stukenbrock. Die Geschichte des Lagers in Stukenbrock-Senne von 1941 bis zur Gegenwart, Bielefeld 1988, S. 72–101.

Skelton, Geoffrey, Paul Hindemith. The Man Behind the Music. A Biography, London 1975.

Smith, Bradley F. / Agnes F. Peterson (Hg.), Heinrich Himmler. Geheimreden 1933 bis 1945 und andere Ansprachen, Frankfurt am Main u. a. 1974.
Smolorz, Roman P., Die Regensburger Domspatzen im Nationalsozialismus. Singen zwischen katholischer Kirche und NS-Staat, Regensburg 2017.
Splitt, Gerhard, Richard Strauss 1933–1935. Ästhetik und Musikpolitik zu Beginn der nationalsozialistischen Herrschaft, Pfaffenweiler 1987.
Splitt, Gerhard, Richard Strauss und die Reichsmusikkammer – im Zeichen der Begrenzung von Kunst?, in: Albrecht Riethmüller / Michael Custodis (Hg.), Die Reichsmusikkammer. Kunst im Bann der Nazi-Diktatur, Köln u. a. 2015, S. 15–31.
Stein, Fritz, Max Reger, Potsdam 1939.
Stein, Fritz, Thematisches Verzeichnis der im Druck erschienenen Werke von Max Reger, Leipzig 1934.
Stein, Fritz, Thematisches Verzeichnis der im Druck erschienenen Werke von Max Reger einschließlich seiner Bearbeitungen und Ausgaben. Mit systematischem Verzeichnis und Register (mit einer Bibliographie des Reger-Schrifttums von Josef Bachmair), Leipzig 1953.
Stengel, Theo (in Verbindung mit Herbert Gerigk), Lexikon der Juden in der Musik. Mit einem Titelverzeichnis jüdischer Werke, Berlin 1940.
Stephani, Hermann, Das Erhabene insonderheit in der Tonkunst und das Problem der Form im Musikalisch-Schönen und Erhabenen, Leipzig 1903.
Stephani, Hermann, Grundfragen des Musikhörens, Leipzig 1926.
Stephani, Hermann, Verfälschung? Grundsätzliches zur Bearbeitungsfrage, in: Der Chor 12 (1957), S. 143–144.
Stephani, Hermann, Zur Neufassung der Oratorien Händels, in: Die Musik XXXV/3, Dezember 1942, S. 80–81.
Stephani, Hermann, Zur Psychologie des musikalischen Hörens. Hören wir naturrein, quintengestimmt, temperiert? Erfüllt sich der Sinn der Musik tonal – freitonal – atonal?, Regensburg 1956.
Stephani, Martin, Musikstudenten in Italien, in: Völkische Musikerziehung, Bd. V, Heft 5, Mai 1939, S. 219–220.
Stephani, Martin, Orchestermusiker aus Liebe zur Musik?, in: 10 Jahre Landesjugendorchester Nordrhein-Westfalen 1969–1979, o. O. o. J., S. 23–24.
Stephani, Reinhart, Die deutsche musikalische Jugendbewegung, Inaugural-Dissertation zur Erlangung des Doktorgrades der Philosophischen Fakultät der Philipps-Universität zu Marburg, Marburg 1952.
Stuckenschmidt, H.H. [Hans Heinz], Eine neue Kulturepoche, in: Melos. Zeitschrift für Neue Musik 26 (1959), H. 10, S. 281–287.
Suchy, Irene, Leonid Kreutzer, in: Claudia Maurer Zenck / Peter Petersen (Hg.), Lexikon verfolgter Musiker und Musikerinnen in der NS-Zeit, Hamburg 2007 (https://www.lexm.uni-hamburg.de/object/lexm_lexmperson_00002778).
Thrun, Martin, Führung und Verwaltung. Heinz Drewes als Leiter der Musikabteilung des Reichsministeriums für Volksaufklärung und Propaganda (1937–1944), in: Albrecht Riethmüller / Michael Custodis (Hg.), Die Reichsmusikkammer. Kunst im Bann der Nazi-Diktatur, Köln u. a. 2015, S. 101–145.

Verroen, Ruth, Leben Sie? Die Geschichte einer jüdischen Familie in Deutschland (1845–1953), Marburg 2015.
Vogelsang, Reinhard, Geschichte der Stadt Bielefeld, Bd. III: Von der Novemberrevolution 1918 bis zum Ende des 20. Jahrhunderts, Bielefeld 2005.
Vollnhals, Clemens, Entnazifizierung. Politische Säuberung unter alliierter Herrschaft, in: Hans-Erich Volkmann (Hg.), Ende des Dritten Reiches – Ende des Zweiten Weltkriegs. Eine perspektivische Rückschau, München / Zürich 1995, S. 369–392.
Vries, Willem de, Sonderstab Musik. Organisierte Plünderungen in Westeuropa 1940–1945, Köln 1998.
Vysloužil, Jiří, Musikgeschichte Mährens und Mährisch-Schlesiens vom Ende des 18. Jahrhunderts bis zum Jahr 1945, Wien u. a. 2013.
Walter, Michael, Hitler in der Oper. Deutsches Musikleben 1919–1945, Stuttgart / Weimar 1995.
Walter, Michael, Von Friedrich Ebert zum »Kampfbund für deutsche Kultur«, in: Hessisches Jahrbuch für Landesgeschichte 38 (1988), S. 227–247.
Wegner, Bernd, Hitlers Politische Soldaten. Die Waffen-SS 1933–1945. Leitbild, Struktur und Funktion einer nationalsozialistischen Elite, 9. Aufl., Paderborn 2010.
Weinheber, Josef, Zwischen Göttern und Dämonen. Vierzig Oden, München 1938.
Weissweiler, Eva (unter Mitarbeit von Lilli Weissweiler), Ausgemerzt! Das Lexikon der Juden in der Musik und seine mörderischen Folgen, Köln 1999.
Wember, Heiner, Umerziehung im Lager. Internierung und Bestrafung von Nationalsozialisten in der britischen Besatzungszone Deutschlands, Essen 1991.
Werner, Robert, Wie die NS-Geschichte der Domspatzen geklittert wird, https://www.regensburg-digital.de/?s=domspatzen+ns-zeit (20.9.2018).
Wessling, Berndt, Wilhelm Furtwängler. Eine kritische Biographie, Stuttgart 1985.
Westemeier, Jens, Die Junkerschulgeneration, in: Jan Erik Schulte / Peter Lieb / Bernd Wegner (Hg.), Die Waffen-SS. Neue Forschungen, Paderborn 2014, S. 269–285.
Westemeier, Jens, Himmlers Krieger. Joachim Peiper und die Waffen-SS in Krieg und Nachkriegszeit, Paderborn u. a. 2014.
Wilke, Karsten, Die »Hilfsgemeinschaft auf Gegenseitigkeit« (HIAG) 1950–1990. Veteranen der Waffen-SS in der Bundesrepublik, Paderborn u. a. 2011.
Willenborg, Hanno, Von der Billard- zur Bowling- zur Erdkugel. Psychologische Ideen in der Evolutionstheorie Charles Darwins und ihre Rezeption durch Rudolf Otto, in: Jörg Lauster / Peter Schüz / Roderich Barth / Christian Danz (Hg.), Rudolf Otto. Theologie – Religionsphilosophie – Religionsgeschichte, Berlin / Boston 2014, S. 625–637.
Willertz, John R., Marburg unter dem Nationalsozialismus (1933–1945), in: Erhart Dettmering / Rudolf Grenz (Hg.), Marburger Geschichte. Rückblick auf die Stadtgeschichte in Einzelbeiträgen, Marburg 1980, S. 593–653.
Wolf, Erich (Hg.), Friedrich Hölderlin. Vom heiligen Reich der Deutschen, Jena 1935.
Wulf, Joseph, Musik im Dritten Reich. Eine Dokumentation, Gütersloh 1963.
Zimmermann-Kalyoncu, Cornelia, Deutsche Musiker in der Türkei im 20. Jahrhundert, Frankfurt am Main 1985.

Zurlo, Stefano, »Brahms e vino bianco«. Così il boia nazista sterminava gli italiani, in: Il Giornale, 30.9.2016, http://www.ilgiornale.it/news/politica/brahms-e-vino-bianco-cos-boia-nazista-sterminava-italiani-1312669.html (20.9.2018)

Notenmaterial

Händel, Georg Friedrich, Das Opfer. Oratorium für Soli, gemischten Chor und Orchester. Auf Grund des englischen Urtextes von Th. Morell und unter teilweiser Benutzung der Übersetzung von H. Gervinus u. Fr. Chrysander neu bearbeitet von Hermann Stephani, Leipzig o. J. [1941].
Händel, Georg Friedrich, Makkabäus. Vaterländisches Oratorium in der Neubearbeitung von Hermann Stephani, Leipzig 1929.
Stephani, Hermann, Aufbruch. 14 Gesänge zur Zeitenwende, Leipzig 1936.

Anhang

1. Stellungnahme Martin Stephanis im Disziplinarverfahren gegen Eta Harich-Schneider, 30. Januar 1940[1]

Berlin, den 30. Januar 1940.
Betrifft: Streitfall Harich-Schneider – Scheck – Stein

Vermerk:
Heute erschien der Kapellmeisterschüler Martin Stephani, Student an der Staatlich-akademischen Hochschule für Musik in Berlin, und übergab die nachfolgende Protokollskizze:

»Ich kenne Frau Prof. Harich-Schneider näher seit Anfang Januar 1939, seit welcher Zeit sie mich plötzlich und unbegründet aufs Liebenswürdigste in ihren persönlichen Verkehr zog, nachdem sie mich, obwohl künstlerische Beziehungen zu meinem Vater vorlagen,[2] seit Beginn meines Hochschulstudiums im Herbst 1937 auffällig kühl behandelt bezw. übersehen hatte. Sie verflocht mich in allerlei Gespräche über sich und ihre Arbeit, deren durch nichts begründete Vertraulichkeit mir fast befremdlich erschien. Es fielen schon damals stets kleine versteckte Seitenhiebe gegen Stein, deren Wirkung auf mich offenbar erprobt werden sollte, um zu sehen, was sie mir in dieser Hinsicht zumuten könnte. Mein anfängliches Schweigen zu derartigem veranlasste sie zu dem mir oft wiederholten Satz: »Sie glauben ja nicht, wie ich Direktor Stein verehre, ja liebe; er ist oft so reizend kindlich – man kann ihm so schwer böse sein.« (Immer im Hinblick auf die Monbijou-Konzerte). »Sie glauben nicht, was ich zu kämpfen habe, um das Niveau der Konzerte hochzuhalten und alle dillettantischen [sic] Einflüsse seinerseits auszuschalten!« Diesen Satz

1 Archiv der Universität der Künste Berlin 1/74. Vgl. S. 91–99.

2 In ihren Lebenserinnerungen weist Eta Harich-Schneider an zwei Stellen auf Hermann Stephani hin, ohne ihn namentlich zu nennen. Der »Musikwissenschaftler der Universität« Marburg habe sich 1936 implizit bei ihr entschuldigt. Erst nach dem Krieg habe sie erfahren, dass er sie, angestiftet von Gustav Scheck, bei der Hochschule denunziert hatte (Harich-Schneider, Charaktere, S. 100). 1939 habe sie erfahren, dass »auch der Marburger Musikwissenschaftler [...] jetzt in SA und Partei, gefährlich linientreu« sei (ebd., S. 143).

bekam ich in immer neuen Abwandlungen vorgetragen. Da ich eine Art Assistent bei Direktor Stein bin, beendete sie ein solches Gespräch mit mir stets mit einigen Aufträgen und Wünschen und mit den Worten: »Bringen Sie das Direktor Stein doch gelegentlich bei« oder »Sagen Sie ihm, dass das oder jenes nicht geht und so oder so gemacht werden müsse.« Erwischte sie mich dann später wieder irgendwo, war stets ihr erstes: »Nun, was hat er gesagt? War er einverstanden? War er böse?« Kurz, es war mir von vornherein klar, dass sie mich zu irgendetwas gebrauchen wollte; ich hatte von Anfang an das Gefühl, von ihr belauert und ausgehorcht zu werden. Ich musste deshalb jedes meiner Worte ihr gegenüber genauestens abwägen und tat dies immer sorgfältiger im Laufe der Zeit, als ich merkte, wie gleichsam gierig sie jeden Ausspruch von oder über Stein und seine Handlungen sammelte. Mehr als einmal bat ich sie, mich, der ich doch ein Student dieser Anstalt sei, in persönlichen Dingen aus dem Spiel zu lassen. Sie überging aber derartiges stets mit Schmeicheleien, dass ich doch eine Ausnahme sei, so viel könne, ihr überdies im Interesse des Ganzen kollegiale Dienste leisten würde usf.

Die Höflichkeit und Ehrerbietung einem Lehrer gegenüber (ich war übrigens nie Schüler von ihr!) noch dazu einer Dame, zwangen mich, von nun an ein doppeltes Spiel zu spielen: Ihr gegenüber harmlos und unbefangen, wenn auch zurückhaltend, aufzutreten und mich zu ihrer Verfügung zu halten, andererseits aber in höchster Grade [sic] wachsam zu sein, um gegebenenfalls warnen oder vermitteln zu können, falls sich mein Verdacht, dass sie nichts Gutes im Schilde führe, bestätigen sollte.

Bei den bekannten Ereignissen um die Vorbereitung der Italienreise Febr. 39 wurden meine Vermutungen insofern bestätigt, als sie sich mir gegenüber, der ich in meiner gespielten Harmlosigkeit sicher zu sein schien, gelegentlich zu erschreckenden Hassausbrüchen hinreißen ließ, vor allem gegen Prof. Scheck. Die Tatsache, dass ich selbst das brennendste Interesse an der Lösung des in Rede stehenden wissenschaftlichen Problems hatte und dabei rein sachlich ihrer Auffassung zuneigte, benützte sie, um mich persönlich gegen Scheck aufzubringen; dabei zeigte sie offen ihren abgrundtiefen, unversöhnlichen Hass gegen Herrn Scheck, der sie nach ihren Worten seit Jahren »schädige« wo er könne und dessen künstlerische Gewissenlosigkeit seiner menschlichen entspräche. Meine ständigen Hinweise darauf, dass Prof. Stein dringend wünsche, gerade nach der Italienreise eine Arbeitsgemeinschaft zu bilden, in der er, sie und Herr Scheck sich über die Fragen der Aufführungspraxis einmal grundlegend aussprechen wollten, deren Ergebnisse dann möglicherweise veröffentlicht werden könnten, nahm sie zugleich zum Anlass, auch gegen Direktor Stein höchst zweifelhafte persönliche Angriffe vorzubringen: Er hinterginge sie, er tue nur so, als ob es ihm um die Wissenschaft ginge, in Wirklichkeit nehme er stets Partei für Herrn Scheck, um mit ihm zusammen sie aus Monbijou zu verdrängen (!!) usw. Die durch die Italienreise eingetretene Ruhe war nur eine scheinbare. Der Artikel in der »Musik«, der nach der Reise erschien, brach von ihrer Seite alle Brücken zu einer sachlichen Verständigung ab. Dass er von ihr als Angriff gemeint war, hat sie mir auf meine Frage mehrfach bejaht, indem sie ihre Geschicklichkeit rühmte, die Dinge so darzustellen, dass keiner daraus einen persönlichen Angriff herleiten könne. Ihre Äußerungen dazu im Protokoll sind, wie sich auch aus dem persönlichen Verkehr mit ihr durchaus zeigte, völlig subjektiv, entstellt, oft an der Grenze des Unwahren. Alle meine von ihr wiedergegebenen Äußerungen sind nur bedingt richtig und stehen ausnahmslos in völlig falschen Zusammenhängen. So z.B. habe ich nicht »spontan mein Bedauern« ausgedrückt »über das unsachliche Verhalten der Scheckschüler«, sondern habe Kritik geübt an den persönlichen Schärfen ihrer Artikel, vor allem an dem nicht veröffentlichten zweiten dadurch, dass ich sagte: es würde durch Einbeziehung von Persönlichem in eine sachliche Auseinandersetzung die ganze Angelegenheit auf ein falsches Gleis geschoben, so dass begreiflicherweise die Scheck- wie überhaupt alle Hochschüler sich aufgerufen fühlten, Partei zu ergreifen und persönliche Angriffe auf den allerseits beliebten und verehrten Prof. Scheck mit ebensolcher persönlichen Stellungnahme zu beantworten, wodurch für die Sache nichts gewonnen sei. In diesem Zusammenhang suchte ich ihr auch klar zu machen, wie sehr sie als die Angreiferin überall angesehen würde, und wie sehr Prof. Scheck sich als der Angegriffene fühle, dadurch, dass ich ihr von seiner Empörung über ihre unsachliche Art Kenntnis gab. Diese Tatsache gibt sie im Protokoll völlig übertrieben und damit unrichtig wieder mit dem betr. Vorfall im Hochschulvestibül. Aber alle Warnungen und Kritik meinerseits wurde von ihr immer weniger aufgefasst: sie war stets in wilder Erregung, zitterte oft am ganzen Körper, wenn sie mit mir sprach, steigerte sich in derart unbegreifliche Wahnvorstellungen hinein, dass sie ganz offenbar vernünftigen Überlegungen kaum noch zugänglich war. Wessen sie an Hass und Erregung fähig war, erlebte ich, als ich ihr im Oktober 39 im Einverständnis mit Direktor Stein meine eidesstattliche Erklärung noch abends ins Haus brachte auf ihren Wunsch (»da die Post nicht zuverlässig sei!«): sie riss mir diese gierig aus der Hand und sank zitternd auf ein Sofa, las und brach in wilde Ausbrüche gegen Stein und Scheck aus. Als ich ihr mein Erstaunen ausdrückte, was sie mit meiner Erklärung nur wollte, die ihr weder schaden noch nützen könne, da sie eine längst erledigte, gänzlich belanglose Affäre behandelte, die seit langem berichtigt sei und mit ihrer Sache nicht das geringste zu tun habe, fuhr sie mich an: »Sie wissen ja garnicht, wie man mich behandelt!« Die »Brutalität« (!) Steins zwinge sie ihrerseits mit allen Mitteln gegen ihn vorzugehen, dessen »gemeinen Charakter« sie längst erkannt habe. Prof. Rühlmann habe ihr ihre Auffassung über Stein überdies bestätigt und habe ihr gesagt: er wüsste ganz genau, wessen man sich bei Stein zu versehen habe, dass er »unehrlich«, »troddelhaft, nicht Herr seiner Entschließungen« usw. ist. (Sie bezichtigte Prof. Rühlmann der unglaublichsten Äußerungen über Direktor Stein, über die jeder, der das freundschaftliche Verhältnis Rühlmanns zu Stein nur von fern kennt, den Kopf schütteln muss!) Er, Rühlmann, sei es auch gewesen, der sie »auf den Knien angefleht« haben soll, gegen Scheck vorzugehen, da er, Scheck, wegen seiner »femininen Art« und seines »Größenwahns« bei allen Kollegen verhasst sei. Sie hingegen habe das gesamte Kollegium hinter sich, das sich über eine »Maßregelung« Schecks nur freue. Nachdem alle meine Vorstellungen und Warnungen in ihrer maßlosen Erregung untergingen, zog ich mich nach diesem letzten Vermittlungsversuch völlig von ihr zurück, nicht allerdings ohne ihr zu verstehen zu geben, dass ich, falls sie meine Bemerkungen um die Sache für ihre Zwecke umdeuten und missbrauchen sollte, gezwungen sein würde, meinerseits mich zum Wort zu melden, von dem sie wusste, dass es sie aufs schwerste belasten würde.«

2. Martin Stephani an »Onkel Rudolf« und »Maria« [Beneke], 19. April 1940[3]

W'ooge, den 19.9.40

Lieber Onkel Rudolf, liebe Maria!

Schön, von Euch *beiden* wieder einmal etwas zu haben; und eigentlich nicht nur *etwas*, sondern sogar *alles*! Denn Eure beiden Briefe richten in ihrer jeweils so ganz eigen gearteten Lebendigkeit Eure beiden Gestalten in ganz leibhaftiger Nähe vor mir auf – jede in ihrem besonderen und mir heimatlich-vertrauten Bereich!

Indessen: nehmt so kleine, in erster Linie für meine Eltern bestimmte, »Anmerkungen« zu ein paar an sich ja uralten Erfahrungstatsachen wie »Trostlosigkeit« einer gewissen Art von Menschen nicht gar zu wörtlich und tragisch als das, was sie sind: aus dem Erleben des Augenblicks in die Feder springende »Glossen«, die man – ich schrieb das auch meinen Eltern – allerdings wohl nicht so sehr Briefen, als lieber verschwiegenen Tagebuchblättern anvertrauen

3 Universitätsarchiv Marburg 312/3/19 (maschinenschriftliche Abschrift des Originalbriefs mit handschriftlichen Korrekturen). Vgl. S. 108–112.

sollte. Aber ein solches führe ich nicht, – wenn ich auch stoßweise Skizzen u. Pläne für alle möglichen Unternehmungen in meinen »Gehirnfächern« verberge! – denn ich habe für einen solchen Luxus – wie ich dergleichen ansehe – keine Zeit und bin überzeugt, dass im augenblicklichen Neubau der Welt das 20. Jahrhundert mehr denn je verpflichtet ist dem Wort: Im Anfang war die *Tat*! Und zwar nicht die triebhaft ihrer Notwendigkeit *un*bewusste Siegfried-Tat, sondern die, in ihrem *weitesten* Sinne gewollte, mit Blut geschriebene Tat, von der Nietzsche verkündet, dass sie Geist sei![4]

Und: »Blut« – passt wohl nicht ganz in die intime, besinnlicher Rückschau gewidmete Welt des Tagebuches, das erst wieder in den Tagen unserer Ur-Groß-Enkel zu seinem Recht kommen wird, wenn man die Dinge wieder etwas unverbindlich aus einiger Entfernung betrachten darf (wie Goethe die berühmte Kanonade von Valmy!)[5]

Und das, was den Einsatz des Blutes nicht *völlig* wert ist, wollen wir lieber *ganz* dahinten lassen; und nicht Enkel auf vergilbten Blättern rühren mit dem, *was* wir gelitten haben, sondern *für* was wir geblutet haben; und wenn diese des 20. Jahrhunderts würdig sind, werden sie ihre Großväter an deren *Leistungen* kennen lernen!

Freilich: so kommt es denn leicht, dass man dort, wo man nicht um Leistungen, sondern ganz einfach als *Mensch* geliebt wird und wieder liebt, – insbesondere einer Mutter gegenüber, die Ursache hatte, ihrem Sohn das Wort von der Napoleon-Mutter mit auf den Weg zu geben, das den großen Korsen begleitete: »Wenn Du mir *Ehre* machst, werde ich stolz auf Dich sein; wenn Du mir aber *Un*ehre machst, vergiss nie, dass ich immer Deine Mutter bleibe!« – dass man dort, sagte ich, manchmal »Torheiten« u. »Dummes« sagt, weil man sich so geborgen u. unmissverstehbar fühlt u. – nirgends sonst wo – unterlegen! Torheit ist dann nicht mehr Torheit, sondern jungenhaft-verantwortungslose Stammelei – man muss sich ja mal irgendwo ausweinen können! –, von der man weiß, dass Vater und Mutter sie liebend gern in die Arme nehmen im Sinne der *Bedürftigkeit*, mit der ein Mensch zeitlebens vor seinen Eltern steht.

Und Du, verehrter Onkel Rudolf, empfiehlst mir gleich dringend, meine »Nerven zu kräftigen« – in Deiner stetig liebevollen Fürsorge! Ach nein: um *die* handelt es sich *kaum* bei mir: *die* haben sich bisher *stets* den meisten Menschen überlegen erwiesen! (und ich kann wirklich von ihrer Bewährung ein ehrlich

4 Vgl. S. 108, Anm. 26.

5 Goethe gibt in seiner autobiographischen Schrift »Kampagne in Frankreich 1792« (1819–1822) an, er habe am Abend nach der Kanonade von Valmy im Kreise einiger Offiziere den Ausspruch getan: »Von hier und heute geht eine neue Epoche der Weltgeschichte aus, und ihr könnt sagen, ihr seid dabei gewesen.«

Lied singen bei den *mehr* als normalen Beanspruchungen, denen sie sich – nicht nur in strammer 2 ½ jähriger Militärzeit! – vollauf gewachsen zeigten!)

Siehst Du: Du kennst mich eigentlich nur mehr von der *einen* Seite: von der fröhlich-draufgängerisch-mitreißenden, tatendürstigen! Von *der* Seite, mit der ich dieses bisschen Leben auf meine junge Weise zu meistern scheine. (»Das Moralische versteht sich immer von selbst!« pflegt Dein Freund im »Auch einer«[6] – ich las es gerade – zu sagen; ich kann ruhig für das »Moralische« »das äußere Leben« setzen, worin ich etwa auch diesen Krieg als begriffliches Erscheinungsbild einbeziehe.)

Von des »Pudels *Kern*« in mir hast Du aber gewiss keine genaueren Vorstellungen; u. wenn, dann nur solche, die Dich gelegentlich Dir bekannt werdende »Verdunkelungen« – die Dir ja auch über unsere moderne Musik verhängt zu sein scheinen! – mehr oder weniger als biologisch bedingte, keineswegs aber als *grundsätzlich* anormale, Häutungsprozesse registrieren lassen. Dabei sind die inneren Gesichte und Gedankenbilder – auch wenn sie zeitweilig in *ungereiftem* Zustande an die Oberfläche und Euch vor die Augen kommen – nichts weniger als »Häutungs«-Symptome, sondern vielmehr als mein Eigenstes, Wahrstes und Wesentlichstes dem Bereich zugehörig, der mich unbewusst schon als Kind in einer besonderen Weise Menschen und Dinge sehen ließ.

Und in dieser Schau, in der ich mich mit den mir maßgeblich erscheinenden Kräften – mögen sie politisch, militärisch, wirtschaftlich oder kulturell geartet sein – dieses Jahrhunderts einig weiß, erfuhr ich freilich eine Sinngebung von Mächten, die Dir gewiss – und nicht zuletzt infolge des Beispiels Deines eigenen Lebensweges und -willens und dessen Deiner Zeitgenossen – befremdlich oder gar ungesund erscheinen müssen und die Dir darüber hinaus noch nicht einmal mit den Fragen unserer Zeit etwas gemein zu haben scheinen. Aber alles, was *Dir* an unserer Zeit Parallele – und nicht viel mehr als das – zu sein scheint in den Vorgängen der Reichsgründung und ihren Auswirkungen auf alle Gebiete *damals*, was Dir im Grunde an ihr keineswegs neu in einmaligem Sinne u. gleichsam mehr eine modernisierte Durchrettung vorwiegend *politischer* Prinzipien ist, an deren *Konzipierung* die nationalen Ideologien gerade des vorigen Jahrhunderts entscheidend beteiligt seien, (Du sprachst Deine Ansicht hierüber, jedenfalls in ähnlicher Weise aus!) – das ist für uns Junge *totale* Neuschöpfung! Und zwar nicht »Neuschöpfung« in *dem* billigen Sinne, wie sie *jede* neue Generation in jugendlichem Sturm und Drang für ihre eigenen Leistungen in Anspruch nimmt, sondern Neuerschaffung einer Welt, die sich bewusst außerhalb der wesentlichen, resp. charakteristischen Kräfte des

6 Gemeint ist Friedrich Theodor Vischer, Auch einer. Eine Reisebekanntschaft (1879).

18. u. 19. Jahrhunderts vollzieht. Es wäre dabei ein großer Irrtum zu glauben, dass dieser Vollzug mit der restlosen Zerschlagung oder Verneinung der ebenso *einmaligen* Wertleistungen dieser Jahrhunderte notwendig verknüpft sei; oder gar, dass sich das unsere aus ihren Trümmern in gewaltigen Schmelzprozessen einen *neuen* Notung[7] schmieden würde, der sein Grundmaterial also nur der *Vernichtung* eines anderen verdankte!

O nein: unduldsam und von hemmungslosem *Vernichtungs*willen gegen »Konkurrenz« war – so paradox das vor 10 Jahren noch klingen mochte u. wie sehr impotente Vergreisung sogar im eigenen Lande noch (Theologie) das Gegenteil herumgezetert – nur der schließlich zur Hohngestalt gewordene Liberalismus, der seine vergifteten Krallen sogar in die Weichen von Kunst und Wissenschaft grub u. der nun heute in England u. Amerika (Nordamerika, wohlgemerkt!) in teuflischen Orgien sich selbst überschlägt. Wir sind nicht nur *duldsam*, – versperren auch nicht in lächerlicher Erbitterung mit christlich-aufklärerischen Dogmen dem ererbten Väter-Hausrat pseudo-idealistischer Philosophieen [sic] uns u. andern den Weg, – sondern wir sind darüber hinaus im tiefsten Sinne wieder ehrfürchtig u. deshalb – ehrlich (Du wirst mit dem Kopf schütteln u. Dich energisch dagegen verwahren, als ob Ihr das etwa nicht gewesen wärt!)

Ich meine aber so: wir träumen heute nicht mehr von »Freiheit« (?), »Gleichheit« (?) u. »Brüderlichkeit« (?), die, etwas vereinfacht gesehen, ja doch vom »Christentum« u. »deutschen Idealismus« (als Philosophie) *gleichermaßen* gleichzeitig vorausgesetzt u. gefordert wurden, u. zwar indem das erste Gott u. Mensch als Trennung, der zweite Gott u. Mensch als Einheit predigte. Obwohl es keine schärferen Gegensätze geben kann: der Durchschnittsmensch u. – sagen wir ruhig – charakteristische Vertreter des vergangenen Jahrhunderts fühlte sich angesichts des Surrogats aus *beiden* durchaus gesichert innerlich; u. zur Rechtfertigung seinerselbst [sic] berief er sich gern – je nach Bedarf – mit gleicher Überzeugung auf die Bibel wie auf Goethes Faust! Wer aber »ehrlich« war, Klarheit wollte, Scheidung und Selbstbesinnung – u. also ein Parasitendasein satt hatte, das glaubte, an den Lehren u. Reichtümern zweier Riesengestalten wie Christus u. Goethe sich in alle Zukunft kostenlos u. unverbindlich sattfressen zu können – der wurde in z. T. nicht wiederzugebender Weise bespuckt, geächtet u. ausgestoßen, oder aber als nervenkitzelnde Sensation genossen, die zwar an sich als durchaus nicht ernst zu nehmen galt, die aber als ein weiterer Beweis für den »Ideenreichtum« eines »freien liberalistischen Zeitalters« mit Behagen ausgeschlachtet werden konnte! (Und warum ungezählte der Großen, deren schöne Blüten man gern als solche sich schenken ließ,

7 Siegfrieds Schwert.

deren tödliche Wahrheiten man aber gar nicht *sah*, – an *denen* knüpfen *wir* heute an!! – im *Wahnsinn* endeten u. welches die Masse [sic] waren, an denen sie allein zugrunde gehen mussten, – das wären wahrlich Stoffe zu *wirklichen* Doktorarbeiten! – Ich erinnere nur an Hölderlin! –)

O nein: wir halten von dem Geist, der es »so herrlich weit gebracht«,[8] u. von dem naiven Glauben an den Menschen u. seine hemmungslose Höherentwicklung nicht gar so viel; indessen: wir *demütigen* uns auch nicht u. brauchen niemanden um *Verzeihung* zu bitten. Nur *Rechenschaft* wird gefordert von uns, die da endlich wieder wissen, dass sie Verantwortung tragen für sich u. alle. Eine *Verantwortung* – deren Fruchtbarkeit[9] u. Ernst niemand begriff außer diesen ganz Einsamen, Großen, auf die man verbindlich nicht glaubte hören zu brauchen, – kannte dieses vergangene Jahrhundert in dem trügerischen Glanz seiner Entdeckerfreuden nicht: und alle Dinge, die es geflissentlich »auseinandersah«, »sehen« *wir* heute geflissentlich »*zusammen*«! Und es beruht eine eigenartige Tragik in der Tatsache, dass ausgerechnet dieses Jahrhundert, das sich so überheblich mit seinen naturwissenschaftlichen Erkenntnissen brüstete und das – unter dem Motto: der Mensch ist, was er isst! – aller Geisteswissenschaft und Metaphysik glaubte spotten zu dürfen in frecher Anmaßung, (ich spreche natürlich stets vom Jahrhundert der Repräsentation!) – dass ausgerechnet dieses, sagte ich, von der *Binsenwahrheit* aller »Naturwissenschaft« nichts begriffen hatte: dass nämlich »alle lebendige Entwicklung vom Gleichartigen zum Ungleichartigen, vom Undifferenzierten zum Differenzierten strebt und nicht umgekehrt; dass es daher ein Zeichen *verringerter*« – (u. eben *nicht*, wie gepredigt, *Beweis* einer *gesteigerten*!) – »Lebenskraft u. beginnender Vergreisung war, wenn das Streben des europäischen Geistes u. des von ihm beeinflussten Teiles der Menschheit, vor allem seit dem 18. Jahrhundert, immermehr auf Gleichartigkeit und auf Einebnung möglichst aller Unterschiede der Rassen, Völker u. Individuen ausging ....« (Theodor Haering)[10]

Ein solcher kapitaler Denkfehler konnte freilich nur einer Wissenschaft unterlaufen, die sich ihrer »Voraussetzungslosigkeit« rühmte u. die Tätigkeit des Registrierens u. Aufsammelns zum Ethos erhob; die – und nun wird deutlich, was ich mit »Ehrfurchtlosigkeit« meine – hochmütig glaubte darauf verzichten zu dürfen, nach dem *Sinn* des erkannten Gesetzes zu forschen u. seiner Wertigkeit; denn Mensch und Ding an *sich* gesehen u. als Zufallsprodukt einer launischen Ur-Materie zur Kenntnis genommen, vermag letztlich nur zur Bejahung des »*Un*-Sinns« und zur *Ent*-Pflichtung gegenüber der unbestreitbaren

8 Zitat aus Goethes *Faust*.
9 Handschriftlich hinzugefügt: »Furcht-?«
10 Vgl. S. 109, Anm. 30.

Sinn-*Tatsache* u. Sinn-*Lehre* aller Natur zu führen u. eben damit zur – Ehrfurchts*losigkeit*! Und alle Ehrfurchtslosigkeit nur zur Selbstaufgabe!

Und zur erneuten Gültigmachung des genannten Natur-*Ur*gesetzes führen wir, *dürfen* wir Deutschen diesen Krieg führen! Zur *Wieder-ungleich-Machung* u. damit zur »natürlichen« *Sinnabstufung* der Werte! Ob es sich da nun um die Beseitigung einer toten u. damit naturgesetzwidrigen Geldherrschaft handelt, um die dogmatischen Irrtümer angeblich alleinseligmachender Religionslehren (die ja *auch* nur auf Grund mangelhafter Naturwillens-Erkenntnis entstanden!) oder um die Probleme der politischen – als da sind: Arbeit-, nahrung- u. wohnraumsichernden – Raumaufteilung der Erde, – immer (u. es gibt *nichts*, *garnichts*, was der Korrektur durch dieses Gesetz nicht bedürfte!) sichtbarer trägt unser – sagen wir getrost – *heiliger* Krieg den Adel der »Notwendigkeit« (im Wortsinne!) auf der Stirn!

Freilich: um das zu begreifen, braucht man schon etwas *mehr* »Bildung« als die formalistisch-abgeleierte humanistische unserer sich so märtyrerhaft gebärdenden »gebildeten« Kreise; u. ich schäme mich manchmal, meiner Gesellschaftsschicht zu entstammen, die in 2000jähriger Geschichte ihren Mann gestanden hat, um in diesem entscheidenden Augenblicke so *völlig*, so *restlos*, so *kläglich* zu versagen! Und ich muss Dir an dieser Stelle sagen, dass ich meinen Vater (über die Tatsachen des Vater- und Sohnverhältnisses hinaus) deshalb so hoch verehre, weil er nicht nur nicht versagt hat, sondern darüber hinaus zu *den* entscheidenden, für *uns* entscheidenden, Kräften des vorigen Jahrhunderts gehört, die nicht nur Zahlen addiert u. Maß genommen *haben*, sondern in lebendiger Schöpferkraft um den *Sinn* aller Maße u. Zahlen *ringen*, in dem Bewusstsein ringen, dass dieser Sinn von keiner Zeit ganz ausgeschöpft u. nur in ewig-»kontrapunktischem« Wechsel sich erfüllen kann. (Es hat sich das die Naturwissenschaft von den vielgeschmähten Geisteswissenschaften sagen lassen u. annehmen müssen!!) Er braucht sich also nicht darauf zu beschränken, unserer Zeit teilnehmend zuzuschauen, sondern kann in seiner (bei Menschen so ganz seltenen) Offenheit für alles, was Werte schafft, ein Erhebliches zu ihrer Erfüllung beitragen, genau so, wie er ihr vorgearbeitet hat. Selbst Schöpfer, begreift er (wie Wenige) was »Schöpfung« heißt; u. wo er einen Augenblick nicht versteht, kann er (wie ebenso Wenige) *zuhören* u. ahnt den Schmetterling, wo andere dummdreist u. borniert über eine hässliche Larve zetern.

Er war, so lange ich die Marburger Fakultät vor Augen hatte, der einzige (außer Hamann[11] vielleicht), der – ganz abgesehen von seinem Gebiet – im obigen Sinne fruchtbar u. überhaupt in der Lage war, durch die Universalität

11 Vgl. S. 44–48, S.50.

seines Denkens geistesgeschichtliche *Sinnzusammenhänge* aufzudecken, die in verblüffender Weise dem Denken unserer Zeit vorarbeiteten. Seine Ehrlichkeit und seinen verantwortungsvollen Ernst, der stets scharf auffuhr, wenn man auf Gesellschaften mit höchsten Dingen im Stile spielerischer humanistischer Dialektik Konversation trieb, fand man in den Kreisen gewisser »Ordinarii« lächerlich und zu verbindlich! Ich hoffe, dass alle, die ihm weh getan haben, allmählich von der *Zeit die* moralischen Ohrfeigen bekommen werden, die ich leider de facto nie geben durfte, wenn ich oft genug die höhnisch-herablassenden Gesichter um ihn sah! (Maria wird wohl *auch* an etliche denken, die ich meine.)

Nun – das nebenbei. Um den Kreis unserer Unterhaltung zu schließen u. an seinen Ausgangspunkt zurück zu führen, noch folgendes:

Du sahest bereits wie Philipp II. am Marquis Posa, dass »sich in diesem Kopf die Welt *anders* malt.«[12] Wir sind ganz *anders*[,] als Ihr wart damals: Ihr saht nur unbegrenzte Horizonte u. lebtet in unangefochtenem Vertrauen auf scheinbar *ewig* fest gefügte Masse [sic], die Andere für Euch erschaffen hatten, u. deren Tragfähigkeit Ihr nicht zur Bewährung herauszufordern brauchtet. Ihr sangt »Freude, schöner Götterfunken...«, ohne anderes als *persönliches* Leid zu kennen. Wir singen das heute mit den unnennbaren Schauern der Ehrfurcht, die darum weiß, was es heißt, jene Freude gegen das Leid einer ganzen Welt abzutrotzen, die weiß, dass es nur wahre Freude u. Glückseligkeit geben kann dort, wo sie stets von neuem in furchtbar ernstem Bogen gegen das Leid gespannt ist. Und aus der Furchtbarkeit zweier Kriege und einer Nachkriegszeit *einmal*, u. aus der Furchtbarkeit der Skepsis u. Verneinung, der Trauer u. Anfechtung *zum anderen*, deren Begegnung wir seit dem plötzlich in uns aufkeimenden Wahrheiten Nietzsches u. Hölderlins vor allem unausweichlich ausgesetzt waren, sind *wir* geformt!

Und wir wissen auch um das Wunder der Offenbarung u. halten uns ihm willig hin: »dass wie Nachtigallensang im Dunkeln *göttlich* erst im tiefen *Leid* das Lebenslied der Welt uns tönt« (Hölderlin).[13]

Wir wollen es nie mehr fliehen, dies Leid, sondern es aufsuchen und verstehen als den *wahren* Schöpfer alles unbändigen Willens. Wie fern ist dieses so verstandene Leid von all der »Malincolia«, die das 19. Jahrhundert so gern als das süße Gift genoss, das als die angeblich hervorstechendste Gabe[,] durch die von ihm *so gründlich* missverstandene Romantik dargeboten wurde! Gerade die Leistungen der Romantik, die *damals* – zugegebenermaßen – für nichts

12 Zitat aus Friedrich Schillers *Don Carlos*.

13 Dieses Zitat aus einem Brief Hölderlins findet sich in: Wolf, Friedrich Hölderlin, S. 9.

anders als den ornamentalen Fries gehalten wurden, den eine weichere Zeit in schmerzlichem Verzicht auf eigene Formen den großen, strengen Maßen der Klassik umwand, – gerade sie, in ihrem durch ihre Großen überhöhten Sinne, *waren* u. *sind* für unsere Zeit von gar nicht überschätzbarer Bedeutung! Sie, die wahre Romantik, war es, die als erste wieder *wagte*, vom angemaßten Kothurn menschlichen Gott-*Gleich*-Wahnsinns – den nur das tragische Missverständnis des prometheischen Gedankens Goethes u. Beethovens gebären konnte! – hinabzusteigen, um die chaotischen Tiefen u. leidvollen Schründe der menschlichen Seele von neuem auszuleben, ohne die kein »tanzender Stern« (Nietzsche) geboren werden kann.[14] Und sie hat uns als ihr *Kostbarstes* wieder wissen lassen, was es heißt, brennende *Sehnsucht* zu haben nach diesem Stern u. der Unendlichkeit seiner Räume; Sehnsucht als Ausdruck der Spannung, die stets dort ist, wo wir »gefährdet« leben u. hart am Abgrund: unter uns das Chaos – über uns der Stern! Und im Flammenbogen solcher Spannung sich verbrennen lassen in Sehnsucht u. Glauben, Gehorsam und Willen – das ist das edelste Wagnis u. der tapferste Mut, die beide uns zugemutet werden können!

Und *aus* der Sehnsucht u. *aus* der Gefährdung wieder den Willen zum *Maß* zu finden in Gläubigkeit und Ehrfurcht, – das ist das heiligste Vermächtnis, das ein Zeitalter seinem Nachfolger ans Herz legen kann! Und das Maß wiederum gibt ewig die Natur; es ist nur notwendig, dass wir uns von Zeit zu Zeit die Augen wischen, die, trüb vom vielen Sehen, deren Weisheit leicht verschleiern. Ihre Maße aber gebiert sie im *Schmerz*, damit alles seine Bescheidung u. keine Hoffahrt habe; u. also suchen auch *wir* das Leid, ohne das kein Maß ist!

Und so wollen u. sehen wir auch das deutsche Reich u. seinen Reichs-Anspruch – »es hat im neuen Zeitalter die große Sendung … vorbildlich den Völkern der Welt eine heilig-gefährdete Gemeinschaft zu sein, die nahe am Abgrund wohnt« (Wolf).[15] Das meint Hölderlin mit den Versen, die er mit den Worten krönt: »… und unbesiegbar groß, wie aus dem Styx der Götterheld, gehn Völker aus dem Tode, den sie zur rechten Zeit sich selbst bereiten.«[16]

Wenn überhaupt jemand, so war es *Hölderlin*, der den Auftrag Griechenlands an uns *verbindlich* machte; er, als einer der größten Seher aller Zeiten, sah als einziger mit letzter Deutlichkeit, dass die Götter Griechenlands nicht

14 Vgl. S. 110, Anm. 33.

15 Zitat aus: Wolf, Friedrich Hölderlin, S. 12. Bezeichnend ist die Auslassung. Im Original heißt es: »Es hat im neuen Zeitalter die große Sendung, *all-liebend gleich den Göttern zu leben und* vorbildlich den Völkern der Welt eine heilig-gefährdete Gemeinschaft zu sein, die nahe am Abgrund wohnt.« Wolf nimmt hier Bezug auf Hölderlins Gedicht *Germanien*.

16 Dieses Zitat aus Hölderlins *Tod des Empedokles* findet sich in: Wolf, Friedrich Hölderlin, S. 10.

kopiert werden könnten; er begriff ebenso als einziger, dass wir uns nicht Götter schaffen sollen nach dem Bilde *Griechenlands*, sondern nach dem Bilde *Deutschlands*. Das *Maß* ist es allein, was uns Hellas leiht – sonst nichts! Und das Maß verlieh Hellas, so sagt es uns Hölderlin, an die *Würdigste*, Germania, der »stillsten Tochter Gottes«: »Du bist es, auserwählt, all-liebend, u. ein schweres Glück bist du zu tragen stark geworden«.[17]

»Und da«, so sagt Erich Wolf in einer Einleitung Hölderlinscher Gedanken, »Germania *wehrlos* lebt vor der schrecklichen Schönheit des Göttlichen, darf sie den Königen u. Völkern Namen u. Gesetze geben!«[18] –

Ein Maß übrigens, das menschlicher Wille bereits einmal im nordischen Raum »barbarischer« Maß*losigkeit* – (seien wir doch *stolz* auf diesen *Ehrentitel*, den uns unsere Feinde von je gaben!) – aufspannte, war die Gotik sowohl wie das Barock: die erste symbolisiert in der Baukunst, das zweite in der Musik, u. wir wissen ja, wie stark die Kräfte des Mittelalters schlechthin u. seine Menschen geformt wurden durch Bindungen, die den unseren vielfach entsprechen (in ihrer *Art* entsprechen!).

Mir persönlich scheint schon heute die Kunst, als »das feinste Barometer der Welt« – wie mein Vater sich ausdrückt –, Antwort auf die Frage nach der Beschaffenheit uns u. unserem germanischen Auftrage gegenwartgemäßer »Götter« zu geben, an alle die, welche in der Welt realer Tatsachen nur furcht- und ekelerregende Larven sehen u., bei deren Anblick verzagend, nicht die prächtigen Falter bemerken, die sich bereits zum Auskriechen anschicken. Besonders wieder in der Musik tut sich kund, was ich meine: der starke Bezug auf die Kräfte des Mittelalters einerseits u. auf jene Romantik andererseits – der Bezug also auf die bisher *arteigensten* Offenbarungen deutscher »Welt-Anschauung« (im Wortsinn)! (wozu zu bemerken ist, dass die deutsche Romantik – in deren Sinnbezirk ich auch die ihrem Wesen gleichgerichtete Philosophie eines Nietzsche oder Schopenhauer etwa einspanne, mögen diese so grundverschieden sein, wie nur je etwas – dass die deutsche Romantik also, bewusst oder unbewusst, einer Orientierung nach dem Mittelalter hin *entsprang*, ja dass das letztere jene bereits in sich *barg* im Sinne jener Überhöhung, die schon damals, über alle Grenzen menscherschaffener Dogmen hinaus, ihre »Sicherheiten« nach der »Gefährdung« durch das »*Un*-Endliche« verlangte. Siehe Meister Ekkehard,[19] siehe die Entthronung einer geozentrischen Welt-

17 Dieses Zitat aus Hölderlins *Vaterländischen Gesängen* findet sich in: Wolf, Friedrich Hölderlin, S. 11 f.

18 Zitat aus: Wolf, Friedrich Hölderlin, S. 12. Wolf nimmt hier Bezug auf Hölderlins Gedicht *Germanien*.

19 Gemeint ist der Mystiker Meister Eckhardt (um 1260–vor 1328).

auffassung durch Kopernikus, siehe Ulmer Münster, siehe Altdorfer u. Grünewald, siehe Schütz u. Joh. Sebastian, um nur einige zu nennen!

Dass freilich die moderne Musik zunächst die formale Statik eines Bachschen Barock ins motorisch-intellektuelle, u. die Gefühlsdynamik der Romantik ins kitschig-sentimentale erotisch-dekadenter Schlagercouplets verzerrte, war »der Tod, den sie sich selbst bereiten« musste, um geläutert im Spätwerk eines Hindemith etwa wieder auferstehen zu können.

Im Literarischen scheint mir Binding »das Maß« unserer Zeit zwar längst nicht erschöpfend, aber in einer in sich vollendeten Weise dargestellt zu haben. In der *Beherrschung* der Sprache Goethe häufig ebenbürtig, überragt er ihn eben so häufig durch ihre toternste [sic] *Verbindlichkeit*, mit der er sich u. andere *verpflichtet.* (Goethe war jede »Verbindlichkeit« u. »Verpflichtung« der Kunst gegenüber dem Leben zuwider; Beweis: der Gegensatz zwischen ihm u. Schiller; noch mehr, zwischen ihm u. Beethoven!) Seine »Gespräche mit dem Tod« beschließt er mit den Versen:

»Ich will nicht Himmel, will nicht Hölle schauen
von Menschenangst in Menschenkindertagen
geboren zwischen Hoffnung und dem Grauen,
und nichts von einem menscherschaffnen Gott:
Dem *Unbekannten* sollst du mich vertrauen,
und wenn es schrecklich ist, so ist es schön, o Tod.«[20]

Wenn ich Binding lese, ist mir stets, als ob einer meine eigensten Gedanken erraten hätte: so persönlich spricht er mich an! Gewiss längst nicht in allen seinen Werken; am wenigsten oft in seinen Prosaschriften, wo ihn gelegentlich das Fehlen in kristallener Klarheit verpflichtender Formen gedanklich nicht bis ins Letzte verantwortlich sein lässt; obgleich er auch in der Prosa namentlich in seinen Novellen Unerhörtes zustande bringt. Ich gehe in vielem, was er als Philosoph sagt, seitlich und nach der Höhe zu noch weiter vor. Jedenfalls: er ist ein ganz Großer, zu dessen Gefolgschaft ich mich bekenne u. dessen »Sieg des Herzens« ich für das bedeutendste Gedichtwerk der deutschen Gegenwart halte. –

So[,] nun haltet mich Beide nicht für gar zu eitel nach diesem gewaltigen Umrühren im brodelndem allerpersönlichstem Gedankenkessel! Aber ich hatte – u. so bitte ich Euch es anzusehen – das *Bedürfnis*[,] Euch in etwas [sic] wenigstens begreiflich zu machen, aus welchen »Schlünden« meiner selbst

20 Vgl. S. 112.

solche gelegentlichen »Seufzer« an die Oberfläche kommen u. von welchen Gedankenkomplexen sie nur Splitter sind!

Das Leid u. die Traurigkeit sind meine große Schule u. zugleich meine Kraftquelle. So, wie ich weiter oben ihren Sinn verstand, fühle ich mich ihnen verpflichtet. Ich bin von je, schon als Schuljunge, von oft weit älteren Menschen als Helfer auserkoren worden; sehr häufig auch von Frauen, selbst von verheirateten. Auch meine Berliner Zeit war voll von dergleichen u. lehrreich. Ich habe als ganz junger Mensch das Glück, in jede nur erdenkliche seelische oder körperliche Verfassung von Menschen aller Jahrgänge u. Gesellschaftsklassen hineingeblickt zu haben, weil man mich dazu *rief*! Ich habe, wie es meiner Veranlagung entspricht, an vieler Not u. Beschwerde *mit*gelitten u. sie häufig dadurch verkleinern dürfen. Ich bin nie von größerer Beredsamkeit u. lebhafterer Tatkraft, als wenn mich jemand wirklich braucht u. meiner Hilfe vertraut. Man hat mich häufig in Freundeskreisen »die Insel« genannt. Warum ich das sein darf – hier muss ich es 2000 Soldaten als politischer Referent der Wehrmacht u. persönlicher Berater unter erschwerten Bedingungen sein! – ich weiß es nicht; vielleicht weil ich es mir um so schwerer mache.

Ich sage auch das nur, um vor allem Dir, verehrter Onkel Rudolf, zu sagen, dass ich, wenn es vielleicht auch manchmal so klingt, nicht grauer Theorie u. seltsamen Hirngespinsten nachjage, sondern in meiner Meinung über Welt u. Menschen durch ständige »Praxis« überreich korrigiert werde! Glaube auch nicht, dass ich, weil das alles so ist, das Lachen verlerne: wenn man wie ich »gefährlich lebt u. hart am Abgrund« – gerade dann kann man ja erst wissen, was Freude ist.

Und wenn wir Feldgrauen, groß, stolz u. schlank über die Insel marschierend (zum Neide aller Mariner!), unsere Feste feiern, dann bebt von unserem Gelächter die Erde! Und nun nochmals Dank für alle liebe Fürsorge; und Dir, Maria, für den sehr willkommenen Ring Extra-Dank!

Euer stets dankbar getreuer
Martin

3. Verfügung betr. Werke 1.) jüdischer, 2.) unerwünschter, 3.) für die Waffen-SS geeigneter Komponisten, 20. Januar 1942[21]

SS-Führungshauptamt Berlin, den 20. Januar 1942
Kommandoamt der Waffen-SS
Abt. II b (8) Az.: B 19a/1.42
522/1,42

Betreff: Werke 1.) jüdischer, 2.) unerwünschter, 3.) für die Waffen-SS geeigneter Komponisten.
Vorgang: Ohne.
Anlagen: Keine.

Verteiler: B/I[22]

1. Es besteht Anlass zur Feststellung, dass die nachstehend angeführten Komponisten *Juden* sind. Werke dieser Komponisten dürfen laut Reichskulturkammergesetz nicht gespielt werden. Es wird allen Einheiten zur Pflicht gemacht, vor der Aufstellung eines Musikprogramms die Namen der Komponisten zu überprüfen. Hierfür ist das amtliche »Lexikon der Juden in der Musik« Berlin, Hahnefeld-Verlag, 1941, zu benutzen, das eine vollständige Liste von nichtarischen Musikern enthält.[23]

Abraham, Paul	(Schlager aus Operetten »Viktoria und ihr Husar«, »Die Blume von Havai«, »Ein bisschen Liebe für Dich«)
Bertè [sic], Heinrich	(stellte 1917 aus Melodien Franz Schuberts die Operette »Das Dreimädelhaus« [sic] zusammen, unter Mithilfe jüdischer Textdichter).
Eysler, Edmund	(Operetten »Bruder Straubinger« u.a.).
Fall, Leo	(Zahlreiche Operetten »Der fidele Bauer« u.a.)
Goldmann, Curt	schrieb Schlager mit dem Titel »SS-Die schwarze Garde«,

21 BArch. Berlin, NS 33/240. Oberhalb des Datums findet sich der handschriftliche Vermerk «RF-SS». Dies spricht dafür, dass die Verfügung – über den Verteiler hinaus – auch dem Stab des Reichsführers-SS zugeleitet wurde. Vgl. S. 170–177.

22 Nach dem »Verteilerschlüssel, ausgegeben vom SS-Führungshauptamt Kanzlei, 11.6.1941«, BArch. Berlin, NS 33/106, bedeutete der Verteiler B/I: »Nur für Truppenteile der Waffen-SS bis Rgt. und selbst. Btl. bzw. Abt.«.

23 Zu den im Folgenden aufgeführten ›jüdischen‹ und ›unerwünschten‹ Komponisten vgl. S. 173–176.

»S.A., Zum Kampfe stets bereit«, »Die Arbeit hat uns frei gemacht«, »Bolschewiken-Tanz (moderner Sitztanz)«.
Von Goldmann sind zahlreiche Marschlieder und Schlager verbreitet unter folgenden Decknamen:

1. Bernard, Anatole,
2. Biedermann, H.,
3. Bill-Bill,
4. Chesterton, Tristan,
5. Conchas, Manuel,
6. Cortes, José,
7. Curtius, C.
8. Döring, Curt
9. Estrello, Alfonso,
10. Fleuron, Charles,
11. Fröhlich, Curt,
12. Gold, Meacham,
13. Gomez, Juan,
14. Gonzalez, Pablo
15. Gonzalez, Pedro
16. Harrison, Fred,
17. Hill, Fred,
18. Iwanow, Boris,
19. Krafft, Horst,
20. Kyper, H.,
21. Manngold, Curt,
22. Michailowsky, D.,
23. Olivier, Charles,
24. Renard, Pierre,
25. Sanchez, Paolo,
26. Santacruz, Enrique,
27. Wehrmann, Curt,
28. Wilson, Th.,
29. Young, Frank,
30. Young, William.

Heymann, W. (Operetten und Filmmusik »Der Kongres [sic] tanzt«, »Bomben auf Monte Carlo«).
Hirsch, Hugo (»Wer wird denn weinen, wenn man auseinander geht«).
Jessel, Leon (»Der Aufzug der Stadtwache«, »Die Parade der Zinnsoldaten«, Operette »Schwarzwaldmädel«)
Kreisler, Fritz Violinvirtuose, schrieb zahlreiche Konzertstücke unter dem Decknamen Alter Meister, z.B. Couperin, Porpora, Boccherini, u.a.
Offenbach, Jacob (Operetten »Orpheus in der Unterwelt«, »Die schöne Helena«, »Hoffmanns Erzählungen«).
Translateur, Siegfried (Tänze und Charakterstücke »Wiener Praterleben«, »Ballgeflüster«, »Mondnacht in Neapel«, »Wiener Extrablätter«).
Waldteufel, Emil (Tänze und Walzer, z.B. »Die Schlittschuhläufer«, »Estudiantina«, »Espana«, u.a.).
Winterfeld, Max (bekannt unter dem Decknamen Gilbert Jean; Schlager wie z.B. »Durch Berlin fließt immer noch die Spree«).
Der Schlager »Trink, trink, Brüderlein trink« ist jüdisch.

Das Spielen der Werke von *Boris Blacher* und des bekannten Walzerkomponisten *Robert Stolz* in der Waffen-SS ist bis auf weiteres *unerwünscht.*

Unerwünscht sind ferner die Kompositionen und Bearbeitungen von *Ernst Urbach*, die in überaus kitschiger und würdeloser Weise die Standardwerke der deutschen Musikliteratur entstellen und zum Gegenstande billiger und völlig unzeitgemäßer Salonpotpourris machen.

2. Nachstehend angeführte Werke sind Beispiele ihrer Gattung und werden empfohlen:

a) Sinfonische Werke

Deisenroth,	Von den Bergen rauscht ein Wasser
Genzmer,	Luftwaffenmusik in 3 Sätzen
Grieg – Husadel[24]	Sinfonischer Tanz Nr. 4
Gutzeit,[25]	Deutsche Rhapsodie
Lührmann [sic],[26]	Festlicher Aufklang
Prager,[27]	Rheinische Rhapsodie
Rixner,[28]	Capriolen

b) Ouvertüren, Vorspiele

Brase,[29]	Irische Lustspielouvertüre

24 Gemeint ist wohl der Sinfonische Tanz Nr. 4 von Edvard Grieg (1843–1907) in einer Bearbeitung von Hans Felix Husadel (1897–1964). Vgl. Prieberg, Handbuch, S. 3246–3254, hier: S. 3248. Obermusikmeister Husadel war zur Ausbildung von Militärmusikern an die Hochschule für Musik in Berlin abkommandiert worden. Er geriet 1937 in einen heftigen Konflikt mit Fritz Stein. Fischer-Defoy, Kunst Macht Politik, S. 228 f.

25 Erich Gutzeit (1898–1973). Vgl. Prieberg, Handbuch, S. 2571–2574.

26 Ludwig Lürmann (1885–1950), 1933 Gauobmann des Berufsstandes der deutschen Komponisten im Gau Nordmark, dann der Fachschaft Komponisten für die Gaue Hamburg, Hannover-Ost, Mecklenburg-Lübeck, Schleswig-Holstein, Süd-Hannover-Braunschweig und Weser-Ems. Vgl. Prieberg, Handbuch, S. 4370 f.

27 Paul Prager (1895–1953), seit 1939 Leiter der Heeresmusikschule in Bückeburg, 1943 Leiter des Musikkorps des Wachbataillons Wien. Vgl. Prieberg, Handbuch, S. 5319.

28 Josef Rixner (1902–1973). Vgl. Prieberg, Handbuch, S. 5786 f.

29 Fritz Brase (1875–1940), Mitglied der NSDAP seit dem 1. April 1932, Gründer eines Stützpunkts der NSDAP in Dublin. Vgl. Prieberg, Handbuch, S. 683 f.

Gutzeit,	Aufstieg
Heumann,[30]	Rosenfest in Neapel
Pauspertl,[31]	Hella-Ouvertüre
Resnicek [sic],[32]	Donna Diana

c) Opern- und Original Fantasien

Humperdinck,[33]	Hänsel und Gretel

d) Mittelsätze, Charakterstücke

Brase,	Fliegereskapaden
Brase,	Irischer Tanz Nr. 1 und 2
Brusso,[34]	Herbstgold
E. Fischer,[35]	Kleinigkeiten
Ibanez,[36]	Der Student geht vorbei
Marquina,[37]	Spanischer Zigeunertanz

e) Große Fest- und Opernmärsche, Fackeltänze u.s.w.

Brase,	Fackeltanz
Grieg,	Huldigungsmarsch aus »Sigurd Jorsalfar«
R. Strauß,	Königsmarsch

f) Potpourris

Husadel,	Singende Soldaten

30 Hans A. Heumann (1905–1977). Er beantragte die Mitgliedschaft in der NSDAP am 1. Mai 1933, doch wurde seine Aufnahme vom Gau Südhannover-Braunschweig abgelehnt. Vgl. Prieberg, Handbuch, S. 2930 f.

31 Karl Pauspertl (von Drachenthal, 1897–1963). Vgl. Prieberg, Handbuch, S. 5146.

32 Emil Nikolaus von Reznicek (1860–1945) erhielt 1935 die Goethemedaille für Kunst und Wissenschaften und kam 1942/43 in den Genuss eines Staatszuschusses. Vgl. Prieberg, Handbuch, S. 5724.

33 Engelbert Humperdinck (1854–1921). Vgl. Prieberg, Handbuch, S. 3239.

34 Giovanni Brusso (1899–1979).

35 Ernst Fischer (1900–1975). Vgl. Prieberg, Handbuch, S. 1576 f.

36 Julio Cesar Ibáñez.

37 Pasqual Marquina Narro (1873–1948).

Krome,[38]	Wir hören Walter Kollo
Robrecht,[39]	Singende Bataillone

g) Walzer

Carena,[40]	Die Geheimnisse der Etsch
Doelle,[41]	Amphitryon – Walzer
Fischer,	Linzer Torte
Kochmann,[42]	Deutsche Mädels
Mackeben,[43]	Münchner G'schichten
Scheibe,[44]	Wunder der Berge

h) Märsche

Bordien [sic],[45]	Junge Soldaten
Brase,	Irischer Armeemarsch
Husadel,	Fliegergeschwader Horst Wessel
	Peronne
Husadel,	Schwert am Himmel
	Siegesfanfaren
	Fanfarenmärsche
	Ministerfanfare
Rönnfeldt,[46]	Fallschirmjäger
Schmidt,[47]	Volk an's Gewehr (Fanfarenmarsch)

38 Hermann Krome (1888–1955), 1935 Vertreter des Berufsstandes der Komponisten im Prüfungsausschuss für Tanzmusik bei der Reichssendeleitung. Vgl. Prieberg, Handbuch, S. 3989 f.
39 Karl Robrecht (1888–1961), Mitglied der NSDAP seit dem 1. April 1933, Mitglied des Aufnahmeausschusses des Berufsstandes der Deutschen Komponisten. Vgl. Prieberg, Handbuch, S. 5788.
40 Felice Carena (1885–1937).
41 Franz Doelle (1883–1965). Vgl. Prieberg, Handbuch, S. 1198 f.
42 Julius Kochmann (1885–1970). Vgl. Prieberg, Handbuch, S. 3828 f.
43 Theo Mackeben (1897–1953). Vgl. Prieberg, Handbuch, S.4398–4401.
44 Walter Scheibe.
45 Adolf Berdien (1876–1954), Musikzugführer des SA-Sturms 23/7 Berlin. Seit 1935 Lehrer für Komposition und Tonsatz – zur Ausbildung der Militärmusiker – an der Hochschule für Musik in Berlin, 1936 Musikinspizient des Heeres, 1941 Obermusikinspizient. Vgl. Prieberg, Handbuch, S. 390 f.
46 Friedrich Rönnfeldt (1894–1957). Vgl. Prieberg, Handbuch, S. 5837 f.
47 Hermann Schmidt (1885–1950). Vgl. Prieberg, Handbuch, S.6199–6201.

Rucht,[48]	Singende, klingende Motore [sic]
Dietrich,[49]	Der alte Hessenmarsch
Stein,	Stählerne Adler
Teichmann,[50]	Deutsche Adler
Graunke,[51]	Unsere Stukas
Thiele,[52]	Mit allen Chicanen

i) Fanfaren, Liedersätze

Blumensaat,[53]	Die Bläserkameradschaft 1. und 2. Folge.

gez. Jüttner
SS-Gruppenführer
und Generalleutnant der Waffen-SS

F. d. R.
Nordmann
SS-Standartenführer

48 Karl Rucht (1918–1994), Kreismusikleiter der NSBO. Vgl. Prieberg, Handbuch, S. 5929.

49 Fritz Dietrich (1905–?) bearbeitete den *Alten Hessenmarsch* für den Gautag der NSDAP Kurhessen im Jahre 1935. Vgl. Prieberg, Handbuch, S.1169–1173, hier: S. 1171.

50 Hans Teichmann (1888–1961). Vgl. Prieberg, Handbuch, S. 7146–7149.

51 Kurt Graunke (1915–?). Vgl. Prieberg, Handbuch, S. 2495 f.

52 Willi (Wilhelm) Thiele (1887–1954). Vgl. Prieberg, Handbuch, S. 7169–7171.

53 Georg Blumensaat (1901–1945). Vgl. Prieberg, Handbuch, S. 520–526.

4. Martin Stephani an Reinhart Stephani, 15. Oktober 1944[54]

O.U., den 15./10.
44.

Lieber Reinhard!
Auf deinen Brief vom 9./10. folgendes:
Warum solltest Du nicht [illegible] zu uns kommen können?! Die entscheidende Frage ist, ob Dein Truppenteil Dich los-läßt – wir nehmen Dich natürlich jederzeit! Zwar gilt – vor allem nach den Ereignissen vom 20.7. – bei uns mehr denn je der Grundsatz: wer zu uns will, heute [illegible] ob er ist – als „nationalsozialistische ‚Wache' gleichsam oder ein Stück „Radium", das mit seiner Ausstrahlung in [illegible] Kampfgruppen von Zweifelhaften oder dort [illegible] nicht 100% zur Kampfentschlossenheit [illegible] entscheidender ist an keiner Stelle als bei uns, indem Dich Dein [illegible] zu führen!
Deine [illegible] macht Du selbstverständlich mitmachen – ob auf einer Junkerschule oder einem Waffenlehrgang ist dabei gleichgültig; über die Länge eines solchen Kurses brauchst Du Dir dabei keine Gedanken zu machen: vor Kriegsende ist der bestimmt aus – worauf Du [illegible]! Viel entscheidend[illegible]

54 Privatbesitz. Vgl. S. 195, Anm. 280.

ist, ob man Dich freistellt: Kein Mensch
hier [illegible] würde auch nicht für Dich einen Finger
krümmen, wenn er wüsste, daß Du bisher
zum fliegenden Personal gehört: es wäre
das erste Mal, daß eine solche Anforderung
durchgegangen wäre!
Du musst selbst wissen, ob es für Dich
Zweck hat ein Versetzungsgesuch zu uns
auf dem Dienstweg einzureichen: ist Deine
Dienststelle einverstanden, schicke mir eine
[illegible] Einverständniserklärung, u. ich kann
Dich über unser Amt X. (Amt für
Führerausbildung) sofort anfordern. Ist
sie's nicht, kann keine Macht der Welt
Dich herausreißen; denn wir alle warten
ja praktisch darauf, daß die Luftwaffe
wieder fliegt, u. zwar so fliegt,
daß unsere Panzer auf der Erde wieder
fahren u. unsere Infanterie wenigstens
wieder robben kann, anstatt unter
Teppichen erstickt zu werden, deren Legung
nur ihr verhindern könnt!

Also herzlich willkommen bei uns!
Aber nur wenn man bei Dir's
will! Kannst Du nicht mal kommen
[illegible] Urlaub aus: Dringende Rücksprache
mit Deinem Bruder [illegible]! Alles
weitere später!

Dein Martin

Lieber Reinhart!

Auf Deinen Brief vom 9./10. folgendes: Warum solltest Du nicht immer noch zu uns kommen können?! Die entscheidende Frage ist, ob Dein *Truppenteil* Dich loslässt – wir nehmen Dich natürlich jederzeit! Zwar gilt – vor allem nach den Ereignissen vom 20./7. – bei uns mehr denn je der Grundsatz: wer zu uns *will*, bleibe möglichst, wo er ist – als »nationalsozialistische Wache« gleichsam oder ein Stück »Radium«, das mit seiner Ausstrahlung in soldatischen Kampfgruppen von zweifelhafter oder doch mindesten nicht 100%iger Kampfentschlossenheit oft entscheidender ist an *seiner* Stelle als bei uns; indessen liegt *Dein* Versetzungswunsch ja tiefer!

Einen Umschulungskursus musst Du selbstverständlich mitmachen – ob auf einer Junkerschule oder einen Waffenlehrgang, ist dabei gleichgültig; über die *Länge* eines solchen Kursus brauchst Du Dir dabei keine Gedanken zu machen: vor *Kriegsende* ist der *bestimmt* aus – worauf Du fest rechnen kannst! Viel entscheidender ist, ob man Dich *fortlässt*: kein Mensch bei uns macht für Dich einen Finger krumm, wenn er weiß, dass Du bislang zum fliegenden Personal gehörst: es wäre das *erste* Mal, dass eine solche Aufforderung durchgegangen wäre!

Du musst selbst wissen, ob es für Dich Zweck hat, ein Versetzungsgesuch zu uns auf dem Dienstwege loszulassen: ist Deine Dienststelle einverstanden, schicke mir eine schriftliche Einverständniserklärung, u. ich lasse Dich über unser Amt X. (Amt für Führerausbildung) sofort anfordern. Ist sie's nicht, kann keine Macht der Welt Dich loseisen; denn wir *alle* warten ja [...][55] darauf, dass die Luftwaffe wieder ***fliegt***, u. zwar *so* fliegt, dass unsere Panzer auf der Erde wieder fahren u. unsere Infanterie wenigstens wieder robben kann, anstatt unter Teppichen erstickt zu werden, deren Legung nur *Ihr* verhindern könnt!

Also herzlich willkommen bei uns! Aber nur, wenn man bei Euch *will*! Kannst Du nicht mal kommen von Lüben aus: Dringende Rücksprache mit Deinem Bruder? Alles weitere später!

Dein Martin

55 Ein Wort unleserlich.

5. Martin Stephani an Gertrud Hindemith, 23. August 1957[56]

z. Zt. Nordseebad Borkum,
den 23. Aug. 1957,
(oder besser: der 14. Tag nach
der Generalprobe zur »Harmonie«)

Sehr liebe, hochverehrte gnädige Frau!

Darf ich Ihnen – nach angemessenem Abstande von Ihren allzu vielen Münchener Verpflichtungen – schreiben, um mich zugleich, wenigstens schriftlich, von Ihnen und Paul Hindemith nach der »Harmonie der Welt« zu verabschieden?

Sie wissen, dass ich nur allzu gern *tagelang* »antichambrieren« würde, um Sie und Ihren Herrn Gemahl noch einmal zu sehen – aber nicht um den Preis, Sie zu stören und zu verhindern, dass Sie eine Minute später als unbedingt nötig zur Ruhe endlich kommen.

So bezwang ich mich auch, sogleich am Montag nach der Uraufführung von Ihrer Erlaubnis, Sie anzurufen, Gebrauch zu machen, sondern tat dieses am Dienstag, an dem Sie (laut Hotelauskunft) »für zwei Tage in die Berge gereist« waren; und länger als bis Mittwoch konnte ich aus triftigem Grunde nicht bleiben, so sehr es mich verlangte, ein paar Worte mit Ihnen über die Aufführung zu sprechen und vor allem auch die Freitag-Aufführung noch zu hören.

In die Akademie am Sonntag Abend bin ich allerdings aus *anderem* Grunde nicht gekommen:

Ich war so verärgert über die Haltung gewisser Leute vom Fach und von der Presse, (mit denen ich mich bereits während der Generalprobe in den Wandelgängen hier und dort recht erregt auseinandergesetzt hatte), dass ich keine Lust hatte, vor dem Hintergrund dieses Ereignisses lediglich »Konversation« zu machen, anstatt – wie ich aufgelegt war – scharfe Attacken gegen Böswilligkeit und Schlamperei zu reiten: gegen Schlamperei vor allem der *Regie*, die leider nicht den *primitivsten* Anforderungen an musikgerechte Choreographie und Einzelbewegung entsprach, – die, mit einem Wort, einfach unpräzise und provinziell war, und die es weitgehend auf dem Gewissen hat, wenn selbst Kritiker von Format die Absicht des Komponisten nicht zu durchschauen vermochten. (Diesem höchst betrüblichen Umstand hat m. W. bisher nur die »Frankfurter Allgemeine« Rechnung getragen; jedenfalls hat sie sich mit dem

56 Hindemith Institut Frankfurt am Main. Vgl. S. 265–267.

Hinweis auf die ungekonnte Regie von einem vorschnellen Urteil über das *Werk* distanziert, soweit über dieses Bedenken angemeldet wurden.)

Und warum nur wurden die Programmhefte erst – und in bei weitem nicht ausreichender Zahl! – unmittelbar vor der Aufführung an den Saaleingängen verkauft und nicht bereits zur Generalprobe an den Verkaufstischchen? An diesen konnte man *alles* haben – schon bei der Generalprobe –, nur das *wichtigste* nicht; denn wer liest vorher selbst ein *Textbuch* von rund 70 Seiten!

So kam es, dass ich am Samstag vor der Aufführung noch mit den wenigen Belegexemplaren, die ich von Dr. Frieß[57] erhielt, herumgerannt bin: bei, mich um Auskunft angehenden, Leuten, an deren objektiver Urteilsbildung mir lag. Dabei bilde ich mir wirklich nicht ein, dass mein kleiner Aufsatz *entscheidende* Tore zum Werkverständnis aufgestoßen hätte – das hat weder Paul Hindemith noch diese seine Oper nötig! –, aber er hat doch wenigstens einen ehrerbietigen *Weg* gewiesen zur gewissenhaften Urteilsfindung und hat versucht, von vornherein das zu eliminieren, was *nicht* in diesem Werke zu suchen ist (und was, wie zu erwarten, bei einem Teile der Presse und der Fachgenossen mit Fleiß dennoch dem Komponisten wiederum unterstellt wurde ...). Jetzt – *post* festum – merke ich an vielen Zuschriften, wie wichtig diese Einführung *ante* festum gewesen wäre – zumal mich ja Herr Dr. Frieß so schwer getrieben hatte und der Aufsatz ihm immerhin am 15. Juli bereits in München vorlag.

Für die »Oberhessische Presse« habe ich – unter Verwendung meines Aufsatzes – selbst eine Rezension geschrieben; weitere Vorträge (außer bei Gelegenheit der im Programm beigefügten Veranstaltung) werden folgen.

Ich bin noch wie im Traum unter dem Eindruck des Werkes; vor allem beglückt darüber, dass die Vorhersagen des Komponisten über Zeitdauer, Text-Prägnanz und -verständlichkeit, Durchsichtigkeit und dramatische Schlagkraft *sämtlich* nicht nur eingetroffen, sondern für die Vorstellung des nur Lesenden bei weitem übertroffen worden sind: mein alter 80-jähriger Vater am Marburger Radio hat *geweint* bei Susanne's Monolog im V. Akt und meinte, seit dem Tristan noch nichts ähnlich Starkes an musikalischer Er- und Empfindung wieder gehört zu haben ... (Wo haben die Leute nur ihre ***Ohren***!!)

Im übrigen bin ich auf's tiefste bestürzt über Ihr Nachgeben in der *Kürzungsfrage*, da ich nicht denken kann, dass das Ihrer beider Überzeugung entspricht:

Ich finde, man kann (zur Not!) die Matthäuspassion, aber nicht die Hohe Messe kürzen; und finde, man kann (zur Not!) den Mathis, aber nicht die Harmonie der Welt kürzen. Außerdem: wieso sind *genau drei Stunden* reine Musikdauer für eine solche Oper »zu lang«? Ich habe die Generalprobe – falls Sie das interessiert – mit der Uhr in der Hand gestoppt: Sie begann 18.10 und

57 Gemeint ist wohl der Chefdramaturg Hermann Frieß.

endete 21.50; beide Pausen betrugen genau je 20 Minuten; mithin insgesamt 3 Stunden Spieldauer. Ich möchte Sie fast *beschwören*, das nicht wieder zuzulassen: die Musik schreit einfach nach einem *Regisseur*, und zwar einem, dem es in den Fingern juckt, diese thematische und harmonische Plastik in eine adäquate Gestik auf der Bühne umzusetzen – meine ich! –

Darf ich zum Schlusse Sie bitten, Ihren Herrn Gemahl zu fragen, ob er grundsätzlich bereit wäre, »Ite angeli veloces« im Juni 1958 in Detmold zu dirigieren? Ich bereite das Werk dort mit dem »Detmolder Oratorienchor« und – wahrscheinlich – mit dem Akademie-Orchester vor; (möglicherweise übrigens auch für den Frankfurter Rundfunk mit dem Frankfurter Cäcilienverein). Den formellen Abschluss eines etwaigen Vertrages würde ich dann über Herrn Schultheß vornehmen lassen.

Bitte verzeihen Sie mir diesen unbescheiden langen Brief, und lassen Sie mich Ihnen wiederum danken für Ihre Güte und die Ehre, in die Geheimnisse der Harmonie der Welt als einer der ersten eingeführt worden zu sein. Ich bin und bleibe einer der Beglücktesten unter den »Hindemith'ianern« und grüße Sie in Verehrung

Als Ihr ganz ergebener
Martin Stephani

6. Martin Stephani an Gustav Scheck, 6. September 1959[58]

Sehr verehrter Herr Professor Scheck!

Es wäre für mich eine große menschliche Enttäuschung, wenn sich als wahr erwiese ein mir zu Ohren gekommenes Gerücht, nach welchem Sie erklärt haben sollen: es sei »ein Skandal«, dass ich angesichts meines ehedem innegehabten angeblich »hohen Ranges bei der SS« als Leiter einer Musikhochschule in Betracht gezogen würde.

Es gehörte aus erzieherischen Gründen schon während des Krieges zu meinen Gepflogenheiten, auf Orchesterproben und im Unterricht bei jeder sich bietenden Gelegenheit auf das allein Ihnen zukommende [historische] Verdienst hinzuweisen, welches nach meiner Ansicht und Erfahrung darin besteht, [dass

58 LAV NRW, Abteilung Rheinland, NW Pe, Nr. 7475, Auszug PA, Bd. III. Es handelt sich um eine Abschrift. Vgl. S. 275f.

Sie] gegenüber dem ständigen Niveau-Rückgang der deutschen Streicher eine deutsche Holzbläser-Kultur innerviert haben, die mir noch im bescheidensten Klangkörper überall als das – auch menschliche – »Intelligenz-Zentrum« eines Orchesters begegnet. Dabei glaubte ich mich Ihrerseits bisher einer bedingten künstlerischen und menschlichen Wertschätzung sicher insofern, als Sie

1. Ihre s. Zt. von mir erbetene solistische Mitwirkung bei einem unserer mit dem Symphonieorchester der Waffen-SS durchgeführten Berliner Symphoniekonzerte im Jahre 1942 nicht versagten,
2. mir als persönlich schuldlosem, aber kollektiv von 1945–1947 haftendem Internierten ausdrücklich »beste menschliche Erfahrungen« schriftlich bezeugten (eingedenk meines Verhaltens im bewussten »Falle« Harich-Schneider), und
3. mir aus freien Stücken noch 1953 einen Lehrstuhl für Chorleitung an Ihrer Freiburger Hochschule anboten.

Ich würde deshalb von mir aus niemals auf den Gedanken gekommen sein, dass ausgerechnet Sie Zweifel an meiner in der Nazi-Zeit bewiesenen »Haltung« anmelden könnten, da ich seit 1947 zwar das Denunziantentum neidisch-böswilliger »Kollegen« mehrfach bis zur bitteren Neige habe auskosten müssen, sobald mir irgendein beruflicher Erfolg oder eine neue Position beschieden war (um die ich mich nachweislich von 1947 bis heute in keinem Falle je beworben hatte!), mich jedoch *oberhalb* einer bestimmten menschlichen Niveau-Ebene nicht grundlos vor unqualifizierten Verdächtigungen geschützt glauben durfte.

Denn die Tatsache, dass ich mich zur Kollektivschuld der Deutschen stets und nicht nur mit den Lippen bekannt habe, hat nichts mit einer anderen Tatsache zu tun –

nämlich: dass ich im Juni 1948 nach zweijähriger Haft von einem ordentlichen deutschen Gericht in Bielefeld, vor dem ich mich *ohne* Rechtsbeistand zu verantworten vermochte, wegen erwiesener persönlicher Unschuld ebenso freigesprochen wie zur gleichen Zeit in Köln als »nicht betroffen« von der dortigen Spruchkammer (ohne Berufs- oder sonstige Beschränkungen) in die Kategorie der »Entlasteten« eingestuft wurde. Der Rechtsfindung diente in allen Fällen ein lückenloses Beweismaterial, das ich auf Ansuchen jedem Fragenden zwecks Einsichtnahme zur Verfügung zu stellen in der Lage bin, und das alle denkbaren politischen Vorwürfe gegen denjenigen, der immerhin die *Uniform* der Verhassten eine zeitlang trug, aus sich heraus zu entkräften vermag.

Ich darf daher, sehr verehrter Herr Scheck, einige Ihnen neuerdings offenbar wieder fragwürdig gewordene Punkte meines Lebens mit folgenden Tatsachen zu erhellen versuchen:

1. Ich bin zu keiner Zeit jemals Mitglied der NSDAP oder gar der Allgemeinen SS gewesen.
2. Mein auch auf der Berliner Hochschule 1937 – 1940 bei nazifreundlichen Dozenten missliebig aufgefallener und häufig gerügter »innerer Widerstand« (z. B. wegen meines Eintretens dort für Paul Hindemith und Neue Musik) führte bereits 1934 zu ernsthaften Konsequenzen für mich, da die Zulassung zum Abitur von meinem bis dahin ständig verweigerten endlichen Eintritt in eine NS-Formation abhängig gemacht wurde; (ich blies daraufhin zwei Jahre Klarinette im sogen. »Musikzug des nationalsoz. Kraftfahrkorps«, der aus den in Uniform gesteckten Musikern der alten Marburger Stadtkapelle Pauli bestand ...).
3. Die Ableistung der zweijährigen Militärdienstpflicht im Inf.Regt. 57 in Siegen (Westf.) von 1935 – 1937 enthob mich vorübergehend weiterer Sorgen um meine »politische Laufbahn« (!), die mich erst mit der Pflichtmitgliedschaft im sogen. »nationalsoz. Studentenbund« auf der Berliner Hochschule von 1937 – 1940 erneut in die unter 2.) angedeuteten Konflikte brachte.
4. Die Wiedereinberufung zum Heer im Kriege erfolgte 1940 nach Spandau zum Inf.Regt. 67 in meiner Eigenschaft als sogen. »Friedensgedienter infanteristischer Ausbilder« mit dem in Siegen erworbenen Reservistenrang eines »Unteroffiziers«.
5. Ohne meinen Willen oder mein Zutun wurde ich im November 1940 von einem infanteristischen Kommando bei der Marine auf der Insel Wangerooge zum OKW nach Berlin abkommandiert, um von dort mit anderen jüngeren Kapellmeistern und Chorleitern als sogen. »*Singeleiter*« in 14-tägigem Turnus reihum von Truppe zu Truppe entsandt zu werden.
6. Rein zufällig – es hätte genauso gut jemanden anderen betreffen können – erfolgte mein erster derartiger Auftrag bei der Waffen-SS, der damals in Metz liegenden sogen. »Leibstandarte«, nach dessen Erfüllung ich zahlreiche weitere solcher »*Singleiter-Lehrgänge*« auch bei anderen Truppenteilen der Wehrmacht befehlsgemäß absolvierte.
7. Während ich gleichzeitig fieberhaft auf meine UK-Stellung hoffte, um – ebenfalls völlig unpolitisch – meine erste größere Stellung als städtischer Musikdirektor in Olmütz endlich antreten zu können, ereilte mich im Mai 1941 das Schicksal in Form eines »Führerbefehls«, nach dem ich unverzüglich zur Leibstandarte zu versetzen sei. Der Grund: meine chorischen Erfolge bei der

Truppe – einmal in Gegenwart Hitler's – bestimmten den Führer der Leibstandarte, Sepp Dietrich, (der von einer Art »Donkosaken-Chor« in seinem Stabe träumte), trotz des von mir heftig geschürten und volle fünf Monate währenden Widerstandes seitens des OKW, über seinen »Duzfreund Hitler« die von ihm betriebene Versetzung schließlich zu erzwingen.

8. Ich wurde daraufhin zunächst nur wieder als infanteristischer Ausbilder eingesetzt beim Ersatztruppenteil in Berlin-Lichterfelde, (da die Leibstandarte inzwischen im Griechenland-Feldzug sich befand), wo mich der Ihnen bekannte Franz Schmidt, ein Studienfreund von der Hochschule, per Zufall entdeckte und herausholte:
9. Der ehemalige Marinemusikmeisteranwärter Franz Schmidt war, ebenso wie ich ohne persönlichen Einfluss darauf zu haben, infolge einer Vereinbarung der höheren Stäbe zur Waffen-SS »überstellt« worden, um dieser ein bisher dort nicht vorhandenes militärisches Musikwesen nach dem Vorbild der übrigen Wehrmachtsteile aufzubauen; als »Musikreferent des Führungshauptamtes der Waffen-SS« hatte er den Auftrag, in der Truppe nach »Spezialisten« zu fahnden, die er, wie also auch mich, in sein Referat versetzen zu lassen das Recht besaß.
10. Die von uns dort bis Kriegsende nunmehr gemeinsam betriebene reine Musikarbeit diente zunächst ausschließlich den entsprechenden Belangen der Truppe, wurde aber dann mehr und mehr – wie sogar den damaligen Feindmächten bekannt – zusehends ein Hort des mit unserer s. Zt. »unangreifbaren Uniform« getarnten inneren Widerstandes auf musikalischem Gebiet, dessen sich im damaligen Deutschland fast alle Persönlichkeiten des Musiklebens bedienten, die als Juden, Verfolgte oder beruflich In-Notgeratene Schutz und Hilfe suchten, und dessen Dasein eine große Zahl nach dem Kriege unangefochten wieder diensttuender, teilweise prominenter Orchestermusiker und Künstler überhaupt ihr Leben verdankt. (Mit Ausnahme des jüdischen ungarischen Pianisten Pal Kiss und Hugo Distler's, welchen mit allen Mitteln dem Leben zu erhalten wir leidenschaftlich, aber umsonst versuchten ...) Unsere ständigen öffentlichen oder halböffentlichen Aufführungen von damals verbotenen oder unerwünschten Autoren sind so allgemein bekannt geworden, dass ich an dieser Stelle nur nochmals das s. Zt. in Berlin umlaufende Wort des unseligen Herrn Drewes im sogen. »Propagandaministerium« zu wiederholen brauche: »Wenn Stephani nicht diese Uniform trüge, säße er längst im KZ!«
11. Mein angeblich so »hoher SS-Rang« schließlich bestand in dem eines – »Oberleutnant's« (!): nicht wahr, eine »*tolle*« militärische Karriere, wenn man insgesamt fast *sieben Jahre* Soldat war und bereits 1937 seine Friedensdienstzeit als »Unteroffizier der Reserve« beschloss, (wäh-

rend die Kameraden des gleichen Jahrganges es an der Front üblicherweise – und natürlich mit Recht! – zum Major, Oberstleutnant oder Oberst zu bringen pflegten, soweit der Tod sie verschonte)!

Das, sehr verehrter Herr Scheck, war meine sogen. »politische Vergangenheit«, von der ich bisher also glaubte, dass sie Ihnen nicht im Einzelnen, aber doch dem Sinne nach als »quantité négligeable« bekannt und unverdächtig sei. Für ein offenes Wort der Aufklärung wäre ich Ihnen dankbar[.]

Ihr mit freundlichen Grüßen in steter künstlerischer Hochschätzung ergebener St.

7. Gustav Scheck an Martin Stephani, 27. September 1959[59]

Sehr geehrter Herr Stephani,

Leider konnte ich Ihren Brief nicht eher beantworten, weil ich erst vor wenigen Tagen aus Südfrankreich zurückkam.

Es ist richtig, dass ich mit Herrn Professor Maler und mit Herrn Winschermann[60] gesprochen und Bedenken gegen Ihre Berufung als Direktor der Nordwestdeutschen Musikakademie Detmold geäußert habe. Allerdings habe ich kaum so starke Worte wie »Skandal« gebraucht oder von »hohem SS-Offiziersrang« gesprochen. Meine Bedenken – ich habe sie in Köln ausführlich Herrn Direktor Maler erläutert – sind weniger persönlicher, als politischer Natur:[61] sie sind nicht neu. Es sind die gleichen wie damals, als Sie mich aufforderten, als Solist des SS-Sinfonie-Orchesters unter Ihrer[62] Leitung aufzutreten. Sie müssen sie mir angemerkt haben, denn Sie sagten zu mir: »Denken Sie bitte nicht, Herr Professor, die SS bestände aus lauter ›Schlagetot's‹«. Den Unterschied zwischen SS und Waffen-SS konnte ich damals nicht erkennen,

59 LAV NRW, Abteilung Rheinland, NW Pe, Nr. 7475, Auszug PA, Bd. III. Randglosse: »Erhalten 29./9.59, Stephani«. Es handelt sich um den Originalbrief von Gustav Scheck. Die Unterstreichungen und Randglossen in roter Farbe stammen von Martin Stephani. – Vgl. S. 276–278.

60 Helmut Winschermann (* 1920), seit 1948 Dozent an der Nordwestdeutschen Musikakademie in Detmold, gründete dort 1951 eine Meisterklasse für Oboe und übernahm 1956 die Professur für Oboe.

61 Unterstreichungen von Martin Stephani.

62 An dieser Stelle hat Martin Stephani ein Fragezeichen eingefügt und am Rand vermerkt: »Nein. Franz Schmidt's Leitung!«

der Hausknecht Sepp Dietrich war ja auch sowohl[63] Führer der Leibstandarte Adolf Hitler wie Stabschef der Waffen-SS, und wie Sie mir schreiben, waren Sie dem Führungsamt der Waffen-SS zugeteilt.[64]

Für mich bedeutete meine Zusage damals inneren und äußeren Verrat an meiner Gesinnung, aber in der Wohnung meines Freundes, wo auch ich hauste, verbargen wir ein jüdisches Ehepaar. Der »Kollege« Prof. Jacobi[65] hatte mich bei dem SS-Mann Miederer denunziert, einer meiner Schüler hatte mich auf einer vom SD durchsetzten Studientagung in Salzburg preisgegeben, und ich wurde von der Gestapo verhört. Wäre ich nicht den Fangfragen ausgewichen, hätten sie mich abgeholt, und Schinder in der Uniform, die auch Sie trugen, hätten mich gequält, wie sie Millionen zu Tode gequält haben.

Als ich durch Paul Hindemiths Empfehlung an die Hochschule berufen wurde, bestand der SA-Mann Gustav Havemann auf meiner Entfernung, da ich Kontakt mit Linkskreisen hätte. Es waren gemeinsame jüdische Freunde von früher! Dass ich damals zusagte, mit Ihrem SS-Sinfonie-Orchester zu spielen, geschah aus Furcht. Später sagte mir Dr. Just[66] von der Musikkammer, ich hätte auf der schwarzen Liste gestanden. Soviel zu Ihrer Argumentation, ich hätte damals doch mit Ihnen und diesem Orchester musiziert. Dass ich Sie als guten Musiker und Dirigenten schätze, steht auf einem anderen Blatt. Dass ich Ihnen nichts nachzutragen hatte, sehen Sie daraus, dass ich Ihnen half, aus dem Konzentrationslager herauszukommen, und dass ich Sie als Bewerber um die Dirigenten-Professur unserem Senat vorschlug. Ich stehe aber und stand so gänzlich auf der anderen Seite, verstehen Sie, dass ich beim Aufbau meiner Hochschule keinen erkennbaren Anhänger des Dritten Reichs in den Lehrkörper aufgenommen habe.[67] Damals weigerte ich mich, im Hauskonzert bei Göbbels zu spielen und entzog mich jeder Art von NS-Schulung oder Annäherung. Allerdings hatte ich als 35-40-Jähriger meinen Standpunkt bereits bezogen. Sie waren noch Anfang der Zwanzig, und Sie hatten genügend Vorbilder, die Ihnen wiesen, wie man sich im Dritten Reich Erfolg verschaffte.[68]

63 An dieser Stelle hat Martin Stephani ein Fragezeichen eingefügt und am Rand vermerkt: »Nein, nur Leibstandarte!«

64 Randglosse: »Stabschef war in scharfem dienstlichen Gegensatz zu Dietrich Obergruppenführer Jüttner.«

65 Gemeint ist wohl Theodor Jakobi, der seit 1930 den Kammerchor der Hochschule für Musik leitete und die Leitung der im April 1933 eröffneten Chorleiterklasse übernahm. Vgl. Schenk, Hochschule, S. 139, S. 186.

66 Dr. Herbert Just, Referent in der Reichsmusikkammer, zuständig für die Durchführung des »Tages der deutschen Hausmusik«.

67 Randglosse: »Wieso dann?!«

68 Randglosse: »?«

GUSTAV SCHECK

Freiburg i. Br.,
Schlierbergstraße 8a
Telefon 4819

27.9.59

Erhalten 29/9.59

Herrn Kapellmeister
Martin Stephani
WUPPERTAL - ELBERFELD
Platzhofstrasse 12

Sehr geehrter Herr Stephani,

leider konnte ich Ihren Brief nicht eher beantworten, weil ich erst vor wenigen Tagen aus Südfrankreich zurückkam.

Es ist richtig, dass ich mit Herrn Professor Maler und mit Herrn Winschermann gesprochen und Bedenken gegen Ihre Berufung als Direktor der Nordwestdeutschen Musikakademie Detmold geäussert habe. Allerdings habe ich kaum so starke Worte wie "Skandal" gebraucht oder von "hohem SS-Offiziersrang" gesprochen. Meine Bedenken-ich habe sie in Köln ausführlich Herrn Direktor Maler erläutert-sind weniger persönlicher, als politischer Natur; sie sind nicht neu. Es sind die gleichen wie damals, als Sie mich aufforderten, als Solist des SS-Sinfonie-Orchesters unter Ihrer! Leitung aufzutreten. Sie müssen sie mir angemerkt haben, denn Sie sagten zu mir: "Denken Sie bitte nicht, Herr Professor, die SS bestände aus lauter "Schlagetot's"". Den Unterschied zwischen SS und Waffen-SS konnte ich damals nicht erkennen, der Hausknecht Sepp Dietrich war ja auch sowohl? Führer der Leibstandarte Adolf Hitler wie Stabschef der Waffen-SS, und wie Sie mir schreiben, waren Sie dem Führungsamt der Waffen-SS zugeteilt. Stabschef war im scharfen dienstlichen Gegensatz zu Dietrich Obergruppenführer Jüttner.

Nein Franz [illegible]'s Leitung!

Nein, nur Leibstandarte!

Für mich bedeutete meine Zusage damals inneren und äusseren Verrat an meiner Gesinnung, aber in der Wohnung meines Freundes, wo auch ich hauste, verbargen wir ein jüdisches Ehepaar. Der "Kollege" Prof. Jacobi hatte mich bei dem SD-Mann Miederer denunziert, einer meiner Schüler hatte mich auf einer vom SD durchsetzten Studententagung in Salzburg preisgegeben, und ich wurde von der Gestapo verhört. Wäre ich nicht den Fangfragen ausgewichen, hätten sie mich abgeholt, und Schinder in der Uniform, die auch Sie trugen, hätten mich gequält, wie sie Millionen zu Tode gequält haben.

Brief von Gustav Scheck an Martin Stephani, 27. September 1959, mit handschriftlichen Hinzufügungen von Martin Stephani (Landesarchiv Nordrhein-Westfalen, Abteilung Rheinland, NW Pe, Nr. 7475, Blatt 63/8–63,10, Auszug PA, Bd. III)

GUSTAV SCHECK
Freiburg i. Br.,
Schillerbergstraße 8a
Telefon 4819

Als ich durch Paul Hindemiths Empfehlung an die Hochschule berufen wurde, bestand der SA-Mann Gustav Havemann auf meiner Entfernung, da ich Kontakt mit Linkskreisen hätte. Es waren gemeinsame jüdische Freunde von früher! Dass ich damals zusagte, mit Ihrem SS-Sinfonie-Orchester zu spielen, geschah aus Furcht. Später sagte mir Dr. Just von der Musikkammer, ich hätte auf der schwarzen Liste gestanden. Soviel zu Ihrer Argumentation, ich hätte damals doch mit Ihnen und diesem Orchester musiziert. Dass ich Sie als guten Musiker und Dirigenten schätzte, steht auf einem anderen Blatt. Dass ich Ihnen nichts nachzutragen hatte, sehen Sie daraus, dass ich Ihnen half, aus dem Konzentrationslager herauszukommen, und dass ich Sie als Bewerber um die Dirigenten-Professur unserem Senat vorschlug. Ich stehe aber und stand so gänzlich auf der anderen Seite, verstehen Sie, dass ich beim Aufbau meiner Hochschule keinen erkennbaren Anhänger des Dritten Reichs in den Lehrkörper aufgenommen habe. Damals weigerte ich mich, im Hauskonzert bei Göbbels zu spielen und entzog mich jeder Art von NS-Schulung oder Annäherung. Allerdings hatte ich als 35-40-Jähriger meinen Standpunkt bereits bezogen. Sie waren noch Anfang der Zwanzig, und Sie hatten genügend Vorbilder, die Ihnen wiesen, wie man sich im Dritten Reich Erfolg verschaffte. Man sah überzeugte Christen und Humanitas-Bekenner, heimliche Verächter der Mächtigen, zugleich aber Dirigenten des Männerchors der Leibstandarte Adolf Hitler, wo man sich von seinen Dirigentenschülern vertreten liess. Sie schreiben, Sie seien unglücklich gewesen, weil Ihre Abkommandierung zur SS Sie verhindert hatte, Ihre erste grössere Stellung als Musikdirektor in Olmütz anzutreten. Wie wurde man aber als Absolvent einer Musikhochschule ungewöhnlicherweise unmittelbar in eine solche Position berufen? Wer herrschte im Protektorat? Die SS! Ich bestreite nicht, dass Sie sich wie alle vernünftigen Musiker für Hindemith einzusetzen versuchten. Das gleiche tat auch der Erz-Nazi Havemann, taten Gieseking, Furtwängler und u.a. auch ich.*) Die Geschichte ging hinweg über diese untauglichen Versuche am untauglichen Objekt. Sie schreiben ferner, es sei nachweislich vielen guten Musikern, die Sie in das SS-Orchester gezogen hätten, das Leben gerettet worden. Hierbei sollte doch nicht Ursache und Wirkung ausgetauscht werden. Das Orchester wurde doch von Ihnen und Franz Schmidt zunächst als Instrument aufgebaut, nicht als Lebensrettungs-Stelle. Sie hatten dadurch ein Orchester, wie Sie es sich als Anfänger sonst nicht hätten träumen lassen können. Die Komponente Ehrgeiz sollte doch nicht ausser Acht bleiben, wenn Sie schon Bekenntnisse äussern. Diesen Vorwurf in diesem Zusammenhang habe ich nicht verdient
Ich muss fürchten, Sie könnten meine Worte missdeuten und Ironie oder gar Hohn daraus lesen. Nichts liegt mir ferner. Warum sollten Sie als ehrgeiziger, tatendurstiger junger Mensch nicht der Versuchung erliegen?

[Handschriftliche Randbemerkungen: Wieso dann?! – ? – "Position" Olmütz?! – [illegible] ein und eine [illegible]! – Natürlich nicht! – ?!]

*) Nein, Herr Scheck warnte mich, für Hindemith einzutreten – dafür gibt es Zeugen!

GUSTAV SCHECK

Freiburg i. Br.,
Schlierbergstraße 8a
Telefon 4819

Gab es doch hunderttausende älterer, erfahrenerer Menschen, die zu feig waren zum Widerstand, zu ehrgeizig, um eine Chance auszulassen, politisch zu vernagelt, um das Ende voraussehen zu können, die notwendige Replik auf die dümmste und frechste aller Herausforderungen. Die Vorbilder waren schlecht, aber es gab auch gute: Menschen, die ihr Leben liessen im Kampf gegen die Unterdrückung, Menschen, die allen Verlockungen durch die Herrschenden widerstanden, und die nicht zur Befriedigung ihres Ehrgeizes paktieren wollten.

Das ist hart!

Darum geht es, alles andere ist fadenscheinig.

"Pech!"

Es ist Ihr Pech, lieber Herr Stephani, dass Sie der SS in die Fänge geraten sind. Ich halte es für falsch, und werde diesen Standpunkt vertreten, wenn es notwendig sein sollte, einen wenn auch persönlich nicht mit Schuld beladenen und überdies tüchtigen, guten Musiker, der leidergottes im Dritten Reich so exponiert war, als Leiter einer Musikhochschule zu berufen. An ein Institut, an dem Ausländer, vielleicht auch solche aus Israel, studieren sollen und wollen. Ich gönne Ihnen eine Lehrstellung, einen guten Dirigentenposten, bester Herr Stephani, Ihr eigenes Gefühl aber müsste Ihnen sagen, dass Sie einen Ruf als Direktor einer Musikhochschule nicht annehmen sollten, auch wenn zehn Spruchkammern und Gerichte Sie formell freigesprochen hätten. Aus meiner Kenntnis der Materie heraus kann ich Ihnen auch verraten, dass die Arbeit auf einem solchen Posten keineswegs dankbar oder befriedigend ist, und dass sie für die künstlerische Betätigung nicht unbedingt als förderlich angesehen werden kann.

Aha!

mit freundlichen Grüssen

Ihr

Gustav Scheck

[illegible]

[illegible]

Man sah überzeugte Christen und Humanitas-Bekenner, heimliche Verächter der Mächtigen, zugleich aber Dirigenten des Männerchors der Leibstandarte Adolf Hitler, wo man sich von seinen Dirigentenschülern vertreten ließ.[69] Sie schreiben, Sie seien unglücklich gewesen, weil Ihre Abkommandierung zur SS Sie verhindert hatte, Ihre erste größere Stellung als Musikdirektor in Olmütz anzutreten. Wie wurde man aber als Absolvent einer Musikhochschule ungewöhnlicherweise unmittelbar in eine solche Position berufen? Wer herrschte im Protektorat? Die SS![70] Ich bestreite nicht, dass Sie sich wie alle vernünftigen Musiker für Hindemith einzusetzen versuchten. Das gleiche tat auch der Erz-Nazi Havemann, taten Gieseking,[71] Furtwängler und u.a. auch ich.[72] Die Geschichte ging hinweg über diese untauglichen Versuche am untauglichen Objekt. Sie schreiben ferner, es sei nachweislich vielen guten Musikern, die Sie in das SS-Orchester gezogen hätten, das Leben gerettet worden. Hierbei sollte doch nicht Ursache und Wirkung ausgetauscht werden. Das Orchester wurde doch von Ihnen und Franz Schmidt zunächst als Instrument aufgebaut, nicht als Lebensrettungs-Stelle.[73] Sie hatten dadurch ein Orchester, wie Sie es sich als Anfänger sonst nicht hätten träumen können. Die Komponente Ehrgeiz sollte doch nicht außer Acht bleiben, wenn Sie schon Bekenntnisse äußern.[74]

Ich muss fürchten, Sie könnten meine Worte missdeuten und Ironie oder gar Hohn daraus lesen. Nichts liegt mir ferner. Warum sollten Sie als ehrgeiziger, tatendurstiger junger Mensch nicht der Versuchung erliegen?[75] Gab es doch hunderttausende älterer, erfahrenerer Menschen, die zu feig waren zum Widerstand, zu ehrgeizig, um eine Chance auszulassen, politisch zu vernagelt, um das Ende voraussehen zu können, die notwendige Replik auf die dümmste und frechste aller Herausforderungen. Die Vorbilder waren schlecht, aber es gab auch gute: Menschen, die ihr Leben ließen im Kampf gegen die Unterdrü-

69 Anspielung auf Fritz Stein.

70 Randglosse: »›Position‹ Olmütz?!« Eine weitere Randglosse ist unleserlich.

71 Gemeint ist der Pianist Walter Gieseking (1895–1956), der Ende 1936 – gemeinsam mit Gustav Scheck – als Solist an der Uraufführung der Sonate für Flöte und Klavier von Paul Hindemith mitwirken sollte. Diese Aufführung kam infolge des über Hindemith verhängten Aufführungsverbots nicht zustande.

72 Randglosse: »Nein, Herr Scheck warnte mich, für Hindemith einzutreten – dafür gibt es Zeugen!«

73 Randglosse: »Natürlich nicht!«

74 Randglosse: »Diesen Vorwurf in diesem Zusammenhang habe ich nicht verdient.«

75 Randglosse: »?!«

ckung, Menschen, die allen Verlockungen durch die Herrschenden widerstanden, und die nicht zur Befriedigung ihres Ehrgeizes paktieren wollten.[76] Darum geht es, alles andere ist fadenscheinig.

Es ist Ihr Pech, lieber Herr Stephani, dass Sie der SS in die Fänge geraten sind. Ich halte es für falsch, und werde diesen Standpunkt vertreten, einen wenn auch persönlich nicht mit Schuld beladenen und überdies tüchtigen, guten Musiker, der leidergottes [sic] im Dritten Reich so exponiert war, als Leiter einer Musikhochschule zu berufen. An ein Institut, an dem Ausländer, vielleicht auch solche aus Israel, studieren sollen und wollen. Ich gönne Ihnen eine Lehrstellung, einen guten Dirigentenposten, bester Herr Stephani, Ihr eigenes Gefühl aber müsste Ihnen sagen, dass Sie einen Ruf als Direktor einer Musikhochschule nicht annehmen sollten, auch wenn zehn Spruchkammern und Gerichte Sie formell freigesprochen hätten.[77] Aus meiner Kenntnis der Materie heraus kann ich Ihnen auch verraten, dass die Arbeit auf einem solchen Posten keineswegs dankbar oder befriedigend ist, und dass sie für die künstlerische Betätigung nicht unbedingt als förderlich angesehen werden kann.[78]

mit freundlichen Grüßen
Ihr Gustav Scheck

76 Randglosse: »Das ist hart!«
77 Randglosse: »›Pech‹!«
78 Randglosse: »Aha!«

Dank

Die vorliegende Studie geht auf einen Forschungsauftrag der Hochschule für Musik Detmold zurück, deren Rektor, Herrn Prof. Dr. Thomas Grosse, ich für sein Vertrauen, sein nie nachlassendes Interesse und die rückhaltlose Unterstützung meiner Arbeit danke. Ein ganz besonderer Dank geht an Frau Prof. Dr. Rebecca Grotjahn vom Musikwissenschaftlichen Seminar der Universität Paderborn und der Hochschule für Musik Detmold, die das Projekt von der Konzeption bis zum fertigen Buch fachkundig begleitet hat. Ihrer musikwissenschaftlichen Expertise und kritischen Lektüre des Skripts habe ich viel zu verdanken. Auch danke ich ihr für die Aufnahme der Studie in die von ihr herausgegebene Schriftenreihe »Beiträge zur Kulturgeschichte der Musik«.

Ein tief empfundener Dank geht ferner an meine Interviewpartner, Frau Dr. Sunhilt Rieckhoff, Frau Liebgart und Herrn Prof. em. Alexander Wagner. Herzlich gedankt sei auch Herrn Dr. Ekkehard Kaemmerling, der mir Zugang zu einer Fülle wichtiger Dokumente aus dem Nachlass seiner Mutter gewährt hat, ebenso Herrn Dr. Ralph Braun, Herrn Dr. Boris von Haken, Herrn Dr. des. Patrick Holschuh und Herrn Dr. Klaus Riehle für die großzügige Überlassung von Unterlagen aus ihren eigenen Forschungen. Für wichtige Hinweise und Auskünfte danke ich Frau Barbara Luetgebrune, Herrn Prof. em. Dr. Richard Müller-Dombois, Herrn Dr. Karsten Wilke und Frau Dr. Ulrike Winkler. Frau Prof. em. Dr. Ingrid Gilcher-Holtey danke ich dafür, dass sie den Kontakt zur Hochschule für Musik Detmold vermittelt hat.

Bedanken möchte ich mich auch bei den Mitarbeiterinnen und Mitarbeitern der von mir konsultierten Archive, namentlich bei Herrn Helmut Bräutigam (Historisches Archiv des Evangelischen Johannesstifts Berlin), Herrn Thorsten Dette (Stadtarchiv Wuppertal), Frau Dr. Susanne Gilles-Kircher (Musikarchiv/Schott Music GmbH & Co. KG), Herrn Uwe Henkhaus M.A. (Hessisches Musikarchiv), Herrn Dr. Carsten Lind (Archiv der Philipps-Universität Marburg), Herrn Stadtoberarchivrat Jochen Rath (Stadtarchiv Bielefeld), Herrn Dr. Dietmar Schenk (Archiv der Universität der Künste Berlin) und Herrn Dr. Heinz-Jürgen Winkler (Hindemith Institut Frankfurt).

Herrn Dr. Sascha Topp danke ich für seine großartige Unterstützung bei den Recherchen in den Beständen des Bundesarchivs Berlin, Frau Cigdem Altunöz für ihre Hilfe bei der Literaturrecherche, Frau Theodora Oancea für das gründliche Korrekturlesen. Gedankt sei schließlich auch den Mitarbeiterinnen und Mitarbeitern des Allitera Verlages, namentlich Herrn Alexander Strathern und Frau Anne Tempcke. Last not least sei der Hochschule für Musik Detmold und dem Musikwissenschaftlichen Seminar Paderborn/Detmold für die Finanzierung der Drucklegung der vorliegenden Studie herzlich gedankt.

Ein lieber Dank geht schließlich an meine Lebenspartnerin Anette Becker – für ihre moralische Unterstützung.

Hameln, im Oktober 2018
Hans-Walter Schmuhl

Personenregister